Probleme systemvergleichender Betrachtung

SCHRIFTENREIHE
DER GESELLSCHAFT FÜR DEUTSCHLANDFORSCHUNG
BAND XV

Probleme systemvergleichender Betrachtung

Herausgegeben von

Gernot Gutmann · Siegfried Mampel

DUNCKER & HUMBLOT / BERLIN

CIP-Kurztitelaufnahme der Deutschen Bibliothek

Probleme systemvergleichender Betrachtung / hrsg. von Gernot Gutmann; Siegfried Mampel. — Berlin: Duncker und Humblot, 1986.
(Schriftenreihe der Gesellschaft für Deutschlandforschung; Bd. 15)
ISBN 3-428-06090-3

NE: Gutmann, Gernot [Hrsg.]; Gesellschaft für Deutschlandforschung: Schriftenreihe der Gesellschaft ...

Druck: Berliner Buchdruckerei Union GmbH, Berlin 61
Printed in Germany

ISBN 3-428-06090-3

INHALT

Vorwort ... 7

Wilhelm Bleek
Die Entwicklung des zwischendeutschen Systemvergleichs im Spannungsfeld von Politik und Wissenschaft ... 15

Ludwig Bress
Kulturanthropologische und paradigmatische Fragestellungen des Systemvergleichs ... 55

Friedrich Haffner
Ökonomische Methoden der Systemanalyse und ihre Probleme ... 83

Karl-Ernst Schenk
Systemvergleich mit einer ökonomischen Theorie der Institutionen ... 111

Alfred Schüller
Der theoretische Institutionalismus als Methode des Systemvergleichs 131

Georg Brunner
Methoden und Probleme eines intersystemaren Vergleichs von Verfassungen und politischen Systemen ... 163

Wolfgang Seiffert
Wandlungen in der Auffassung zur intersystemaren Rechtsvergleichung in der DDR und in der UdSSR ... 187

Ulrich Drobnig
Möglichkeiten und Grenzen intersystemarer Rechtsvergleichung auf dem Gebiete des Zivilrechts ... 195

Klaus Wähler
Zum Problem der Vergleichbarkeit sozialistischer und nichtsozialistischer Privatrechtsordnungen ... 207

Oskar Anweiler
Systemvergleich und Bildungsforschung ... 229

Hans-Peter Schäfer
Jugend im interkulturellen und innerdeutschen Vergleich – Anspruch und Problematik der vergleichenden Jugendforschung 235

Die Verfasser 259

VORWORT

Auf einer Sondertagung vom 16. bis 19. April 1984 in der Akademie für Politische Bildung in Tutzing behandelte die Gesellschaft für Deutschlandforschung „Probleme systemvergleichender Betrachtung". Damit wurde erstmals die Absicht verwirklicht, eine Tagung abzuhalten, die ausschließlich wissenschaftstheoretischen Fragen gewidmet war. Der vorliegende Band enthält die auf dieser Tagung gehaltenen Referate.

Die Probleme dieser Tagung waren solche des intersystemaren Vergleichs, also des Vergleichs zwischen Systemen unterschiedlicher Struktur. An Arbeiten dieser Art, insbesondere an Vergleichen zwischen der Bundesrepublik Deutschland und der DDR, besteht kein Mangel. Indessen sind sie zumeist abgefaßt, ohne daß offenbar die damit verbundenen Probleme in voller Tiefe und Schärfe erkannt sind. Nicht selten scheint es an Problembewußtsein zu fehlen. Das gilt insbesondere für manche für die staatsbürgerliche Bildung bestimmte Gesamtvergleiche.

Eine wesentliche Ursache dafür liegt darin, daß die Wissenschaft es bisher verabsäumt hat, den dafür notwendigen Vorlauf zu liefern. Der vorliegende Band versucht, den Intentionen der Sondertagung vom April 1984 folgend, eine Lücke zu schließen.

Das Vorhaben ist multidisziplinär im Bestreben angelegt, wechselseitig die Vertreter verschiedener Disziplinen mit ihren Problemen beim intersystemaren Systemvergleich miteinander vertraut zu machen. Auf der Tagung täuschte die Hoffnung nicht, so den Blick der Teilnehmer durch Konfrontation mit den Problemen anderer Disziplinen zu schärfen. Es ist zu erwarten, daß es den Lesern des Bandes nicht anders geht.

Aus technischen Gründen konnten nicht alle wichtigen Disziplinen berücksichtigt werden. Es mußten mit der Wirtschaftswissenschaft, der Rechtswissenschaft, der Bildungs- und Jugendforschung Schwerpunkte gesetzt werden. Sie dürften aber ausreichen, um der intersystemaren Forschung im allgemeinen und der vergleichenden Deutschlandforschung im besonderen neue Impulse zu geben.

Den Anfang macht der Beitrag von *Wilhelm Bleek* (Bochum) „Der zwischendeutsche Systemvergleich und die Entwicklung der DDR-Forschung im Spannungsfeld von Politik und Wissenschaft". Ausgehend von der Feststellung, die Geschichte der zwischendeutschen Vergleiche als Teil der westdeutschen Forschung sei wesentlich beeinflußt von der Deutschlandpolitik, unterscheidet er drei Phasen: von 1949 bis 1961, von 1961 bis 1972, seitdem noch andauernd. Er beantwortet die Frage, warum die Bundesrepublik Deutschland vorzugsweise mit der DDR verglichen werden soll, damit, daß sowohl die Einheit der Nation und der Wettbewerb zwischen den beiden Staaten in Deutschland, als auch überzeugende wissenschaftliche Argumente dafür sprechen, daß die vergleichende Deutschlandforschung dauerhaft als Forschungsgebiet etabliert wird. Den Schwerpunkt bilden freilich die Methodenprobleme.

Den Schwerpunkt bilden freilich die Methodenprobleme. Der Reigen wird durch die Wirtschaftswissenschaft eröffnet.

Ludwig Bress (Kassel) weist in seinem Beitrag „Kulturspezifische Probleme des Systemvergleichs" neue Aspekte der Problematik auf, indem er die Wirtschaftsgeschichte und die Synergetik als Metatheorien des Systemvergleichs für die Erklärung von Selbstorganisation und/oder Katastrophen heranzieht. So stellt er „Rückfragen" sowohl an den Raum-Zeit-Konnex der marktwirtschaftlichen Steuerung industriell geprägter Sozialverbände als auch an das sowjetische Sozialismus-Modell der Wirtschaftslenkung, untersucht das Paradigma der Realkapitalbildung als Beurteilungsrahmen für die Leistung von Systemen und anschließend die historischen Sequenzen des Realkapitals und das Ende konventioneller Lösungen im Systemwettstreit.

Mit den Problemen, die sich für die Erfassung von Wirtschaftssystemen aus der Vielfalt der ökonomischen Methoden der Systembildung, insbesondere hinsichtlich der logischen Struktur der Systemrealität und in der wissenschaftlichen Praxis ergeben, den mit dem Methodenproblem verbundenen morphologischen Problemen der Erfassung sozialistischer Planwirtschaften sowie den Problemen der Konformität und der Effizienzmessung von Wirtschaftssystemen und Wirtschaftsreformen befaßt sich der Beitrag „Ökonomische Methoden der Systemanalyse und ihrer Probleme" von *Friedrich Haffner* (München). Unter Hinweis auf allgemeine systemtheoretische Erwägungen, die Vielfalt der Gliederungsmöglichkeiten des Ganzen, die unterschiedlichen Fragestellungen der Ansätze und deren unterschiedliche weltanschauliche und theoretische Vorverständnisse wird dabei die Notwendigkeit unterschiedlicher Systemansätze wie auch die Unmöglichkeit betont, diese Systemansätze zu vereinheitlichen. Eine befriedigende Lösung des Problems der Methodenvielfalt wird hier darin gesehen, unter Verzicht auf eine dominante Methode verschiedene Ansätze nebeneinander oder gleichzeitig auf Sachprobleme anzuwenden und die methodische Vielfalt durch problemorientierte Anwendung und Prüfung zu bewältigen.

Aufzuzeigen, daß die Verknüpfung ökonomischer Institutionentheorie mit einem Systemansatz zu erweiterten Erkenntnissen führt, ist das Anliegen des Beitrages von *Karl-Ernst Schenk* (Hamburg) „Systemvergleich mit einer ökonomischen Theorie der Institutionen". Dabei wird das Modell von Coase und Williamson zur Wahl zwischen „Markt" und „Hierarchie" schrittweise erweitert, um auch über dort nicht berücksichtigte institutionelle Zustände Aussagen ableiten zu können. Insbesondere machen die Erweiterungen des herkömmlichen Modells zur Erklärung von Management-Entscheidungen nach Schenk deutlich, daß vor allem hierarchisch übergeordnete Teilsysteme die ursprüngliche Managemententscheidung beeinflussen, eine Erkenntnis, die von traditionellen mikroökonomischen und institutionenanalytischen Modellen nicht oder nur ungenügend beachtet wird.

Gegenstand des Beitrages von *Alfred Schüller* (Marburg), „Der theoretische Institutionalismus als Methode des Systemvergleichs", ist die Frage nach der systemvergleichenden Relevanz eines Ansatzes, der Institutionen ökonomisch zu beurteilen versucht und dabei von der Annahme ausgeht, daß sich die Gesellschaftsmitglieder der konstitutionellen und der postkonstitutionellen Institutionen des Wirtschaftens als nutzenmaximierende Individuen bedienen. Dabei wird die Notwendigkeit einer ordnungstheoretischen Fundierung des theoretischen Institutionalismus deutlich; denn wenngleich dieser ein nützlicher Beitrag zur Erklärung der Funktionsweise sozialer Institutionen ist, darf doch nicht übersehen werden, daß die Regeln rationaler Institutionenwahl hier einer deutlichen Differenzierung unter Gesichtspunkten des Konformitäts- und des Kongruenzkriteriums bedürfen. So gilt nach Schüller auch für den theoretischen Institutionalismus, daß ein nicht ordnungstheoretisch fundierter wirtschaftlicher Systemvergleich stets nur ein Torso bleibt.

Innerhalb des rechtswissenschafltichen Teils befaßt sich *Georg Brunner* (Köln) mit „Methoden und Problemen des intersystemaren Vergleichs von Verfassungen und politischen Systemen". Nach ihm folgt die moderne Rechtsvergleichung dem Prinzip der Funktionalität, indem sie von einem konkreten Sachproblem ausgeht und danach fragt, welche Rechtsinstitute eine ähnliche Funktion hinsichtlich von Problemlösungen erfüllen. Damit bekennt sie sich zu dem gleichen methodologischen Grundgedanken, dem sich in der vergleichenden Regierungslehre der systemtheoretische Ansatz verpflichtet fühlt, der in seiner strukturell-funktionalen Variante die Strukturelemente in verschiedenen politischen Systemen aufspüren will, die ähnliche Funktionen bei der Lösung der einem jedem System immanenten Probleme erfüllen. Der Anschein, nach dem die Verfassung in Ost und West in gleicher Weise als die rechtliche Grundordnung des politischen Gemeinwesens begriffen wird, täuscht, denn hinter dem gemeinsam verwendeten Ausdruck „rechtliche Grundordnung" verbirgt sich ein unterschiedliches Rechts- und somit Verfassungsverständnis mit weitreichenden Folgen für die Rechts- und Verfassungspraxis. Aus dem konträren Verfassungsverständnis folgt die Unmöglichkeit eines mit normativ-juristischen Methoden betriebenen intersystemaren Verfassungsvergleichs, denn dieser setzt die gleiche normative Kraft der zu vergleichenden Rechtsnormen voraus. In

Ermangelung einer gemeinsamen normativen Vergleichsbasis kann der „gemeinsame Nenner" nur in der politischen Realität gefunden werden. Daraus folgt, daß intersystemare Verfassungsvergleiche vernünftigerweise immer nur politische Systemvergleiche im üblichen Regelungsbereich der Verfassung sein können.

Wolfgang Seiffert (Kiel) stellt die „Wandlungen in der Auffassung zur intersystemaren Rechtsvergleichung in der DDR und der UdSSR" dar. Er kommt zum Ergebnis, daß der intersystemare Rechtsvergleich in den genannten Staaten nur einen untergeordneten Stellenwert besitzt. Da Rechtsvergleiche dort nur nach marxistisch-leninistischer Methode angestellt werden können, ist ihr Erkenntniswert gering.

Ulrich Drobnig (Hamburg) geht in seinem Beitrag „Möglichkeiten und Grenzen intersystemarer Rechtsvergleichung auf dem Gebiet des Zivilrechts" davon aus, daß Zweifel an der grundsätzlichen Möglichkeit derartiger Vergleiche in den nicht-sozialistischen Ländern nicht bestehen und auch niemals in der Vergangenheit bestanden haben. Allerdings muß man die These „nur Vergleichbares ist vergleichbar" aufgeben und auch „kontrastierende" Rechtsvergleichung anerkennen. Diese stellt als wissenschaftliches Prinzip faktische, gesellschaftspolitische oder ideologische Unterschiede zwischen Rechtsordnungen verschiedener Systeme heraus. Dadurch kann sowohl das Selbstverständnis der eigenen Rechtsordnung des Rechtsvergleichers wie das Verständnis einer fremden Rechtsordnung vertieft werden, und zwar um so besser, je stärker die Unterschiede sind. Deshalb eignen sich intersystemare Rechtsvergleichungen vorzüglich für diesen mehr pädagogischen Zweck. Volle Rechtsvergleichung, die über eine Kontrastierung von Wirklichkeiten und Rechtsordnungen hinausgeht, kann auch zur Feststellung übereinstimmender Lösungen gelangen. Sie setzt ein tertium comparationis voraus: die Gleichheit oder mindestens die Ähnlichkeit der von den verglichenen Rechtsnormen jeweils geregelten Lebenswirklichkeit. Freilich fehlt dieses tertium comparationis bei intersystemaren Rechtsvergleichen häufiger als bei intrasystemarer Rechtsvergleichung.

Faktische Übereinstimmungen bestehen in vielen eher systemneutralen Bereichen wie etwa im Familienrecht, Vertragsrecht der Bürger usw. In stärker systembezogenen Bereichen, wie etwa im Wirtschaftsrecht, fehlen sie dagegen. Er unterscheidet sodann zwischen analytischer Rechtsvergleichung und wertender Rechtsvergleichung. Analytische Rechtsvergleichung sucht durch Vergleichung allein festzustellen, ob die rechtlichen Lösungen der vergleichenden Rechtsnormen übereinstimmen oder divergieren. Es ist aber auch der wertende Vergleich möglich, bei dem eine fremde Lösung nach der Grundentscheidung der eigenen Rechtsordnung des Betrachters bewertet wird. Sie ist insbesondere für die Rechtspolitik fruchtbar. Zur Methode der Rechtsvergleichung führt er aus, daß keine Rechtsvergleichung an den Buchstaben einer (fremden oder eigenen) Rechtsnorm haltmachen darf. Jede Rechtsvergleichung hat den

Inhalt der wirklich angewendeten Normen zu ermitteln. Bei der intersystemaren Rechtsvergleichung sind daher auch die Einflüsse außerrechtlicher Grundentscheidungen, Normen und Instanzen gebührend zu berücksichtigen, insbesondere in den stark systembezogenen Bereichen. Eine rein begriffliche (dogmatische) Rechtsvergleichung hat deshalb nur beschränkten Wert. Intersystemar ist sie geradezu gefährlich. Denn der juristische Begriffsapparat des sozialistischen Rechtskreises ist weithin den beiden mittel- und westeuropäischen nicht-sozialistischen Rechtskreisen entlehnt, hat jedoch in den sozialistischen Ländern in großem Umfang einen Bedeutungswandel erfahren, der nicht immer auf Anhieb erkennbar ist.

Nach *Klaus Wähler* (Berlin) im Beitrag „Zum Problem der Unvergleichbarkeit sozialistischer und nichtsozialistischer Privatrechtsordnungen" sind die generell in der rechtsvergleichenden Forschung verwendeten Methoden, nämlich die deskriptiv-analytische, die historische, die begrifflich-dogmatische, die typologische und die funktionale Methode der Vergleichung sozialistischer und nicht-sozialistischer Rechte anwendbar. Je nach dem Gegenstand und dem Ziel einer speziellen oder globalen rechtsvergleichenden Untersuchung wird bald die eine oder die andere der genannten Methoden, häufig auch eine Kombination mehrerer Methoden, besonders fruchtbar sein. Keine Methode kann jedoch bei der rechtsvergleichenden Betrachtung der nicht-sozialistischen Rechte von vornherein als unbrauchbar ausgeschieden oder a priori als die dabei allein brauchbare Methode bezeichnet werden. Eine Wertung von Institutionen des sozialistischen Rechtes vom Standpunkt der eigenen Rechtsordnung des westlichen Rechtsvergleiches ist zunächst als Mittel der konstatierenden Herausarbeitung (und auch der politischen Rechtfertigung) des eigenen Lösungsmodells wissenschaftlich legitim, sofern eine grobe Vereinfachung unter Verwendung propagandistischer Schlagworte vermieden wird. Darüber hinaus ist aber auch der Versuch einer objektiven vergleichenden Wertung möglich, sofern Gegenstand des Vergleiches die Regelung gleicher oder ähnlicher Lebensverhältnisse durch relativ „systemneutrale" Normen ist, mit denen die vergleichende Rechtsordnung erklärtermaßen oder auch nur faktisch gleiche oder ähnliche Ziele verfolgt.

Auf erziehungswissenschaftlichem Gebiete wies *Oskar Anweiler* (Bochum) in seinem Beitrag „Systemvergleich und Bildungsforschung" darauf hin, daß sowohl die intersystemare als auch die intrasystemare vergleichende Bildungsforschung in der Bundesrepublik Deutschland überwiegend den problemorientierten Zugang (problem approach) gewählt und nicht einen umfassenden Vergleich (global analysis) angestrebt hat. Damit trägt sie sowohl der grundsätzlichen methodologischen Problematik derartiger globaler Systemvergleiche als auch den arbeitstechnischen methodischen Schwierigkeiten Rechnung. Am häufigsten werden Bildungssysteme auf der Ebene der Struktur und Organisation miteinander verglichen. Will man aber nicht bei einer formalen Beschreibung verharren, so kommt es auf den strukturell-funktionalen Vergleich im eigentlichen Sinne an, d. h. auf die Ermittlung, Analyse und vergleichende Gegenüberstellung der tragenden Strukturelemente eines Bildungssystems sowohl in ihrer Binnenfunktion als auch in ihren Beziehungen zum sozialen und politischen Ganzen. Dabei gilt es unter anderem nach funktionalen Äquivalenten zu fragen, weil die einfache Gegenüberstellung von Schulstufen und Ausbildungsformen für einen Vergleich nicht ausreichen. Eine andere Ebene des Vergleichs erstreckt sich auf die vielfältigen Verflechtungen mit dem, was undifferenziert der „gesellschaftliche Zusammenhang" genannt wird, in dem ein Bildungssystem steht. Den zweifellos schwierigsten Komplex stellen diejenigen Probleme dar, die sich aus der Ziel- und Inhaltsstruktur der Lernprozesse, den Bedingungen des schulischen Lernens und den Formen und Methoden des Unterrichts ergeben. Hierzu gehören z. B. vergleichende Analysen von Lehrplänen (curricula), von schulischen Leistungen und von „Unterrichtsstilen". Neben der differenzierten vergleichenden Untersuchung von Teilproblemen des Bildungswesens kommt schließlich einem umfassenden Vergleich aufgrund allgemeiner hypothetischer Annahmen ebenfalls ein gewisser Wert zu. Es ergibt sich die Möglichkeit, nach einem Katalog spezifischer Fragen die Art und Weise und das Ausmaß der Realisierung dieser Postulate vergleichend zu ermitteln. In der vergleichenden Bildungsforschung wird sich möglicherweise durch die Herausarbeitung bestimmter Indikatoren für die Leistungsfähigkeit und die „Output"-Ergebnisse der Bildungssysteme ein methodisch weiterführender Weg ergeben. Sozialindikatoren setzen eine Zielorientierung hervor, die ihrerseits wiederum von bestimmten Wertungen abhängig sind. Der wertende Vergleich ist in der vergleichenden intersystemaren Bildungsforschung somit kein Fremdkörper. Er hat aber als solcher keine normative Funktion. Das tertium comparationis dient als Kriterium, nicht als Norm mit allgemeinem Geltungsanspruch.

In seinem Beitrag „Zur Problematik einer interkulturell/intersystemar vergleichenden Jugendforschung" stellt *Hans-Peter Schäfer* (Hamburg) nach den Irrwegen der kulturvergleichenden Sozialisationsforschung Konzeptionen der intersystemar-vergleichenden Jugendforschung dar. Als Paradigmen des Vergleichs nennt er die Jugend im Gegensatz der Systeme, die moderne Jugend in der Industriegesellschaft, das Jugendalter als Problem- und Lernphase, Jugend und Jugendgruppen als Faktor gesellschaftlicher Kontinuität bzw. sozialen Wandels, Jugend im sozialen Netzwerk (ökologischer Anlaß). Er hält ein Plädoyer für den kulturell-theoretischen Ansatz in der intersystemar-vergleichenden Jugendforschung, indem er eine Abgrenzung gegenüber anderen „Kultur"-Begriffen vornimmt, und die Meso-Kultur als „Verstehens"-Horizont begreift.

Die Meinungen der Autoren sind vielfältig. Indessen sind etwaige Kontroversen oft nur scheinbar. Denn als ein Ergebnis ist festzustellen: Die Methoden der Vergleichung und die Problemlösungen sind disziplinspezifisch. Aber auch innerhalb der Disziplinen besteht Methodenpluralismus. Ein unterschiedlicher Aspekt, unter dem ein Vergleich vorgenommen wird, führt auch in derselben Disziplin zu einer unterschiedlichen Methode. Wenn etwa die Wirtschaft nicht als Gesamtsystem verglichen wird, sondern unter einem bestimmten Aspekt, der für Wirtschaftssysteme als wichtig erscheint, so ergeben sich andere Problemstellungen und damit andere Methoden der Lösung. Entsprechendes läßt sich auch für andere Wissenschaftsgebiete feststellen. Methodenvielfalt ist also legitim. Ein Wettstreit um die beste Methode wäre also fehl am Platz.

Als ein Ergebnis kann auf hoher Abstraktionsstufe die Möglichkeit erkannt werden, die Methoden des Systemvergleichs zu klassifizieren. Die Erkenntnisse Ulrich Drobnigs sind geeignet, verallgemeinert zu werden. Als Klassifikationsmerkmale bieten sich an: der Kontrast, die Analyse und die Wertung. So können wohl in allen Disziplinen der kontrastierende Vergleich, der analysierende Vergleich und der wertende Vergleich unterschieden werden. Indessen ist eine Einschränkung zu machen: Die Klassifikation läßt eine scharfe Trennung nicht zu. Erfolgt die Analyse nicht systemimmanent-kritisch, so ist in ihr ein Stück Wertung enthalten. Denn in der Wahl eines tertiums comparationis liegt schon eine Wertung, zumindest nach dem Gewicht für den Vergleich. Ferner führen auch der analysierende und der wertende Vergleich zu Kontrasten. Außerdem muß bedacht werden, daß, je höher die Abstraktionsstufe ist, desto inhaltsleerer die Merkmale sind. Indessen verlieren sie auch hier nicht ihre charakteristischen Eigenheiten. Jeder Beitrag geht von der selbstverständlichen Voraussetzung aus, daß jeder Systemvergleich gründliche Kenntnisse der verglichenen Systeme voraussetzt. Wenn diese Selbstverständlichkeit erwähnt wird, so deshalb, weil sich aus ihr eine Erkenntnis vom Verhältnis von DDR-Forschung zur vergleichenden Deutschlandforschung ergibt. Jede vergleichende Deutschlandforschung setzt DDR-Forschung voraus. Nur in diesem Sinne kann man von einem „Aufgehen" der DDR-Forschung in der vergleichenden Deutschlandforschung sprechen.

Erkennt man die Stufenfolge beider Forschungsgebiete, so löst sich die Gegensätzlichkeit von systemimmanent-kritischer Methode und anderen Methoden auf. Während die systemimmanente Methode auf ein unkritisches Nachbeten von Ansichten der DDR-Verantwortlichen hinausläuft, nimmt die systemimmanent-kritische Methode eine Analyse vor, indem sie Verhältnisse in der DDR an den Ansprüchen mißt, die von den DDR-Verantwortlichen selbst an das eigene System gestellt werden. Eine derartige Analyse ist für die DDR-Forschung unabdingbar. Damit ist aber ihre Anwendbarkeit für einen Vergleich, der über eine Gegenüberstellung hinausgeht, erschöpft. Denn jede weitere Analyse, etwa im Suchen nach einem tertium comparationis, würde über die Grenzen eines Systems hinausgehen, wäre also nicht mehr systemimmanent. Sie gehört zur vergleichenden Deutschlandforschung.

Welche weiteren Schlußfolgerungen gezogen werden können, muß weiteren Untersuchungen in den einzelnen Disziplinen, auch über die hier nicht berücksichtigten hinaus, überlassen bleiben. Wenn der Band dazu Anregungen gibt, hat er seinen Zweck erfüllt.

Was die äußere Gestaltung des Bandes anbetrifft, so sind die Beiträge so belassen worden, wie sie von den Verfassern abgeliefert worden sind. Auf die Literatur ist deshalb bei einem Teil der Beiträge in Fußnoten, bei einem anderen Teil im Text selbst verwiesen worden. Jeder Beitrag hat ein Literaturverzeichnis in seinem Anhang.

Gernot Gutmann Siegfried Mampel

Wilhelm Bleek

DIE ENTWICKLUNG DES ZWISCHENDEUTSCHEN SYSTEMVERGLEICHS IM SPANNUNGSFELD VON POLITIK UND WISSENSCHAFT

Vorbemerkung

Im Rahmen dieser multidisziplinären Veranstaltung fällt mir der Part des Politikwissenschaftlers zu. Als solcher sehe ich zwei Möglichkeiten, mich mit den Problemen des zwischendeutschen Systemvergleichs auseinanderzusetzen.

Die erste Möglichkeit besteht in der Erörterung der theoretischen und methodischen Probleme, mit denen Politikwissenschaftler bei der Arbeit an zwischendeutschen Vergleichen konfrontiert werden. Da ich in meinem Münchener Habilitationsvortrag[1] das Hauptgewicht auf diesen Aspekt gelegt habe und meine damaligen Ausführungen nur wiederholen und ergänzen könnte, möchte ich an dieser Stelle einen zweiten Zugang wählen. In dem folgenden Beitrag soll die Entwicklung des bundesrepublikanischen Forschungsgebietes der zwischendeutschen Systemvergleiche vor dem Hintergrund der Entwicklung der bundesrepublikanischen Deutschlandpolitik dargestellt werden. Dieser erste Versuch einer Korrelation von Wissenschaftsgeschichte und Politikgeschichte auf den genannten Gebieten wird notwendigerweise skizzen- und thesenhaft ausfallen. Das ist nicht nur in dem material- wie methodenmäßig nicht leicht zu erfassenden Charakter des Verhältnisses von Politik und Wissenschaft begründet, sondern auch in der Qualität der bisherigen Arbeiten zur Geschichte der DDR-Forschung wie der Deutschlandpolitik.

Geschichte der DDR-Forschung und Deutschlandpolitik

Die Geschichte der zwischendeutschen Systemvergleiche bettet sich ein in die allgemeine Entwicklung der DDR-Forschung in der Bundesrepublik. Leider gibt es nach meiner Einschätzung bisher nur Bruchstücke und Materialien, aber noch keine befriedigende Darstellung zur Geschichte dieses For-

1 Wilhelm Bleek: Zwischendeutsche Vergleiche. Politische Probleme und politikwissenschaftliche Möglichkeiten, in: Deutschland-Archiv 15 (1982), S. 717-739.

schungsbereiches in der Bundesrepublik. Manche Beiträge begnügen sich weitgehend mit der politischen Denunziation der wissenschaftlichen Ausführungen der akademischen Gegner[2], andere gehen nur pauschal auf die Entwicklung der Kommunisforschung in den westlichen Staaten ein.[3] Clemens Burrichter und Eckart Förtsch haben einen sehr informativen Abriß der Entwicklung der bundesdeutschen DDR-Forschung vor dem zeitgeschichtlichen Hintergrund verfaßt, der jedoch nur in einer sehr schlechten Übersetzung ins Englische vorliegt.[4]

Ich selbst werde in diesem Beitrag versuchen, die Entwicklung der bundesdeutschen DDR-Forschung im allgemeinen und der zwischendeutschen Vergleiche im besonderen anhand meiner Kenntnis der Publikationen der letzten 30 Jahre in groben Zügen nachzuzeichnen. Unter Vergleichen sollen mit einem weitgefaßten Begriff alle Arbeiten verstanden werden, die gleichzeitig auf die Bundesrepublik Deutschland und die DDR eingehen, auch wenn sie dabei im enggefaßteren Sinne nicht vergleichen, sondern nur gegenüberstellen. Der Gegenstand dieses wissenschaftsgeschichtlichen Abrisses ist also die vergleichende Deutschlandforschung in der Bundesrepublik.[5] Bei meiner Darstellung werde ich eindeutige Akzente und Zeitabschnitte für die einzelnen Phasen setzen, auch wenn in der vielfältigen Wirklichkeit die einzelnen wissenschaftlichen Richtungen oft nebeneinanderstehen und die zeitlichen Übergänge fließend sind. Daß ich nicht jedem Autor oder Forschungsinstitut gerecht werden kann, sei mir vorab verziehen.

Vor allem aber bitte ich zu berücksichtigen, daß nach meinem Dafürhalten der Gang der Wissenschaftsgeschichte – das gilt für alle akademischen Disziplinen – nicht die häufig anzutreffende Annahme eines steten und linearen Fortschritts bis auf die Höhe des heutigen „Standes der Forschung" rechtfertigt.[6] Vielmehr sind wertvolle Ansätze und Einsichten vergangener Gene-

---

2 z.B. Olaf Cless: Sozialismusforschung in der Bundesrepublik, Köln 1978, und Jean-Paul Picaper: DDR-Bild im Wandel, Berlin 1982.

3 z.B. Volker Gransow: Konzeptionelle Wandlungen der Kommunismusforschung, Frankfurt/New York 1980, und Gerd-Joachim Glaeßner: Sozialistische Systeme. Einführung in die Kommunismus- und DDR-Forschung, Opladen 1982.

4 Clemens Burrichter / Eckart Förtsch: Development and Present Situation of GDR Research in the Federal Republic of Germany, in: Klaus von Beyme et al. (Eds.): German Political Systems: Theory and Practice in the Two Germanies (German Political Studies, Vol. 2), Beverly Hills 1976, S. 93-116.

5 Ein anderes, aber auch sehr interessantes Thema ist die vergleichende Deutschlandforschung in der DDR. Sie würde sich zwar mit Vehemenz gegen dieses Etikett verwahren, doch kann ein Großteil der Arbeiten der „Imperialismusforschung" der DDR diesem Gebiet zugeordnet werden: Fast allen DDR-Arbeiten über die Bundesrepublik unterliegt – ausgesprochen oder unausgesprochen – die Funktion eines kontrastiven Vergleichs zwischen den beiden deutschen Staaten. Zur ambivalenten Einstellung der DDR zur vergleichenden Deutschlandforschung in der Bundesrepublik siehe unten.

6 Diese Annahme unterliegt dem ansonsten sehr informativen – und leider unveröffentlichten – Gutachten zum Stand der DDR- und vergleichenden Deutschlandfor-

rationen verlorengegangen, manche wiederentdeckt worden, auf der anderen Seite werden sich viele in der Gegenwart dominierenden Konzepte und Paradigmen als flüchtige Modeerscheinungen erweisen. Die genauere Kenntnis der Wissenschaftsgeschichte belegt weder eine pauschale Fortschrittsgläubigkeit noch sollte sie in den hochschul- und forschungspolitischen Auseinandersetzungen eine billige Münze hergeben. Hingegen kann sie uns auf grundlegende methodische, theoretische und vor allem metatheoretische Fragen und Probleme in den einzelnen Fächern hinweisen. Das will ich am Beispiel der Entwicklung des zwischendeutschen Vergleichs im Rahmen der bundesdeutschen DDR-Forschung deutlich werden lassen.[7] Nur scheinbar besser sieht es mit der zeitgeschichtlichen und politikwissenschaftlichen Literatur zur Geschichte der Deutschlandpolitik als des für die Entwicklung der bundesdeutschen DDR-Forschung und der zwischendeutschen Vergleiche zentralen Bedingungsfaktoren aus. Es gibt zwar zahlreiche Veröffentlichungen vor allem zu Einzelaspekten der Deutschlandpolitik[8], doch es fehlt noch die integrierende Gesamtdarstellung der Entwicklung der Deutschlandpolitik in den bald vier Jahrzehnten seit dem Zusammenbruch des Hitlerreiches und dem damit verbundenen Verlust der nationalsozialistischen Einheit Deutschlands. Eine solche Gesamtdarstellung dürfte sich nicht mit den Vorgängen auf der internationalen und diplomatischen Ebene begnügen[9], sondern müßte das für die Deutschlandpolitik aller beteiligten Staaten charakteristische Beziehungsgeflecht von Außen- und Innenpolitik in den Griff bekommen.[10]

Ich beschränke mich bei dem folgenden Abriß im Hinblick auf die Geschichte der bundesrepublikanischen Deutschlandpolitik auf einige allgemeinere Feststellungen. Obwohl die westdeutsche Deutschlandpolitik sich nicht in der offiziellen Position der jeweiligen Bundesregierung erschöpft, sollen die Phasen der Deutschlandpolitik durch Zitate aus den Regierungserklärungen der deutschen Bundeskanzler von Konrad Adenauer bis Helmut Kohl illustriert werden. Die einschlägigen Passagen dieser Erklärungen vermitteln einen guten

---

schung, erstattet vom Arbeitskreis für vergleichende Deutschlandforschung unter Vorsitz von Peter Christian Ludz im März 1978, 4 Bände, Manuskriptdruck, und darin insbesondere den von Ludz selbst verfaßten Teilen.

7 Mit ähnlicher Intention hat Oskar Anweiler (Bemerkungen zur erziehungswissenschaftlichen DDR-Forschung im Rahmen intersystemarer vergleichender Bildungsforschung, in: U. Baumann u.a. (Hrsg.): Vergleichende Erziehungswissenschaft, Wiesbaden 1981, S. 43-49) für eine Geschichte der bundesdeutschen Beschäftigung mit der politischen und pädagogischen Entwicklung in der SBZ/DDR plädiert.

8 Vgl. Bundesministerium für innerdeutsche Beziehungen (Hrsg.): Bibliographie zur Deutschlandpolitik 1941-1974, Frankfurt/M. 1975, und dass. (Hrsg.): Bibliographie zur Deutschlandpolitik 1975-1982, Frankfurt/M. 1983.

9 Vgl. Andreas Hillgruber: Deutsche Geschichte 1945-1982. Die „deutsche Frage" in der Weltpolitik, Stuttgart, 4. Aufl., 1983.

10 Ausgangspunkt könnte die materialreiche Synopse zur Deutschlandpolitik 1941 bis 1973, hrsg. von Werner Weber und Werner Jahn, Göttingen 1973, sein.

Eindruck von der Kontinuität und dem Wandel der deutschlandpolitischen Zielsetzungen und Methoden der Bundesregierungen zwischen 1949 und heute.[11]

Bei dem Versuch, die Herausbildung von zwischendeutschen Vergleichen im Rahmen der bundesdeutschen DDR-Forschung mit der Entwicklung der Deutschlandpolitik zu korrelieren, werde ich drei Zeitabschnitte unterscheiden. Sowohl von ostdeutscher wie westdeutscher Seite liegen zahlreiche Periodisierungsschemata für die Geschichte der DDR vor.[12] Sie zeichnen sich durch weitgehende Übereinstimmung in der Grobeinteilung und interessante Unterschiede in den Details aus. Diese Abweichungen führen sich vor allem auf unterschiedliche Kriterien zurück, die den Periodisierungsbemühungen zugrundegelegt wurden. Im Hinblick auf die Fragestellung dieses Beitrages werde ich mich primär an den prinzipiellen Wandlungen der Deutschlandpolitik orientieren.

Die erste Phase wird die Jahre der absoluten Nichtanerkennung und Infragestellung der DDR durch die Bundesrepublik zwischen 1949 und 1961 umfassen. Die zweite Phase erstreckt sich auf die 60er Jahre, in denen die DDR aufgrund ihrer Stabilisierung im Gefolge des Baus der Berliner Mauer zwar noch nicht formal anerkannt, aber doch im wachsenden Maße bis hin zur Inaugurierung einer neuen Deutschlandpolitik durch die sozialliberale Koalition als politisches Faktum zur Kenntnis genommen wurde. Die dritte und noch andauernde Phase umfaßt die Jahre seit der förmlichen gegenseitigen Anerkennung der beiden deutschen Staaten durch den Grundlagenvertrag von 1972.

Diese Phaseneinteilung würde etwas anders ausfallen, wenn z.B. die Innenpolitik der Bundesrepublik oder die Entwicklung der ökonomischen und politischen Ordnung der DDR zugrundegelegt würde. Das erstaunliche ist aber, um das wesentliche Ergebnis meines Beitrages vorwegzunehmen, in welchem Maße sich die Entwicklungsphasen der bundesdeutschen DDR-Forschung und vergleichenden Deutschlandforschung mit den Etappen der Deutschlandpolitik decken. Der Paradigmenwechsel im wissenschaftlichen Bereich scheint in direkter Korrelation zum politischen Wandel zu stehen.

Bereits an dieser Stelle gilt es möglichen Mißverständnissen und Fehlinterpretationen vorzubeugen. Die Konstatierung einer parallelen Entwicklung von Deutschlandpolitik und vergleichender Deutschlandforschung berechtigt noch

---

11 Klaus von Beyme (Hrsg.): Die großen Regierungserklärungen der deutschen Bundeskanzler von Adenauer bis Schmidt, München/Wien 1979. Vgl. Peter Juling: Kontinuität im Ziel – aber Wandel des Weges. Die Deutschlandpolitik im Spiegel der Regierungserklärungen seit 1949, in: Deutschland-Archiv 16 (1983), S. 920-926.

12 Vgl. Alexander Fischer und Hermann Weber: Periodisierungsprobleme der Geschichte der DDR, in: Deutschland-Archiv, Sonderheft 1979, S. 17 ff., und Gert-Joachim Glaeßner: Schwierigkeiten beim Schreiben der Geschichte der DDR. Anmerkungen zum Problem der Periodisierung, in: Deutschland-Archiv 17 (1984), S. 638-650.

nicht zur politischen Denunziation und wissenschaftlichen Disqualifikation dieses Forschungsbereiches. Vielmehr ist bei einer synchronen Entwicklung von Politik und Wissenschaft zunächst einmal zu prüfen, ob überhaupt ein Wirkungszusammenhang besteht, und wenn er gegeben ist, wie er abläuft. Besteht zwischen der Deutschlandpolitik und der vergleichenden Deutschlandforschung ein Verhältnis der Überordnung, der Unterordnung oder der gleichberechtigten Kooperation? Ist die vergleichende Deutschlandforschung nur die Dienstmagd der Deutschlandpolitik und hat deren Entscheidungen und Wandlungen getreulich nachvollzogen? Oder hat sie es umgekehrt vermocht, Veränderungen in der Deutschlandpolitik zu bewirken? Und auf welchen Kommunikationskanälen realisiert sich diese wie auch immer geartete Interdependenz von Deutschlandpolitik und vergleichender Deutschlandforschung?

Diese Fragen will ich in einem letzten Abschnitt aufnehmen. Auch wenn sie sich noch nicht im Detail beantworten und belegen lassen, so können doch aus der Korrelation von Politik- und Wissenschaftsgeschichte einige allgemeinere Schlußfolgerungen gezogen werden. Die politischen Funktionen der vergleichenden Deutschlandforschung können aufgelistet und auf ihre Vereinbarkeit mit dem Anspruch auf Wissenschaftlichkeit, den auch dieses Forschungsgebiet erhebt, überprüft werden. Nicht zuletzt ergeben sich aus der politischen Verwertbarkeit von zwischendeutschen Vergleichen Konsequenzen für ihre wissenschaftliche Konzipierung. So führt der hier gewählte zweite Zugang einer politikwissenschaftlichen Analyse von zwischendeutschen Vergleichen in Gestalt einer Verknüpfung von wissenschafts- und politikgeschichtlicher Darstellung doch wieder zurück zum erstgenannten Ansatz der Erörterung von methodischen und theoretischen Problemen zwischendeutscher Vergleiche.

I. Erste Phase: 1949–1961

Nicht-Anerkennung und Nicht-Vergleich

Seit wann gibt es in der Bundesrepublik eine wissenschaftliche DDR-Forschung und zwischendeutsche Systemvergleiche? Die Vermutung liegt nahe, wie sie 1984 Bundesminister Windelen bei der Verleihung des Ernst-Richert-Preises geäußert hat[13], daß die DDR- und vergleichende Deutschlandforschung so alt wie die Teilung Deutschlands in zwei Staaten ist, also auf das Jahr 1949 zurückgeht. Diese Annahme ist nicht oder nur sehr eingeschränkt richtig. Wenn schon, dann läßt sich zumindest für die 50er Jahre höchstens von einer „SBZ-Forschung" und Vorformen des zwischendeutschen Vergleichs in der Bundesrepublik sprechen.

---

13 In: Deutschland-Archiv 17 (1984), S. 212.

Die DDR ist erst 1972 von der Bundesrepublik als Staat anerkannt worden. Bis dahin firmierte das Gebiet zwischen Elbe und Oder, wie sich den Regierungserklärungen entnehmen läßt[14], als „Sowjetische Besatzungszone", abgekürzt als „SBZ" oder „Zone", als „Mitteldeutschland" oder „anderer Teil Deutschlands" mit allen damit verbundenen inhaltlichen Implikationen. Das war nicht bloß rechtliche Maxime und diplomatisches Kalkül, sondern auch Ausdruck der damaligen politischen Lageeinschätzung und Überzeugungen. Die DDR war in den Augen der bundesrepublikanischen Gründergeneration ein flüchtiges und irrelevantes Gebilde ohne Zukunftsaussichten. Von heute her gesehen mögen uns diese Auffassungen der 50er Jahre reichlich unrealistisch und illusionär erscheinen, doch damals waren sie angesichts der politischen und wirtschaftlichen Krisenanfälligkeit der DDR und der SED-Herrschaft gar nicht so hergeholt.

Mit einem so unbedeutenden „Phänomen" und temporären „Gebilde", um die substantivischen Umschreibungen des späteren Bundeskanzlers Kiesinger aufzunehmen, brauchte sich die Wissenschaft nicht zu beschäftigen, zumal sie als Politik- und Sozialwissenschaft in der Bundesrepublik erst im Entstehen bzw. Wiederentstehen und mit anderen vordringlicheren Themen wie der Bewältigung der nationalsozialistischen Vergangenheit und der Konzipierung einer freiheitlichen Ordnung beschäftigt war. Noch weniger kam ein zwischendeutscher Vergleich in Frage, würde dieser doch den eigenen Staat mit einem Nicht-Staat, einem bloßen Satelliten- und Kolonialgebiet auf eine Stufe stellen. DDR- und vergleichende Deutschlandforschung konnte es nach den deutschlandpolitischen Grundüberzeugungen, wie sie in den 50er Jahren von allen Parteien der Bundesrepublik mit Ausnahme der KPD geteilt wurden, eigentlich nicht geben.

Wiedervereinigungswissenschaft

Trotzdem erschienen natürlich schon seit Beginn der 50er Jahre in der Bundesrepublik und insbesondere in Westberlin Arbeiten über das Gebiet zwischen Elbe und Oder. Sie waren zumeist geprägt von der deutschlandpolitischen Konzeption der Bundesregierung unter Konrad Adenauer, die eine Wiedervereinigung Gesamtdeutschlands durch Anschluß der Ostzone an die Bundesrepublik zum Ziel hatte. Durch eine Politik der ökonomischen Attraktion und politischen Stärke sollte die Sowjetunion dazu gebracht werden, das von ihr in Deutschland besetzte Territorium freizugeben. So definierte Bundeskanzler Adenauer in seiner Regierungserklärung vom 29. Oktober 1957 nach Erringung der absoluten Mehrheit im Deutschen Bundestag durch die CDU/CSU die „große nationale Aufgabe der deutschen Wiedervereinigung"

[14] Vgl. K. v. Beyme (Anm. 11), S. 34.

als die „Befreiung der sowjetisch besetzten Gebiete Deutschlands“ und bekräftigte den Anspruch der Bundesregierung, auch für die 18 Millionen Deutschen in der Sowjetzone zu sprechen.[15] Die nationalstaatliche Einheit Deutschlands sollte durch die Übernahme der gesellschaftlichen, politischen und wirtschaftlichen Ordnung der Bundesrepublik auch in der Ostzone wieder hergestellt werden. Bei der Verfolgung dieses Ziels leistete die bundesdeutsche Forschung Hilfe.

Die SBZ-Forschung in der Bundesrepublik war zunächst eine Wiedervereinigungswissenschaft. Sie hatte Pläne für den „Tag X“ zu entwickeln, an dem das Gebiet zwischen Elbe und Oder der Bundesrepublik angegliedert würde. Das geschah in aller Öffentlichkeit und rechtfertigte nicht im geringsten die Unterstellungen putschistischer und subversiver Aktivitäten, mit denen die SED nach dem 17. Juni 1953 die gewaltsame Niederschlagung des ostdeutschen Arbeiteraufstandes rechtfertigte.[16]

Beispielhaft für diese Anfänge der westdeutschen DDR- bzw. SBZ-Forschung und ihre Einbettung in die damalige Deutschlandpolitik war der im März 1952 beim Bundesministerium für gesamtdeutsche Fragen konstituierte „Forschungsbeirat für Fragen der Wiedervereinigung Deutschlands“. Er stellte seine Arbeiten unter das Ziel „einer Wiedervereinigung von Mitteldeutschland, d.h. der sowjetisch besetzten Zone, mit den Gebieten der Bundesrepublik“[17]. Damit war die Aufgabenstellung sehr eindeutig angegeben: Es ging nicht um die Vereinigung von zwei Staaten und Volkswirtschaften, sondern um den Anschluß eines Gebietes an die einzig als legitim angesehene staatliche, gesellschaftliche und ökonomische Ordnung in Deutschland. Der Forschungsbeirat konzentrierte sich dabei entsprechend der politischen Prioritätensetzung der Bundesrepublik, aber auch der wissenschaftlichen Kapazität seiner Mitglieder auf die wirtschaftlichen und sozialen Aspekte der Realisierung dieses Zieles. Wie ein roter Faden zog sich durch alle seine Arbeiten und Tätigkeitsberichte die „Aufgabe, die zur Zeit in Mitteldeutschland geltende Ordnung einer zentral gelenkten Zwangswirtschaft in eine im Grundsatz marktwirtschaftliche Ordnung zu überführen“[18].

Seinen Plänen für eine Anpassung der Wirtschafts- und Sozialstrukturen des Gebietes zwischen Elbe und Oder an diejenigen der Bundesrepublik legte der Forschungsbeirat sinnvollerweise eine Bestandsaufnahme der ökonomischen und gesellschaftlichen Realitäten in der DDR zugrunde. Zugleich hatte er

---

15 K. v. Beyme (Anm. 11), S. 122 und S. 118.

16 Im Beschluß der 14. Tagung des ZK der SED wurde der Forschungsbeirat als ein „Stab für Diversions- und Bürgerkriegsakte“ angeprangert (Dokumente der Sozialistischen Einheitspartei Deutschlands, Bd. 4, Berlin 1954, S. 438).

17 Forschungsbeirat für Fragen der Wiedervereinigung Deutschlands beim Bundesminister für gesamtdeutsche Fragen. Erster Tätigkeitsbericht 1952/53, Bonn 1954, S. 10.

18 Forschungsbeirat ... Zweiter Tätigkeitsbericht 1954/56, Bonn 1957, S. 20.

zu prüfen, in welchem Maße die Verhältnisse in der DDR von denen in der Bundesrepublik als dem gesamtdeutschen Vorbild und Ziel abwichen, um daraus Konsequenzen für eine Übergangsregelung zu ziehen. Beide Aufgaben, sowohl die Realanalyse der DDR als auch den innerdeutschen Vergleich, hat der Forschungsbeirat, wie aus seinen Tätigkeitsberichten deutlich wird, seit Ende der 50er Jahre immer stärker wahrgenommen, während die Ausarbeitung von konkreten Plänen für die Zeit nach der Wiedervereinigung in den Hintergrund rückte. So ist der Forschungsbeirat zum Wegbereiter der empirisch-analytischen DDR-Forschung und auch des wissenschaftlichen Systemvergleichs zwischen Bundesrepublik und DDR geworden. Er reicht, zumal wenn man seinen letzten Tätigkeitsbericht für die Jahre 1965/1969 berücksichtigt[19], nicht nur zeitlich, sondern auch inhaltlich in die zweite Phase der DDR- und vergleichenden Deutschlandforschung hinein.

Innerdeutscher Vergleich als legitimatorischer Kontrast

Auch wenn es in den 50er Jahren kaum wissenschaftliche Vergleiche zwischen den beiden deutschen Staaten gab, vor allem, weil sie für unvergleichbar gehalten wurden, so gab es doch Gegenüberstellungen von Bundesrepublik Deutschland und DDR, genauer gesagt, Mitteldeutschland oder SBZ. Ich meine jene eher beiläufigen, dafür aber um so häufigeren Verweise auf die DDR als einen Kontrast zur Bundesrepublik. Sie finden sich seit Beginn der deutschen Teilung in zahlreichen Erklärungen von Politikern, publizistischen Kommentaren, Schulbüchern, aber auch in wissenschaftlichen Veröffentlichungen der Bundesrepublik. Daß zwischendeutsche Kontrastaussagen genauso, wenn nicht noch häufiger in entsprechenden Äußerungen aus der DDR zu finden sind, soll nur angemerkt werden.

Für diesen Typ von beiläufigen Verweisen will ich nur einige wenige Beispiele nennen. So verwies Walter Strauß (CDU), der spätere Staatssekretär im Bundesjustizministerium, am 14. Oktober 1949 im Zuständigkeitsausschuß des Parlamentarischen Rates „auf die Verhältnisse im Osten“, wo das Berufsbeamtentum abgeschafft worden war, um damit schon die Notwendigkeit von dessen institutioneller Verankerung in Art. 33 des Grundgesetzes zu begründen.[20] Ein zweites Beispiel: Bundeskanzler Adenauer sprach in seiner Regierungserklärung vom 20. Oktober 1953 davon, daß die Bevölkerung der SBZ am 17. Juni „überzeugend bewiesen hat, daß ihr Freiheitsbegriff mit

[19] Das gilt insbesondere für den Teil über das „Nebeneinander der Systeme“. Forschungsbeirat ... Fünfter Tätigkeitsbericht 1965/1969, Bonn/Berlin 1969, S. 409 ff.

[20] Vgl. Wilhelm Bleek: Verwaltung und öffentlicher Dienst, in: Wolfgang Benz (Hrsg.): Die Bundesrepublik Deutschland, Bd. 1: Politik, Frankfurt/M. 1983, S. 63-91, hier S. 66 mit Anm. 7.

dem unsrigen und nicht mit dem der dortigen Machthaber identisch ist“[21]. Auf ähnlichem „Substraktionswege“ definierte Günter Dürig 1964 in dem von ihm gemeinsam mit Theodor Maunz verfaßten großen Grundgesetzkommentar den verfassungsrechtlich durchaus nicht unumstrittenen Begriff der freiheitlichen demokratischen Grundordnung: „Blickt man in die erlebte Vergangenheit und auf die erlebte Gegenwart jenseits ‚der Mauer‘ und ‚des Todesstreifens‘, so wird eigentlich unmittelbar einsichtig, was alles . . . zum Begriff der ‚freiheitlichen demokratischen Grundordnung‘ i.S. des Grundgesetzes gehört“[22].

Gemeinsam ist allen diesen Beispielen, und deshalb habe ich sie aufgeführt, daß man bei ihnen an den „Verhältnissen im Osten“ eigentlich nicht interessiert ist. Diese werden vielmehr nur herangezogen, um einen Gegensatz zur Bundesrepublik zu manifestieren und die Verhältnisse im Westen auf diese Weise zu legitimieren. Die gesellschaftliche und politische Realität der DDR wird zur Negativfolie für die positiv verstandene und verklärte Ordnung der Bundesrepublik.[23]

In solchen beiläufigen Kontrastaussagen spiegelt sich im Hinblick auf die zeitgeschichtliche Entwicklung der Prozeß der Teilung Deutschlands in der ganzen Tiefe seiner sozialpsychologischen Dimension wider. Es mag seit Herbst 1949 in Deutschland zwei gesonderte Staaten geben, die sich in ihrem offiziellen Selbstverständnis deutlich voneinander unterscheiden und abgrenzen. Doch gerade in diesen Abgrenzungsbemühungen nehmen sie immer wieder aufeinander Bezug, suchen ihre eigene Identität über die „Gegen-Identität“ der anderen deutschen Herrschaftsordnung zu begründen.[24] In beiden deutschen Staaten gehört der Hinweis auf das abschreckende Bild der anderen deutschen Gesellschafts- und Herrschaftsordnung bis heute zum Standardarsenal der politischen Argumentation und Auseinandersetzung.

II. Zweite Phase: 1961–1972

Wissenschaftliche und politische Anerkennung der DDR

Der Bau der Berliner Mauer im August 1961 markiert das Ende der ersten Phase der Deutschlandpolitik und auch der westdeutschen Forschung über

21 K. v. Beyme (Anm. 11), S. 97.

22 Theodor Maunz / Günter Dürig: Grundgesetz. Kommentar, Art. 18, Randnummer 50; ähnlich Randnummer 48.

23 Auch das umgekehrte Vorgehen, der Pauschalkritik der bundesrepublikanischen Realität das normative Selbstverständnis der DDR als Positivfolie gegenüberzustellen, ist denkbar. Doch hat es in westdeutschen Veröffentlichungen bis auf den Marburger „Vergleich der Gesellschaftssysteme“ (Anne Hartmann u.a., Köln 1971) kaum Schule gemacht.

24 Vgl. W. Bleek (Anm. 1), S. 719 f., und Werner Weidenfeld (Hrsg.): Die Identität der Deutschen, München 1983.

die DDR. Im Westen als Eingeständnis der totalen Schwäche angeprangert, wurde er hingegen zum Ausgangspunkt der inneren Stabilisierung des SED-Regimes. In dem nun abgeschotteten Staat mußten arbeitende Bevölkerung und herrschende Partei zu einem wechselseitigen Arrangement finden. Die Partei verlagerte ihr Instrumentarium von Zwang und Terror auf die Befriedigung von Lebensbedürfnissen und die Gewährung bzw. den Entzug von Privilegien. Die Bevölkerung zog mit, wenn und so weit es um ihren eigenen Wohlstand ging. Ökonomische und gesellschaftliche Reformen konsolidierten in den 60er Jahren die DDR und die Herrschaft ihrer Staatspartei. Diese Entwicklungen mußten westliche Hoffnungen auf eine baldige Wiedervereinigung durch einen ökonomischen Kollaps und politischen Zusammenbruch des zweiten deutschen Staates ernüchtern.

Die westdeutsche SBZ-Forschung konnte diese veränderte Lage ihres Untersuchungsgegenstandes nicht auf Dauer ignorieren. Das wurde sehr deutlich, als der Forschungsbeirat 1965 seinen vierten Tätigkeitsbericht für die Jahre seit dem Bau der Mauer vorlegte.[25] Die konkreten Vorschläge für eine nur langfristig zu erreichende Wiedervereinigung traten zurück und das Schwergewicht des Berichts für diese Arbeitsperiode lag dann eindeutig auf der Bestandsaufnahme von Bereichen der Wirtschafts- und Sozialordnung der DDR. Ganz in diese Richtung einer empirischen Analyse des ökonomischen und sozialen Wandels in der DDR gingen auch die damaligen Veröffentlichungen prominenter Mitglieder des Forschungsbeirates, z.B. Karl C. Thalheims „Die Wirtschaft der Sowjetzone in Krise und Umbau“[26].

Die eigentlichen Geburtshelfer der Neuorientierung der westdeutschen DDR-Forschung waren aber Ernst Richert und Peter Christian Ludz. Richert als ehemaliger und Ludz als damaliger Leiter der Abteilung „Sowjetzone“ am Institut für Politische Wissenschaft in Westberlin leiteten nach Vorarbeiten von Otto Stammer, Martin Drath und anderen gewissermaßen die „zweite Geburt“ (Dieter Claessens) der DDR-Forschung ein. Richert forderte 1964 in seiner populären Darstellung über „Das zweite Deutschland“, man müsse „zu beschreiben suchen, was ist“[27]. Im gleichen Jahr stellte Ludz an den Anfang der von ihm herausgegebenen „Studien und Materialien zur Soziologie der DDR“ den Hinweis, man solle die Institutionen so bezeichnen, wie sie sich selbst benennen, d.h. SBZ für den Zeitraum vor 1949 und danach DDR.[28] Diese Forderung nach Revision der bis dahin dominierenden Sprach-

---

25 Forschungsbeirat für Fragen der Wiedervereinigung beim Bundesministerium für gesamtdeutsche Fragen. Vierter Tätigkeitsbericht 1961/1965, Bonn/Berlin 1965.

26 Berlin 1964.

27 Ernst Richert: Das zweite Deutschland. Ein Staat, der nicht sein darf, Frankfurt/M. 1966 (Erstveröffentlichung 1964), S. 7.

28 Peter Christian Ludz (Hrsg.): Studien und Materialien zur Soziologie der DDR (Kölner Zeitschrift für Soziologie und Sozialpsychologie, Sonderheft 8), Köln und Opladen 1964, S. 9.

regelung war für ihn keine semantische Banalität, sondern beinhaltete die Akzeptierung der DDR als Erkenntnisgegenstand sui generis. Drei Jahre später explizierte Ludz auf der ersten Tagung der DDR-Forscher in Tutzing seine Zielvorgabe für eine neue DDR-Forschung durch eine Kontrastierung mit der alten SBZ-Forschung: Es „sind Analysen vorzulegen, die nicht anklagen und abwerten wollen, die nicht ‚Standpunkte‘ und ‚Meinungen‘ vortragen, die nicht die Situation in der DDR an den Zuständen in der Bundesrepublik ‚messen‘, sondern die die Eigendynamik von Herrschaft, Wirtschaft und Gesellschaft im anderen Teil Deutschlands exakt erfassen“[29]. Was Ludz hier im September 1967 umschrieb, war die später von ihm so benannte „immanent-kritische Methode“. Er hat sie selbst in seiner bahnbrechenden Studie über die „Parteielite im Wandel“ angewandt, die im folgenden Jahr erschien.[30] Auf den andauernden Streit um wissenschaftlichen Inhalt und politischen Gehalt dieses Ansatzes will ich an dieser Stelle nicht eingehen[31], zumal das auch Ludz nicht immer so klar war, wie er in seinen Stellungnahmen vorgab. Doch die Maxime, die eigenständige gesellschaftliche und politische Realität der DDR als Gegenstand wissenschaftlicher Untersuchung anzuerkennen, hat sich seit Ende der 60er Jahre in der bundesdeutschen DDR-Forschung bei allem Streit um Theorien und Methoden eindeutig durchgesetzt.

Zu diesem Vorgang der wissenschaftlichen Anerkennung der DDR gehörte auch die Umbenennung des seit 1949 erscheinenden „SBZ Archivs“, das immer mehr in die Rolle des wissenschaftlichen Organs der bundesdeutschen DDR-Forschung hineingewachsen war. Daß aus dieser Zeitschrift im Jahr 1968 kein „DDR Archiv“, sondern das „Deutschland Archiv“ wurde, hängt mit einer deutschlandpolitischen und vergleichenden Intention zusammen, auf die noch einzugehen sein wird.

Die Wissenschaftler in der Bundesrepublik waren mit dieser Anerkennung der DDR Vorreiter der deutschlandpolitischen Entwicklung. Seit Beginn der 60er Jahre hatte man in der Bundesrepublik in wachsendem Maße erkennen müssen, daß die Politik der Nichtanerkennung der DDR und vor allem das diplomatische Instrument der Hallstein-Doktrin unter den gegebenen weltpolitischen Umständen nicht auf die Wiedervereinigung hin, sondern eher von dieser wegführte und in eine Isolierung nicht der DDR, sondern der Bundesrepublik selbst umzuschlagen drohte.[32] Die Regierung Erhard und dann die große Koalition unter Kurt Georg Kiesinger unternahmen tastende Versuche einer Neuorientierung der Deutschlandpolitik, um diese in die globalen Bemü-

29 Ders.: Situation, Möglichkeiten und Aufgaben der DDR-Forschung, in: SBZ-Archiv 18 (1967), S. 322-324, hier S. 324.

30 P. C. Ludz: Parteielite im Wandel. Funktionsaufbau, Sozialstruktur und Ideologie der SED-Führung. Eine empirisch-systematische Untersuchung, Köln und Opladen 1968.

31 Vgl. W. Bleek (Anm. 1), S. 727 f.

32 Vgl. Heinrich End: Zweimal deutsche Außenpolitik. Internationale Dimensionen des innerdeutschen Konflikts 1949-1972, Köln 1973.

hungen um Entspannung einzufädeln. Die Hallstein-Doktrin, d.h. die Drohung, die Anerkennung der DDR durch dritte Staaten mit dem Abbruch der diplomatischen Beziehungen zu diesen zu ahnden, wurde 1967 aufgegeben. Doch zur direkten Anerkennung der DDR durch die Bundesrepublik konnte man sich noch nicht durchringen.[33] Kiesinger hatte zwar für die große Koalition in seiner Regierungserklärung vom 13. Dezember 1966 erklärt, man stehe „Kontakten zwischen Behörden der Bundesrepublik und solchen im anderen Teil Deutschlands" positiv gegenüber, wenn diese der Förderung der menschlichen, wirtschaftlichen und geistigen Beziehungen zwischen den Deutschen dienen würden. Doch fügte er den ausdrücklichen Vorbehalt hinzu, dies bedeute „keine Anerkennung eines zweiten deutschen Staates"[34].

Die im Herbst 1969 ins Amt gekommene sozialliberale Bundesregierung brachte diese Neuorientierung der Deutschlandpolitik zu einem vorläufigen Abschluß. Erstmals sprach ein Bundeskanzler von der DDR unter Verzicht auf alle Umschreibungen oder Anführungszeichen. Willy Brandt ging in seiner Regierungserklärung vom 28. Oktober 1969 von der Existenz zweier Staaten in Deutschland aus, die allerdings füreinander nicht Ausland seien und nur Beziehungen besonderer Art haben könnten. Die Hauptaufgabe der kommenden Politik sei es, „die Einheit der Nation dadurch zu wahren, daß das Verhältnis zwischen den Teilen Deutschlands aus der gegenwärtigen Verkrampfung gelöst wird"[35]. Um „über ein geregeltes Nebeneinander zu einem Miteinander" zu gelangen, wurde 1972 zwischen Bundesrepublik und DDR der Grundlagenvertrag geschlossen. Er hat zwar Auseinandersetzungen und Meinungsverschiedenheiten zwischen den beiden deutschen Staaten und ihren Regierungen, schon über Interpretation und Durchführung seiner Bestimmungen und Folgeabkommen, nicht verhindern können. Doch wurde der Vertrag zur Grundlage der wechselseitigen Anerkennung und des Bemühens, gegenseitige Interessen zu berücksichtigen und Konflikte im politischen Gespräch zu minimieren. Das bestätigt auf eindrucksvolle Weise der Bonner Regierungswechsel vom Herbst 1982, der auf dem Gebiet der Deutschlandpolitik nicht im Zeichen der „Wende", sondern der Kontinuität gestanden hat. An der Anerkennung der DDR und der Zurkenntnisnahme der politischen Realität der Herrschaft der

---

33 Beispielhaft für diese Position einer tastenden Neuorientierung und des Übergangs, die die große Koalition in der Entwicklung der Deutschlandpolitik der Bundesrepublik einnahm, war das Referat von Dieter Haack, damals Oberregierungsrat im Bundesministerium für gesamtdeutsche Fragen unter Herbert Wehner, auf der erwähnten ersten DDR-Forschertagung in Tutzing (D. Haack: Gesamtdeutsche Politik braucht die DDR-Forschung, in: SBZ-Archiv 20 (1967), S. 319-321). Haack plädierte für eine verstärkte Kooperation zwischen DDR-Forschung und (Deutschland-)Politik und begründete das sowohl mit dem Anspruch der Bundesrepublik, „für die Deutschen drüben" mitzusprechen als auch mit der Wegbereiterfunktion für eine realistischere „neue gesamtdeutsche Politik" (S. 319 f.).

34 K. v. Beyme (Anm. 11), S. 249.

35 K. v. Beyme (Anm. 11), S. 253.

SED besteht heute bei keiner politischen Richtung in der Bundesrepublik ein Zweifel mehr.

Anerkennung der Vergleichbarkeit beider deutscher Staaten

Die wissenschaftliche und politische Anerkennung der DDR bedeutete auch, daß man in der Bundesrepublik von nun an den zweiten deutschen Staat als komparabel ansah. Die Vergleichbarkeit von Bundesrepublik Deutschland und DDR war in Westdeutschland jahrelang in Abrede gestellt worden, die Unvergleichbarkeit der beiden deutschen Gesellschafts- und Herrschaftsordnungen machte geradezu die Grundlage der Deutschlandpolitik der Bundesrepublik bis weit in die Mitte der 60er Jahre aus. Diese Vorbehalte waren selbst dann noch zu spüren, als mit den ersten „Materialien zum Bericht zur Lage der Nation" Anfang 1971 der große Durchbruch zu zwischendeutschen Vergleichen erfolgte. So verwahrten sich sowohl Bundeskanzler Brandt als auch Bundesminister Franke und selbst die Autoren der „Materialien" gegen die mögliche Unterstellung, Vergleich könne qualitative Gleichstellung oder Gleichwertigkeit bedeuten.[36]

Die Gemeinsamkeiten oder Ähnlichkeiten der beiden deutschen Staaten, die den Vergleich ermöglichten, wurden jetzt auf Begriffe wie Mammut-Industriebetriebe (Ernst Richert), Leistungs- und Laufbahngesellschaften (P. C. Ludz), Industriegesellschaften (zahlreiche Autoren) und dergleichen ähnliche Umschreibungen gebracht. Die Verfasser der „Materialien" faßten diese Ähnlichkeiten in drei „Grundaxiomen" zusammen: Erstens: „Beide deutsche Wirtschafts- und Gesellschaftssysteme sind leistungsorientiert". Zweitens: „Beide Wirtschafts- und Gesellschaftssysteme sind auf Wachstum und Modernisierung gerichtet." Drittens: „Beide Wirtschafts- und Gesellschaftssysteme werden durch die steigende Bedeutung von Wissenschaft, Forschung, Bildung und Ausbildung charakterisiert."[37]

Diese Passage in der Einleitung der „Materialien" von 1971 ist vielfach so interpretiert und entsprechend kritisiert worden, als beinhalte sie deren Resultat in Gestalt einer zwangsläufigen Annäherung der beiden deutschen Industriegesellschaften, wie sie konvergenztheoretischen Vermutungen entsprochen hätte. Diese Kritik verkennt, daß die genannten drei Grundaxiome nicht das Ergebnis, sondern die Voraussetzung des zwischendeutschen Vergleichs wiedergeben.[38] Sie übersieht auch die ausdrückliche Verwahrung der Autoren der „Materialien" gegen eine konvergenztheoretische Überstrapazierung ihrer

---

36 Bericht der Bundesregierung und Materialien zur Lage der Nation 1971, hrsg. vom Bundesministerium für innerdeutsche Beziehungen, 1971, S. 4 f., S. 32 und 35.

37 Ebenda, S. 34.

38 Ausführlicher: W. Bleek (Anm. 1), S. 733.

Ergebnisse, die sie gleich im Anschluß an die drei Grundaxiome formulierten. Generell sind in den bundesdeutschen Arbeiten zum zwischendeutschen Vergleich nur sehr selten Erwartungen der Konvergenz der Systeme zum Ausdruck gekommen. Die Realität des Unterschieds der politischen Systeme ist wohl an deren weltpolitischer Nahtstelle zwischen Bundesrepublik Deutschland und DDR kaum zu übersehen.

Zwischendeutscher Vergleich und Wettbewerb

Beim Vergleich zwischen Bundesrepublik und DDR, wie er seit Beginn der 70er Jahre verstärkt einsetzte, kamen zwei politische Motive zum Tragen, die beide die neue Deutschlandpolitik kennzeichneten. Das erste betraf die Wettbewerbssituation zwischen beiden deutschen Staaten. Diese in ihren Grundstrukturen und -werten höchst unterschiedlichen Gesellschafts- und Herrschaftsordnungen beanspruchen beide auf ihre Weise, ein „Modell Deutschland", d.h. ein Modell auch für Gesamtdeutschland zu sein. Die Partei- und Staatsführung der DDR mag die deutsche Frage als einstweilen „durch die Geschichte erledigt" abgeschrieben haben, doch der deutsche Kommunist Erich Honecker läßt immer wieder Andeutungen in seine Reden und Interviews einfließen, daß sich die Frage der deutschen Einheit neu stelle, wenn der Sozialismus auch in der BRD an die Tür geklopft habe. Daß damit ein sozialistisches System nach dem Vorbild der sich in der DDR entwickelnden „sozialistischen deutschen Nation" (Programm der SED von 1976) gemeint ist, steht außer Zweifel.

Der zwischendeutsche Vergleich ist eine notwendige Folge der in Deutschland nach gemeinsamer Überzeugung beider Staaten stattfindenden Konkurrenz der Systeme. Diesen Zusammenhang von Systemwettbewerb und Systemvergleich hat Bundeskanzler Brandt am 28. Januar 1971 in seinem „Bericht zur Lage der Nation" im Hinblick auf die erstmalige Vorlage von „Materialien" und unter Bezug auf die ihnen zugrundeliegenden und oben zitierten drei Grundaxiome industriegesellschaftlicher Ähnlichkeiten von Bundesrepublik und DDR offen ausgesprochen.[39] Er nahm damit eine politische Begründung für den zwischendeutschen Vergleich auf, wie sie Ende der 60er, Anfang der 70er Jahre auch von zahlreichen DDR-Forschern vorgebracht wurde, vor allem in der im „Deutschland-Archiv" geführten Grundsatzdebatte. So forderte Fritz Schenk im ersten Heft der umbenannten und neukonzipierten Zeitschrift: „Die Ostforschung sollte unserer Politik die Hilfsmittel liefern, damit wir in diesem Wettbewerb bestehen können."[40] Clemens Burrichter, der Direktor des Erlanger „Instituts für Gesellschaft und Wissenschaft" (der DDR), hat

39 Bericht der Bundesregierung ... 1971 (Anm. 36), S. 4.

40 Fritz Schenk: Zwei Richtungen in der Ostforschung, in: Deutschland-Archiv 1 (1968), S. 258-260, hier S. 260.

mehrfach auf die aus dem Systemwettbewerb folgende zwingende Notwendigkeit von Systemvergleichen zwischen den beiden deutschen Gesellschafts-, Wirtschafts- und insbesondere Wissenschaftssystemen hingewiesen.[41]

Bei dieser Systemkonkurrenz zwischen den beiden deutschen Staaten geht es vor allem um die alltägliche soziale und wirtschaftliche Leistungsfähigkeit und weniger um die ideologischen Grundpositionen von Bundesrepublik und DDR. Den zwischendeutschen Vergleichen kommt aus dieser Perspektive die Aufgabe zu, eine empirisch begründete Bilanz der Leistungskraft von Bundesrepublik und DDR auf den einzelnen Tätigkeitsfeldern von Gesellschaft und Wirtschaft zu liefern, die so gewonnenen Daten gegenüberzustellen und aus dem Vergleich Folgerungen abzuleiten, wie man im zwischendeutschen Wettbewerb sektorale Defizite gegenüber den Konkurrenten aufholen könne. Systemvergleiche unter dem Vorzeichen des Systemwettbewerbs beinhalten daher auch die Bereitschaft, auf einzelnen Gebieten vom Konkurrenten zu lernen, seine Lösungen zwar nicht pauschal, aber selektiv zu übernehmen. Eine solche mögliche Vorbildfunktion wurde der DDR früher in der Bundesrepublik generell bestritten, wird ihr seit Mitte der 60er Jahre aber durchaus auf manchen Gebieten wie dem Bildungssektor und der Organisation des Sports zugestanden.

Einheit der Nation und zwischendeutscher Vergleich

Das zweite Motiv hinter dem zwischendeutschen Vergleich ist das Bemühen um die Einheit der Nation. Zwar wurde 1969/72 die DDR durch die Bundesrepublik als Staat anerkannt. Doch um so entschiedener hielt die damalige sozialliberale Bundesregierung an der „Einheit der Nation" fest, deren Erhalt seitdem zum festen Bestandteil aller Regierungserklärungen bis hin zu denen von Bundeskanzler Helmut Kohl vom 13. Oktober 1982 und 4. Mai 1983 gehört.[42]

So einig sich die meisten Politiker der Bundesrepublik im Festhalten an der Einheit der deutschen Nation sind, so vieldeutig sind die Nationsbegriffe, die diesen Willenserklärungen zugrunde liegen.[43] Mir erscheint als Kategorie

---

41 Clemens Burrichter: Systemwettstreit und Systemvergleich. Anmerkungen zur vergleichenden Wissenschaftsforschung, in: Deutschland-Archiv 6 (1973), S. 819-822; ders.: Reflexionen zum Systemvergleich. Problemskizze: Wissenschaften, in: Institut für Gesellschaft und Wissenschaft Erlangen (Hrsg.): Wissenschaft in der DDR, Köln 1973, S. 9-26; ders. / Eckart Förtsch: DDR-Forschung im Systemwettstreit, in: Deutschland-Archiv 8 (1975), S. 1035-1041.

42 Vgl. K. v. Beyme (Anm. 11) und P. Juling (Anm. 11).

43 Vgl. Wilhelm Bleek: Nation, Deutsche, in: Kurt Sontheimer / Hans H. Röhring (Hrsg.): Handbuch des politischen Systems der Bundesrepublik Deutschland, München 1977, S. 400-407, und Werner Weidenfeld: Die Frage nach der Einheit der deutschen Nation, München 1981.

sowohl der wissenschaftlichen Analyse als auch der praktischen Politik das Verständnis von Nation als besonders verdichteter sozialer Kommunikation am sinnvollsten, wie es Karl W. Deutsch in seinem bahnbrechenden Buch „Nationalism and Social Communication“[44] entwickelt hat.

Dieser kommunikationstheoretische Nationsbegriff hat sowohl eine empirische als auch eine historische Dimension. Nationen unterscheiden sich nach K. W. Deutsch durch die Konzentration von wirtschaftlicher Aktion und sozialer Kommunikation, die z.B. in Gestalt des Briefverkehrs der quantitativen Analyse zugänglich ist. Nation ist nach kommunikationstheoretischer Auffassung keine statische Größe, sondern beruht im Sinne des kybernetischen Ansatzes von K. W. Deutsch auf Integrations- und Lernprozessen, die sowohl zu nationalen Einheiten und als auch von ihnen wegführen können. Im Hinblick auf die Prozeßhaftigkeit der Nation und des „nation building“ stellt sich daher für die deutsche Nation nicht die Frage, ob es sie noch gibt oder nicht, sondern in welchem Umfang sie noch wirksam ist, in welche Richtung die Entwicklung läuft, ob diese reversibel ist.

Das Verständnis von Nation als sozialer Kommunikation verlangt also im Hinblick auf die Lage der deutschen Nation eine nüchterne Feststellung der Gemeinsamkeiten und der Unterschiede zwischen den Realitäten in der Bundesrepublik und der DDR. Dabei geht es nicht nur um die empirische Erfassung der sozialen Kommunikationsstrukturen im weitesten Sinne, sondern auch um die zahlreichen, wenn auch nicht alle notwendigen Voraussetzungen von Kommunikation in Gestalt von gemeinsamer Sprache, Kultur, Geschichts- und Wertbewußtsein, Herrschaftsordnung, Verkehrsstruktur und dergleichen mehr. In dieser nationalen Bestandsaufnahme liegt eine wesentliche Funktion der zwischendeutschen Vergleiche.

Das Bild, das sich aus den zwischendeutschen Vergleichen für die Lage der Nation ergibt, ist vielschichtig und vieldeutig. Es bestätigt weder die von der DDR und von manchen in der Bundesrepublik vertretene Auffassung von den zwei Nationen noch die pauschale Behauptung von der Einheit der Nation. So wundert es nicht, daß ein Apodiktiker wie Bernard Willms sich zu dem Verdikt von der „desaströse(n) Dummheit des quantifizierenden Systemvergleichs“[45] versteigt, womit er alle empirischen Vergleiche zwischen beiden deutschen Staaten und Gesellschaften meint. Doch wer die Einheit der Nation nicht nur dezisionistisch beschwören, sondern durch nüchterne Analyse und pragmatische Politik bewahren will, der wird immer wieder auf Ergebnisse des zwischendeutschen Vergleichs zurückgreifen. In diesem Sinne hat auch das Bundesverfassungsgericht in seinem Urteil vom 31. Juli 1973, mit dem der Grundlagenvertrag als verfassungskonform akzeptiert wurde, gefordert,

---

44 K. W. Deutsch: Nationalism and Social Communication, Cambridge (Mass.) 1953, 2. Aufl., 1966.

45 Bernard Willms: Die Deutsche Nation, Köln 1982, S. 307.

„das öffentliche Bewußtsein nicht nur für die bestehenden Gemeinsamkeiten, sondern auch dafür wachzuhalten, welche weltanschaulichen, politischen und sozialen Unterschiede zwischen der Lebens- und Rechtsordnung der Bundesrepublik Deutschland und der Lebens- und Rechtsordnung der Deutschen Demokratischen Republik bestehen“[46].

Die „Materialien zum Bericht zur Lage der Nation“

Diese deutschlandpolitische Notwendigkeit von zwischendeutschen Vergleichen ist in der Bundesrepublik zum ersten Mal in den 1971, 1972 und 1974 veröffentlichten „Materialien zum Bericht zur Lage der Nation“ voll zum Tragen gekommen. Sie stellen den ersten großen Durchbruch zu zwischendeutschen Vergleichen und einer vergleichenden Deutschlandforschung dar. Über dieser Würdigung der prinzipiellen Bedeutung der „Materialien“ sollte man allerdings nicht den Hinweis auf Vorläufer und Vorarbeiten des wissenschaftlichen Vergleichs zwischen beiden deutschen Staaten vergessen[47], wie ja auch die neue Deutschlandpolitik nicht von einem Tag auf den anderen mit dem Regierungswechsel von 1969 eingeleitet wurde.

Die politische Entstehungsgeschichte der „Materialien“ läßt sich an ihrem vollständigen Titel ablesen, handelte es sich doch um „Materialien zum Bericht zur Lage der Nation“.[48] 1968 war von der großen Koalition ein jährlicher „Bericht zur Lage der Nation im gespaltenen Deutschland“ in das parlamentarische Ritual der Bundesrepublik auf Drängen der Sozialdemokraten aufgenommen worden, wobei deren Sorge und Suche in der deutschen Frage mit dem Vorbild des jährlichen Berichts des amerikanischen Präsidenten vor dem US-Kongreß zusammenkam.[49] Nachdem Willy Brandt die Kanzlerschaft übernommen hatte, kündigte er in seinem ersten „Bericht zur Lage der Nation“ am 14. Januar 1970 die Vorlage von Materialien zu einem „umfassenden Bericht durch einen Vergleich der Verhältnisse in der Bundesrepublik und in der DDR auf den verschiedensten Lebensbereichen“ an.[50] Nachdem der Versuch, diese Materialien im eigenen Hause erarbeiten zu lassen, sich sehr bald als unrealistisch erwies, wurde eine Wissenschaftlergruppe mit dieser Aufgabe betraut.

---

46 Entscheidungen des Bundesverfassungsgerichtes, Bd. 36, Tübingen 1974, S. 1-37.

47 Die Autoren der „Materialien 1971“ (Anm. 36) erwähnten langjährige Vorarbeiten insbesondere auf dem Gebiet der Wirtschaftswissenschaften und müssen damit den Forschungsbeirat gemeint haben, ohne ihn zu nennen.

48 Hintergrundinformationen zur Entstehung der „Materialien“ verdanke ich Ministerialrat Peter Dietrich und Dr. Johannes Kuppe.

49 Zur Entwicklungsgeschichte der bundesrepublikanischen Berichte zur Lage der Nation vgl. den Artikel von W. Wiedemeyer in „Das Parlament“ vom 24. März 1984.

50 Vgl. Archiv der Gegenwart 10 (1970), S. 15193 C; Texte zur Deutschlandpolitik, Bd. IV, Bonn 1970, S. 204.

Nach knapp einjähriger Arbeit war es am 15. Januar 1971 so weit, die Bundesregierung konnte dem Bundestag zwei Wochen vor dessen Debatte über den Bericht zur Lage der Nation die umfangreichen „Materialien zum Bericht zur Lage der Nation 1971“[51] zuleiten. Ihnen folgte binnen Jahresfrist die Veröffentlichung eines zweiten Bandes am 18. Februar 1972, dieses Mal als Anlage zu dem „Bericht der Bundesregierung zur Lage der Nation 1972“, den Bundeskanzler Brandt am 23. Februar 1972 erstattete.[52] 1973 kam es wegen des Zerfalls der parlamentarischen Mehrheit, dem Versuch und dem Scheitern des Mißtrauensvotums der Opposition und der vorgezogenen Bundestagswahlen im Vorjahr wie auch der parlamentarischen und verfassungsgerichtlichen Kontroverse um den Grundlagenvertrag während der ersten Hälfte des Jahres weder zu einem Bericht der Bundesregierung „zur Lage der Nation“ noch zur Vorlage begleitender „Materialien“. Deren dritter Band erschien erst am 15. September 1974[53], verzögert durch konzeptionelle Schwierigkeiten, vor allem bei Erstellung des Kapitels über „Die Einheit der Nation“[54]. Bei diesen drei Bänden „Materialien“ zum zwischendeutschen Vergleich ist es dann geblieben. Man wird gespannt sein dürfen, wie die derzeitige Bundesregierung ihre Absicht einer „kritische(n) Fortschreibung und Fortführung“ der „Materialien“ der Jahre 1971 bis 1974 verwirklichen wird.[55]

Verfaßt worden sind die „Materialien“ von interdisziplinären Arbeitsgruppen aus insgesamt 24 Wissenschaftlern, vorzugsweise Sozial-, Wirtschafts- und Rechtswissenschaftlern. An die 100 weitere Wissenschaftler waren beteiligt. Ihren eigentlichen Stempel in inhaltlicher, methodischer und politischer Hinsicht erhielten die „Materialien“ aber durch Peter Christian Ludz. Er war nicht nur der Leiter der wissenschaftlichen Autorengruppe, sondern auch der eigentliche Promoter und wohl auch der Initiator dieses großen Projektes. In diesem Unternehmen kamen seine forschungspolitischen, aber auch politikberatenden Ambitionen voll zum Tragen. Daß sie nicht alle Wirklichkeit geworden sind, ist seinem Bericht über methodische und theoretische Erfahrungen aus der Arbeit am zwischendeutschen Vergleich der „Materialien“ zu entnehmen, den er Mitte August wenige Wochen vor seinem Freitod 1979 auf dem 11. Weltkongreß der International Political Science Association in Moskau gab.[56]

---

51 Siehe Anm. 36; Texte zur Deutschlandpolitik, Bd. VII, Bonn 1971, S. 25 ff.

52 Bericht der Bundesregierung und Materialien zur Lage der Nation 1972, hrsg. vom Bundesministerium für innerdeutsche Beziehungen, Bonn 1972.

53 Materialien zum Bericht zur Lage der Nation 1974, hrsg. vom Bundesministerium für innerdeutsche Beziehungen, Bonn 1974. Alle drei Bände der „Materialien“ sind auch im Buchhandel erschienen: Deutschland 1971; BRD – DDR. Systemvergleich 2; Bundesrepublik Deutschland – DDR. Systemvergleich 3.

54 Ebenda, S. 66 f.

55 Vgl. die Ankündigung der „Schwerpunkte künftiger Forschungsförderung“ durch den Parlamentarischen Staatssekretär im Bundesministerium für innerdeutsche Beziehungen Dr. Ottfried Henning, in: Deutschland-Archiv 18 (1985), S. 320-322, hier S. 321.

Im Mittelpunkt der „Materialien“ stand der zwischendeutsche Vergleich von Lebensbereichen, wie er von der Bundesregierung angefordert worden war. „Lebensbereiche“ wurden als „sozioökonomische Grundlagen der Politik“ verstanden, „jene Grundlagen, ohne die politisches Handeln und politische Strukturen in beiden deutschen Staaten gerade in ihrer Unterschiedlichkeit nicht deutlich werden können“, wie es in der Einleitung zu den Materialien 1971 hieß.[57] Diese gesellschaftlichen und wirtschaftlichen Sektoren sollten nach der ursprünglichen Intention nur einem „Ist-Vergleich“, also einem synchronen Vergleich unterzogen werden, der historische Analysen als auch Prognosen ausschließen würde.[58] Zugleich wurden anfangs nur quantitative Daten verglichen. Beide Vorgaben wurden im Laufe der Arbeit an den „Materialien“, nicht zuletzt aufgrund der öffentlichen Diskussion und wissenschaftlichen Kritik, modifiziert, so daß die „Materialien 1974“ auch die historische Dimension und qualitative Daten einbezogen.[59]

In inhaltlicher Hinsicht waren die für den Vergleich ausgewählten Themenbereiche auf die zwei politischen Hauptaspekte des zwischendeutschen Vergleichs bezogen, wie sie oben erwähnt wurden. Das war zum einen die Konkurrenz zwischen den beiden deutschen Gesellschafts- und Wirtschaftssystemen. Unter diesem Gesichtspunkt wurden u.a. in den ersten „Materialien“ die wirtschaftliche Produktivität und Infrastruktur, Einkommen, Verbrauch und Lebenshaltung, die Instrumentarien der sozialen Sicherung, aber auch die Bildungs- und Ausbildungsmöglichkeiten in beiden deutschen Staaten verglichen und einige dieser sozial- und wirtschaftspolitischen Wettbewerbsindikatoren in den dritten „Materialien“ vertiefend behandelt. Dabei ging es letztlich darum, welche von den beiden deutschen Industriegesellschaften die modernere sei. Die andere erkenntnisbestimmende Frage war das Problem der Einheit der deutschen Nation. Die „Materialien“ sollten Ähnlichkeiten, Parallelitäten und Unterschiede zwischen den zwei deutschen Staaten aufzeigen. Diesem Ziel dienten u.a. die Analysen des Lebensstandards in den ersten „Materialien“, die Gegenüberstellungen der Rechtsordnungen im zweiten Band, vor allem aber in den dritten „Materialien“ die theoretischen und normativen als auch deskriptiven und empirischen Analysen von zentralen Ordnungsvorstellungen mit dem Begriff der „Nation“ an der Spitze.

Das Echo in der publizistischen Öffentlichkeit und wissenschaftlichen Kritik auf die ersten „Materialien“ war überaus positiv, anfangs sogar enthusiastisch. Das änderte sich aber schon mit dem Erscheinen des zweiten Bandes im Fe-

---

56 Peter Christian Ludz: Comparative Analysis of Divided Germany: Some Problems and Findings in Theory and Methodology, in: Studies in Comparative Communism 12 (1979), S. 144-158.

57 Bericht der Bundesregierung (Anm. 36), S. 34.

58 Ebenda, S. 35 f.; vgl. W. Bleek (Anm. 1), S. 737.

59 Materialien ... 1974 (Anm. 53), S. XXI ff.

bruar 1972. Obwohl die Autoren in ihrer Einleitung ausführlich begründet hatten, warum man sich aus methodischen Gründen auf die Gegenüberstellung von Rechtsnormen beschränkt und die Rechtswirklichkeit vernachlässigt habe, wurde ihnen vorgehalten, sie beschönigten damit das reale Unrecht in der DDR. Dieser Vorbehalt wurde zu der generellen Kritik an den Autoren der „Materialien" und insbesondere an Peter Christian Ludz ausgeweitet, sie klammerten die bewertenden Aspekte und Folgerungen des zwischendeutschen Vergleichs aus.[60]

Die „Materialien" zum zwischendeutschen Vergleich wurden damit in den Streit in der DDR-Forschung um die „systemimmanent-kritische" Methode hineingezogen und, wie ich meine, mißverstanden.[61] Zwar sprachen sich die Autoren der ersten als auch der zweiten „Materialien" in den entsprechenden Einleitungen für die „immanente Deskription als Methode" aus.[62] Doch betraf diese Absichtserklärung nur das wissenschaftliche Vorgehen, konnte und sollte politische Folgerungen und Wertungen aus den wissenschaftlichen Ergebnissen nicht ausschließen – die in allen „Materialien" geradezu auf der Hand liegen. Wohl unter dem Eindruck der vorangegangenen Kritik und Mißverständnisse wurde in der Einleitung zu den dritten „Materialien" (1974) herausgestellt, daß „eine strikte Trennung von Beschreibung bzw. Analyse und Wertung nicht nur nicht möglich, sondern auch nicht beabsichtigt gewesen" sei.[63]

Das Interesse der politischen und wissenschaftlichen Öffentlichkeit an den ersten „Materialien" ließ bei den Folgebänden bedauerlicherweise nach. Dabei bergen alle drei, wie ein Wiederdurcharbeiten ihrer Materialfülle zehn Jahre nach Erscheinen des letzten Bandes offenbart, auch heute noch wertvolle Informationen und Erkenntnisse zu den Gesellschafts-, Rechts- und Wirtschaftssystemen beider deutscher Staaten und ihrem Vergleich. Daß die „Materialien" weitgehend sich mit „Gegenüberstellungen" begnügten und auf Vergleiche im stringenten Sinne verzichteten, spiegelt nur die methodologische Skrupelhaftigkeit ihrer Verfasser wider. Die „Materialien" sind bei allen Desiderata und Mängeln *das* wissenschaftliche Pionierwerk des zwischendeutschen Vergleichs, darin kann man der Selbsteinschätzung von Peter Christian Ludz zum Schluß seines letzten Vortrages beipflichten, aber auch seinem Bedauern, daß ihr Vorbild nicht stärker nachgewirkt hat.[64] Die „Materialien" haben für die

---

60 Vgl. Klaus Böger / Hans Kremendahl: Bundesrepublik Deutschland – Deutsche Demokratische Republik: Vergleich der politischen Systeme. Didaktischer Teil, Stuttgart 1979, S. 15 ff.; Eckhard Jesse: Systemvergleich Bundesrepublik Deutschland und Deutsche Demokratische Republik. Ein Literaturbericht, in: ders. (Hrsg.): Bundesrepublik Deutschland und Deutsche Demokratische Republik (Schriftenreihe der Bundeszentrale für politische Bildung, Bd. 167), Bonn 1980, S. 386 ff.

61 Vgl. W. Bleek (Anm. 1), S. 722 f.

62 Bericht der Bundesregierung und Materialien ... 1971 (Anm. 36), S. 19; ähnlich Bericht der Bundesregierung und Materialien ... 1972 (Anm. 52), S. 37.

63 Materialien ... 1974 (Anm. 3), S. XXIII.

64 P. C. Ludz (Anm. 56), S. 158.

nachfolgenden Bemühungen in der vergleichenden Deutschlandforschung bis heute einen Standard gesetzt, den es erst einmal wieder zu erreichen gilt.

III. Dritte Phase: 1972 bis heute

Vergleichende Deutschlandforschung als Postulat

Peter Christian Ludz hegte die Erwartung und Hoffnung, daß mit den „Materialien" eine neue Phase der DDR-Forschung als einer vergleichenden Deutschlandforschung eingeleitet würde. Schon zum Schluß seines Vortrages auf der ersten DDR-Forschertagung im Herbst 1967 in Tutzing hatte er gefordert, es „sollte die DDR-Forschung sich zur komparativen Forschung erweitern – und zwar vor allem zur Deutschland-Forschung (Ost-West-Vergleich) wie zur Ostblockforschung (Ost-Ost-Vergleich)"[65]. Als es 1973 im Anschluß an das Inkrafttreten des Grundlagenvertrages im „Deutschland-Archiv" zu einer Grundsatzdebatte über die Zukunft der DDR-Forschung in der Bundesrepublik kam, forderte Ludz erneut eine „DDR-Forschung im Rahmen der vergleichenden Systemforschung, einer Systemforschung, welche die beiden deutschen Gesellschaften in den Rahmen der europäischen Gesellschaftsordnungen stellt und sie unter europäischen Perspektiven untersucht"[66].

Abermals und am ausführlichsten trug Ludz diese Forderung 1977 in der Einführung zu seinem Sammelband mit Analysen über „Die DDR zwischen Ost und West" vor. Er ging dabei von drei Phasen der DDR-Forschung in der Bundesrepublik aus. Erstens die 50er Jahre: „Die DDR-Forschung als agressive Auseinandersetzung mit dem gegnerischen System unter der Herrschaft des Totalitarismuskonzepts"; zweitens die 60er Jahre: „Die DDR-Forschung im Sinne der immanenten Erfassung, Beschreibung, Darstellung, Analyse und Bewertung des politischen und gesellschaftlichen Systems der DDR"; und drittens: „Die DDR-Forschung als Analyse im Rahmen der vergleichenden Deutschlandforschung, die mit den ersten ‚Materialien zum Bericht zur Lage der Nation' eingeleitet worden ist"[67]. Ludz sah die meisten Produkte der DDR-Forschung und auch seine eigenen Arbeiten methodologisch noch der

---

65 P. C. Ludz (Anm. 29), S. 324. Johannes Kuppe, der damals wissenschaftlicher Assistent bei P. C. Ludz in Berlin war, forderte ebenfalls die „notwendige Hinwendung und spätere Einmündung der DDR-Forschung in jene Disziplin, die die Angelsachsen ‚Comparative Politics' nennen" (J. Kuppe: Tutzing – kein Grund zur Selbstzufriedenheit, in: Deutschland-Archiv 3 (1970), S. 475-477, hier S. 476).

66 Peter Christian Ludz: Die Zukunft der DDR-Forschung, in: Deutschland-Archiv 6 (1973), S. 488-493, hier S. 493.

67 Peter Christian Ludz: Die DDR zwischen Ost und West. Politische Analysen 1961 bis 1976, München 1977, S. 34 f.

zweiten Phase verwurzelt, setzte aber sich und den anderen DDR-Forschern das Ziel, die dritte Phase konzeptionell einzuleiten und auszubauen. Ihm kam es darauf an, daß die immanent-kritische DDR-Forschung in der vergleichenden Deutschlandforschung „auf eine höhere Stufe gehoben" würde.[68]

Die Vorstellungen von einer Weiterentwicklung der DDR- zu einer vergleichenden Deutschlandforschung hat man unter dem dominierenden Einfluß von P. C. Ludz zunächst in der Forschungsorganisation zu verwirklichen gesucht. Im September 1974, während gerade der dritte Band der „Materialien" erschien, gedachte der „Forschungsbeirat für Fragen der Wiedervereinigung Deutschlands" auf seiner Plenartagung in Berlin nicht nur unter Beteiligung von P. C. Ludz des 25. Jahrestages der DDR[69], sondern mußte auch aus dem Munde von Bundesminister Franke seine Auflösung erfahren. An die Stelle des Forschungsbeirates trat ein „Arbeitskreis für vergleichende Deutschlandforschung". Er sollte nach Minister Frankes Vorstellungen etwa 20 Mitglieder umfassen und trat im April 1975 unter dem Vorsitz von Peter Christian Ludz erstmals zusammen. Die Zusammensetzung dieses Arbeitskreises zielte im Vergleich zum Forschungsbeirat auf größere Interdisziplinarität der DDR-Forschung. Vor allem aber kam in seinem Titel der Wandel in den deutschlandpolitischen Zielsetzungen der DDR-Forschung und des zwischendeutschen Vergleichs zum Ausdruck: An die Stelle der „Wiedervereinigung Deutschlands", deren gedankliche Vorbereitung 1952 dem Forschungsbeirat anvertraut worden war, trat 1974 beim Arbeitskreis die „vergleichende Deutschlandforschung", ohne die Hinzufügung der DDR-Forschung, die offensichtlich in der vergleichenden Deutschlandforschung aufgehen sollte.

Vergleichende Deutschlandforschung in der Praxis

Wie ist dieses Programm einer vergleichenden Deutschlandforschung in den vergangenen zehn Jahren seit dem Erscheinen des letzten Bandes der „Materialien" und der Ablösung des Forschungsbeirates durch den Arbeitskreis verwirklicht worden? Um das Ergebnis des notwendigerweise summarischen Überblicks[70] vorwegzunehmen: Gemessen an der Zielsetzung einer inhaltlich breiten und methodologisch fundierten vergleichenden Deutschlandforschung ist sie bisher eher fragmentarisch und enttäuschend ausgefallen.

Zunächst einmal erschienen einige Veröffentlichungen, in denen Mitautoren der „Materialien" ihre dortigen Beiträge in eigenständiger und erweiterter

68 Ebenda, S. 35.

69 Bruno Gleitze u.a.: Die DDR nach 25 Jahren (Wirtschaft und Gesellschaft in Mitteldeutschland, Bd. 10), Berlin 1975.

70 Vgl. neben dem Literaturbericht von E. Jesse (Anm. 60) die Sammelrezension von Beiträgen zur vergleichenden Deutschlandforschung von Ralf Rytlewski u.a.: Politik und Gesellschaft in der DDR (Teil I), in: PVS-Literatur (1982) 2, S. 167-179, hier S. 167-172.

Form vorlegten.[71] Sie leiteten damit eine Phase ein, in der zahlreiche Vergleiche zu einzelnen Sektoren und Problemfeldern des gesellschaftlichen Alltags beider deutschen Staaten erschienen. Dazu sind u.a. Arbeiten zur Lage der Jugend[72], der Frauen und der Familien[73] und der Arbeitswelt[74] zu zählen. In ihnen wurden interessante Befunde zur gesellschaftlichen Wirklichkeit beider deutscher Staaten zusammengetragen und verglichen. Rechtswissenschaftliche Veröffentlichungen zum Vergleich von Bundesrepublik und DDR haben sich notwendigerweise mehr auf Gegenüberstellungen konzentriert.[75] Am fortgeschrittensten, zumindest in methodischer Hinsicht, scheinen die zwischendeutschen Vergleiche auf dem Gebiet der Wirtschaftswissenschaften zu sein.[76] Hingegen sind politikwissenschaftliche Themen in einem engeren Sinne kaum in zwischendeutschen Vergleichen untersucht worden; mehr populärwissenschaftliche Ausnahmen wie die Darstellung der Funktion von Parlamenten und Wahlen[77] bestätigen diese Regel.

Schließlich sind in den vergangenen Jahren zwischendeutsche Vergleiche direkt zu einem beliebten Dissertationsthema geworden.[78] Damit wurde zwar der Fundus an wissenschaftlichen Arbeiten zur vergleichenden Deutschlandforschung erheblich verbreitert, doch zugleich wurden die mit ihr verbundenen theoretischen Fragen und methodologischen Probleme offenkundiger. Viele dieser Publikationen enthalten mehr eine Addition von Länderstudien bzw. von Länderergebnissen und begnügen sich mit Gegenüberstellungen statt Vergleichen in einem strikten Sinne. Das ist nicht zu kritisieren, spiegelt es doch

---

71 z.B. Bernd Rüthers: Arbeitsrecht und politisches System. BRD : DDR, Frankfurt/M. 1972, und Armin Hegelheimer: Berufsausbildung in Deutschland, Frankfurt/M. 1973.

72 z.B. Walter Jaide / Barbara Hille (Hrsg.): Jugend im doppelten Deutschland, Opladen 1977, und Barbara Hille / Burkhard Roeder (Hrsg.): Beiträge zur Jugendforschung. Sozialpsychologische Befunde zum Jugendalter in beiden deutschen Staaten, Opladen 1979.

73 Vgl. die zahlreichen Arbeiten von Gisela Helwig, unter anderem: Frau und Familie in beiden deutschen Staaten, Köln 1982.

74 Vgl. die Arbeiten von Manfred Messing: Arbeitszufriedenheit im Systemvergleich, Stuttgart 1978, und Industrie-Bauarbeiter in beiden Teilen Deutschlands, 2 Bände, Köln 1981.

75 z.B. Thomas Dreßler: Vorbereitung und Versuch im Strafrecht der Deutschen Demokratischen Republik im Vergleich mit dem Recht der Bundesrepublik Deutschland, Frankfurt/M. 1982.

76 Vgl. Gernot Gutmann: Probleme des Vergleichs alternativer Wirtschaftssysteme. Dargestellt am Beispiel Bundesrepublik Deutschland/DDR, in: Recht, Wirtschaft, Politik im geteilten Deutschland. Festschrift für Siegfried Mampel, Köln 1983, S. 271-295.

77 Eckhard Jesse: Wahlen in der Deutschen Demokratischen Republik und in der Bundesrepublik – ein Vergleich, in: Jürgen Weber (Hrsg.): DDR – Bundesrepublik Deutschland. Beiträge zu einer vergleichenden Analyse ihrer politischen Systeme, München 1980, S. 191-212.

78 z.B. Günter Heydemann: Geschichtswissenschaft im geteilten Deutschland, Frankfurt/M. 1980, und G. Weißpfennig: Sportpromovenden in Deutschland, Berlin 1982.

nur eine angesichts der methodischen Schwierigkeiten von Vergleichen zwischen Staaten unterschiedlicher Systeme notwendige Bescheidung wider. Außerdem sind Gegenüberstellungen als eine sinnvolle und notwendige Vorstufe zu Vergleichen anzusehen.

Manche Veröffentlichungen der letzten Jahre sind allerdings Produkte der fragwürdigen Pseudo-Konjunktur des Vergleichs von Bundesrepublik Deutschland und DDR im Gefolge des Beschlusses der Kultusministerkonferenz vom 23. November 1978 über „Die deutsche Frage im Unterricht", der den „Vergleich unserer eigenen Gesellschaftsordnung mit dem System der DDR ... unter dem Wertmaßstab des Grundgesetzes" propagierte.[79] Viele Autoren von zwischendeutschen Vergleichen[80] sind sich einfach nicht bewußt, daß man zu einem solchen Unternehmen nicht nur genügend Kenntnisse über beide deutschen Staaten und Gesellschaften – und nicht nur über die Bundesrepublik –, sondern auch methodologisches Fingerspitzengefühl mitbringen muß.[81] Auf diese generelle Problematik des Defizits in der vergleichenden Deutschlandforschung an theoretischer und methodologischer Reflexion will ich zum Ende dieses Beitrages eingehen.

Blickt man auf das Jahrzehnt an Forschungs- und Publikationstätigkeit seit dem politischen Einschnitt des Grundlagenvertrages (1972) und dem wissenschaftlichen Ereignis der drei Bände der „Materialien" (1971-74) zurück, so ist die vergleichende Deutschlandforschung inzwischen zu einem festen, wenn auch nicht übermäßig bedeutsamen Bestandteil der geistes- und sozialwissenschaftlichen Forschung in der Bundesrepublik geworden. Fragen der Finanzierung von Projekten, der Materialerschließung und Veröffentlichung von Ergebnissen charakterisieren ihren Alltag, wissenschaftliche Kontroversen und öffentliche Diskussionen gehen ihr eher ab. Auch die politische Wende des Jahres 1982/83 und die Veränderungen im intellektuellen Klima der letzten Jahre, bezeichnet man sie nun als „Tendenzwende" oder „Paradigmenwechsel", haben kaum auf die vergleichende Deutschlandforschung durchgeschlagen. Höchstens kann man feststellen, daß in den vergangenen Jahren das normative im Vergleich zum empirischen Element stärker zum Tragen gekommen ist.[82] Doch zwischendeutsche Vergleiche als solche sind nicht infragegestellt worden.[83]

---

79 Dazu ausführlicher: Wilhelm Bleek: Zur Entwicklung der vergleichenden Deutschlandforschung, in: aus politik und zeitgeschichte, B 38/84, S. 25-37, bes. S. 35 ff.

80 Das jüngste Beispiel: Heiner Timmermann: Bundesrepublik – DDR, Grundzüge im Vergleich, Opladen 1984.

81 Vgl. meine Hinweise in: W. Bleek (Anm. 1).

82 So erscheint es nicht unsymptomatisch, daß sich das 1984 erschienene Buch von Timmermann (Anm. 80) auf den Vergleich der politischen, wirtschaftlichen, sozialen und rechtlichen „Ordnungsgrundlagen" der beiden deutschen Staaten konzentriert.

83 Vgl. das „Memorandum zur Intensivierung der DDR- und vergleichenden Deutschlandforschung vom 26. Januar 1984", in dem die Gesellschaft für Deutschlandforschung

Die vergleichende Deutschlandforschung, wie sie Ende der 60er, Anfang der 70er Jahre inauguriert worden ist, gehört heute zum Alltag von Forschung und Lehre an den Universitäten Westdeutschlands und Westberlins, ebenso wie die 1969/72 eingeleiteten deutschlandpolitischen Beziehungen zur DDR zum festen Bestandteil der Politik der Bundesrepublik geworden sind. Gemeinsam scheint der vergleichenden Deutschlandforschung und der Deutschlandpolitik aber auch zu sein, daß über dem Alltagsgeschäft die Formulierung von längerfristigen Konzeptionen und Zielvorstellungen zu kurz zu kommen droht. So wird sich die vergleichende Deutschlandforschung der prinzipiellen Frage stellen müssen, warum die Bundesrepublik Deutschland vorzugsweise mit der DDR verglichen werden soll. Die Antwort darauf darf sich nicht mit den politischen Hinweisen auf die Einheit der deutschen Nation und den Wettbewerb der beiden deutschen Staaten und Gesellschaften begnügen, sie muß auch überzeugende wissenschaftliche Argumente finden[84], wenn das Forschungsgebiet der vergleichenden Deutschlandforschung dauerhaft etabliert werden soll.

Auf jeden Fall kann man heute schon feststellen, daß die Blütenträume von Peter Christian Ludz vom Aufgehen der DDR-Forschung in einer vergleichenden Deutschlandforschung nicht Wirklichkeit geworden sind. Vielleicht ist das auch gut so. Auf dem Gebiet der Deutschlandforschung sollten neben vergleichenden Arbeiten, so reizvoll in inhaltlicher wie methodischer Hinsicht sie auch sein mögen, Länderstudien im Rahmen der Bundesrepublik-Forschung auf der einen und der DDR-Forschung auf der anderen Seite die Regel bleiben.[85] Durch diese Länderstudien werden nicht nur Themen und Aspekte bearbeitet, die sich einem Vergleich entziehen, sie legen auch das breite Fundament, auf dem erst Vergleiche aufbauen können. Selbst wenn es aus methodologischer und theoretischer Sicht machbar wäre, so erscheint es doch nicht sinnvoll, die DDR-Forschung in der Bundesrepublik generell in einer vergleichenden Deutschlandforschung aufgehen zu lassen.

gleichermaßen die intensivierte Beschäftigung mit den Verhältnissen in der DDR, dem intersystemaren und intrasystemaren Vergleich und der Deutschlandfrage forderte. Deutschland-Archiv 17 (1984), S. 314-322.

84 Die wissenschaftliche Begründung von zwischendeutschen Vergleichen kann an die „Strategie vergleichbarer Fälle“ anknüpfen, wie sie Arend Lijphart entwickelt hat. Vgl. W. Bleek (Anm. 1), S. 731 ff.

85 In diesem Sinne plädiert auch: Hermann Weber: Die DDR-Forschung nach dem Grundvertrag, in: Deutschland-Archiv 6 (1973), S. 587-589, hier S. 588.

IV. Vergleichende Deutschlandforschung zwischen politischem Einfluß und wissenschaftlicher Autonomie

Zwischendeutscher Vergleich als Politikum

Der vorangegangene Überblick zeigt, wie ich meine, eindeutig eine parallele Entwicklung von vergleichender Deutschlandforschung und Deutschlandpolitik der Bundesrepublik. Doch mit diesem Ergebnis sind wir noch nicht am Ende unserer Überlegungen angelangt, es eröffnet erst die eigentlichen Fragen, die ich im folgenden wenigstens anschneiden möchte. Sie kreisen alle um das Verhältnis von Politik und Wissenschaft, das nicht nur für die vergleichende Deutschlandforschung, sondern auch für die DDR-Forschung und insgesamt für die Sozialwissenschaften von zentraler Bedeutung ist.[86] Für diesen Problemkomplex kann und will ich keine neuen Sichtweisen und Lösungsvorschläge propagieren. Vielmehr soll am Beispiel der zwischendeutschen Systemvergleiche deutlich gemacht werden, daß sich ein Forschungsgebiet nur dann wissenschaftlich bewähren und entwickeln kann, wenn es diesen Zusammenhang von Wissenschaft und Politik stets mitbedenkt.

Einflußkanäle zwischen Politik und Wissenschaft

Daß vergleichende Deutschlandforschung und Deutschlandpolitik sich zufällig parallel entwickelt hätten, wird kaum jemand behaupten. Doch die pauschale Feststellung eines Abhängigkeitsverhältnisses ist unbefriedigend, wirft vielmehr Fragen nach Einzelheiten und grundsätzlichem Charakter des wechselseitigen Einflusses auf.

Es liegt nahe, bei einem politisch so brisanten Gegenstand wie dem der zwischendeutschen Vergleiche einen übermächtigen Einfluß der Politiker auf die Wissenschaft zu vermuten. An diese Vermutung knüpft sich manche pauschale Diskreditierung der vergleichenden Deutschlandforschung an, auf die noch einzugehen sein wird. Doch werden solche Behauptungen über die Abhängigkeit der Wissenschaft von der Politik meist nur sehr allgemein belegt, können kaum Einzelheiten anführen.

Im Falle der vergleichenden Deutschlandforschung ist der Einfluß der Politik wohl am deutlichsten bei den „Materialien zur Lage der Nation" geworden, schon aufgrund ihrer Entstehungsgeschichte und ihres Charakters als Anlagen zu einem offiziellen Bericht der Bundesregierung und als Bundestagsdrucksachen. Eine Einflußnahme der politischen Instanzen auf die inhaltliche Gestaltung der „Materialien" ist insbesondere im Hinblick auf das Kapitel

---

86 Vgl. die immer noch sehr anregende Grundsatzdebatte in den Jahrgängen 1973/74 des Deutschland-Archivs.

über die „Nation" in den „Materialien 1974" behauptet, aber von beteiligten Ministerialbeamten und Wissenschaftlern bestritten worden.[87] Wahrscheinlich fallen diese Meinungsunterschiede in sich zusammen, wenn man Art und Weise der politischen Einflußnahme präziser faßt. Der politische Bereich wird kaum inhaltliche Formulierungen vorschreiben, sondern höchstens Bedenken gegenüber der Opportunität einzelner wissenschaftlicher Befunde anmelden, die deren Autoren dann von sich aus aufnehmen oder vor denen sie sich zurückziehen. Ganz ähnlich läuft im übrigen die Forschungsförderung ab, die immer wieder als das zentrale Instrument der Politik zur Steuerung der Wissenschaft genannt wird. Hinsichtlich der vergleichenden Deutschlandforschung dreht es sich dabei vor allem um die Forschungsförderung durch das Bundesministerium für innerdeutsche Beziehungen.[88] Die einschlägigen politischen und bürokratischen Instanzen vergeben kaum Aufträge von sich aus, sondern entscheiden über die Förderungswürdigkeit von ihnen vorgelegten Projekten, die von Wissenschaftlern ausgegangen sind. Sie haben also einen mitsteuernden, aber keinen initiativen Einfluß. Insgesamt gesehen beruht die Praxis des Einflusses der Politik auf die Wissenschaft viel weniger auf Vorschriften und Vorgaben, die der politische dem akademischen Bereich macht, als umgekehrt auf dem Eingehen der Wissenschaftler auf die vermuteten Interessen der Politik und Ministerialverwaltung. Das hängt mit der anderen Seite des Wechselverhältnisses zusammen, mit dem von den Wissenschaftlern angestrebten Einfluß auf die Politik.

Politikberatung gehört heute zu den selbstverständlichen Funktionen der Wissenschaft. Dem politischen Bereich sollen wissenschaftlich abgesicherte Informationen und Analysen zur Verfügung gestellt werden, auf deren Grundlage er die Situation beurteilen und Entscheidungen fällen kann. Möglichkeit und Nützlichkeit einer solchen politikberatenden Funktion liegen bei der DDR- und vergleichenden Deutschlandforschung auf der Hand. Nur durch kontinuierliche Beobachtung und Analyse, wie sie wissenschaftlichen Bemühungen eigen sind, können Informationen über die DDR gesammelt und in eine mit der Bundesrepublik vergleichende Perspektive gestellt werden. Mit dieser expliziten Absicht der Politikberatung und sogar der Politikplanung ist 1952 der Forschungsbeirat beim Bundesministerium für Gesamtdeutsche Fragen eingerichtet worden, von dem insbesondere die wirtschaftswissenschaftliche DDR- und vergleichende Deutschlandforschung in der Bundesrepublik ausgegangen ist. Höhepunkt der politkberatenden Ambitionen waren aber die vielfältigen Aktivitäten von Peter Christian Ludz. Ludz hat seit Mitte der 60er Jahre immer wieder durchblicken lassen, daß er sich von der nach seinen Vorstellungen reformierten DDR-Forschung eine Neuorientierung der

87 Siehe oben, Anm. 48.

88 Vgl. die aufschlußreichen Ankündigungen von Staatssekretär Hennig zur künftigen Forschungsförderung des BMB (Anm. 55).

Deutschlandpolitik, zumindest die wissenschaftliche Abstützung einer realistischeren Politik gegenüber der DDR erhoffte.[89] Rückblickend kann man tatsächlich für die DDR-Forschung in der zweiten Hälfte der 60er Jahre im Hinblick auf die Deutschlandpolitik eine Initiativ- und Vorläuferfunktion konstatieren. Obwohl Ludz dann gerade an das Erscheinen der „Materialien" Hoffnungen knüpfte, sind diese Möglichkeiten der Einflußnahme der Wissenschaft auf die Politik seit Beginn der 70er Jahre eher wieder geringer geworden.[90] Das hängt nicht nur mit den im Gefolge der Energie- und Weltwirtschaftskrise gewandelten politischen Prioritäten zusammen, sondern ist auch eine Folge der unterschiedlichen Erwartungs- und Vorstellungshorizonte von Politikern und Wissenschaftlern. Politiker suchen Hilfen für kurzfristig anstehende Entscheidungen, während Wissenschaftler eher langfristige Analysen liefern. Obwohl Vergleiche zwischen der Bundesrepublik und DDR, wie zuvor festgestellt, für den Wettbewerb zwischen den beiden deutschen Staaten und die offene Frage ihrer nationalen Kohärenz wichtige Informationen liefern können, muß insgesamt der politische Einfluß der zwischendeutschen Systemvergleichsforschung eher als gering eingeschätzt werden. Im Wechselverhältnis von Deutschlandpolitik und Deutschlandforschung ist die Politik zumeist die dominierende und unabhängige und die Forschung eher die zweitrangige und abhängige Variable.

Bei dem Bemühen, die Parallelität der Entwicklung von Politik und Wissenschaft auf diesem Gebiet zu erklären, wird man allerdings gut daran tun, nicht lediglich diese beiden Faktoren in Betracht zu ziehen. Plausibler erscheint es, die weitgehende Korrelation von vergleichender Deutschlandforschung und Deutschlandpolitik auf eine Variable zurückzuführen, von der beide abhängig sind. Ein solcher umfassender Faktor ist die jeweilige öffentliche Meinung im Hinblick auf das Verhältnis von Bundesrepublik und DDR. Zwar kann nicht übersehen werden, daß sowohl Politik als auch Forschung nicht nur von der öffentlichen Meinung abhängig sind, sondern diese auch wesentlich mitgestalten. Auch ist die öffentliche Meinung keineswegs so eindeutig und homogen, wie der Begriff suggeriert. Doch gab und gibt es, was das Verhältnis der beiden deutschen Staaten angeht, über längere Perioden der Geschichte der Bundesrepublik mehrheitliche Grundauffassungen, die von breiten Teilen der Öffentlichkeit, der Politik und der Wissenschaft geteilt wurden. So war in den 50er Jahren in der Bundesrepublik die Einschätzung allgemein verbreitet, daß es sich bei der DDR, sprich der SBZ, um ein äußerst labiles Herrschaftsgebilde handele, das in einer ernsteren Krise kollabieren würde – und deshalb den Vergleich mit der stabileren Bundesrepublik nicht lohne. Von heute her gese-

89 Vgl. die einschlägigen Beiträge von Ludz (Anm. 28-30) und 66).

90 Einsichten über die zwischenzeitliche Erfahrung der Grenzen der Kooperation von Wissenschaft und Politik haben sich niedergeschlagen in: Peter C. Ludz: Reflexionen zum Verhältnis von Sozialwissenschaften und praktischer Politik, in: Horst Baier (Hrsg.): Freiheit und Sachzwang. Beiträge zu Ehren Helmut Schelsky, Opladen 1977, S. 10-22.

hen, tragen viele dieser früheren Auffassungen den Stempel politischen Wunschdenkens, doch damals wurden sie von weitesten Kreisen der Bevölkerung und der Medien geteilt und wurden auch durch die Realität, wie sie wahrgenommen wurde, vielfach bestätigt. Diese Positionen der öffentlichen Meinung beeinflußten gleichermaßen Politik und Wissenschaft und bewirkten somit deren weitgehende Gleichförmigkeit.

Umgekehrt allerdings haben die zwischendeutschen Systemvergleiche auch auf die Bildung der öffentlichen Meinung eingewirkt. In diesem Zusammenhang sind nicht nur die Medien, sondern auch die Aktivitäten der politischen Bildungsarbeit zu nennen. Mehr als auf dem politischen Sektor hat sich der Wandel der vergleichenden Deutschlandforschung in der Lehrerausbildung, in Schulbüchern, in Curricula und dergleichen niedergeschlagen.[91] Die dabei wirksamen Einflußkanäle will ich hier außer Betracht lassen, vielmehr erscheint es sinnvoll, im Zusammenhang mit der Öffentlichkeitswirkung der vergleichenden Deutschlandforschung die grundsätzliche Frage nach den Motiven und Funktionen von zwischendeutschen Vergleichen aufzuwerfen.

Funktionen zwischendeutscher Vergleiche

Sowohl im Hinblick auf die DDR-Forschung[92] als auch die Ost-West-Vergleiche[93] und ganz allgemein für die vergleichende Politikwissenschaft[94] sind Kataloge von Funktionen und Motiven aufgestellt worden, die sich auch auf die Vergleiche von Bundesrepublik und DDR anwenden lassen. Dabei ist aber von den Autoren dieser Funktionsraster nicht immer gesehen worden, daß diese in einem doppelten Sinne „ideal" sind, sowohl in erkenntnistheoretischer Hinsicht idealtypische Kategorisierungen als auch aus normativer Perspektive Bewertungen der einzelnen Funktionen implizieren. Bei dem folgenden Versuch, die Funktionen und vor allem die politischen Funktionen von zwischendeutschen Vergleichen zu unterscheiden, handelt es sich eingestandenermaßen auch um ihre Bewertung. Der dabei zugrundeliegende Maßstab ist, in aller seiner Pauschalität und damit Angreifbarkeit, die Frage, ob zwischendeutsche Vergleiche zum Abbau von Konflikten, zur Verbesserung der zwischendeutschen Kontakte nicht nur der Politiker, sondern auch der Bürger in den beiden deutschen Staaten, und insgesamt zu einem rationaleren Umgang im geteilten Deutschland beitragen.

---

91 Ausführlicher in Bleek (Anm. 1), S. 718 ff., und ders. (Anm. 79), S. 35 ff.

92 P. C. Ludz im Gutachten zum Stand der DDR- und vergleichenden Deutschlandforschung (Anm. 6), S. 46 ff.

93 Franz Ronneberger: Vergleichbarkeit östlicher und westlicher Systeme, in: Alfred Domes (Hrsg.): Ost-West-Polarität, Köln 1972, S. 13-48, hier S. 19 ff.

94 Kurt Sontheimer: Vergleichende Politikwissenschaft, in: Leonhard Reinisch (Hrsg.): Politische Wissenschaft heute, München 1971, S. 111-120.

Die wichtigste Funktion von Vergleichen ist in meinen Augen ihr Beitrag zum Verstehen. Dabei geht es zum einen um das Verständnis des anderen Landes, der ihm eigentümlichen politischen Strukturen und Prozesse. Erst auf der Grundlage einer soliden Kenntnis voneinander ist eine rationale Kommunikation und Interaktion zwischen Politikern, aber auch zwischen den Bürgern verschiedener Staaten möglich. Zum anderen beinhaltet der Vergleich auch Möglichkeiten zum besseren Verständnis des eigenen Staates, seiner politischen und gesellschaftlichen Wirklichkeit. Der Vergleich ermöglicht Kontrastschärfen, indem Bilder nebeneinander gestellt werden und so für sich an Konturen gewinnen.

Im Hinblick auf den Alltag der zwischendeutschen Vergleiche erscheint diese Funktion des Verstehens aber als ziemlich idealistisch gesehen. Vergleiche zwischen den beiden deutschen Staaten, ganz gleich, ob sie von der Bundesrepublik oder der DDR ausgehen, tendieren dazu, weniger das Verständnis als mehr Mißverständnisse zu fördern, zielen sie doch meist mehr auf die Bestätigung und Illustrierung vorgefaßter Ansichten als auf die Erstellung eines realistischen Bildes des anderen deutschen Staates. Das ist eine Folge jener eigentümlichen Verklammerung des Legitimationsverständnisses der beiden Staaten, auf die noch einzugehen sein wird. Solange die politische Rechtfertigungsfunktion so dominant ist, empfiehlt es sich, als primären Zugang zum Verständnis des anderen deutschen Staates die Länderstudie über die DDR und nur mit größter Vorsicht den vergleichenden Zugang zu wählen.

Als zweites Motiv für Vergleiche wird immer wieder die Möglichkeit des Lernens genannt. Zumal wenn Staaten vor ähnliche oder gleiche Problemlagen gestellt sind, liegt es nahe, einen Blick auf die Lösungsversuche anderer Staaten zu werfen. Der Vergleich beinhaltet wie die Geschichte eine Fülle von Anregungen, Vorbildern, aber auch Warnungen, die bei der Entwicklung der eigenen Gesellschafts- und Staatsordnung hilfreich sein können. Solches Lernen durch Vergleiche hat sich allerdings nur dann als erfolgreich erwiesen, wenn es die Institutionen und Verhaltensweisen eines anderen Landes nicht pauschal und unrefklektiert überträgt, sondern die unterschiedlichen Rahmenbedingungen vor allem in der politischen Kultur berücksichtigt. Der Vergleich kann schließlich auch als Argument bei dem Versuch dienen, politische und gesellschaftliche Veränderungen im eigenen Staat durchzusetzen, indem auf das Vorbild des anderen Staates verwiesen wird.

Wiederum bestehen erhebliche Zweifel, ob zwischendeutsche Vergleiche dieser Idealfunktion eines Lernens voneinander gerecht werden können. Zwar hat der Blick auf den anderen deutschen Staat seit der Mitte der 60er Jahre in der Bundesrepublik manche Anstöße und Anregungen z.B. auf den Gebieten des Bildungswesens, der Sportförderung und in jüngster Zeit insbesondere bei den Bemühungen um die Stärkung des Geschichtsbewußtseins vermittelt. Auch beinhaltet Lernen ja nicht nur, daß man als positiv gewertete Vorbilder übernimmt, sondern ebenfalls, daß als negativ eingeschätzte Erscheinungen und Entwicklungen anderer Staaten zu vermeiden gesucht werden. Doch im Fall der DDR und des zwischendeutschen Vergleichs hat über lange Zeit in der Bundesrepublik die Tendenz vorgeherrscht, sie als pauschales Argument bei der Blockierung von Lern- und Entwicklungsprozessen einzusetzen.[95] Wer die Reformbedürftigkeit von gesellschaftlichen und politischen Erscheinungen in der Bundesrepublik nachweisen will, dem muß in aller Regel geraten werden, den Vergleich mit der DDR zu vermeiden.[96]

Das ist eine Folge der überwiegenden Bedeutung der Rechtfertigungsfunktion für den zwischendeutschen Vergleich. Bundesrepublik und DDR sind nach dem zweiten Weltkrieg aus dem Kalten Krieg der amerikanischen und sowjetischen Siegermacht entstanden und werden bis heute von diesem ideologischen Gegensatz geprägt.[97] Über lange Zeit haben sie ihr legitimatorisches Selbstverständnis weniger positiv aus sich selbst heraus, als vielmehr negativ durch den Kontrast zum anderen deutschen Staat gewonnen. Der Vergleich zwischen den beiden deutschen Staaten steht notwendigerweise unter der Vorgabe dieses Feindbildes, wird von ihrem Verhältnis zueinander als zweier „feindlicher Brüder" bestimmt.

Allerdings ist die Feststellung von grundsätzlichen Systemunterschieden zwischen Bundesrepublik und DDR als solche keineswegs illegitim, bestehen diese Unterschiede doch tatsächlich und werden von beiden Seiten nicht geleugnet. Zwischendeutschen Vergleichen kann nicht vorgeworfen werden, daß sie über die Gegensätzlichkeit der Herrschaftssysteme aufklären. Problematisch werden die kontrastierenden Vergleiche erst durch die Tendenz, mögliche Divergenzen zwischen Anspruch und Wirklichkeit in den beiden deutschen Staaten auszublenden und insbesondere dem Anspruch des eigenen Staates die von außen gesehene Wirklichkeit des anderen Staates gegenüberzustellen, gar den anderen deutschen Staat in einen Vergleich einzubeziehen, ohne an seinen tatsächlichen Verhältnissen interessiert zu sein. Auf diese Weise gerinnt die legitimatorische Funktion von Vergleichen zur denunziatorischen Funktion, wird Legitimität nicht mehr erklärt, sondern manipuliert. Der Vergleich reduziert sich dann auf die Bestätigung von vorgefaßten Weiß-Schwarz-Annahmen und blendet die Wahrnehmung von Grautönen aus. Solche

---

95 Vgl. die oben (S. 22) angeführten Beispiele von innerdeutschen Vergleichen als legitimatorischen Kontrasten.

96 Diese Skepsis richtet sich gegen die Auffassung Hartmut Zimmermanns, die Erforschung der DDR könne bei der Erkenntnis der Reformbedürftigkeit unserer eigenen Ordnung in der Bundesrepublik helfen. Vgl. Hartmut Zimmermann: Zu einigen innenpolitischen Aspekten der DDR-Forschung, in: Deutschland-Archiv 6 (1973), S. 713-717, hier S. 713, und ders.: Probleme der DDR-Forschung, in: Clemens Burrichter (Hrsg.): Deutschlandspolitik und Systemauseinandersetzung, Erlangen 1982, S. 80-97, dort S. 86.

97 Vgl. Ernst Nolte: Deutschland und der Kalte Krieg, München 1974.

legitimatorischen Vergleiche zwischen Bundesrepublik und DDR, wie sie zwar kaum in der vergleichenden Deutschlandforschung, dafür aber um so mehr in den Medien und der politischen Bildungsarbeit anzutreffen sind, erscheinen mir in doppelter Hinsicht problematisch. Sie tragen wenig oder nichts zum Verständnis der DDR bei und lenken außerdem von der Notwendigkeit ab, das Selbstverständnis der Bundesrepublik aus ihr selbst heraus zu fundieren, die Legitimation unserer Ordnung auf unsere eigenen gesellschaftlichen, politischen und wirtschaftlichen Wertvorstellungen und deren Verwirklichung zurückzuführen. Die Bundesrepublik Deutschland sollte im vierten Jahrzehnt ihrer staatlichen Existenz nicht mehr des zwischendeutschen Vergleiches als einer „legitimatorischen Krücke" bedürfen.

Als vierte Funktion von Vergleichen kann deren Hilfestellung bei politischem Handeln angesehen werden. Damit sind sowohl Anstöße zu Aktionen als auch deren informatorische Voraussetzungen gemeint. Hinsichtlich der zwischendeutschen Vergleiche ist bereits festgestellt worden, daß ihr Einfluß auf die Deutschlandpolitik relativ beschränkt gewesen ist. Die politisch Verantwortlichen der Bundesrepublik mögen sich bei ihren Lageeinschätzungen und Entscheidungen in bezug auf die DDR durch Analysen der DDR- und vergleichenden Deutschlandforschung absichern, doch eine wesentliche Initiativfunktion geht von diesen nicht aus.

Als Träger des politischen Handelns sind allerdings nicht nur die Politiker, sondern auch die Bürger in Betracht zu ziehen. Haben zwischendeutsche Vergleiche einen Einfluß auf politische Einstellungen und Entscheidungen der Bundesbürger? Dagegen spricht die Tatsache, daß heute die Bundesrepublik und an zweiter Stelle die Europäische Gemeinschaft den Rahmen für die politischen Orientierungen und Interessen der westdeutschen Bürger abstecken, Gesamtdeutschland als konkreter Bezugspunkt hingegen weitgehend an Bedeutung verloren hat.[98] Für einzelne Bevölkerungsschichten allerdings, die den Kontakt zu den Deutschen in der DDR bewahrt bzw. neu aufgenommen haben, können Vergleiche eine wertvolle Hilfe bei der zwischendeutschen Kommunikation sein. In diesem Zusammenhang ist von Vorteil, daß sich die vergleichende Deutschlandforschung auf dem Gebiet der Sozialwissenschaften in den vergangenen Jahren vermehrt dem Vergleich von spezifischen Bevölkerungsgruppen und Lebenssituationen in den beiden deutschen Staaten wie der Lage der Jugendlichen, der Familie, der Frauen, der Alten, aber auch der Wehrdienstverweigerer zugewandt hat. Die Ergebnisse solcher Vergleichsstudien werden zwar meist nur über die Medien von den betroffenen und interessierten Gruppen wahrgenommen, doch kommt ihnen auch auf diesem indirekten Wege eine das gesellschaftliche und politische Handeln unterstützende Informationsfunktion zu. Insgesamt gesehen aber muß der Einfluß der zwischendeutschen

98 Vgl. die Ergebnisse aus Meinungsumfragen, z.B. in den Allensbacher Jahrbüchern der Demoskopie.

Vergleiche auf die politische Meinungsbildung der Bundesrepublik sowohl auf den oberen wie den unteren Ebenen eher als gering veranschlagt werden.

Als letztes Motiv zu zwischendeutschen Vergleichen sei deren Beitrag zur Erkenntnis von Tatbeständen und Zusammenhängen genannt. Das mag Erstaunen hervorrufen, handelt es sich doch bei der Erkenntnisfunktion um das eigentliche wissenschaftliche Motiv von Vergleichen. Durch die komparative Methode sollen über die einzelne politische Bezugseinheit, insbesondere über den einzelnen Staat hinausgehende Verallgemeinerungen und letzten Endes empirisch fundierte Theoriebildungen ermöglicht werden.[99] Vergleiche dienen somit als wesentliche Instrumente zur Feststellung von gesellschaftlichen und politischen Gesetzmäßigkeiten.

Diese erkenntnisfördernde und theoriebildende Funktion von Vergleichsstudien kommt aber im Gegensatz zu den angelsächsischen „Comparative Politics" bei der zwischendeutschen Vergleichsforschung in der Bundesrepublik auf dem Gebiet der Sozialwissenschaften kaum zum Tragen. Ausnahmen wie manche Arbeiten aus der Bildungs- und Jugendforschung bestätigen die Regel, daß die politischen Motive, bisher jedenfalls, in der vergleichenden Deutschlandforschung Vorrang vor den wissenschaftlichen Funktionen habe. Noch immer speist sich der akademische Vergleich der beiden deutschen Staaten und Gesellschaften mehr aus dem politischen Interesse an der Einheit der deutschen Nation als aus der wissenschaftlichen Motivation, über Vergleiche zur Bildung und Überprüfung von Theorien zu kommen. Insgesamt gesehen scheint sich in der vergleichenden Deutschlandforschung jene Nabelschau fortzusetzen, die wir Deutschen auf politischem Gebiet mit der „deutschen Frage" zu pflegen geneigt sind.

Wissenschaftlichkeit als Aufgabe

Die Entwicklung der vergleichenden Deutschlandforschung ist wesentlich vom Wandel der Deutschlandpolitik der Bundesrepublik bestimmt worden, bei diesem Forschungsgebiet haben die politischen stets die wissenschaftlichen Motive überwogen und sind die politischen Funktionen oft in sehr problematischer Weise zum Tragen gekommen. Die Feststellung dieser Tatbestände läßt manchen Beobachter fragen, ob man nicht auf die akademische Bearbeitung dieses Forschungsgebietes konsequenterweise verzichten solle. Entblößt die politische Bedingtheit und Belastung der vergleichenden Deutschlandforschung diese nicht ihres wissenschaftlichen Charakters? Wäre es nicht sinnvoller, die zwischendeutschen Vergleiche dem Bundespresse- und Informationsamt und

99 Vgl. Klaus von Beyme: Die politischen Theorien der Gegenwart, München, 1. Aufl. 1972, 4. Aufl. 1980.

dem Gesamtdeutschen Institut zu überlassen, die dann als Regierungsanstalten zwischen sich die politikberatenden und propagandistischen Funktionen der DDR- und vergleichenden Deutschlandforschung aufteilen könnten?

Solche radikalen Schlußfolgerungen ignorieren über den tatsächlichen und oft problematischen Motiven von zwischendeutschen Vergleichen ihre möglichen und legitimen Funktionen. Problematische Motive und Ausführungen eines Forschungsgebietes müssen nicht unbedingt dieses selbst in Frage stellen, das hieße das Kind mit dem Bade ausschütten.

Vor übereilten Konsequenzen aus der Politiknähe der DDR- und vergleichenden Deutschlandforschung kann auch ein Blick auf die Autoren und die Zielrichtung solcher Vorwürfe bewahren. Stets ist der Vorwurf, die Forschung sei „Büttel der Politik“, nur gegen Anhänger anderer politischer Ansichten erhoben worden, galten hingegen die eigenen Arbeiten als lautere Produkte der Wissenschaft.[100] So hat P. C. Ludz als Kritiker des Totalitarismusmodells dessen Anhängern vorgeworfen, sie ständen unter dem Einfluß des Kalten Krieges, während umgekehrt die Verfechter einer Wiederbelebung des Totalitarismusmodells den Anhängern des systemimmanenten Ansatzes vorgehalten haben, sie säßen Illusionen der Entspannungspolitik auf. Wenn die politische Bedingtheit nur als Argument gegen Opponenten und die Wissenschaftlichkeit nur für die eigenen Auffassungen in Anspruch genommen werden, so führt das lediglich zum Austausch von spiegelverkehrten Verdächtigungen und wird dem grundsätzlichen Verhältnis von Politik und Wissenschaft nicht gerecht.

Der Vorwurf der Politikabhängigkeit gegen einzelne Forschungsgebiete und -arbeiten beruht meist auf einem in der zweiten Hälfte des 19. Jahrhunderts verankerten Verständnis von politikferner und apolitischer Wissenschaft, das nach den wissenschaftsgeschichtlichen und -theoretischen Entwicklungen des 20. Jahrhunderts überwunden sein sollte. Heute wird allgemein konzediert, daß wissenschaftliche Arbeit auf außerwissenschaftliche und damit auch auf politische Anstöße zurückgehen können, die Wissenschaft erwartet geradezu diese politischen Stimuli. Auch die Verwertung von wissenschaftlichen Ergebnissen zu nichtwissenschaftlichen Zwecken wird als legitim angesehen, wenn sich auch den Wissenschaftlern die politisch-ethische Frage des möglichen Mißbrauches ihrer Erkenntnisse stellt. Selbst in den Augen Max Webers hat das umstrittene Prinzip der „Wertfreiheit“ nie politische Motivationen zu wissenschaftlichen Bemühungen noch deren Verwertung durch die praktische Politik ausgeschlossen, sondern sollte lediglich bei der eigentlichen Durchführung der wissenschaftlichen Arbeit zum Tragen kommen.

---

100 So hat sich Gero Neugebauer gegen die Politisierung der DDR-Forschung ausgesprochen, weil sie damit von der kapitalistischen Politik der Bundesrepublik abhängig würde (G. Neugebauer: DDR-Forschung nur Büttel der Politik?, in: Deutschland-Archiv 6 (1973), S. 1036-1038). Auch Cless und Picaper (Anm. 2) erheben solche einseitigen Vorwürfe der Politikabhängigkeit.

Die Politiknähe der vergleichenden Deutschlandforschung beinhaltet daher keinen Makel, ist vielmehr die selbstverständliche Folge der politischen Bedeutung ihres Gegenstandes, der Vergleiche zwischen den beiden deutschen Staaten. Die Politisierung der vergleichenden Deutschlandforschung schließt ihre Wissenschaftlichkeit nicht aus, umgekehrt erfordert die Politiknähe dieses Fachgebietes gerade seine Verwissenschaftlichung.[101] Nicht eine von der Politik isolierte, aber in ihren Ansprüchen und Regeln autonome Wissenschaft sollte das Ziel sein. Auch die meisten Politiker haben, wenn überhaupt, mehr ein Interesse an akademischen Gesprächspartnern mit eigenständiger Fachkompetenz und unabhängigem Urteil als an politischen Sympathisanten, die lediglich ihre politischen Überzeugungen in wissenschaftliche Sprache kleiden und verkaufen.

Der wissenschaftliche Standard der zwischendeutschen Vergleichsforschung in der Bundesrepublik läßt allerdings, zumindest auf dem Gebiet der Sozialwissenschaften, zu wünschen übrig. Zahlreiche Arbeiten zum zwischendeutschen Vergleich sind sich der allgemeinen Problematik von Vergleichen nicht bewußt. Vielfach werden Vergleiche angestellt, ohne die zentrale Frage des Vergleichsmaßstabes durchdacht zu haben, wird die Realität des einen mit der Norm des anderen Staates verglichen, wird vorschnell politisch gewertet statt wissenschaftlich erklärt.[102] Solche Mängel sind zumeist darauf zurückzuführen, daß Autoren von vergleichenden Arbeiten mit der vergleichenden Methode wenig oder gar nicht vertraut sind. Zu Recht ist im „Gutachten zum Stand der DDR- und vergleichenden Deutschlandforschung" die „methodische Rückständigkeit" des Fachgebietes beklagt und dessen „Entprovinzialisierung" gefordert worden.[103] Dieses 1978 leider nur intern veröffentlichte Gutachten belegt in seiner umfangreichen Bestandsaufnahme der bisherigen Forschungsarbeiten, daß gerade vergleichende Themen inhaltlich wie methodisch bisher zu kurz gekommen sind. Die allgemeine methodologische Diskussion über vergleichende Analysen vor allem in der angelsächsischen Forschung ist in der Bundesrepublik kaum zur Kenntnis genommen worden. So ist das für die vergleichende Sozialforschung grundlegende Buch von Stein Rokkan zwar ins Deutsche übersetzt, aber längst nicht zur Genüge rezipiert worden.[104]

Um so erfreulicher ist angesichts dieses Defizits an methodologischen Überlegungen in der vergleichenden Deutschlandforschung, daß die Gesellschaft für Deutschlandforschung den Problemen systemvergleichender Betrachtung

---

101 In diesem Sinne auch K. Sontheimer (Anm. 94), S. 114 f.

102 Ausführlicher in Bleek (Anm. 1), S. 718 ff.

103 Gutachten (Anm. 6), S. 74 und S. 79.

104 Stein Rokkan: Vergleichende Sozialwissenschaft. Die Entwicklung der interkulturellen, inter-gesellschaftlichen und inter-nationalen Forschung (Ullstein-Buch Nr. 2918), Frankfurt/M. 1972.

eine eigene Tagung gewidmet hat. Hoffentlich werden ihre theoretischen und methodologischen Anregungen und Bedenken von den künftigen Arbeiten zum zwischendeutschen Vergleich aufgenommen werden.

Literatur

Anweiler, Oskar: Bemerkungen zur erziehungswissenschaftlichen DDR-Forschung im Rahmen intersystemarer vergleichender Bildungsforschung, in: Baumann, Ulrich (Hrsg.): Vergleichende Erziehungswissenschaft, Wiesbaden 1981, S. 43-49.

Bericht der Bundesregierung und Materialien zur Lage der Nation 1971, hrsg. v. Bundesministerium für innerdeutsche Beziehungen, Bonn 1971.

Bericht der Bundesregierung und Materialien zur Lage der Nation 1972, hrsg. v. Bundesministerium für innerdeutsche Beziehungen, Bonn 1972.

Beyme, Klaus von: Die politischen Theorien der Gegenwart, München 1972/1980.

Beyme, Klaus von (Hrsg.): Die großen Regierungserklärungen der deutschen Bundeskanzler von Adenauer bis Schmidt, München und Wien 1979.

Bibliographie zur Deutschlandpolitik 1941-1974, hrsg. v. Bundesministerium für innerdeutsche Beziehungen, Frankfurt/M. 1975.

Bibliographie zur Deutschlandpolitik 1975-1982, hrsg. v. Bundesministerium für innerdeutsche Beziehungen, Frankfurt/M. 1983.

Bleek, Wilhelm: Nation, Deutsche, in: Sontheimer, Kurt / Röhring, Hans H. (Hrsg.): Handbuch des politischen Systems der Bundesrepublik Deutschland, München 1977, S. 400-407.

Bleek, Wilhelm: Zwischendeutsche Vergleiche. Politische Probleme und politikwissenschaftliche Möglichkeiten, in: Deutschland-Archiv, H. 7, Jg. 15 (1982), S. 717-739.

Bleek, Wilhelm: Verwaltung und öffentlicher Dienst, in: Benz, Wolfgang (Hrsg.): Die Bundesrepublik Deutschland, Bd. 1: Politik, Frankfurt/M. 1983, S. 63-91.

Bleek, Wilhelm: Zur Entwicklung der vergleichenden Deutschlandforschung, in: aus politik und zeitgeschichte, Bd. 38 (1984), S. 25-37.

Böger, Klaus / Kremendahl, Hans: Bundesrepublik Deutschland – Deutsche Demokratische Republik. Vergleich der politischen Systeme, Bd. 2: Didaktischer Teil, Stuttgart 1979.

Burrichter, Clemens: Systemwettbewerb und Systemvergleich. Anmerkungen zur vergleichenden Wissenschaftsforschung, in: Deutschland-Archiv, H. 8, Jg. 6 (1973), S. 819-822.

Burrichter, Clemens: Reflexionen zum Systemvergleich. Problemskizze: Wissenschaften, in: Institut für Gesellschaft und Wissenschaft Erlangen (Hrsg.): Wissenschaft in der DDR, Köln 1973, S. 9-26.

Burrichter, Clemens / Förtsch, Eckart: DDR-Forschung im Systemwettstreit, in: Deutschland-Archiv, H. 10, Jg. 8 (1975), S. 1035-1041.

Burrichter, Clemens / Förtsch, Eckart: Development and Present Situation of GDR Research in the Federal Republik of Germany, in: Beyme, Klaus von, et al. (Eds.): German Political Systems. Theory and Practice in the Two Germanies (German Political Studies, Vol. 2), Beverly Hills 1976, S. 93-116.

Cless, Olaf: Sozialismusforschung in der Bundesrepublik, Köln 1978.

Deutsch, Karl W.: Nationalism and Social Communication, Cambridge (Mass.) 1953, 2. Aufl., 1966.

Dokumente der Sozialistischen Einheitspartei Deutschlands, Bd. 4, Berlin-DDR 1954.

Dreßler, Thomas: Vorbereitung und Versuch im Strafrecht der Deutschen Demokratischen Republik im Vergleich mit dem Recht der Bundesrepublik Deutschland, Frankfurt/M. 1982.

End, Heinrich: Zweimal deutsche Außenpolitik. Internationale Dimensionen des innerdeutschen Konflikts 1949-1972, Köln 1973.

Entscheidungen des Bundesverfassungsgerichts, Bd. 36, Tübingen 1974.

„Ernst-Richert-Preis 1984", in: Deutschland-Archiv, H. 3, Jg. 18 (1985), S. 320-323.

„Ernst-Richert-Preis 1982 verliehen", in: Deutschland-Archiv, H. 2, Jg. 17 (1984), S. 212-221.

Fischer, Alexander / Weber, Hermann: Periodisierungsprobleme der Geschichte der DDR, in: Deutschland-Archiv, Sonderheft 1979, S. 17-26.

Forschungsbeirat für Fragen der Wiedervereinigung Deutschlands beim Bundesminister für gesamtdeutsche Fragen. Erster Tätigkeitsbericht 1952/53, Bonn 1954.

Forschungsbeirat für Fragen der Wiedervereinigung Deutschlands beim Bundesminister für gesamtdeutsche Fragen. Zweiter Tätigkeitsbericht 1954/56, Bonn 1957.

Forschungsbeirat für Fragen der Wiedervereinigung Deutschlands beim Bundesminister für gesamtdeutsche Fragen. Vierter Tätigkeitsbericht 1961/65, Bonn und Berlin 1965.

Forschungsbeirat für Fragen der Wiedervereinigung Deutschlands beim Bundesminister für gesamtdeutsche Fragen. Fünfter Tätigkeitsbericht 1965/69, Bonn und Berlin 1969.

„Gesellschaft für Deutschlandforschung legt Memorandum zur Intensivierung der DDR- und vergleichenden Deutschlandforschung vor", in: Deutschland-Archiv, H. 3, Jg. 17 (1984), S. 314-322.

Glaeßner, Gert-Joachim: Sozialistische Systeme. Einführung in die Kommunismus- und DDR-Forschung, Opladen 1982.

Glaeßner, Gert-Joachim: Schwierigkeiten beim Schreiben der Geschichte der DDR. Anmerkungen zum Problem der Periodisierung, in: Deutschland-Archiv, H. 6, Jg. 17 (1984), S. 638-650.

Gleitze, Bruno, u.a.: Die DDR nach 25 Jahren (Wirtschaft und Gesellschaft in Mitteldeutschland, Bd. 10), Berlin 1975.

Gransow, Volker: Konzeptionelle Wandlungen der Kommunismusforschung, Frankfurt/M. und New York 1980.

Gutachten zum Stand der DDR- und vergleichenden Deutschlandforschung, erstattet vom Arbeitskreis für vergleichende Deutschlndforschung unter Vorsitz von Peter Christian Ludz im März 1978, 4 Bde, Manuskriptdruck.

Gutmann, Gernot: Probleme des Vergleichs alternativer Wirtschaftssysteme. Dargestellt am Beispiel Bundesrepublik Deutschland / DDR, in: Recht, Wirtschaft, Politik im geteilten Deutschland. Festschrift für Siegfried Mampel, Köln 1983, S. 271-295.

Haack, Dieter: Gesamtdeutsche Politik braucht die DDR-Forschung, in: SBZ-Archiv, H. 20, Jg. 18 (1967), S. 319-321.

Hartmann, Anne, u.a.: BRD – DDR. Vergleich der Gesellschaftssysteme, Köln 1971.

Hegelheimer, Armin: Berufsausbildung in Deutschland, Frankfurt/M. 1973.

Helwig, Gisela: Frau und Familie in beiden deutschen Staaten, Köln 1982.

Heydemann, Günter: Geschichtswissenschaft im geteilten Deutschland, Frankfurt/M. 1980.

Hille, Barbara / Roeder, Burkhard (Hrsg.): Beiträge zur Jugendforschung. Sozialpsychologische Befunde zum Jugendalter in beiden deutschen Staaten, Opladen 1979.

Hillgruber, Andreas: Deutsche Geschichte 1945-1982. Die „deutsche Frage" in der Weltpolitik, Stuttgart, 4. Aufl., 1983.

Jaide, Walter / Hille, Barbara (Hrsg.): Jugend im doppelten Deutschland, Opladen 1977.

Jesse, Eckhard: Systemvergleich Bundesrepublik Deutschland und Deutsche Demokratische Republik. Ein Literaturbericht, in: Jesse, Eckhard (Hrsg.): Bundesrepublik Deutschland und Deutsche Demokratische Republik (Schriftenreihe der Bundeszentrale für politische Bildung, Bd. 167), Bonn 1980, S. 386-408.

Jesse, Eckhard: Wahlen in der Deutschen Demokratischen Republik und in der Bundesrepublik – ein Vergleich, in: Weber, Jürgen (Hrsg.): DDR – Bundesrepublik Deutschland. Beiträge zu einer vergleichenden Analyse ihrer politischen Systeme, München 1980, S. 191-212.

Juling, Peter: Kontinuität am Ziel – aber Wandel des Weges. Die Deutschlandpolitik im Spiegel der Regierungserklärungen seit 1949, in: Deutschland-Archiv, H. 9, Jg. 16 (1983), S. 920-926.

Kuppe, Johannes: Tutzing – kein Grund zur Selbstzufriedenheit, in: Deutschland-Archiv, H. 5, Jg. 3 (1970), S. 475-477.

Ludz, Peter Christian (Hrsg.): Studien und Materialien zur Soziologie der DDR (Kölner Zeitschrift für Soziologie und Sozialpsychologie, Sonderheft 8), Köln und Opladen 1964.

Ludz, Peter Christian: Situation, Möglichkeiten und Aufgaben der DDR-Forschung, in: SBZ-Archiv, H. 20, Jg. 18 (1967), S. 322-324.

Ludz, Peter Christian: Parteielite im Wandel. Funktionsaufbau, Sozialstruktur und Ideologie der SED-Führung. Eine empirisch-systematische Untersuchung, Köln und Opladen 1968.

Ludz, Peter Christian: Die Zukunft der DDR-Forschung, in: Deutschland-Archiv, H. 5, Jg. 6 (1973), S. 488-493.

Ludz, Peter Christian: Die DDR zwischen Ost und West. Politische Analysen 1961 bis 1976, München 1977.

Ludz, Peter Christian: Reflexionen zum Verhältnis von Sozialwissenschaften und praktischer Politik, in: Baier, Horst (Hrsg.): Freiheit und Sachzwang. Beiträge zu Ehren Helmut Schelsky, Opladen 1977, S. 10-22.

Ludz, Peter Christian: Comparative Analysis of Divided Germany. Some Problems and Findings in Theory and Methodology, in: Studies in Comparative Communism, Jg. 12 (1979), S. 144-158.

Materialien zum Bericht zur Lage der Nation 1974, hrsg. v. Bundesministerium für innerdeutsche Beziehungen, Bonn 1974.

Maunz, Theodor / Dürig, Günter / Herzog, Roman / Scholz, Rupert: Grundgesetz. Kommentar, München.

Messing, Manfred: Arbeitszufriedenheit im Systemvergleich, Stuttgart 1978.

Messing, Manfred: Industrie-Bauarbeiter in beiden Teilen Deutschland, 2 Bde, Köln 1981.

Neugebauer, Gero: DDR-Forschung nur Büttel der Politik, in: Deutschland-Archiv, H. 6 (1973), S. 1036-1938.

Nolte, Ernst: Deutschland und der Kalte Krieg, München 1974.

Picaper, Jean-Paul: DDR-Bild im Wandel, Berlin 1982.

Richert, Ernst: Das zweite Deutschland. Ein Staat, der nicht sein darf, Frankfurt/Main 1966 (Erstveröffentlichung 1964).

Ronneberger, Franz: Vergleichbarkeit östlicher und westlicher Systeme, in: Domes, Alfred (Hrsg.): Ost-West-Polarität, Köln 1972.

Rokkan, Stein: Vergleichende Sozialwissenschaft. Die Entwicklung der interkulturellen, inter-gesellschaftlichen und inter-nationalen Forschung, Frankfurt/M. 1972.

Rüthers, Bernd: Arbeitsrecht und politisches System. BRD – DDR, Frankfurt/M. 1972.

Rytlewski, Ralf, u.a.: Politik und Gesellschaft in der DDR (Teil I), in: PVS-Literatur, H. 2, Jg. 23 (1982), S. 167-279.

Schenk, Fritz: Zwei Richtungen in der Ostforschung, in: Deutschland-Archiv, H. 3, Jg. 1 (1968), S. 258-260.

Sontheimer, Kurt: Vergleichende Politikwissenschaft, in: Rheinisch, Leonhard (Hrsg.): Politische Wissenschaft heute, München 1971, S. 111-120.

Texte zur Deutschlandpolitik, hrsg. v. Bundesministerium für innerdeutsche Beziehungen, Reihe I, 12 Bde, Bonn 1968 ff.

Thalheim, Karl C.: Die Wirtschaft der Sowjetzone in Krise und Umbau, Berlin 1964.

Timmermann, Heiner: Bundesrepublik – DDR. Grundzüge im Vergleich, Opladen 1984.

Weber, Hermann: Die DDR-Forschung nach dem Grundvertrag, in: Deutschland-Archiv, H. 6, Jg. 6 (1973), S. 587-589.

Weber, Werner / Jahn, Werner (Hrsg.): Synopse zur Deutschlandpolitik 1941 bis 1973, Göttingen 1973.

Weidenfeld, Werner: Die Frage nach der Einheit der deutschen Nation, München 1981.

Weidenfeld, Werner (Hrsg.): Die Identität der Deutschen, München 1983.

Weißpfennig, Gerd: Sportpromovenden in Deutschland, Berlin 1982.

Willms, Bernard: Die Deutsche Nation, Köln 1982.

Zimmermann, Hartmut: Zu einigen innenpolitischen Aspekten der DDR-Forschung, in: Deutschland-Archiv, H. 6 (1973), S. 713-717.

Zimmermann, Hartmut: Probleme der DDR-Forschung, in: Burrichter, Clemens (Hrsg.): Deutschlandpolitik und Systemauseinandersetzung, Erlangen 1982, S. 80-97.

Ludwig Bress

KULTURANTHROPOLOGISCHE UND PARADIGMATISCHE FRAGESTELLUNGEN DES SYSTEMVERGLEICHS

Vorbemerkungen

Der äußerst heftige technologische und soziale Wandel der letzten 10 Jahre verdichtet sich zu einer Zäsur, die uns zwingt, den gegenwärtigen Stand der Theorie des Systemvergleichs mit neuen Situationen zu konfrontieren, um neue Antworten und Sichtweisen zu geben. Allgemein könnte man sagen, daß nun eine ganze Generation von Wissenschaftlern in einer Begriffswelt des Systemvergleichs ausgebildet wurde, wie sie in Konfrontation mit dem sowjetischen Wirtschaftssystem nach 1928 entwickelt wurde. Im Mittelpunkt der Erörterung standen die unterschiedliche staatliche Ordnung der arbeitsteiligen Organisation der Wirtschaft (Allokation) durch Wirtschaftspolitik und die Lagerung der Interessen der wirtschaftlichen Akteure unter den Bedingungen privaten und staatlichen Eigentums an Produktionsmitteln und Konsumgütern. Dabei wurden normative Festlegungen an den Gegenstand der Analyse herangetragen, die ausschließlich dem europäischen Zivilisationsmuster von der freiheitlichen Autonomie des Wirtschaftsbürgers entnommen waren. Die ganze Anlage der ökonomischen Analyse mit ihren rationalen Postulaten ist nicht verständlich ohne die Voraussetzungen einer Demokratisierung von Produktion und Konsum durch eine kompromißlose Aufhebung jeglicher Beschränkungen des ökonomischen Verkehrs und eine strikte Monetarisierung der sozialen Verfahrensregeln. Dadurch gelang es, eine komplexe technologische Wirtschaftsgesellschaft überhaupt übersichtlich und lenkbar zu machen. Mit der Ausdehnung der Industriezivilisation wurde zugleich das europäische Sozialmuster in zwei Varianten exportiert: einerseits die Variante des klassischen Liberalismus nach Übersee, um den nordamerikanischen Großraum, und andererseits die kontinentale Variante der staatlich organisierten Modernisierung, um den russischen geographischen Großraum zu erschließen.[1]

1 Nach der Aufhebung der Leibeigenschaft in Rußland 1861 setzte eine Liberalisierungspolitik ein, die bis zum ersten Weltkrieg dauerte. Industrielle Entwicklung fand nur inselhaft statt in einem „Meer“ von Dorfgemeinschaften, die als „Steuerhaftungsgemeinschaft“ jegliche differenzierte Einkommensentwicklung unterbanden. Die Unterentwicklung kapitalistischer Verkehrsformen (Börsen) behinderten die Realkapitalbil-

Werfen wir einen Blick auf die Herausbildung der ökonomischen Theorie (Politische Ökonomie), so können wir folgende paradigmatische Zentrierungen feststellen:

- Analyse der Produktionssphäre durch die Klassik, Marx und Keynes sowie Schumpeter.
- Analyse der Distribution oder Appropriation durch Ricardo, Marx und den Ansatz der Property Rights.
- Analyse der Zirkulation durch Smith, Marx und die neoklassische Gleichgewichtstheorie.
  Hier liegt das Zentrum der Theorie des Systemvergleichs mit den klassifizierenden Begriffen „Marktwirtschaft und Zentralverwaltungswirtschaft".
- Analyse des Konsums mit Hilfe des subjektiven Nutzens als Kontradiktion zur objektiven Wertlehre.

Der Property Rights-Ansatz[2] ist eine theoretische Reaktion auf die Interaktionsverschiebungen innerhalb der Produktion, der Zirkulation und des Konsums von Gütern, die komplizierte Fragen der Aneignung des Sozialprodukts aufwerfen. Die historisch einmalige Massenproduktion von Gütern und Dienstleistungen kann nicht mehr eindeutig mit Tauschkategorien vermittelt werden, die der subjektiven Wertlehre entnommen sind. Sie werden objektiviert durch die Rechtsordnung als System von Ansprüchen, Eigentums- und Verfügungsrechten, um so die Appropriationsformen zu einem Analyse- und Vergleichsraster zu bündeln. Es ist nicht zu übersehen, daß über kurz oder lang die Konsummodi in den Systemvergleich einbezogen werden müssen. Sie sind im Moment noch nicht relevant, weil die sozialistischen Systeme noch „Notdurft-Gesellschaften" auf dem Gebiet des Konsums sind. Es bleibt uns nun noch die Einbeziehung der Kapitalbildung als Element des Systemvergleichs zu diskutieren. Zur Sichtbarmachung des Problems sei zunächst eine andere Gliederung vorgegeben:

---

dung durch Vermögende, die den Konsum und orientalisch motivierte Handelsgewinne vorzogen. Tradition wurde ein Staatskapitalismus durch Sicherung ausländischen Realkapitals mit hohen Risikoprämien und garantiertem Absatz. Die Stolypinsche Agrarreform zur Individualisierung des Bodens (1906) kam zu spät und die hohen Wachstumsraten der liberalen Witte-Ära (1890-99) konnten nicht aufrechterhalten werden. Wie in den USA hing in Rußland die ganze industrielle Entfaltung von der Landwirtschaft ab, die eine Industrialisierung (Maschinenbau, Elektrifizierung und Verkehrswesen) nicht abstützen konnte. Bereits im zaristischen Rußland war die hochkonzentrierte und zentralisierte Industriestruktur der Stalinschen Industrialisierungspolitik vorgezeichnet und der Staatsanteil an der Entwicklung sehr hoch.

2 Der aus den USA importierte Ansatz der „Verfügungsrechte" korrigierte das übermäßige Gewicht der „Koordinationsmechanismen" in der Analyse durch Würdigung der dem Eigentumsrechts entspringenden Aneignungsweisen des Volkseinkommens. Das entspricht der Struktur hochkomplexer Industriegesellschaften mit einem starken Dienstleistungssektor, der seine Agenten gleichberechtigt neben Kapital und Arbeit auftreten ließ. Vgl. auch die „Verhandlungen auf der Arbeitstagung des Vereins für Socialpolitik" in Basel 1983, die den gegenwärtigen Stand wiedergeben. Manfred Neumann (Hrsg.): Ansprüche, Eigentums- und Verfügungsrechte, Schriften des Vereins für Socialpolitik, NF., Bd. 140, Berlin 1984.

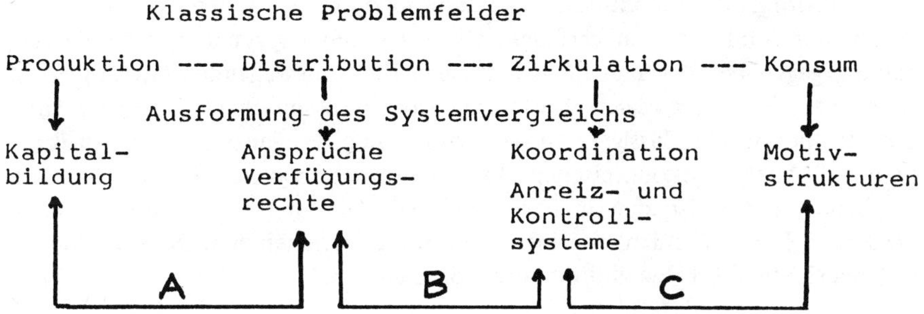

Der Vergleich von Wirtschaftssystemen hat es mit drei Relationen zu tun, die A die Bedingungen untersucht, welches System von Ansprüchen und Verfügungsrechten die Kapitalbildung im Sinne der technischen Formierung behindert oder fördert, die B die Auswirkung eines Systems von Ansprüchen und Verfügungsrechten auf die Konstitution und Wahl eines Koordinationssystems erfaßt und schließlich C die Stabilität von Anreizen und Kontrollen im Zusammenhang mit der konsumgestützten Motivation thematisiert. Im gegenwärtigen Moment steht die Relation B im Zentrum einer Neuformierung des Systemvergleichs, während A und C noch nicht die Aufmerksamkeit erlangt haben, die diesen Relationen zukommt. Die Verbindung von Verteilung und Zirkulation stellt das große System der Regulative dar, die Produktion und Konsum miteinander verbinden oder mit anderen Worten, hier handelt es sich um die institutionellen Voraussetzungen der Reproduktion einer Gesellschaft. Realkapitalbildung und Konsum sind im Gegensatz zu den strukturellen Komponenten von Verteilung und Zirkulation die historischen Elemente, die durch eine Verbindung von Wirtschaftsgeschichte und Ökonometrie/Statistik erfaßt werden können. Diese beiden Elemente – Realkapitalbildung und Konsum – geben die Begründung für einen Wandel ordnungstheoretischer Vorstellungen, die zunächst als Alternativen logisch gefolgert werden können. Wandlungen auf diesem Gebiet nehmen die Form eines Streites, eines „Gezänks" und/oder einer gesellschaftspolitischen Verdächtigung an, wie im Verhältnis von Keynesianismus und Neomonetarismus oder von Zentralismus und Reformismus, ohne die Frage nach den Gründen für eine Neuorientierung zu stellen. Es scheint sich anzubieten, die Wirtschaftsgeschichte und die Synergetik[3] als Metatheorien des Systemvergleichs heranzuziehen für die Erklärung

[3] Das Hauptproblem besteht darin, zu analysieren, wie aus Chaos eine funktionsfähige Struktur entsteht, dabei gerät die Fähigkeit von Selbstorganisation in den Blick. Die weltanschaulich angesetzten Planungsphantasien bedeuten nichts anderes als eine ungenügende theoretische Verarbeitung dissipativer Strukturen in den Sozialwissenschaften und deren Beeinflussungshorizont. Zunächst handelt es sich um eine Analogie aus den Naturwissenschaften, deren Objekte bekanntlich kein Selbstbewußtsein haben. Folgende Hinweise verdanke ich meinem Kollegen Peter Weise: H. Haken: Erfolgsgeheimnisse der Natur. Synergetik: Die Lehre vom Zusammenwirken, Stuttgart 1981; derselbe: Synergetik.

von Selbstorganisation und/oder Katastrophen, ohne in den Dualismus von Historismus und Ordo zu verfallen. Die wissenschaftspsychologische Zurückhaltung gegenüber der sich im historischen Raum bewegenden Ordnungen ist angesichts der kategorialen Entfaltung der ökonomischen Funktions- und Strukturtheorie überflüssig geworden, zumal sich das ganze Interesse in Richtung auf Analyse ökonomischen Handelns verschoben hat. Das ökonomisch mögliche Handeln ist aber in bezug auf reale Deutungen nur sinnvoll, wenn die Raum-Zeit-Gebundenheit einer Isomorphie zwischen dem Ordnungsmodell und realer Stabilität/Instabilität aufgenommen wird.

I. Rückfragen an den Raum-Zeit-Konnex der marktwirtschaftlichen Steuerung industriell geprägter Sozialverbände

Mit der Ausdehnung der Industriezivilisation auf andere geographische Großräume wird die Frage nach dem Schicksal des Verhältnisses von Wirtschaft und Technik im Kontakt mit anderen Kulturen und Hochreligionen aufgeworfen, die an den Systemvergleich erweiternde Anforderungen heranträgt, die mit dem Dualismus von westlicher Marktwirtschaft und östlicher Zentralverwaltungswirtschaft nicht mehr erfüllt werden können. Die Feststellung, daß die Wiege der Industriezivilisation in Europa stand, ist historisch banal, aber die Frage nach speziellen Umständen der Selektion einer bestimmten sozialen Reproduktion in Richtung auf eine Technisierung und Ökonomisierung des gesamten Lebens jenseits aller juristisch und mental festgelegten Bindungen ist für die Einordnung des Systemvergleichs in eine allgemeine Gesellschaftstheorie wichtig und geboten.[4] Naturhafte und mentale Bindungen in Sozialverbänden der Agrarzivilisation beendeten den Hordenzustand überschaubarer und basisdemokratischer Zustände, die trivialliterarisch im edlen Wilden „Winnetou" Gestalt angenommen haben, und die zwischen 2000 und 8000 Jahre in verschiedenen Kulturen weit zurückreichen. Warum entwickelten außereuropäische Großkulturen, die beachtliche empirische Technik- und Tauschsysteme aufgebaut hatten, keine moderne wissenschaftliche Technologie in Verbindung mit einer Demokratisierung des Konsums und der Legalisierung

---

Eine Einführung, Berlin–New York 1982; I. Prigogine: Vom Sein zum Werden. Zeit und Komplexität in den Naturwissenschaften, München 1979; H. W. Ursprung: Die elementare Katastrophentheorie: Eine Darstellung aus der Sicht der Ökonomie, Berlin–New York 1982.

4 In seinem Buch „Der entfesselte Prometheus. Technologischer Wandel und industrielle Entwicklung in Westeuropa von 1750 bis zur Gegenwart", Köln 1973, hat D. S. Landes in der Einleitung alle die Bedingungen skizziert, die die Sonderstellung Europas bedingen: S. 16-51. Eine umfassende Darstellung ist die von Carlo M. Cipolla und K. Borchardt herausgegebene Europäische Wirtschaftsgeschichte (The Fontana Economic History of Europe, London 1973), 5 Bände, Stuttgart–New York 1983; H. Kellenbenz: Deutsche Wirtschaftsgeschichte, 2 Bände, München 1977, 1981.

ungleicher individueller Einkünfte ohne Konfiskation durch den Staat als Zwangsveranstaltung gegenüber den Individuen? Der antike Staat war in Gestalt des römischen Staates noch ein Zwangsstaat, der aber im Schutz des Vertragskosmos privater Eigentümer die griechische Form der Selbstbestimmung sozial gebunden hatte.[5] Für die deutsche Geschichtsphilosophie, die die Theologie als Metatheorie der Sozialwissenschaften ablöste, stand die Frage nach der logischen Entfaltung der bürgerlichen Gesellschaft im Vordergrund des Interesses. Die Ideologisierung dieser Frage und Befrachtung mit einer historistischen Prophetie erfolgte durch Karl Marx. Dieser Vorgang verdeckte die prekäre Frage nach den notwendigen Modi einer äußeren Ordnung, wie sie durch Kant als Daseinsweise der praktischen Vernunft und durch A. Smith als Daseinsweise der Befreiung von materieller Notdurft (Ursache des Reichtums) vorgegeben wurden. Walter Eucken hatte diese anthropologische Kontradiktion als Gegensatz von Entwicklungs- und Ordnungsdenken bezeichnet, um die wirtschaftspolitischen Gestaltungsspielräume zu entideologisieren und operabel aufzudecken.[6] De fakto erfolgte eine methodologische Balance zwischen den ideologischen und pragmatischen Voraussetzungen eines beispiellosen materiellen Aufstiegs der bürgerlichen Gesellschaften in Westeuropa und in den USA mit Ausstrahlung auf Asien.

Gehen wir den Gründen für die Einmaligkeit dieses Vorganges nach, so haben wir weltanschauliche Formierungen der christlichen Hochkultur im Gefolge des Aussteigens römischer Eliten aus der staatlichen Verantwortung an den Anfang zu stellen, ein Vorgang, den der deutsche Philosoph Hegel als

5 Angesichts der Definition des römischen Staates als Zwangsstaat war das Schicksal der Philosophien des Selbstbewußtseins in der Geschichtsphilosophie ein ungelöstes Problem. Es ging um die Frage, wie Griechenland im Sinne einer kulturellen Kontinuität nach Rom wanderte, um in die bürgerliche Gesellschaft aufzugehen. Nach der Hegelschen Philosophie der Geschichte kommt den Germanen in der Vermittlung zur bürgerlichen Gesellschaft eine zentrale Rolle zu, da sie die Freiheit im germanischen Staat mit der Pflicht des römischen Rechts verbinden. Dazu G. W. F. Hegel: Philosophie der Geschichte, Bd. 12, Frankfurt/M. 1970, S. 413 ff. „Der germanische Geist ist der Geist der neuen Welt, deren Zweck die Realisation der absoluten Wahrheit als der unendlichen Selbstbestimmung der Freiheit ist, der Freiheit, die ihre absolute Form selbst zum Inhalte hat." Die Germanen haben sich nach Hegel durch Aufnahme der griechischen und römischen Kultur aufgehoben. Zur Beurteilung dieser Konstruktion vgl. Gerd Tellenbach: Die Germanen und das Abendland bis zu Beginn des 13. Jahrhunderts, in: Saeculum Weltgeschichte, Bd. 4, Freiburg–Basel–Wien 1967, S. 158-401. Diese Weltgeschichte erfaßt vergleichend die ganze interkulturelle Entwicklung bis zur Gegenwart.

6 Es handelt sich hier um das Geheimnis jeglicher Utopie, die Menschen nach den Maßstäben einer absoluten Moralphilosophie zu biegen, anstatt die regulativen Regeln der Moral so zu gestalten, daß der Mensch sittlich leben kann. Daher vgl. die Unterschiede zwischen dem Wettbewerb als Norm und den regulativen Prinzipien bei Walter Eucken: Grundsätze der Wirtschaftspolitik, hrsg. von Edith Eucken und K. Paul Hensel, 4. Aufl., Tübingen–Zürich 1968, S. 291 ff. Vgl. auch zum normativen Gehalt in der Theorie der Wirtschaftsordnung Iwan Rankhoff: Das ideologische Element in der Theorie der Wirtschaftsordnung, in: Schmollers Jahrbuch für Gesetzgebung, Verwaltung und Volkswirtschaft, hrsg. von Alfred Kruse, 87. Jg., II. Halbband, Berlin 1967, S. 385-415.

Christianisierung der Germanen begriff. Das bedeutete, die spezielle individualistische Staatsauffassung der Germanen in den Blick zu nehmen und die Wirkung dieser Staatsauffassung auf das römische Privatrecht hervorzuheben. Es ist daher kein Zufall, daß Hegel die bürgerliche Gesellschaft als „System der Bedürfnisse", d.h. die ökonomische Anthropologie seiner Rechtsphilosophie eingegliedert hatte.[7] Vermutlich wäre die offene Anlage des Römischen Reiches deutscher Nation leer geblieben, wenn nicht der historische Zufall der Eroberung Konstantinopels durch die Türken 1453 dazu geführt hätte, die griechische Intelligenz nach Oberitalien und weiter auswandern zu lassen, die in den Gefilden feudaler Gefolgschaften die Renaissance als neues Lebensgefühl der Wiedergeburt der diesseitigen griechischen Götter zur Entfaltung brachten. Selbst die Päpste wurden Sachwalter von Wissenschaft und Kunst und ebneten dem Kapitalzins den Weg als Frucht einer Investition in der „industria", die moralisch im Gegensatz zur Zinsfeindlichkeit der Kirchenväter steht (Lateran-Konzil 1512); ermöglicht durch Thomas von Aquin, der die dogmatische Theologie mit dem Aristotelismus verband und damit die Verbindung von römischem Zivilrecht und Moralphilosophie bei seinen Nachfolgern vorbereitete.[8] Der Aufbau einer speziellen Moralphilosophie war bekanntlich durch den Sieg des Nominalismus über den Realismus (Wilhelm von Occam, 1285–1347) eingeleitet worden, der die Trennung von Theologie

---

7 „Die bürgerliche Gesellschaft" §§ 182-256; in den Zusätzen zu § 182 und 184 erkannte man in der ihm eigenen Semantik die Einflüsse von A. Smith: „In der bürgerlichen Gesellschaft ist jeder sich Zweck, alles andere ist ihm nichts. Aber ohne Beziehung auf andere kann er den Umfang seiner Zwecke nicht erreichen; diese anderen sind daher Mittel zum Zweck des Besonderen. Aber der besondere Zweck gibt sich durch die Beziehung auf andere die Form der Allgemeinheit und befriedigt sich, indem er zugleich das Wohl der anderen mit befriedigt. ... Die Besonderheit, beschränkt durch die Allgemeinheit, ist alles Maß, wodurch jede Besonderheit ihr Wohl befördert. (§ 182) ... Ebenso könnte es scheinen, die Allgemeinheit verhielte sich besser, wenn sie die Kräfte der Besonderheit an sich zieht, wie dies zum Beispiel im Platonischen Staate ausgeführt ist; aber auch dieses ist wiederum nur Schein, indem beide nur durch- und füreinander sind und ineinander umschlagen. Meinen Zweck befördernd, befördere ich das Allgemeine, und dieses befördert wiederum meinen Zweck." (§ 184). G. W. F. Hegel: Grundlinien der Philosophie des Rechts oder Naturrecht und Staatswissenschaft im Grundrechte, Bd. 7, Frankfurt/M. 1970, S. 339 f. In Prosa gesprochen ist das Besondere der Bürger und das Allgemeine der Staat, wobei die Bürger als Egoisten ihre Zwecke auf dem Markt unter Zurückhaltung des Staates austauschen als Produktionen, es entsteht ein allgemein vermitteltes System von Bedürfnissen und deren Objektivierung in der Produktion.

8 A. Dauphin-Meunier entwickelt in seinem Buch „Kirche und Kapitalismus" (L'eglise en face du capitalisme), Aschaffenburg 1958, die Leistungen der katholischen Orden bei der Herausbildung des Kapitalismus vor der Reformation, Max Weber wird mit seiner „Protestantischen Ethik", hrsg. von H. Winckelmann, Bd. I und II, Hamburg–Gütersloh 1975-78, etwas relativiert. Zur komplizierten Herausbildung des Kapitalismus im Mittelalter vgl. Gerd Tellenbach: Die Grundlegung der späteren Weltstellung des Abendlandes, in: Saeculum Weltgeschichte, Bd. 5, Freiburg–Basel–Wien 1970, S. 69-239. Zur kulturellen Evolution und Systemveränderung siehe auch meine Studie „Marktwirtschaft und Unternehmer im Konflikt von kultureller Evolution und Systemveränderung", in: Ludwig Bress / Winfried Schlaffke: Marktwirtschaft. Kulturelle Motivation und Innovation, Köln 1977, S. 75 ff.

und Wissenschaft zur Folge hatte. Die Päpstlichen Finanzkünste zur Steuerung von Kaiserwahlen hatten schon früh die Aufmerksamkeit auf die Fruchtbarkeit kapitalistischer Unternehmen in Bergbau und Gewerbe gelenkt, so daß die Bildung eines kapitalistischen Geistes an den Calvinismus gewisse moralische Formen der Askese bei der produktiven Verwendung von Geldkapital erklärt, aber nicht die ganze Komplexität des Überschlags monetärer Akkumulationsfonds in die Realkapitalbildung.[9] In den oberitalienischen Stadtstaaten wurden auch die buchhalterischen Geheimlehren auf der Basis der arabischen Ziffern entwickelt (Franziskaner Luca Fra Paccioli, 1445–1514), die die Erfassung der Dynamik von Gewinnen nach Zeit und Raum ermöglichten. Die Schöpfung des Dezimalsystems im Kontakt mit den maurischen Universitäten in Spanien stellte die Naturbeobachtung auf eine vollständig neue Basis, da die Kombination der Zahlen von 1 bis 9 mit der in Indien erfundenen Null es erlaubt, den Makrokosmos (1 000 000 . . . . 000) und den Mikrokosmos (0, 000 000 . . . . . 1) quantitativ abzubilden; der entscheidende Durchbruch zum Übergang in die Sphäre der wissenschaftlichen Technologie war die Erfindung der Differentialrechnung als Basis der mechanischen Uhr und der Artillerie. Mit der Installierung der Kirchturmuhr siegte das Bürgertum über das Zeitgebungsmonopol der Kirche und wandelte die agrarische Chronologie zu einem System der fabrikmäßigen Chronometrie um.[10] Technologisch begründete Massenproduktion und Arbeitsteilung setzte durch die Monetarisierung der sozialen Beziehungen allumfassende „Rechenwerke“ in Gang, die sich von Buchhaltungsgrößen des Mikrokosmos zu volkswirtschaftlichen Gesamtgrößen der Akkumulation, der Einkommen und des Konsums aggregieren ließen. Jenseits des sozialen Status kam es zu einer Aufhebung der Kleider- und Konsumordnungen hierarchisch geordneter Stände durch die Marktdemokratie, deren Medium das Geld ist. Der Einsatz des Geldes als Totalität der Zeit- und Mittelplanung, das heißt seine Ablösung aus dem Kreis der reinen Tauschvermittlung und des Konsumkredits, war die größte soziale Erfindung beim Übergang in das Industriezeitalter. Diese ganzen Bedingungen wurden schließlich eingefaßt durch die politische Konstitution der Freiheitsrechte der Individuen gegenüber den Omnipotenzansprüchen des sakral begründeten Staates. Fassen wir die Leistungen Europas bei der Konstitution der Industriezivilisation zusammen, so können wir folgende Bedingungen angeben:

---

9 Max Weber ging es um den Nachweis, daß der Geldtrieb als Motiv des wirtschaftlichen Handelns an ethische Voraussetzungen geknüpft ist. Die umfangreiche Diskussion ist wiedergegeben von H. Winckelmann (Hrsg.): Max Weber, Die protestantische Ethik II (Kritiken und Antikritiken), Siebenstern-Taschenbuch 119/120, Hamburg 1968.

10 Hinzuweisen ist hier auf die umfangreiche Untersuchung von Rudolf Wendorff: Zeit und Kultur. Geschichte des Zeitbewußtseins in Europa, Opladen 1980, wo auf den ökonomischen Umgang mit der Zeit im Übergang zur Neuzeit (S. 197) eingegangen wird. Objektive Zeitmessung und Fortschrittsidee bedingen sich einander auf der Grundlage der modernen Naturwissenschaften.

1. Stufe: Moralischer Take off durch die christliche Hochreligion mit dem Gebot zur Arbeit, das den antiken aristokratischen Arbeitsbegriff des Politisierens, Diskutierens, Thematisierens, Problematisierens, des Jagens, Kriegsbeutemachens durchbrach und gleichzeitig die Naturbeobachtung unter ethischen Schutz stellte.[11]

2. Stufe: Kulturelle Überlagerung der aussteigenden Römer[12] durch die Germanen und nach einer historischen Distanz durch die griechische Intelligenz nach 1453.

3. Stufe: Nominalismus, Renaissance und Humanismus bereiten den Weg zum Entwurf von Ordnungen auf der Basis der Moralphilosophie. Die ökonomische Ordnungstheorie wird von A. Smith aus der Moralphilosophie geschöpft.

4. Stufe: Gleichzeitige institutionelle Sicherung der individuellen Rechte durch den Sieg des Parlaments über die Krone in England begründete eine arteigene Stellung des Staates im klassischen Liberalismus: Der kontinentale Absolutismus begründete eine aktive Einwirkung des Staates auf die Wirtschaft.

I.	II.
Klassischer angelsächsischer Liberalismus steht am Anfang der ökonomischen Entfaltung des Bürgertums	Kontinentaler Liberalismus steht am Ende der ökonomischen Entfaltung des Bürgertums
England / USA	Frankreich / Deutschland / Österreich

5. Stufe: Durchbruch der industriellen Revolution in England, Eroberung eines Weltmarktes und Konstitution einer eurozentrischen Weltzivilisation auf dem nordamerikanischen Kontinent. Die klimatischen Bedingungen erweisen sich als überaus günstig für die Ermutigung und Lebenssicherung ökonomischer Autonomie.[13]
Übergriff der industriellen Revolution auf den Kontinent und Konstitution einer arteigenen Rhythmik von Technik und Wirtschaft.[14]

---

11 Vgl. dazu folgende Artikel: Arbeit, Kapital und Zins, in: D. Kernig (Hrsg.): Sowjetsystem und demokratische Gesellschaft, Bd. 1, Freiburg–Basel–Wien 1966, Sp. 246-271; Bd. 3, Freiburg–Basel–Wien 1969, Sp. 513-537; Bd. 6, Freiburg–Basel–Wien 1972, Sp. 1199-1203.

12 Zu problematisieren ist die Wirkung OVIDS auf die Intellektuellen, die sich auf die Latifundien und das Landleben zurückzogen, um den Staatsdiensten zu entsagen.

13 Hinzuweisen ist auf die Studie über Industrialisierung und Klima von Günter Hesse: Die Entstehung industrialisierter Volkswirtschaften, Tübingen 1982.

14 Vgl. dazu Joseph A. Schumpeter: Konjunkturzyklen I und II, Göttingen 1961; eine Anwendung auf den Systemvergleich: Ludwig Bress: Technologische Evolution im Systemwettstreit. Ein Systemvergleich auf der Basis langfristiger Entwicklung von Wirtschaft und Technik, Erlangen 1983.

6. Stufe: Industrielle Durchdringung der euroasiatischen Landmasse Rußlands auf der Basis einer nichtbürgerlichen Entwicklung, ohne Reformation und liberale/demokratische Traditionen. Traditionelle staatliche Ermunterung privater Initiativen.[15]

Konklusion

Produktion ———	Distribution ———	Zirkulation ———	Konsum
Realkapitalbildung durch höheres pro Kopfeinkommen als die Notdurft erheischt	Parlamentarische Beschränkung des Budgetrechts der Krone	Gewerbefreiheit, Handelsfreiheit	Konsumfreiheit

Rahmenbedingungen für legalisierte Einkommensdifferenzen und Wettbewerb stabilisieren die Anreiz- und Kontrollsysteme.

Wir können so folgende Fragen an jegliche Kultur stellen, die den Weg zu einem industriellen Take off beschreiten will:

1. Sind die Mittelschichten reich genug und gewillt, Teile des Einkommens produktiv zu verwenden?

2. Verzichtet der Staat auf eine fiskalische Enteignung von Erträgen?

3. Sind die Eliten durch eine dynamische Philosophie oder Religion geprägt?

4. Werden Neuerungen institutionell nicht behindert, gibt es einen freien Informationsaustausch?

5. Gibt es eine Zirkulation bei der Verteilung von Lebenspositionen und Lebenschancen auf der Basis von Leistung?

Diese Fragen können eindeutig positiv nur für die USA beantwortet werden, da hier die Sonderheit herrscht, daß keine Traditionen und Hemmnisse die Eroberung eines ganzen Kontinents behindert haben. Alle Einwanderer konnten mit gleichen Chancen auf der Basis des Besitzindividualismus (John Locke) beginnen und die Erträge der eigenen Tüchtigkeit zumessen.

In Europa wirken noch Reste agrarisch-kollektiver Solidarphantasien, die besonders in Nordeuropa eine große Rolle spielen.[16] In der Phase der proletarischen Bewegung blieb die Kollektivmentalität unter dem Begriff „Sozialismus" wirksam.

---

[15] Vgl. dazu Hans Raupach: Geschichte der Sowjetwirtschaft, (Wissen rororo 203/204), Reinbek 1964, S. 7 ff.

[16] Vgl. dazu Roland Huntford: Wohlfahrtsdiktatur. Das schwedische Modell, Frankfurt/M.–Berlin–Wien 1973.

Die Gesellschaftsverfassung der USA ist äußerst ambivalent im Vergleich zur Sozialismusidee in Europa, da nicht übersehen werden kann, daß die Einflüsse des ausgewanderten linken Flügels der deutschen Reformation sich als bigotter und romantischer Egalitätskult niedergeschlagen haben, die nach 1945 in Westeuropa eine unheilvolle Verbindung mit den Sozialismustraditionen eingegangen waren. So ist der Sozialstaat die perfekte Erfüllung der sozialpolitischen Projekte des 19. Jahrhunderts, der so aber auch eine Umsetzung des Marxismus überflüssig machte.

II. Rückfragen an das sowjetische „Sozialismus-Modell" der Wirtschaftslenkung

Die sozialistische Kapitalzins- und Marktphobie speist sich aus metaökonomischen Quellen der Harmonie, Egalität und Gerechtigkeit. Dabei ist bemerkenswert, daß den differenzierenden Wirkungen des Sondereigentums ein ethisch niederer Rang zugemessen wurde, da es gleiche Individuen in arm und reich scheide und somit den Bürgerkrieg produziere, der eine Identität zwischen Staat und Bürger zerstöre.[17] Repressive Machtmittel wurden so an den evolutionär bedeutsamen Vorgang der Entstehung von Privateigentum gebunden. Eine Aufhebung des Privateigentums schien auch die moralischen Defizite, die vom Standpunkt der Moralphilosophie eine anthropologische Konstante sind, zum Verschwinden zu bringen und den sittlich reinen Menschen zu ermöglichen. Das Modell des edlen reinen Menschengeschlechts wurde insbesondere vom deutschen Idealismus als arteigener Beitrag zur englischen sozialen und französischen politischen Revolution als ideologische Revolution eingebracht. In diesen Komponenten einer kosmologisch angelegten Theorie der bürgerlichen Welt war die Frage nach den Möglichkeiten einer harmonischen und friedlichen Welt immer eine deutsche Angelegenheit. Karl Marx hatte in der Ausdeutung utopischer kommunistischer Entwürfe des frühbürgerlichen Zeitalters die asketischen und auf Notdurftdeckung zielenden Elemente unter dem Eindruck der Produktivität der „kapitalistischen" Wirtschaftsweise nicht akzeptiert und die Hoffnung genährt, man könne die Früchte der bürgerlich hervorgebrachten Industriezivilisation unter den Bedingungen einer kommunistischen Gesellschaftsverfassung zum Reifen bringen. Die in der antiken Sozialverfassung von Freien und Unfreien einseitig zentrierten Möglichkeiten der Selbstbestimmung schienen auf dem Boden einer gigantischen industriellen Produktivität auch für die Unfreien in einem Emanzipationsakt zu erlangen sein. Die Kapital-Markt-Phobien haben bei Marx und Engels eine unterschiedliche Ursache.[18] Marx war in seiner Analyse sinkender Profitraten – unter

17 Eine klassische Schrift ist zu diesem Thema Max Beer: Allgemeine Geschichte des Sozialismus und der sozialen Kämpfe, Berlin 1931.

18 Vgl. dazu Ludwig Bress: Friedrich Engels und die Politische Ökonomie in der Gegenwart, in: Archiv für Sozialgeschichte, Bd. XIII, 1973, S. 289-307.

Anlehnung an Mill – das Opfer noch nicht ausdifferenzierter technologischer Entwicklungen, so daß er die pulsierende Verschiebung von Wachstumsindustrien: von der Textilindustrie zu Kohle und Stahl, von Kohle und Stahl zu Elektroindustrie und Chemie sowie letztlich zur Fertigungsindustrie; gegenwärtig zur Atomtechnologie, Optotronik und Biotechnologie, nicht in sein Kalkül einbezog. Diese Verschiebungen, die Verjüngungen des Kapitalismus gleichkamen, erlebte Marx nicht mehr; sie waren für Lenin in seiner Polemik gegen die Anhänger Sismondis der Anlaß, noch schnell auf die organisierte Revolution durch die Intelligenzia zu setzen, ehe in Rußland die anlaufende Industrialisierung mit der modernsten Technologie zusammenfiel und die russische Arbeiterbewegung auf den Pfad der Reformen brachte.[19]

Sozialismus bedeutete für Rußland notgedrungen zugleich Entwicklung und Modernisierung, wobei die Hoffnung genährt wurde, eine allgemeine Rebellion im Marxschen Sinne brächte das westeuropäische Proletariat an die Seite der „dumpf webenden" russischen Bauernmassen. Da letzteres erst partiell nach 1945 eintrat durch die Einverleibung von osteuropäischen Ländern einschließlich DDR und ČSSR, ist zu fragen, welchen Rang hat denn nun das sowjetische Wirtschaftsmodell für die Klassifikation als „sozialistische" Ordnung, die dann mit der westeuropäischen Wirtschaftsverfassung zu vergleichen war? Was wird hier eigentlich verglichen?

War die sinkende Profitrate ein historisches und logisches Argument, dem Privateigentum das belebende Feuer der Motivation zu technischen Neuerungen (Produktionskünste bei Mill) abzusprechen, so war dieses nicht mehr stichhaltig, als für Lenin sichtbar wurde, daß das System nicht aus inneren Gründen zusammenbrach, weil die Realisation des Mehrwerts durch Schrumpfen des Außenmarktes nicht sicher war; es kam in seinen Augen vielmehr dazu, daß die neuen Industrieländer begannen, sich gegenseitig den technischen Fortschritt zu verkaufen. Es entwickelte sich ein arteigener autonomer Kreislauf des Austausches von Produktionsmitteln, der vorher unbekannt war. So erwiesen sich auch die Zusammenbruchspropheten der „Kolonialreformer" im England der 30er Jahre des 19. Jahrhunderts, die für Marx vermutlich empirisches Vorbild waren, als nicht schlüssige Ausdeutung der Zukunft des Industriesystems. Die durchgehende Verstaatlichung aller Ressourcen in Rußland 1917 war also gar nicht mit den Marxschen Argumenten der innovativen Schwäche des Privateigentums zu begründen, sondern mehr mit der politischen Schwäche und sozialen Instabilität der bolschewistischen Bewegung, die keine bürgerliche Entwicklung oder soziale Opposition aufgrund des Verhältnisses von Politik und Wirtschaft zulassen konnte. Lenin war aber durch die Imperialismus-Kontroversen zwischen Rosa Luxemburg und N. Bucharin sowie durch eigene Studien in der Schweiz ein Zentralisierungsfreak, zumal alle Vergesell-

19 W. I. Lenin: Zur sogenannten Frage der Märkte, in: derselbe: Werke, Bd. 1, Berlin 1963, S. 69-117.

schaftungstendenzen dahin zu gehen schienen, die ganze Volkswirtschaft in einem gigantischen Trust unter Führung einer Finanzoligarchie planmäßig zu vereinigen. So schienen für Rußland in der Konkurrenz mit der kapitalistischen Umwelt nur die höchsten Formen der Wirtschaftsorganisation infrage zu kommen. Als Verstärker dieser Konzeption erwiesen sich die naturalen Planungsphantasien[20] von Neurath und Ballod, die von den administrativen Quantifikatoren begierig aufgenommen wurden. Da die adlige Militärbürokratie und die Statistik in Rußland immer eine große Rolle im Modernisierungsprozeß spielten, schien sich nach 1924 bis 1928 eine Klärung abzuzeichnen, die Entwicklungsparameter der amerikanischen Entwicklung nach 1850 zu entnehmen, um darauf den zentralen Plan aufzubauen.[21] Das wäre eine äußerst pragmatische Reaktion auf die faktischen russischen Bedingungen gewesen. In diese Phase fallen die äußerst fruchtbaren theoretischen Bemühungen von Feldman und Kondratieff bei der Verbindung von Wirtschaftsgeschichte und Ökonometrie[22], die im nichtmarxistischen Bereich zur empirischen und theoretischen Wachstumsforschung hinführen sollten.

Mißernten und die internationale Lage behinderten die proportionale Allokation von Investition und Konsum einerseits und die materielle Abdeckung der Realkapitalbildung andererseits, so daß die Vertreter einer gleichgewichtigen Entwicklungskonzeption sich nicht durchsetzen konnten. Mit dem Beginn des Stalinschen Systems der zentralen Planung rückten unter dem Begriff „sozialistische Planung" die kriegswirtschaftlichen Ziele in den Vordergrund, die bis heute für die sowjetische Wirtschaftslenkung maßgeblich sind. In die erste Priorität der materiellen Sicherung der Verteidigung sind zugleich die Rangfolgen der Allokation eingebunden: Rohstoff- und Energiesicherung,

---

20 Vgl. Karl Ballod (Atlanticus): Der Zukunftsstaat. Wirtschaftstechnisches Ideal und volkswirtschaftliche Wirklichkeit, 4. Aufl., Berlin 1927. Ballod verbindet die Idee der naturalen Planung mit Sozialismus und Gemeinwirtschaft, ein Ansatz, der über Lenins Schreibtisch gegangen ist und vermutlich den Elektrifizierungsplan beeinflußt hat. Vgl. dazu Hans Raupach: Frühe Konzepte einer volkswirtschaftlichen Planung in naturalen Bilanzen. Ms. Kongreß für Wirtschaftsgeschichte, Leningrad 1970. Zum geistigen Hintergrund von Walter Rathenau vgl. Gaston Raphael: Walter Rathenau, Berlin 1922.

21 Ein Standardwerk ist die Untersuchung von Friedrich Pollock: Die planwirtschaftlichen Versuche in der Sowjetunion 1917-1927, Leipzig 1929; S. N. Prokopovicz: Rußlands Volkswirtschaft unter den Sowjets, Zürich–New York 1944; A. Weber: Der Mißerfolg des bolschewistischen Wirtschaftssystems, Berlin 1944; A. Erlich: Die Industrialisierungsdebatte in der Sowjetunion 1924-1928, Frankfurt/M. 1971.

22 Kondratieff, Leontief, Kuznets und Feldman sind Repräsentanten der russischen Statistik und mathematischen Analyse der Ökonomie. Während Leontief und Kuznets ihre Analysen und Modelle in den USA entwickelten, verschwand Kondratieff in einem Gulag Stalins, nachdem die administrativen Quantifikatoren von GOSPLAN unter Strumilin 1928 gesiegt hatten. So mußte Feldman 1931 aus GOSPLAN ausscheiden. Feldman entwickelte 1927 die Zeitreihen des amerikanischen Wirtschaftswachstums und entwarf eine Wachstumstheorie für die Perspektivplanung. Kondratieffs Theorie der langen Wellen (1926) wurde von Schumpeter aufgenommen. Vgl. G. A. Feldman: Zur Wachstumstheorie des Nationaleinkommens, Frankfurt–Wien–Berlin 1969.

Schwerindustrie, Fertigungsbau und wissenschaftliche Industrien; die Leichtindustrie, die Landwirtschaft und der Konsum werden in die zweite Linie gerückt. Dadurch leidet das sowjetische Wirtschaftssystem unter einer chronischen Motivationsschwäche, unter schwarzen Märkten und Korruption. Die Fehllagerung der Anreizsysteme führt zu einer Aufblähung staatlicher Kontrollsysteme mit versteckter Sklaverei.

Der Systemvergleich hat als Objekt keine sozialistische Volkswirtschaft, sondern eine semiasiatische Kriegswirtschaft mit kryptosakralen Verinnerlichungsriten. Es scheint eine historische Laune zu sein, die Ideologie des Sozialismus, die Ausdruck für das Ringen mit der Autonomie des freien Individuums ist, ein Disziplinierungsmittel in einer Gesellschaft werden zu lassen, die kein Bürgertum und keine Reformation kannte. Bezeichnen wir daher die sowjetische Wirtschaft nur aus technischen Gründen als eine sozialistische und lassen wir die Inhalte offen.

III. Das Paradigma der Realkapitalbildung als Beurteilungsrahmen für die Leistung von Systemen

In wirtschaftlich hochkomplexen Industriegesellschaften ist die Realkapitalbildung eine unabdingbare Bedingung für die Sicherung der Zukunft. Alle distributiven und konsumtiven Möglichkeiten einer Gesellschaft sind gebunden an die materiellen Früchte der produktiven Arbeit. Vom Standpunkt der Reproduktion, das heißt der produktiven und individuellen Wiederherstellung vernutzter Ressourcen ist die Realkapitalbildung ein periodisch auftauchendes Problem, gestaffelt durch die Investitionszyklen. Die ruhende Einfachheit der ökonomischen Modellwelt kann das empirische Wachstum in einer Industriegesellschaft nicht erfassen, sie soll es ja auch nicht. Vom Problemhorizont realer Wirtschaftspolitik haben wir offensichtlich zwei unterschiedliche Phasen zu unterscheiden:

(1)	Realkapitalbildung	←	Distribution (Anrechtssystem)	→	Koordination
(2)	Produktionsstruktur Angebotsstruktur a) produktive b) konsumtive	←	Koordination (Allokation) Markt-/Preis- Mechanismus	→	Konsumstruktur Nachfragestruktur a) Kapitalgüter b) Konsumgüter c) Dienstleistungen

Einmal stehen die Appropriationsprozesse im Zentrum des Interesses, wenn die Realkapitalumschichtung zu einer neuen Bewertung der Investitionsfonds führt, die durch die Amortisationssummen und die Gewinne gespeist werden.

Eine Gesellschaft kann in der Phase abgeschlossener technischer Umstrukturierung die in der nächsten Phase wieder „zu vergrabenden Kartoffeln“ in einem Aneignungsrausch verzehren, um dann einem um so schmerzhafteren Sparprozeß unterworfen zu werden. Im anderen Falle, in der Phase der sich extensiv entfaltenden Angebote, steht die Koordination der Kapazitäten im Vordergrund. Hier kommt das theoretische Spielbein der Neoklassik zum Zuge, um – das bekannte technische Wissen ist in angewandtes Wissen umgesetzt – die Prozeßabläufe im einzelwirtschaftlichen Bereich auf der Basis unterschiedlicher Koordinationsmodelle zu beschreiben. Wenn folglich in marktwirtschaftlichen Systemen die wirtschaftspolitischen Konzeptionen den realen Problemverschiebungen zu folgen haben, um eine produktive Funktion zu erfüllen, so könnte listigerweise gefragt werden, ob Systeme mit zentraler Koordination der Wirtschaftsprozesse auch gezwungen sein könnten, ihre Modi der Beeinflussung der Mikrosphäre entsprechend zentraler Ziele zu verändern und/oder eine soziale Innovation anzustreben. Der Wettbewerb der Systeme würde sich nicht beziehen auf eine optimale Ausnutzung der Kapazitäten, sondern auf die Finanzierungsmethoden der Realkapitalumstrukturierung, auf die Bereitstellung entsprechenden technischen Wissens und Umsetzung in Produktionsapparate und Verfahrenstechnologien sowie die sozial-innovative Lagerung der Anreize und Interessen, die nach der ökonomischen Selektion von Technologien auch ökologische Verträglichkeit, die soziale Akzeptanz sowie humane Wirkung umfassen müßte. Durch diese Sicht müßte sich die Frage beantworten lassen, wann und unter welchen Bedingungen die Auswahl von ordnungspolitischen und wirtschaftspolitischen Strategien in diese oder jene Richtung zu erfolgen hätte. In der Realität findet ein Wechsel oder eine Anpassung der wirtschafts- und ordnungspolitischen Strategie nicht ohne politische Friktionen statt, da wissenschaftspsychologische Hemmnisse die Annahme eines neuen Paradigmas verzögern können, ebenso, wie institutionalisierte Beratungsmuster und Vorurteile sehr zählebig sein können. Gleichzeitig kann sich zeigen, daß eine eingeleitete Anpassung nach einem politischen Wechsel weitergeführt werden muß, obwohl eine ideologische Umstellung vorher verkündet wurde. Unzweifelhaft werden hier Grenzgebiete von Ökonomie und Soziologie, Ökonomie und Politik sowie Ökonomie und Recht tangiert, die nicht zum engeren Gebiet der Wirtschaftspolitik gehören, aber innerhalb des Systemvergleichs herangezogen werden sollten.

Die finanzielle Sicherung der Realkapitalbildung könnte in folgende Systematik gebracht werden, die mit der historischen Entfaltung übereinstimmt, aber von der genetisch-strukturellen Dimension in die strukturell-genetische umschlägt: das Nacheinander von Formen wird zu einem Nebeneinander von Möglichkeiten.

1. Stufe: Industrielle Take off-Finanzierung durch a) exogene Quellen wie Kolonialgewinne, Kriegskontributionen, Handelsüberschüsse, Abfindungen,

Subventionen, Entwicklungshilfe, Konfiskation u.a.; b) endogene Quellen wie Schatzbildung, Erbschaften, Bankgewinne, Handelsgewinne, Ausbeutung natürlicher Produktionsfaktoren, Askese u.a.; c) Verwertung von Differentialrenten, Ausbeutung von Naturquellen und unbezahlter Arbeit, Verlagerung von Kosten auf die Natur u.a.

2. Stufe: Selbsttragende Finanzierung durch a) schnellen Umschlag des Kapitals in der Leichtindustrie und Rückversetzung in die Schwerindustrie mit langen Amortisationsfristen; b) politisch erzwungener Konsumverzicht und c) sozial erzwungenes Einkommensminimum; d) geringe Aufwendungen für den öffentlichen Konsum, den sozialen Transfer und Dienstleistungssektor.

3. Stufe: Sich selbst verstärkender Finanz- und Technologietransfer mittels internationaler Arbeitsteilung mit politisch induzierter Kreditsphäre (Geldschöpfung durch Rechtsakt). Trennung von Produktions- und Finanzsphäre führt zu Eigenbewegungen und Verselbständigungen im Banken- und Börsensystem.

4. Stufe: Internationaler institutionalisierter Finanzierungskreislauf unter gleichzeitiger Integration von Rohstoffsicherung und technologischer Durchstufung ganzer Regionen. Konkurrenz von Sozialstaat, Realkapitalbildung, Bildungsausgaben und Rüstungskosten um die international fließenden Finanzmittel.

Staatliche Aneignung des Surplus und konfiskatorische Verminderung des Konsums zugunsten des Budgets als Quelle des Akkumulationsfonds, des Reservefonds, des Staatsausgabenfonds und der Aufwendungen für Bildung, Unterhalt der Jugend und der Alten, Finanzierung der Rüstung, des Rohstoffaufschlusses, Infrastruktur- und Rüstungsausgaben als Technologieinauguration.

Die Probleme der Realkapitalbildung kommen in der theoretischen Thematisierung der Geldbewegung zum Ausdruck, die unter dem Begriff „Monetarismus“ bekannt ist. Die technologisch abgearbeitete alte Realkapitalstruktur verjüngt sich über die Verflüssigung der monetären Ebene, die sich dorthin verlagert, wo innovativer Geist, Wagnis und Belohnung des Risikos durch Rücknahme fiskalistischen Interesses möglich werden. Wir haben hier kein einfaches Auf- und Absteigen, sondern ein Höherschrauben der wirtschaftlichen Verflechtung und des Wettbewerbs. So entsteht nicht eine homogene technologische Landschaft, sondern eine Differenzierung der technologischen Entwicklung in vertikaler und horizontaler Hinsicht:

1. Vertikal: Eine technologische Tiefenstufung in den führenden Industriestaaten marktwirtschaftlichen Typs mit entwickelter Infrastruktur, einem ausgebauten Bildungswesen, einem leistungsfähigen Verkehrssystem und einer funktionsfähigen Administration. Das technologische Vermögen bezieht sich auf Rohstoffausbeutung, Vorverarbeitung, Grundstoffindustrie der Metallurgie und Chemie, entwickelter Anlagen- und Apparatebau, Wissenschaftlicher

Apparatebau, Beherrschung der Atomtechnologie, der Elektronik und der Biotechnologie.

2. Horizontal: Industriestaaten der ersten technologischen Staffel wie USA, Japan, Westeuropa.

Industriestaaten der zweiten Staffel wie UdSSR, DDR, Taiwan, Südkorea, Ungarn, Südafrika, Israel.

Industrieländer der dritten Staffel wie Indien, China, Brasilien, Argentinien u.a.

Entwicklungsländer in Afrika, die den Schwellenstatus zum Industrieland anstreben.

Entwicklungsländer ohne Rohstoffversorgung und Nahrungsmittel.

Die technologischen Umstrukturierungsprozesse erfassen ganze Regionen und verschieben die Schwerpunkte der internationalen Arbeitsteilung. Es kommt zur partiellen Entindustrialisierung von Regionen in den hochentwikkelten Ländern, weil nachrückende Industrieländer billiger aufgrund von niederen Finanzierungsstufen (Wirkung externer Faktoren wie billigen Aufschluß der natürlichen Faktoren) abgelegte Industrien, oft schmutzige Fertigungen, übernehmen können. Die sozialen Umstrukturierungskosten sind als ein Teil der Realkapitalkosten aufzufassen, da die modernen Industrien ein hohes Sabotagepotential freisetzen, das sozial pazifiziert werden muß. Die Erhaltung intakter Sozialstrukturen hat die gleiche Bedeutung wie die durchgehende Modernisierung des Sachkapitals. So können wir die Leistung unterschiedlicher Gesellschaftssysteme auch daran messen, ob es ihnen gelingt, neben den technischen Innovationen, den organisatorischen Neuerungen auch sozial intakte Strukturen zu schaffen, die mit den Maßstäben einer Ordnungsästhetik zu messen wären.

IV. Die historischen Sequenzen des Realkapitals und das Ende konventioneller Lösungen im Systemwettstreit

1. Die Kennzeichen des industriellen Hyperions

Die modernen Industriestaaten sind in das Stadium des Hyperkonventionalismus eingetreten, nachdem sie vier rhythmische Sequenzen von ca. je 50 Jahren oder je 6 Investitionsperioden zu 8 Jahren durchschritten haben. Unzweifelhaft sieht das wirtschaftshistorische Bild für die Vergangenheit so aus, aber es kann niemand sagen, ob die Erfahrungen aus der Vergangenheit für die Zukunft so extrapoliert werden können. Das sei, um Mißverständnissen vorzubeugen, gleich gesagt. Rechnen wir den Systemwettstreit der letzten 30

Jahre ab, so weisen die meisten westeuropäischen Marktwirtschaften eine Steigerung des Sozialprodukts um das achtfache auf; in den letzten 100 Jahren konnte sich die Lebenserwartung verdoppeln, das Verhältnis von Arbeitszeit und Freizeit kehrte sich um (von 4920 Std. : 1920 : 2920 in 1969 : 4871 : 1920), die Schlafzeit ist mit angegeben. Diese dramatische Verschiebung der Zeitfonds korrespondierte mit einer hohen räumlichen Disponibilität des Konsums. Die innere Logik der industriellen Zivilisation, durch Mechanik und Dynamik ein Maximum an sozialer Sicherheit und an Muße für die größte Zahl der Individuen zu erreichen, erfüllte sich auf der Basis von Individualeigentum und Geldwirtschaft, während die realsozialistischen Gesellschaften auf der Basis einer petrifizierten Kriegswirtschaft mit ideologisierten absolutistischen Planungsphantasien im Zustand der Notdurft und des Mangels verharren, aber was viel dramatischer ist, sie bewältigen ohne durchgreifende soziale und politische Reformen auf der Grundlage einer ideologischen Revolution (Reformation) nicht den Übergang von der konventionellen Technologie zur hyperkonventionellen der Roboterautomation, der Informationsverarbeitung, der Biologie, der Pazifizierung von sozialer Sabotage und der psychischen und ethischen Stabilisierung der Freizeitindustrie. Angesichts der atomaren Überwölbung der ideologischen Divergenz von Ost und West sind alle konventionellen Denkmuster zur Lösung der Konflikte ausgehebelt. Die westlichen Länder stoßen das Tor auf zu einer Gesellschaft, die erstmals Freizeit und Muße ohne Sklaverei garantiert und die klassischen Bedingungen des Marxschen Kommunismus-Begriffes[23] erfüllt. Angesichts dieser Lage ist es ein Anachronismus, um die Zukunft mit den realsozialistischen Ländern zu wettbewerben, da der Wettstreit entschieden ist. Das 19. Jahrhundert ist an der Schwelle des 21. Jahrhunderts auf der Basis eines großen Systems künstlicher Gigantismen endlich zu Ende. Im Unterschied zur Agrargesellschaft sind die Produktionsbedingungen künstliche Konstrukte des Denkens und der Fertigung, alle sozialen Institutionen sind nur noch künstliche Vermittlungen anthropologischer Bedürfnisse, so insbesondere die Rechtssysteme und die Bürokratie, so daß wir eine totale Durchdringung des gesamten Lebens mit quantitativer Rationalität zu konstatieren haben. Die größten Gefahren drohen dem aufgeklärten Industriesystem von seiten der monetarisierten Kultur- und Sportebene. Wir haben nicht nur bereits eine Freizeitindustrie, die mit den Drogenaufwendungen 15 % des Sozialprodukts repräsentiert, sondern auch eine Opposition von den Kulturproduzenten, die die Sinngebung des Konsumgigantismus im Sinne von Adorno (Negative Dialektik) hinterfragen und die irrationelle Seite unserer Existenz politisieren.

---

23 Vgl. dazu Ludwig Bress: Kommunismus bei Karl Marx, Stuttgart 1972.

2. Die langfristige Zyklizität und der Problemwandel

Die industrielle Zivilisation, die mit der ersten industriellen Revolution und ihren sozialen Wirkungen neben der neolithischen Revolution die entscheidende Zäsur der menschlichen Geschichte darstellt, ersetzte die naturhafte Zyklizität von guten und schlechten Ernten durch eine technisch-ökonomische Zyklizität. Trotz enormer Sicherheiten, die das Industriesystem mit sich brachte, entrann der Mensch nicht den Zwängen des Wandels, mehr noch, der über Jahrhunderte sich in Generationen vollziehende Strom von Neuerungen wurde übergeleitet in sich verkürzende Distanzen, die neue Bilder sozialer Konflikte erzeugen, die man vorher nicht kannte. Ganze Bevölkerungsgruppen gerieten in den Sog der Entsozialisierung durch Auflösung traditioneller Bindungen und Behausungen und dem Erzwingen neuer Verhaltensweisen von Individuen in den Ballungen naturferner Fertigungen. Auch hier gab es keine Gleichförmigkeit, die so sehr das Leben der vorangegangenen Generationen bestimmte: Das Wirtschaften mit künstlichen Apparaten und Verfahren auf der Basis der Naturwissenschaften (Technologie) setzte an die Stelle der Chronologie der Natur mit ihren Unwägbarkeiten die regelmäßig ablaufenden Realkapitalbildungsphasen (Akkumulationszyklen) auf der Basis der jeweils prägenden naturwissenschaftlichen Erfindungen. Es widerstrebt dem in Subjektivität eingesponnenen Wissenschaftler, eine objektive Bewegung der Wirtschaft anzuerkennen, die das Ausmaß seiner Einwirkungsfähigkeit beschränkt. J. A. Schumpeter hatte in seinem Buch „Business Cycles“ (1939), das 1961 in deutscher Auflage vorlag, unter Fortsetzung der Traditionen der deutschen Konjunkturforschung Wirtschaftsgeschichte und Statistik miteinander verbunden und das Paradigma der „langen Welle“ wirtschaftlicher Entwicklung eingeführt. Derartige Ansätze lassen sich erst immer in großen Distanzen, hier ca. 50 Jahre, erneut zur Diskussion stellen. Unser Versuch soll darin bestehen, eine Verbindung zwischen dem Wandel ordnungspolitischer Konzepte und der langfristigen wirtschaftlichen Entwicklung herzustellen, die ohne Zweifel den Duktus der sozialen und politischen sowie theoretischen Problemlagen beeinflussen muß. Der durch das Ordnungsdenken geprägte Systemvergleich wurde ja auch immer verstanden als die Gegenposition zum Historizismus, aber die langfristige Betrachtung ist kein Historizismus, so daß sich hier keine wissenschaftspsychologischen Hemmnisse auftun sollten, die Ordnungsanalyse durch historische Analysen zu ergänzen und ihr inzwischen ausgebautes Instrumentarium aussagefähiger zu machen. Es hat nicht an neurotischen Reaktionen[24] gefehlt, das Paradigma von den langen Wellen in die Nähe zum Marxismus zu rücken, ohne zu berücksichtigen, daß die gegenwärtige politische Ökonomie in den realsozialistischen Ländern kein Verhältnis zu Schumpeter hat; sehen wir hier vom im Westen lebenden Trotzkisten E. Mandel mal ab.

24 So bei U. Weinstock: Das Problem der Kondratieff-Zyklen, Berlin–München 1964. – Zur Diskussion des Problems Ludwig Bress: Technologische Evolution im Systemwettstreit, S. 42 ff.

A. Schumpeter hatte bis 1939 zwei voll ausgebildete „lange Wellen" festgestellt:

(1) 1787 bis 1842 und (2) 1843 bis 1897 mit einer jeweiligen Neuformierung technologischer Entwicklungen, die mit einer allgemeinen Strukturschwäche um 1810 und 1873 verbunden wurden. Diese Jahreszahlen sind natürlich so zu verstehen, daß sie eine besonders prekäre Krisenphase der Akkumulation kennzeichnen. Die dritte lange Welle könnte heute komplettiert werden mit der Distanz (3) 1898 bis 1950 und die vierte angesetzt werden (4) 1951 bis 2000; deren Tiefpunkte 1930 und 1981 lagen, auch mit einer entsprechenden Zeitbreite von Umorientierungen. In der letzteren befinden wir uns heute. Die erste große Zusammenbruchshysterie, deren Opfer auch Marx und Engels wurden, fand vor 1848 statt, wo sich die sozialen Institutionen unter starkem Druck befanden, sich auf die wirtschaftlichen Entwicklungen auf dem Kontinent einzustellen. Die zweite Zusammenbruchsapotheose vor der Jahrhundertwende wendete bekanntlich V. I. Lenin durch seine Imperialismustheorie und die dritte große revolutionäre Erwartung wurde korrigiert durch den Stalinschen Alleingang der Industrialisierung Rußlands auf der Basis zentraler Planung. Es ist nun die große Frage, ob die realsozialistischen Länder wieder vor dem Problem stehen, eine zusammengebrochene Erwartung – den Vollkommunismus, der 1962 auf 1982 datiert wurde, das ist dokumentiert – durch eine soziale Innovation zu kompensieren. Sehen wir uns den Zusammenhang von Technik und Wirtschaft etwas genauer an:

1. Erste Regungen der neuen Zeit in Oberitalien und Süddeutschland durch Kontakt mit Sarazenern, Mauren und der industriellen Großmacht Indien im 14./15. Jahrhundert. Unterbrochen durch den Fall Konstantinopels, weil nun der Seeweg nach Indien gesucht werden mußte.

2. Der Neuerungsdruck verlagert sich an die Küsten des Atlantik und begünstigt deren Anrainer Portugal, Spanien, Niederlande, England und Frankreich, wobei England aufgrund der Insellage, reicher Rohstoffe und Kolonialgewinne in Verbindung mit einem Bürgertum, den industriellen Durchbruch schaffte auf der Basis der Textilindustrie.

3. Drei Wirkungen des angebrochenen Maschinenzeitalters greifen nach der Niederlage Napoleons auf den Kontinent über und führen zum Aufstieg von Kohle und Stahl. Im Eisenbahnbau kulminieren alle Wachstumsimpulse vor der Jahrhundertwende. Fahrzeugbau-Erfindungen, Chemie und Elektrotechnik begründen die Weltstellung Deutschlands und der USA.

4. Fahrzeug-, Flugzeug- und Chemieanlagenbau sind in Verbindung mit der Elektrotechnik und dem Erdöl die Stätten der Innovation, die einen globalen Kampf und den politischen Einfluß provozieren.
   Diese Formierungen waren vom Standpunkt der Erfindungen in den dreißiger Jahren in den Grundstrukturen klar. Entwicklung Sowjetrußlands bedeutete vom Standpunkt der Industrie- und Technologiestrategie, den Rückstand

a) auf dem Gebiete der Metallurgie und des Schwermaschinenbaus aufzuholen;
b) den Anschluß an neue Technologien der Fertigungswirtschaft zu finden;
c) Rohstofflager aufzuschließen zur Energiesicherung, Bau von Kraftwerken; Ausbau von Infrastrukturen: Eisenbahnbau und Straßen.

Diese Ziele konnten mit zentraler Lenkung forciert werden, weil sie eigenständig nicht erfunden werden mußten. Vor 1928 erfolgte noch der entscheidende Technologietransfer. Die Fünfjahrpläne waren Entwicklungsprogramme, auf die die Realkapitalbildungsmodi abgestimmt waren.

Mit der Stalinschen Verfassung wurde 1936 die sozioökonomische Struktur der Sowjetunion mit Staats- und Kollektiveigentum festgeschrieben und jeglicher revolutionär-demokratischer Weg abgeschnitten. Das Wirtschaftssystem des Stalinismus war in vollen Konturen entwickelt und als „sozialistisch" ideologisch abgesichert. Hier setzt der weltanschaulich motivierte Systemvergleich an, der ja erst dann systematisch möglich war, als K. P. Hensel[25] seine Erfahrungen aus der deutschen Kriegswirtschaft zu einer Theorie zentraler Lenkung verdichtete und deren Phänomenologie auf die Analyse der Stalinschen Kriegswirtschaft übertrug, ein äußerst korrekter Vorgang, der aber in der Nachkriegszeit eine politische Bedeutung erlangte, als Stalin seine Wirtschaftsordnung durch die Rote Armee auf andere Länder übertragen ließ, ohne Rücksicht auf die kulturellen Traditionen dieser Länder zu nehmen.

5. Mit dem Ende des zweiten Weltkrieges zeichneten sich die neuen Konturen der technologischen Entwicklung ab, die eine beispiellose Prosperität der westlichen Länder begründen sollten. Wir haben die klassische Zeit der konventionellen Fertigungswirtschaft auf dem Gebiete des Maschinenbaus, der Kunststoffchemie, der Agrarchemie, des Automobil- und Flugzeugbaus sowie der Kühlschränke und Waschmaschinen. Masseneinkommen zogen Massenkonsumwellen nach sich; ein Sozialstaat konnte im westlichen Bereich realisiert werden. Die Sowjetunion nahm auf der Basis dieser Technologie den Wettbewerb auf, der keine Umstellung der Wirtschaftslenkung unbedingt voraussetzte. Die westlichen Großunternehmen konnten auch den Planungsbehörden als Vorbild dienen.

Aber es waren keine dynamischen Industrien mehr, sie konnten für die Zukunft die Vorherrschaft Europas auf dem Gebiet moderner Fertigung nicht mehr sichern ohne eine dramatische Umstellung der Industrie- und Investitionspolitik. Die sozialistischen Länder sind durch die langfristige Festlegung ihrer Investitionsprogramme in tragischer Weise genarrt worden. Sie wollten einen Wettbewerb gewinnen auf der Basis abgelegter Technologien, ein Vorgang, der sich nach 1975 klar abzeichnete in den „kapitalistischen" Ländern und zu einer Schiebung in der internationalen Arbeitsteilung führte. Davon wurde

25 K. Paul Hensel: Einführung in die Theorie der Zentralverwaltungswirtschaft, Stuttgart 1954; dort auch eine Dogmengeschichte der Idee zentraler Planung, S. 213 ff.

insbesondere die Schwerindustrie, das liebste Kind der sozialistischen Investitionspolitik, erfaßt.

6. Die in den sechziger Jahren sich im technologischen Vorfeld abzeichnenden Tendenzen einer „wissenschaftlich-technischen Revolution" hatten in der DDR eine Reformbereitschaft ausgelöst, die große Hoffnungen weckte, eine moderne Industriegesellschaft aufzubauen. Die tatsächlichen Neuerungen befanden sich aber noch in der Inkubation, so daß die Reformen des NÖS auf der Basis von Optimierungsbemühungen bekannter und problemloser Technologien erfolgte.

   Bereits 1975 hatte G. Mensch in seinem Buch „Das technologische Patt' aus der mikroökonomischen Perspektive auf das Verhalten des Managements hingewiesen, daß Neuerungen zyklisch aufgenommen werden. Da die europäischen Verhältnisse in der Regel 10 Jahre hinter den USA hinterherhinken, kam das Buch für den akademischen Bereich zu früh.

   Die Zukunft Europas hängt nicht vom Ausgang des Wettbewerbs mit dem realen Sozialismus ab, sondern vom Gleichziehen mit dem Entwicklungstempo in den USA und Japan auf dem Gebiet der neuen Wachstumsindustrien. Obwohl Europa eine hohe Infrastrukturdichte, ein leistungsfähiges Bildungssystem und eine technologische Tiefenstufung aufweisen kann, wird die erfolgreiche Konkurrenz behindert durch nationale Egoismen.

   Die Durchsetzung der technologischen Neuerungen hängt gegenwärtig von der internen Struktur ganzer Ressourcenagglomerationen ab, die jeweils eine Größe zwischen 200 und 300 Millionen Menschen umfassen. So konkurrieren der pazifische Raum unter der Führung Japans mit den USA um die Computertechnologie und Europa mit den USA und Japan um die Spitzentechnologie in Endapparaten der traditionellen Fertigungsindustrie. Wir haben bei der Strukturierung des Realkapitals zu unterscheiden zwischen den Familien einer bestimmten Technologie (Computer der n. Generation) und der Diffusion von Neuerungen in andere technologische Bereiche, gemessen in Geldwert von Mikroprozessoren je Kopf der Bevölkerung. Im Vordergrund steht gegenwärtig die Durchsetzung des Maschinenbaus mit hyperkonventioneller Automation, das heißt, Roboter mit sensualer Aufnahmefähigkeit und apparativer Intelligenz. Ziel ist die Bewältigung von Querschnittsanalysen durch Computer mit einer beschränkten Spontaneität und Kreativität. Die westlichen Länder befinden sich in einem hektischen Umbau ihrer politischen und sozialen Strukturen.

Die realsozialistischen Länder stehen gleichermaßen unter Reformdruck, einen Weg zu finden, die „Realkapitalstrukturen" zu modernisieren, um auf dem Weltmarkt die Produkte anzubieten, die in Zukunft gefragt sind. Für sie ist es eine Sache des Überlebens, technische Fortschritte aus den westlichen Ländern einzukaufen oder überzuleiten. Es kommt hierbei nicht nur darauf an, Produktionen überhaupt zu optimieren, es können auch abgelegte Techniken optimiert werden, sondern ein hohes Tempo des Umsetzens von bekanntem technischen Wissen in angewandtes Wissen. Die Untersuchung der

Bedingungen, die über die Umsetzung von Wissen entscheiden, sind gegenwärtig das Hauptproblem des Systemvergleichs. Dabei zeigt sich, daß kulturelle Eigenarten und Traditionen das unterschiedliche Tempo der einzelnen Länder bestimmen können.

Ein weiteres Kennzeichen für den Aufschluß von Revitalisierungen ist die Reagibilität von theoretischen Ansätzen. Werfen wir einen Blick zurück, so kann nicht verborgen bleiben, daß im Aufwind einer neuen Technologie bevorzugt monetaristische Probleme diskutiert werden, weil der Formierung der technischen Seite der Produktion die Umstrukturierung der monetären vorausgeht. Verschiebungen in der internationalen Arbeitsteilung zeigen sich vor allem auch in Verschiebungen des Gläubiger-Schuldner-Verhältnisses und in der Art und Weise des Fließens von Finanzströmen. Diese inneren Verwerfungen schlagen zurück als Zwang zur Konstitution einer internationalen Ordnung. Daher wird die ordnungspolitische Theorie durch das Paradigma der Umstrukturierung von Realkapital nicht ersetzt, sondern auf den Pfad neuer Probleme gesetzt.

3. Die kulturellen Unterschiede als Beschleuniger oder Hemmnis der technologischen Entwicklung

Die soziale Dynamik der kommunistischen Bewegung, der Anlaß für den Systemvergleich, erlischt. Damit reduziert sich auch der Einfluß der letzten großen Diesseitigkeitsreligion, die die Technologieapotheose auf ihre Fahnen geschrieben hatte, ein insgesamt spektakulärer Vorgang in der abendländischen Sozialgeschichte. Der Systemvergleich, der sich ganz auf die Analyse der quantitativen Effizienz konzentriert hatte, ist nicht nur den qualitativen Unterschieden im Technologiestatus konfrontiert, sondern auch den aufbrechenden kulturellen Oppositionen gegen die Dominanz des sowjetischen Entwicklungsmodells. Nach dem zu erwartenden Abwurf der unseligen Markt-Preis-Phobie wird sich zeigen, daß der gesamteuropäische Kultursockel nur Varianten marktwirtschaftlicher Steuerung als Systemdifferenzierung zuläßt. Das sowjetische Wirtschaftssystem der Neuerungsfeindlichkeit ist ein Abbild der petrifizierenden Wirkung semiasiatischer Aneignungsweisen des sozialen Surplus; bekanntlich wird das Ergebnis der wirtschaftlichen Tätigkeit zentralisiert. So kommt es zu keiner individuellen Interessenfiguration in Richtung auf Neuerungen auf technischem, managerialem und sozialem Gebiet. Leistungsfähig war die kryptosakrale Legitimation der sowjetischen Wirtschaftsführung nur unter äußerst rigiden Bedingungen der Kriegswirtschaft. Vor allem die Probleme der Nahrungsgütererzeugung und der Bereitstellung von langlebigen Konsumgütern sind nicht im Ansatz gelöst. Es sei hier der Hinweis gegeben, daß die größten Antriebe für eine technische Modernisierung aus einer vorauslaufenden Revolutionierung der Konsumgüterproduktion erfolgen, da so ein hoher Sockel der sozialen Integration bei sinkenden Aufwendungen für Konsum möglich ist.[26] Es ist ein Kennzeichen der letzten 30 Jahre, daß in den westlichen Ländern die marktwirtschaftliche Bereitstellungselastizität von Konsumgütern äußerst produktiv war. Alle Integrationsbemühungen sind eine Funktion der Verfügung über materielle Mittel, die zu intensiven Kontakten der untersten Ebene mit anderen Kulturen aufgewandt werden können. Bei starken Unterschieden zwischen den Völkern entstehen Dominanzvorurteile, die die ökonomische und politische Integration behindern.

Je mehr Kulturen in den Industrialisierungssog geraten, wird die Breite des Vergleichsmaterials vergrößert und die Relevanz des Sowjetsystems für ein gegenseitiges theoretisches Abarbeiten geringer, da nicht einsichtig ist, warum denkerische Bemühungen blockiert werden müssen, um festzustellen, daß menschliche Phantasie auf dem Gebiet beglückender Ordnungen und auf dem Gebiet sozialer Dummheit unendlich ist. Wie A. J. Toynbee in seiner Skizze „Krieg und Kultur" (War and Civilisation, 1950) zeigte, kann der Militarismus Ausgangspunkt von Basiserfindungen sein, aber er zerstört unweigerlich die Zivilisation, wenn er Maßstab der Wirtschaft wird. Betrachten wir die Anlässe des Zweiten Weltkrieges, die vermuteten Einschnürungen auf dem Gebiet der Rohstoff- und Energieversorgung, so können wir feststellen, daß die friedliche wirtschaftliche Durchdringung einer anderen Kultur viel wirkungsvoller ist als mit Militär.

Die internationale Verflechtung vielfältiger Formen der Modernisierung wachsen den westlichen Kernländern zu, so daß auch das hier angelegte Wirtschaftssystem relevanter wird. Es ergeben sich folgende Drehscheiben der kulturanthropologischen Berührung:

(1) Der Atlantik oder die Beziehung USA ↔ Europa

(2) Der Pazifik oder die Beziehung USA ↔ Japan, USA ↔ China, Japan ↔ Korea, Japan ↔ China; Indien ↔ Europa/USA, Taiwan/Philippinen/Malaysia/Indonesien ↔ Japan/USA

(3) Das Mittelmeer oder die Beziehungen zwischen dem Nahen Osten ↔ Europa

(4) Der indische Ozean oder die Beziehungen Afrika ↔ Asien

(5) Der Südatlantik oder die Beziehungen zwischen Südamerika ↔ Afrika und Südamerika ↔ Nordamerika/Asien/Europa

Diese Betrachtungsweise bietet sich allein schon an aufgrund der Bevölkerungsentwicklung in den außereuropäischen Kulturen; immerhin sind bislang

26 Hier ist die Rolle des Konsums als Motivationsstabilisator wirksam, die die Lagerung der Person als Interesse an oder auf einer Person oder Sache bewirkt auf der Basis von affektgeladenen Erregungen. Brechen letztere zusammen, weil der Zeithorizont der Erwartung unklar ist, dann bricht das Interesse zusammen. Affekte und Interesse sind somit als eine Einheit zu sehen.

nur ca. 1,2 Mrd. Menschen industrialisiert, in China steht allein 1 Mrd. Menschen vor dem Tor der Industrialisierung, ohne die anderen Regionen zu rechnen. Hier sind die entscheidenden Marktpotentiale der Zukunft. Der industrielle Hyperion wird international komplexer und variantenreicher auf dem Gebiet der Marktbeziehungen, die durch die ethischen Systeme der Kulturen eingefärbt werden. Das betrifft vor allem die Fähigkeit zur moralischen Abstützung diesseitiger Planung und Arbeit, es hat zum Beispiel keinen Zweck, buddhistischen Völkern die Hühnerhaltung beibringen zu wollen, damit die Eiweißversorgung besser wird, wenn der Buddhismus die Hühnerhaltung mit einem Tabu belegt, andere Beispiele über die kontraproduktive Rinderhaltung sind bekannt. Ebenso muß das religiöse Verhältnis zum Kredit auf Konsumgüter und auf Produktivgüter geklärt sein, da sonst der Zins tabuisiert ist.

Es verdient einige Beachtung, wenn sich der Druck auf die industriellen Kernländer in Europa, die ja in angelsächsische, germanische, romanische und skandinavische Kulturzonen zerfallen, verstärkt, die konkreten Modelle des historischen industriellen Take-off zu homogenisieren. Der Systemvergleich kann nicht an der Tatsache vorübergehen, daß wir im eigentlichen Sinne erst nach dem Zweiten Weltkrieg eine stringente Durchdringung mit marktwirtschaftlichen Methoden zu verzeichnen haben. In bezug auf die Internationalisierung der europäischen Probleme haben wir im konventionellen Sinne keine Alternative zur Marktwirtschaft. Mit aller Vorsicht könnte die Vermutung an Raum gewinnen, daß die Alternative „Marktwirtschaft“–„Zentralverwaltungswirtschaft“ nur gilt, wenn Produktionskapazitäten von der Rohstoff- und Energieversorgung abgeschnitten sind, und die dann folgende Preisbewegung keine allokative Wirkung mehr haben kann. Alle Kulturen haben in mehr oder weniger großer Tradition Tauschsysteme hervorgebracht, wobei die Meeranrainer ganze Völker zu diesem Behufe ausdifferenzierten. Deren Nachfolger haben heute große Erfolge bei der Integration in den kapitalistischen Wirtschaftskreislauf, so auch die Rolle der Inder und Chinesen, obwohl die Heimatkulturen keinen Durchbruch in die kapitalistische Rationalität vollzogen haben. Ein interessantes Problem zur Abschätzung der Entwicklungsmöglichkeiten sind neben dem Indikator der Diesseitigkeitsorientierung der Hochreligion – der Existenzdruck darf nicht nach innen in die Sphäre der Kontemplation verlagert werden, sondern als Aktivität nach außen –, die Erziehungssysteme und deren Ideal – so, ob die Kreativität im Spiel oder das Vorbild der Eltern belohnt wird –, des weiteren prägen die Managementphilosophien die definierten Rationalitäten. Für den Europäer ist aufgrund seines personalen Menschenbildes die Abweichung oder Differenz eine Herausforderung, er hält diese psychisch aus; der Japaner dagegen verliert in einem System der Abweichung seines Verhaltens von der Norm sein Gesicht, er wird immer eine Isomorphie zwischen Ziel und Mittel anstreben. Dieses Verhalten ist äußerst schlagkräftig im Wettbewerb, wenn das Ziel bekannt ist. Das Auffinden neuer Ziele war bislang eine Domäne der europäischen Philosophie. Hochreligion mit petrifizierender Wirkung auf die Sozialstrukturen, so bei den Hindi, verhindern eine Modernisierung, da die Stellung des Menschen verkastet wird; ganz im Gegensatz z.B. das Verhalten der Sikhs, die über den Islam die Diesseitigkeit oder Modernisierung als erstrebenswert erfahren haben. Als unproblematischer können jene Kulturen gelten, die christliche Traditionen aufgenommen haben[27], aber gleichwohl an den retardierenden Wirkungen der ehemaligen Mutterländer als Kulturträger zu scheitern drohen, so vor allem in Südamerika. In allen Fällen dreht sich das Problem der Entwicklung um die ethische Bewertung der Arbeit, die Stärke bürgerlicher Mittelschichten und das Ausmaß fiskalistischer Konfiskation von Erträgen zum Ruhme des Normengaranten. Staaten, die sich vollständig militarisieren und dabei die Bevölkerung an die Grenze der Verarmung drücken, sind zur Entwicklung nicht fähig. Es ist eine offene Frage, ob die rigorose Auslöschung traditionistischer Eliten die Modernisierung fördert oder nicht. In Afrika ist eine Eroberung im Stile Nordamerikas unterblieben zugunsten einer reichhaltigen Folklore.

Europa als Appendix der euroasiatischen Landmasse weist eine Sonderentwicklung auf, deren Kontradiktion die kontinentalen Kollektivtraditionen sind, wie sie sich insbesondere in Schweden als absolutistischen Fiskalstaat niedergeschlagen haben, ohne auf Demokratie und Marktwirtschaft verzichten zu müssen. Ebenso kulturell verschieden sind die osteuropäischen und südosteuropäischen Länder, die eine Familienverfassung (Jugoslawien) oder Clanverfassung (Rumänien) oder auch des aufgeklärten Bürgertums (Ungarn, ČSSR) sowie die Ethik des Kleinadels (Polen) aufweisen können mit entsprechenden Formen der kulturellen Opposition gegen das sowjetische Staats- und Wirtschaftsmodell. Auch die DDR als ein Teil Deutschlands weist die Traditionen des in den Ministerien hausenden liberalen Staatsrates auf, der in Verbindung mit dem „Amt" Entwicklungs- und Modernisierungspolitik betreibt. Die regierenden kommunistischen Parteien können sich nicht weiterhin bedingungslos einem ideologischen Zentrum unterwerfen, weil sie zum Teil in Ländern amtieren, die die Reformation erlebt haben. Die Sowjetunion kann ihre Traditionen des Byzantinismus und der adligen Militärbürokratie nicht mehr in den westlich vorgelagerten Ländern durchdrücken, weil sie eine historisch aufgestaute Modernisierung nachholen muß. Das Hauptproblem der Modernisierung ist die „Entsakralisierung" der Wirtschaft durch Anerkennung der funktionalen Leistung als Basis des Sozialstatus und nicht der Platz in der Nomenklatura. Der Gesinnungsstaat muß zur Professionalität auf dem Gebiet der Wirtschaftspolitik übergehen, um die mit der neuen Technologie einhergehenden Sabotagepotentiale gering zu halten. Die Annahme der Herausforderungen kann nur über neue Eliten erfolgen, die die ökonomische Modernisierung mit der sozia-

---

27 Eine neue Studie über die Berührung der Dritten Welt mit der westlichen Zivilisation liegt jetzt vor von Rudolf Wendorff: Dritte Welt und westliche Zivilisation, Opladen 1984.

len, kulturellen und politischen verbinden. Der Mangel an demokratischer Tradition und bürgerlichem Konsens in Rußland schuf kein Vertrauen in die Funktionsweise und die Regeln moderner Gesellschaften. Die Probleme des 21. Jahrhunderts können ohne Beteiligung aller Schichten nicht gelöst werden, das erzwingt die Industrialisierung der Information, die nicht mehr durch eine „Partei neuen Typus" monopolisiert werden kann. Der Bruch des Informationsmonopols durch die neuen Medien und Kommunikationstechniken führt zu neuen Normen- und Wertsystemen bei den Betreibern dieser Techniken, die ein Funktionsmonopol erwerben und entsprechende Verfügungsrechte einklagen werden. Die Beibehaltung des alten Kontrollsystems erzeugt zu hohe Alternativkosten: unterstellen wir ein Machterhaltungsinteresse der sowjetischen Eliten nach dem Absterben der alten Elite des Stalinschen Systems, so bleibt keine Alternative zur Modernisierung, die die Industriewirtschaft mit Demokratie verbindet.

Literatur

Ballod, Karl (Atlanticus): Der Zukunftsstaat. Wirtschaftstechnisches Ideal und volkswirtschaftliche Wirklichkeit, 4. Aufl., Berlin 1927.

Beer, Max: Allgemeine Geschichte des Sozialismus und der sozialen Kämpfe, Berlin 1931.

Bress, Ludwig: Kommunismus bei Karl Marx, Stuttgart 1972.

Bress, Ludwig: Friedrich Engels und die Politische Ökonomie in der Gegenwart, in: Archiv für Sozialgeschichte, Bd. XIII, 1973, S. 289-307.

Bress, Ludwig: Marktwirtschaft und Unternehmer im Konflikt von kultureller Evolution und Systemveränderung, in: derselbe, Schlaffke, Winfried: Marktwirtschaft. Kulturelle Motivation und Innovation, Köln 1977, S. 75 ff.

Bress, Ludwig: Technologische Evolution im Systemwettstreit. Ein Systemvergleich auf der Basis langfristiger Entwicklung von Wirtschaft und Technik, Erlangen 1983.

Cipolla, Carlo M. / Borchardt, K. (Hrsg.): Europäische Wirtschaftsgeschichte (The Fontana Economic History of Europe, London 1973), 5 Bände, Stuttgart–New York 1983.

Dauphin-Meunier, A.: Kirche und Kapitalismus (L'eglise en face du capitalisme), Aschaffenburg 1958.

Erlich, A.: Die Industrialisierungsdebatte in der Sowjetunion 1924-1928, Frankfurt/M. 1971.

Eucken, Walter: Grundsätze der Wirtschaftspolitik, hrsg. von Edith Eucken und K. Paul Hensel, 4. Aufl., Tübingen–Zürich 1968.

Feldman, G. A.: Zur Wachstumstheorie des Nationaleinkommens, Frankfurt–Wien–Berlin 1969.

Haken, H.: Erfolgsgeheimnisse der Natur. Synergetik: Die Lehre vom Zusammenwirken, Stuttgart 1981.

Haken, H.: Synergetik. Eine Einführung, Berlin–New York 1982.

Hegel, G. W. F.: Grundlinien der Philosophie des Rechts oder Naturrecht und Staatswissenschaft im Grundrechte, Bd. 7, Frankfurt/M. 1970.

Hegel, G. W. F.: Philosophie der Geschichte, Bd. 12, Frankfurt/M. 1970.

Hensel, K. Paul: Einführung in die Theorie der Zentralverwaltungswirtschaft, Stuttgart 1954.

Hesse, Günter: Die Entstehung industrialisierter Volkswirtschaften, Tübingen 1982.

Huntfort, Roland: Wohlfahrtsdiktatur. Das schwedische Modell, Frankfurt/M.–Berlin–Wien 1973.

Kellenbenz, H.: Deutsche Wirtschaftsgeschichte, 2 Bände, München 1977, 1981.

Kernig, E. (Hrsg.): Sowjetsystem und demokratische Gesellschaft, Bd. 1, Freiburg–Basel–Wien 1966, Bd. 3, 1969, Bd. 6, 1972.

Landes, D. S.: Der entfesselte Prometheus. Technologischer Wandel und industrielle Entwicklung in Westeuropa von 1750 bis zur Gegenwart, Köln 1973.

Lenin, W. I.: Zur sogenannten Frage der Märkte, in: derselbe: Werke, Bd. 1, Berlin 1963, S. 69-117.

Neumann, Manfred (Hrsg.): Ansprüche, Eigentums- und Verfügungsrechte, Schriften des Vereins für Socialpolitik, NF., Bd. 140, Berlin 1984.

Pollock, Friedrich: Die planwirtschaftlichen Versuche in der Sowjetunion 1917-1927, Leipzig 1929.

Prigogine, I.: Vom Sein zum Werden. Zeit und Komplexität in den Naturwissenschaften, München 1979.

Prokopovicz, S. N.: Rußlands Volkswirtschaft unter den Sowjets, Zürich–New York 1944.

Rankhoff, Iwan: Das ideologische Element in der Theorie der Wirtschaftsordnung, in: Schmollers Jahrbuch für Gesetzgebung, Verwaltung und Volkswirtschaft, hrsg. von Alfred Kruse, 87. Jg., II. Halbband, Berlin 1957, S. 385-415.

Raphael, Gaston: Walter Rathenau, Berlin 1922.

Raupach, Hans: Geschichte der Sowjetwirtschaft, Reinbek 1964.

Raupach, Hans: Frühe Konzepte einer volkswirtschaftlichen Planung in naturalen Bilanzen. Ms. Kongreß für Wirtschaftsgeschichte, Leningrad 1970.

Schumpeter, Joseph A.: Konjunkturzyklen I und II, Göttingen 1961.

Tellenbach, Gerd: Die Germanen und das Abendland bis zu Beginn des 13. Jahrhunderts, in: Saeculum Weltgeschichte, Bd. 4, Freiburg–Basel–Wien 1967, S. 158-401.

Tellenbach, Gerd: Die Grundlegung der späteren Weltstellung des Abendlandes, in: Saeculum Weltgeschichte, Bd. 5, Freiburg–Basel–Wien 1970, S. 69-239.

Ursprung, H. W.: Die elementare Katastrophentheorie: Eine Darstellung aus der Sicht der Ökonomie, Berlin–New York 1982.

Weber, A.: Der Mißerfolg des bolschewistischen Wirtschaftssystems, Berlin 1944.

Weber, Max: Die protestantische Ethik, hrsg. von H. Winkelmann, Bd. I und II, Hamburg–Gütersloh 1975-1978.

Weinstock, U.: Das Problem der Kondratieff-Zyklen, Berlin–München 1964.

Wendorff, Rudolf: Zeit und Kultur. Geschichte des Zeitbewußtseins in Europa, Opladen 1980.

Wendorff, Rudolf: Dritte Welt und westliche Zivilisation, Opladen 1984.

Friedrich Haffner

ÖKONOMISCHE METHODEN DER SYSTEMANALYSE UND IHRE PROBLEME

Der sehr allgemeine Charakter des Themas dieses Aufsatzes muß einleitend präzisiert und damit eingeengt werden. Da es nicht möglich ist, alle ökonomischen Methoden der Systembildung in diesem Rahmen adäquat zu behandeln, sollen die wichtigsten in einem einleitenden ersten Kapitel nur genannt und aufgezählt werden, ohne im einzelnen auf die erkenntnistheoretischen Voraussetzungen, Inhalte, Begründungen und Probleme einzugehen, jedoch soll das gemeinsame Erkenntnisziel thematisiert werden.

Der Schwerpunkt liegt im zweiten Kapitel bei den Problemen, die sich aus der dargestellten Methodenvielfalt für die Erfassung von Wirtschaftssystemen ergeben; dabei ist insbesondere auf die wissenschaftspraktische Bewältigung der Methodenvielfalt und auf die Frage der logischen Struktur der Systemrealität einzugehen. Daran anschließend werden im dritten Kapitel einige morphologische Probleme der Erfassung sozialistischer Planwirtschaften behandelt, die in enger Beziehung zu dem Methodenproblem stehen, insbesondere sollen Formen der Mischung von planmäßiger und marktmäßiger Steuerung dargestellt werden. Schließlich werden im vierten Kapitel die Probleme der Konformität und der Effizienzmessung von Wirtschaftssystemen, insbesondere auch von Wirtschaftsreformen, kritisch analysiert.

Erstes Kapitel: Ganzheitsanalyse und Methodenvielfalt

Jeder Systemanalyse liegt das Problem des Ganzen zugrunde, das durch das System in seiner Seins- und Funktionsweise erfaßt und geklärt werden soll. Mit dem Rückgriff auf die philosophische Ganzheitslehre werden zwei Schwierigkeiten deutlich, die besonders auch die ökonomischen Systembildungsmethoden betreffen: Das Ganze ist nur in seinen Teilen und einzelnen Interaktionen unmittelbar erkennbar. Es selbst in der Realität zu erfassen, bedarf es ganzheitsorientierter Theorien (z.B. der Platonschen Ideen). Sie sind – wenn sie auch selbst auf den Praxisbezug hin konzipiert wurden – der praktischen Systemanalyse vorgegeben und bestimmen weitgehend die

Systemaussagen. Für die volkswirtschaftliche Systemanalyse bedeutet dies, daß das Wirtschaftssystem eines Landes nicht unmittelbarer Erfahrung zugänglich ist, außer partiell in seinen einzelnen Erscheinungen. Am Anfang der Systemanalyse steht nicht die Realität als System, sondern verschiedene theoretische Ansätze zu ihrer Erfassung. Die zweite Schwierigkeit liegt darin, daß die Abgrenzung einer Ganzheit, die als ein System verstanden wird, zu höheren Ganzheiten und die Gliederung innerhalb des jeweiligen Ganzen in Systemeinheiten oder Subsysteme erst die Voraussetzungen für die Analyse schafft. Nach beiden Richtungen muß eine gewisse Unendlichkeit festgestellt werden. Jeder systemanalytische Ansatz definiert und formuliert auf spezifische Weise das Ganze und seine Einteilung in Subsysteme und Einheiten (Organisationen), er setzt damit mit einer gewissen Willkürlichkeit, die nur aus dem spezifischen Ansatz ihre Begründung erfährt, die Grenzen nach innen und außen fest und bestimmt über die Definition der Subsysteme indirekt auch schon die Qualität ihrer Beziehungen.

Die in gewissem Sinne zu konstatierende Beliebigkeit des Systemansatzes führt dazu, daß es für jeden Problembereich – auf welchen Gebieten auch immer die Systemanalyse angewandt wird – grundsätzlich eine Vielzahl von Möglichkeiten der Definition des Ganzen, der Grenzziehung nach oben und nach unten gibt. Jeder System-approach stellt gleichsam einen Schnitt durch das amorphe Ganze dar, so daß jeweils die Schnittflächen verschieden sind. Dies gilt um so mehr, je größere Ganzheiten ins Auge gefaßt werden.

Wird der systemtheoretische Ansatz auf die Wirtschaft übertragen, steht von vornherein eine gewisse Einengung durch die allgemein vorgegebene Definition des Wirtschaftens, durch örtliche und zeitliche Begrenzungen, z.B. auf eine bestimmte Volkswirtschaft, fest. Aber bei der Definition der Substruktur des Systems Wirtschaft treten Schwierigkeiten auf, weil gerade hier unterschiedliche Grenzziehungen möglich sind. Auch die Einordnung der Wirtschaft als Subsystem[1] des Gesellschaftssystems ist problematisch, weil die Grenze zum politischen und kulturellen Subsystem fließend ist und deshalb unterschiedlich gezogen werden kann. Ist die oben getroffene Feststellung von der Beliebigkeit der Systembildung aufgrund der Wahl des Ansatzes und der vielfältigen Differenzierungsmöglichkeiten richtig, so gilt dies auch für das wirtschaftliche System – möglicherweise in etwas gemilderter Form, weil wirtschaftswissenschaftliche Traditionen und Übereinkünfte einengend wirken.

Für die einzelnen Systemansätze sind jedoch auch die leitenden Fragestellungen für die Wahl des Systemansatzes und die Definition der Systembestandteile ausschlaggebend: Geht es um die Optimierung eines Systems im Hinblick auf bestimmte Zielfunktionen, müssen andere Systeme gebildet und andere

1 Vgl. U. O. Hondrich: Systemtheorie als Instrument der Gesellschaftsanalyse, in: Theorie der Gesellschaft oder Sozialtechnologie, hrsg. von F. Maciejewski, Frankfurt 1973, S. 88-114.

Grenzen gezogen werden, als wenn es darum geht, die Funktionsweise einer konkret bestehenden Wirtschaft zu analysieren oder die historische Entwicklung in den Griff zu bekommen. Eine Reihe anderer Fragestellungen sind möglich, die zu anderen Ansätzen führen. Umgekehrt werden aus den Systemtheorien auch die Kriterien für den Vergleich realer Wirtschaftssysteme entwickelt. Aus allgemeinen systemtheoretischen Erwägungen, der Vielfalt der Gliederungsmöglichkeiten des Ganzen, der unterschiedlichen Fragestellungen, die den Ansätzen zugrunde liegen und nicht zuletzt der unterschiedlichen theoretischen sowie weltanschaulichen Vorverständnis soll **These eins** gelten, daß unterschiedliche Systemansätze notwendig sind und jeder Versuch, sie zu vereinheitlichen, an den genannten Gegebenheiten scheitern muß.

Nichts ist eine bessere Bestätigung für diese These als die Vielzahl der verschiedenen Ansätze, die in der ökonomischen Systemforschung angewandt werden. Der nachfolgende Überblick ist nicht vollständig und umfaßt nicht die gesamte ökonomische Systemforschung, sondern bezieht sich auf Ansätze, die dem Verfasser hinreichend abgegrenzt und eigenständig erscheinen. Es wird nicht der Anspruch erhoben, damit eine wissenschaftlich begründete Systematik vorzulegen.[2] Nach diesen Einschränkungen seien folgende Ansätze genannt:

1. Die *Leugnung oder Geringschätzung eines ökonomischen Systems* schlechthin – gerade wegen der Vielfältigkeit der Ansätze. Statt dessen wird durch möglichst vollkommene Beschreibung der Realität die Wirklichkeit der volkswirtschaftlichen Systeme zu erfassen versucht (deskriptive Methode). In gewisser Hinsicht ist auch dieses Vorgehen systematisch – kryptosystematisch, weil in der Auswahl, in der Gliederung und in der Bewertung systematische Gesichtspunkte zum Ausdruck kommen. Häufig wird in der empirisch-statistischen Analyse direkt auf ökonomische Theorien verschiedener Art, nicht unbedingt Systemansätze, Bezug genommen, um sie für ein Land zu bestätigen oder zu falsifizieren.[3]

2. Die *historische Systembildung*, die, beginnend mit den Wirtschaftsstufen, -epochen, -stilen der historischen Schule[4], bis zu W. W. Rostows[5]

---

2 Anders strukturierte Darstellungen von Wirtschaftssystemen: Günter Hedtkamp: Wirtschaftssysteme, Theorie und Vergleich, München 1974; Vaclav Holesovsky: Economic Systems, Analysis and Comparison, McGraw-Hill 1977; Hans-Jürgen Wagener: Zur Analyse von Wirtschaftssystemen, Eine Einführung, Berlin–Heidelberg–New York 1979; Helmut Leipold: Wirtschafts- und Gesellschaftssysteme im Vergleich, 3. Aufl., Stuttgart 1981. – Im folgenden werden jeweils nur einige wichtige Literaturangaben zu den einzelnen Ansätzen gemacht.

3 Jiří Sláma: Empirische Überprüfung der Verhaltensmuster von Plan- und Marktwirtschaften, in: Jahrbuch der Wirtschaft Osteuropas, Bd. 8, 1979, S. 360 ff.

4 Vgl. H. G. Schachtschabel (Hrsg.): Wirtschaftsstufen und Wirtschaftsordnungen, Darmstadt 1971.

5 W. W. Rostow: The Stages of Economic Growth, Cambridge 1960; deutsch: Göttingen 1960.

Wirtschaftsstadien und anderen historisierenden Ansätzen reicht, welche die Entwicklung der Wirtschaftssysteme mit Hilfe generalisierender Kriterien zur zentralen Frage der Systembildung macht.

3. Die *marxistische Methode*, die einen systematischen mit einem entwicklungstheoretischen Ansatz verbindet, hat zur Lehre der „ökonomischen Gesellschaftsformationen" und zur Erklärung deren mit Hilfe der Kategorien der Produktivkräfte, Produktionsverhältnisse und dem geistig-ideologischen Überbau sowie zur Formulierung verschiedenrangiger Gesetzmäßigkeiten geführt. Sie ist heute in verschiedene Zweige und Schulen aufgespalten, die teilweise zu unterschiedlichen Weiterentwicklungen und damit zu divergenten Aussagen und Erklärungen in bezug sowohl auf „kapitalistische" als auch auf „sozialistische" Volkswirtschaften kommen.[6]

4. Die *ordo-liberale Theorie der Wirtschaftsordnungen*, die auf der Typenlehre von Max Weber aufbaut und von Walter Eucken u.a. begründet wurde, hat auf die Systemtheorie und die wirtschaftspolitische Praxis der Bundesrepublik nachhaltig eingewirkt. Über die Henselsche Lehre der Zentralverwaltungswirtschaft und die Lehre der Zentralverwaltungswirtschaft sowjetischen Typs (K. Thalheim) entstand auch hier ein verzweigtes Theoriegebäude für die Analyse sozialistischer Länder.[7]

5. Die *faktoranalytische Methode* geht auf Werner Sombarts Kapitalismus-Analyse zurück, ohne jedoch dessen Vorstellungen über den „Sinnzusammenhang" aufzunehmen. Es wird eine allgemeine Kasuistik der Elemente und Beziehungen für Wirtschaftssysteme oder für Teile von ihnen entwickelt, so daß alle in der Wirklichkeit vorfindbaren Erscheinungen eingeordnet werden können, ohne daß die Zusammenhänge theoretisch geklärt würden.[8]

6. Der *organisationstheoretische Ansatz* (institutional choice), der seinen Ausgangspunkt von der modernen amerikanischen Organisationslehre nimmt, führt zur Analyse sozialistischer Planwirtschaften als Großorganisationen, in

---

6 Es sei auf die marxistische Literatur im allgemeinen verwiesen, der systemanalytische Aspekt für sozialistische Planwirtschaften wird von unterschiedlichen Standpunkten aus u.a. besonders herausgearbeitet bei: William H. Shaw: Marx's Theory of History, Stanford (Cal.) 1978; I. I. Kusminov: Abriß der politischen Ökonomie des Sozialismus – Methodologie (Übers. a. d. Russischen), Berlin 1976; Wlodzimierz Brus: Funktionsprobleme der sozialistischen Wirtschaft (Übers. a. d. Polnischen), Frankfurt/M. 1971; Jiří Kosta: Sozialistische Planwirtschaft, Theorie und Praxis, Opladen 1974.

7 K. Paul Hensel: Einführung in die Theorie der Zentralverwaltungswirtschaft, 3. Aufl., Stuttgart–New York 1979; Karl C. Thalheim: Systemtypische Merkmale von Wirtschaftsordnungen, in: Sozialwissenschaftliche Untersuchungen, Gerhard Albrecht zum 80. Geburtstag, hrsg. von Helmut Arndt, Berlin 1969, S. 329-341; Gernot Gutmann (I): Zentralgeleitete Wirtschaft, in: Handwörterbuch der Wirtschaftswissenschaft (HdWW), Bd. 9, Stuttgart–New York–Tübingen–Göttingen und Zürich 1982, S. 599-616.

8 Als moderne Vertreter dieser Richtung gelten H. Ritschl: Grundlagen der Wirtschaftsordnung, Tübingen 1954; Peter Knirsch: Strukturen und Formen zentraler Wirtschaftsplanung, Berlin 1969.

denen organisationelle Regelmäßigkeiten zu beobachten sind. Ergänzend wird, insbesondere zur Erklärung von Entartungen, die Bürokratietheorie herangezogen.[9]

7. Die *kybernetischen Ansätze* wenden die allgemeine formalisierte Systemtheorie mit Hilfe der Kybernetik auf Wirtschaftssysteme an. Bisher sind diese Methoden wenig zur Erforschung sozialistischer Planwirtschaften angewandt worden.[10]

8. Der *entscheidungstheoretische Ansatz*, aus Amerika kommend, hat eine vielfältige Resonanz gefunden. Indem das ökonomische Gesamtsystem in die Subsysteme Informations-, Motivations- und Entscheidungssystem zerlegt wird, entsteht eine neuartige Struktur des Wirtschaftssystems im allgemeinen, die durch die Determinanten des ökonomischen Entscheidungsprozesses, den Umfang der Entscheidungsbefugnisse, die Motive des Handelns und die Informationen bestimmt wird.[11]

Dieser Überblick umfaßt nur einen Teil der heute in der DDR- und Osteuropaforschung angewandten Ansätze und Methoden der Systemanalyse. Einige Arbeiten sind schwer zuordenbar. Der Überblick weist darüber hinaus einige spezifische Defizite auf, die gleichzeitig Desiderata der weiteren Forschung sein könnten. Dabei handelt es sich erstens darum, daß bis heute die soziologische Systemtheorie (Talcott Parsons, Luhmann) in die ökonomische Systemanalyse noch nicht rezipiert ist. Ähnliches gilt für politologische Ansätze. Zweitens ist unbefriedigend, daß von den oben angeführten Systemansätzen eine Beziehung zur allgemeinen ökonomischen Theorie, insbesondere zur neoklassischen Theorie, nicht geschlagen ist, so daß die eigentliche Planungstheorie ausgespart bleibt. Sie kann als ein eigener Systemansatz gelten, aber sie schenkt im allgemeinen der strukturellen Ausstattung der Wirtschaftssysteme, die für die Systemanalyse konstitutiv ist, zu geringe Beachtung. In gewisser Hinsicht kann sie deshalb als eine Alternative zur Systemanalyse angesehen werden. Viertens ist die Theorie der Eigentumsrechte[12] nicht berücksichtigt, die u.a. auch eine neue Sichtweise bei der Analyse von Wirtschaftssystemen eröffnet hat. Aber sie ist nicht zu einem eigenen System-

---

9 Vgl. den Beitrag von Alfred Schüller in diesem Band und die dort aufgeführte Literatur. Ferner: K. Ernst Schenk: Märkte, Hierarchie und Wettbewerb, München 1981; derselbe: Vergleichende System- und Industriestudien – Ein „Institutional Choice"-Ansatz, Stuttgart–New York 1983.

10 Gunther Kohlmey: Planen als Regeln und Steuern, in: Probleme der politischen Ökonomie, Bd. 11, Berlin 1968, S. 89-121; J. Kornai: Anti-Equilibrium. On the economic systems theory and the tasks of research, Amsterdam–London 1974.

11 E. Neuberger / W. J. Duffy: Comparative Economic Systems: A Decisionmaking Approach, Boston u.a. 1976; dazu: Armin Bohnet / W. Mansfeld: Auf dem Wege zu einer allgemeinen Theorie der Wirtschaftsordnung? Über einige Entwicklungen in neueren Arbeiten, in: JfNSt, Bd. 195/6, 1980, S. 497-517.

12 Vgl. Alfred Schüller: Property Rights und ökonomische Theorie, München 1983.

ansatz für sozialistische Planwirtschaften abgesichert, nicht zuletzt deshalb, weil sie (bisher) nicht zu einer Gesamtanalyse der Wirtschaftssysteme ausgebaut ist, sich vielmehr auf einen Teilaspekt (die Differenzierung der Eigentumsordnung) bezieht.

Unabhängig von den Problemen einzelner Ansätze wirft die Vielfalt der Methoden die Frage auf, wie man bei der Erforschung der sozialistischen Planwirtschaft vorgehen soll, mit welchem der vielen Ansätze man die differenzierte Wirklichkeit der Realsysteme am besten erfassen kann. Zu diesem Problem sollen im folgenden Abschnitt einige Bemerkungen gemacht werden. Eine Antwort kann aber schon vorweg gegeben werden, daß nämlich in jedem Forschungsproblem schon eine gewisse Prädestination für einzelne Methoden vorgegeben ist.

Die praktische Forschung ist neben der Vielfalt gekennzeichnet durch eine gewisse Konzentration auf einige Methoden. Der wissenschaftliche Streit geht z.T. auf diese unterschiedlichen Ansätze zurück, denen aber – wie gezeigt wurde – nicht nur unterschiedliche Fragestellungen, sondern die prinzipielle Unmöglichkeit einer allgemein befriedigenden Systemtheorie zugrunde liegt. Diese Feststellung ist nicht der Ausdruck einer solipsistischen Gleichgültigkeit, sondern der Ausgangspunkt für das Suchen nach einer Lösung für dieses Methodenproblem.

Zweites Kapitel: Methodenvielfalt als wissenschaftliches Problem

Nach dem oben über die Notwendigkeit der Methodenvielfalt Gesagten kann sie nicht oder kaum durch wissenschaftlichen Fortschritt reduziert werden. Es besteht also keine Chance, zu einer Metamethode oder allgemeinen Methode, die alle anderen umfaßt, zu kommen. Welche Möglichkeiten hat der Forscher, der Pädagoge, oder wer immer sich mit Systemen beschäftigt, angesichts der Methodenvielfalt praktisch zu arbeiten. In der Praxis lassen sich verschiedene Wege nachweisen:

1. Die Arbeit findet *bewußt ohne Systembezug* statt und wendet sich (vielleicht aus Ärger über die vielen sich theoretisch widersprechenden und logisch auf verschiedenen Ebenen liegenden Konzepte) der Empirie zu, der beschreibenden Erfassung der Realität oder dem Wechselspiel zwischen Partialtheorie und Empirie unter Verzicht auf Ganzheitsanalysen. Faktensuche, ihre adäquate Darstellung und Analyse, werden zur wissenschaftlichen Aufgabe. Es ist schon festgestellt worden, daß ohne ein Kriterium der Auswahl, der Ordnung, der Wertung und der Interpretation empirische Arbeit kaum möglich ist und daß sich auf diesem Wege oft verborgen wieder systematische Gesichtspunkte einstellen. Empirische Forschung ohne eine solche Orientie-

rung ist im theoretischen Sinne beliebig (vgl. 1. Kap./1). Sie sollte immer offengelegt werden.

2. Demgegenüber führt eine subjektive Methodenpräferenz, sei es aus Überzeugungs-, ideologischen oder Bequemlichkeitsgründen, zur Anwendung nur einer Methode. Es werden dabei häufig andere Methoden zur Kenntnis genommen, aber sie werden abgelehnt, so daß letztlich nur eine übrig bleibt. Arbeiten auf solcher methodischer Grundlage sind heute nicht mehr häufig. Die Studie des in der Bundesrepublik bekannten sowjetischen Ökonomen Kotov basiert auf dieser Vorgehensweise, wenn er eine Kritik der bürgerlichen Systemtheorien von der nicht kritisch entwickelten marxistischen Systemtheorie aus vornimmt.[13] Man darf nicht verkennen, daß man mit diesem Ansatz didaktisch besonders erfolgreich sein kann. Auch wissenschaftlich können durch die Einheitlichkeit des Vorgehens in einem sehr engen Sinn bei bestimmten Fragestellungen durchaus positive Ergebnisse erzielt werden. Diese werden dadurch eingeschränkt, daß von anderen Ansätzen und deren Ergebnissen keine Kenntnis genommen wird und es nicht eigentlich zu einer wissenschaftlichen Diskussion kommt.

3. Die hier zu beschreibende Problemlösung könnte als *methodische Mischung* unter Dominanz einer Methode bezeichnet werden. Es handelt sich dabei darum, daß eine der oben aufgezeichneten Systemmethoden zur Grundlage genommen wird und andere, insbesondere neuere, in der einen oder anderen Weise mit der Grundposition verknüpft werden, so daß ein einheitlicher, die neuen Ansätze aufnehmender, methodischer Zugang zu entstehen scheint. Diese Art, mit dem Problem der Methodenvielfalt fertig zu werden, wird häufig deshalb als progressiv bewertet, weil sie alte Ansätze mit neueren methodischen Forschungen verbindet. Gleichwohl muß sie theoretisch als bedenklich bezeichnet werden. Der Grund dafür liegt, wenn die Ausgangsthese über die Notwendigkeit der Methodenvielfalt richtig ist, darin, daß einzelne Methoden unterschiedliche Schnittflächen entstehen lassen und dadurch eine unterschiedliche Wirklichkeit ins Auge gefaßt wird; so erzeugt die Kombination verschiedener Ansätze notwendigerweise Überschneidungen und Fehlmengen, d.h. es werden Inkonsistenzen und Disharmonien auftreten (**These zwei**). Meist schlägt dann doch der zur Grundlage genommene dominante Ansatz durch, womit die Ausgangsposition – in komplizierter Weise – wieder als bestätigt angesehen wird.

So muß die Verbindung verschiedener Methoden zu einer übergreifenden Methode als theoretisch bedenklich, ja als unmöglich gelten. Eine Ausnahme allerdings ist denkbar, wenn zufällig die Kategorien des einen Ansatzes genau mit denen eines anderen, und sei es nur als Teilmenge, übereinstimmen, was jedoch, wenn die oben entwickelten Voraussetzungen für die Unterschiedlich-

13 V. N. Kotov: Kritika buržuaznych teory ‚ėkonomičeskich sistem' (Eine Kritik der bürgerlichen Theorien der ‚ökonomischen Systeme'), Moskva 1981.

keit der Methoden gelten, kaum ein realistischer Fall sein dürfte. Mit der hier beschriebenen Methodenverknüpfung ist häufig ein wissenschaftliches Befriedigtsein verknüpft, das darauf beruht, daß neue Ansätze mit großem intellektuellem Aufwand mit dem präferierten Ansatz verbunden werden, und sich dieser dabei wieder als überlegen bestätigt.

4. Eine m.E. befriedigende Lösung für das Problem der Methodenvielfalt besteht darin, nicht auf einen Ansatz zu rekurrieren, auch nicht die Ansätze miteinander zu einem neuen zu verbinden, sondern die *Ansätze nebeneinander oder gleichzeitig auf Sachprobleme anzuwenden*. Hierbei werden die Methoden selbst zu Hypothesen und Instrumenten einer sachbezogenen Arbeit, eventuell auftretende Ergebnisunterschiede können kollationiert und auf ihre methodischen Ursachen zurückgeführt werden. Damit ist der theoretische Verzicht auf eine dominante, letzthin ex ante als gültig anzusehende Methode gefordert und dem Methodenpluralismus das Wort geredet. Die Methodenfrage wird gleichzeitig in die Sachanalyse einbezogen, insofern sind dann auch Methoden- und Sachanalysen nicht trennbar.

Das Nebeneinander verschiedener Methoden bedeutet natürlich nicht, daß jeder Forscher alle Methoden auf alle Probleme gleichzeitig anwenden müßte, sondern, daß er verschiedene Methoden beherrscht und die von ihm präferierten relativiert. Ferner bedeutet der hier bezeichnete Weg, daß für jedes Sachproblem möglicherweise verschiedene Ansätze erfolgversprechend sind. Neue Ansätze können als eine Chance, alte ungelöste Probleme besser zu bewältigen, aufgenommen werden, ohne daß deshalb die etablierten Ansätze aufgegeben werden müßten. In der Praxis der Methodenanwendung wird sich zeigen, daß bestimmte Ansätze für bestimmte Problemlösungen besser, andere für andere besser geeignet sind. Manche werden vielleicht ausscheiden, weil sie wenig nützen. Insofern verbirgt sich hinter dieser Position kein methodischer Agnostizismus, sondern eine Bewältigung der Methodenvielfalt durch problemorientierte Anwendung und Überprüfung. Die individuelle Beschränkung einzelner Forscher auf einige Methoden und ihre Vorliebe zu diesen wird dann ergänzt durch entsprechend ergänzende Vorlieben und Methodenbeherrschung anderer Forscher, wenn nur die prinzipielle Gleichrangigkeit anerkannt wird. Dies schließt nicht aus, daß Eigenarten, Stärken und Schwächen einzelner Ansätze festgestellt werden. Verdächtig erscheint allein das Bemühen oder gar die Behauptung, daß die Methodenvielfalt letztlich durch die generelle Höherwertigkeit eines Ansatzes gelöst werden könnte. Die Methodenvielfalt stellt sich nicht als ein Mangel der Systembildung und des Systemvergleichs heraus, sondern geradezu als Chance, für eine schrittweise Annäherung an die Lösung des Problems, der Erfassung und Analyse von komplexen Ganzheiten. Nicht die Methodenvielfalt ist deshalb ein Unglück – wie sie von manchen empfunden wird –, sondern die theoretisch unbefriedigende Reaktion in den beiden oben unter 2. und 3. genannten Lösungen.

Der hier vorgeschlagene und in der Praxis vielfach begangene Weg ist jedoch auch mit einigen Schwierigkeiten verbunden: Mit mehreren Methoden gleichzeitig umzugehen, erfordert eine tiefgehende Kenntnis dieser Methoden. Für pädagogische Zwecke ist die Vermittlung von Methoden schwierig und verzerrend. In der Lehre wird man deshalb nicht anders vorgehen können, als an Sachproblemen einzelne Ansätze zu erörtern. Auch bei der Erforschung von Sachproblemen stört die Anwendung unterschiedlicher Methoden die Einheitlichkeit der Analyse, und es geht die Stringenz der Argumentation verloren, dafür wird dem Forscher wie dem Leser ein Wechsel des methodischen Ansatzes – vielleicht sogar mehrmals – zugemutet. Dies erleichtert nicht die Verständlichkeit. Schließlich ist bei einem so schwierigen Unterfangen nicht auszuschließen, daß man nicht doch zu einer Verschmelzung oder Synthese der Methoden kommt und damit in die oben kritisierten Positionen einmündet.

A. Die logische Struktur der Realität oder die Realität als System

In der Theorie der Systembildung wird deutlich unterschieden zwischen theoretischen Systemansätzen und dem System, das in der Realität angenommen wird, dem sogenannten Realsystem.[14] Jede abstrakte Systembildung ist auf die Erkenntnis realer Systeme gerichtet. Theoretisches Denken erfordert, daß solche theoretischen Systeme in sich konsistent und logisch aufgebaut, d.h. vor allem, daß sie widerspruchsfrei sind und dadurch eine theoretisch befriedigende Grundlage der Gesamtheitsanalyse bilden. Aber die Realität entspricht nicht einem logisch einheitlichen Konzept der Systemanalysen, sondern – zur Not der Systemforscher – die Wirklichkeit ist vielfältiger und weniger konsistent als die theoretischen Gesamtheitskonzeptionen, weil in ihnen – wie oben begründet – niemals die Ganzheit vollkommen erfaßt werden kann.

Es wäre seltsam, wenn einer heterogen gestalteten Wirklichkeit nicht auch die verschiedenen Systemtheorien Rechnung tragen würden. Zu offensichtlich sind die antinomischen Erscheinungen innerhalb eines Wirtschaftssystems und die Existenz völlig unterschiedlicher Systeme. Der zuerst genannte Fall – die Steuerung durch den Markt oder durch den Staat – hat von Anfang an die ökonomische Wissenschaft beherrscht[15] und sich auf verschiedenen Diskussionsebenen zur Dichotomie von Plan und Markt entwickelt, die zuerst nur innerhalb eines Systems existierten und von den jeweiligen politischen

---

14 Daß die Realität einer räumlich und zeitlich begrenzten Wirtschaft selbst als System verstanden werden kann, ist eine Hypothese, die generell akzeptiert wird, obwohl zumindest in revolutionären, Kriegs- oder auch in längeren Übergangsepochen dies keineswegs gilt oder gelten muß.

15 Siehe: Klaus Gretschmann: Steuerungsprobleme der Staatswirtschaft, Berlin 1981, Teil A.

Protagonisten und wissenschaftlichen Schulen in eine dominante Stellung gebracht wurden. Seit der Entstehung der sozialistischen Systeme bestehen sie auch als eigenständige Wirtschaftsordnungen nebeneinander und koexistieren mehr oder weniger friedlich miteinander. Ähnlich sind die Eigentumsordnung (privat oder gesellschaftlich), die Organisation (zentral oder dezentral) u.a. in dichotomischer Weise auf eine unterschiedlich gestaltete Wirklichkeit hin konzipiert worden.

Aber duale Konzeptionen reichen nicht aus, wenn es mehrere Gestaltungsmöglichkeiten gibt oder eine graduelle, womöglich sogar eine monoton verlaufende Differenzierung von zwei reinen Elementen vorliegt. Z.B. können zwischen vollkommener Zentralisierung und vollkommener Dezentralisierung geradezu unendlich viele Zwischensituationen bestehen. In der Systemanalyse sind graduelle Differenzierungen häufiger, die methodisch durch Ja-Nein-Schemata, multiple choice oder mit Hilfe der faktoranalytischen Methode erfaßt werden können. Wenn für einzelne Systemelemente zwei oder mehr Ausgestaltungsmöglichkeiten bestehen, können sie auch mit Hilfe von zweidimensionalen Matrizen oder im n-dimensionalen Raum für n differenzierte Systemelemente miteinander kombiniert werden. Eine schematische Kombinatorik wird dann einzelne formallogische Möglichkeiten ausweisen, die in der Praxis nicht auftreten: Z.B. ist es bei einer Kombination von Eigentumsformen und volkswirtschaftlichen Koordinationsmechanismen kaum denkbar, daß ein zersplittertes Privateigentum mit vollkommen zentraler Leitung vereinbar ist. Damit sind schon Aussagen über die Verträglichkeit einzelner Systemelemente gemacht, welche der Ausgangspunkt für die Konformitätslehre (vgl. viertes Kapitel) ist.

Ein wichtiges, auch kaum in Zweifel gezogenes Ergebnis der bisher geführten Erörterungen besteht darin, daß die Wirklichkeit selbst einer logischen, einheitlichen, konsistenten Systembildung nicht entspricht. Es genügt jedoch nicht, dies nur festzustellen und jene Elemente als Randerscheinung zu behandeln, um sich theoretisch reine Systeme zu erhalten. Demgegenüber sei hier als **dritte These** festgestellt, daß in der Realität zu allermeist antinomische Elemente nicht nur dicht nebeneinander liegen, sondern miteinander verbunden und verschmolzen sind und in verschiedener Form aufeinander einwirken, daß sie im wesentlichen Systembestandteile der Realität sind, die für die Funktionsweise des Ganzen und seiner Probleme meist konstitutiv sind.[16]

Tatsächlich bereitet der hier beschriebene Sachverhalt den theoretisch verschieden orientierten Ansätzen Schwierigkeiten. Es sei im folgenden auf

---

16 Logisch nicht zu vereinbarende Kombinationen finden sich auch in der Realität nicht. So kann nicht das gleiche Koordinationsproblem (z.B. Preisbildung für eine Ware) durch den Markt *und* gleichzeitig durch staatliche Planung gelöst werden. Aber es ist nicht ausgeschlossen, daß beide Koordinationsformen für verschiedene Probleme (z.B. Preis verschiedener Waren) – mit welchen Folgen auch immer – nebeneinander bestehen.

einige Lösungsmöglichkeiten der Erklärung des Zusammenwirkens von Inkonsistenzen in der Realität (gemessen an konsistenten theoretischen Systembildungen) hingewiesen: In der ordo-liberalen Lehre der Zentralverwaltungswirtschaft ist als ein besonderer Typ die Zentralverwaltungswirtschaft mit freier Konsumwahl entwickelt worden, eine Konstruktion, die deutlich nicht zentralverwaltungswirtschaftliche Elemente im konsumnahen Bereich mit einem zentralverwaltungswirtschaftlichen System in den übrigen Bereichen verbindet.[17] An einer hinreichenden Erklärung für die Wechselwirkung zwischen beiden Bereichen fehlt es jedoch. Walter Eucken hat schon in den „Grundlagen der Nationalökonomie“ an vielen Stellen der historischen Systembetrachtung auf das ständige Nebeneinander unterschiedlicher Systemelemente hingewiesen[18] und mit seiner Dualität von Zentralverwaltungswirtschaft und Verkehrswirtschaft ein theoretisches Instrumentarium geschaffen, um analytisch dieses Nebeneinander erforschen zu können. Aber mit der Konformitätstheorie (vgl. unten) wurde ein Weg eingeschlagen, der – als Empfehlung für die Wirtschaftspolitik – auf eine konsistente, eindimensionale Gestaltung der Systemrealität weist.[19]

Auch in der marxistischen Theorie der ökonomischen Gesellschaftsformationen sind durch die Formulierung eines „Grundproduktionsverhältnisses“ und des „ökonomischen Grundgesetzes“ für jede ökonomische Gesellschaftsformation Kategorien geschaffen, die durch die Dominanz der damit beschriebenen Sachverhalte (z.B. Privateigentum und Mehrwertgesetz im Kapitalismus, gesellschaftliches Eigentum und geplante Bedürfnisbefriedigung im Sozialismus) die Existenz von anderen Elementen anerkennen, ihnen aber eine zweitrangige Bedeutung zuweisen, so z.B. dem Wertgesetz im Sozialismus. Die Dominanz kommt darin zum Ausdruck, daß das Wertgesetz der zentralen Planung untergeordnet, von ihr angewendet und mit einem „neuen, dem Sozialismus eigenen Inhalt“ gefüllt wird.[20] Dieses Nebeneinander erreicht in dem Begriff der „dialektischen Einheit von Gegensätzen“ eine begriffliche Hochform, ohne daß diese Begrifflichkeit analytisch so weiterentwickelt worden wäre, daß damit das Zusammenwirken im einzelnen erklärt werden könnte. – Eine andere Form der Anerkenntnis von antinomischen Systemelementen sind in den Begriffen des „Fremdkörpers“, des „Überbleibsels“, der „Duali-

---

17 Deshalb wurden sie wegen der verkehrswirtschaftlichen Elemente als Varianten der Verkehrswirtschaft identifiziert, Norbert Kloten: Zur Typenlehre der Wirtschafts- und Gesellschaftsordnungen, in: ORDO, Bd. VII, 1955, S. 123-143, hier: S. 125.

18 Walter Eucken: Die Grundlagen der Nationalökonomie, 7. Aufl., 1959, S. 50-58, und passim. „Wenn er (der Forscher – F. H.) erkennen will, wie das Verlagssystem in Stadt und Land arbeitete, wie hier eine eigenartige verkehrswirtschaftliche Ordnung mit starken Machtpositionen Einzelner ... bestand, und wie verschiedene Ordnungsformen verschmolzen, muß er die Quellen schon sehr genau auswerten“ (Eucken, S. 56 f.).

19 Derselbe: Grundsätze der Wirtschaftspolitik, Tübingen 1952, S. 304 ff.

20 G. Schilling: Zur Stellung der Wertkategorien in der sozialistischen Planung, in: Wirtschaftswissenschaft, Heft 3, 1974, S. 359.

tät" enthalten, ohne daß sie hier im einzelnen erörtert zu werden brauchen. Auch die Theorien der „Übergangsperiode" enthalten die Aussage, daß während des Übergangs von einer Systemstufe zu einer anderen unterschiedliche Strukturen bestehen, daß weder das Alte ganz beseitigt ist, noch das Neue sich schon voll entwickelt hat. Diese Ansätze, das Nebeneinander von antinomischen Systemelementen begrifflich zu fassen, leiden daran, daß in der Regel das Paradigma nur ein Nebeneinander und ein Wirksamwerden in mehr oder minder geschlossenen Kreisen vorsieht.

In besonderer Weise wird dies in den Diskussionen um die Parallelwirtschaft oder second economy[21] deutlich: Einerseits besteht eine ausgeprägte Trennung zur dominanten Wirtschaftsform durch eine Reihe von Merkmalen (selbständiges Wirtschaften, Marktbeziehungen, ungeplante Einkommen u.a.), andererseits gibt es enge Beziehungen und Zusammenhänge zwischen beiden Bereichen (z.B. Lieferbeziehungen, Preiszusammenhänge). Ähnlich verhält es sich auch mit der Dualität verschiedener Wirtschaftsformen in Entwicklungsländern.

Diese Hinweise zeigen, daß unterschiedliche Systemelemente eine verbreitete Erscheinung darstellen. Es stellt sich die Frage, ob sie für die Funktionsweise des Gesamtsystems förderlich sind oder nicht.

Wie die umfängliche Diskussion der letzten Jahre um die second economy zeigt, ist dies weder für das marktwirtschaftliche noch für das planwirtschaftliche System von vornherein eindeutig zu beantworten. Im Gegenteil, es zeigt sich, daß sich die Schattenwirtschaft, z.B. bezogen auf Planwirtschaften, durchaus positiv auf das Gesamtsystem auswirken kann, insbesondere dort, wo Fehlleistungen der Planwirtschaft durch die second economy ergänzt und korrigiert werden. Andere Erscheinungen zeigen jedoch, daß die second economy Ressourcen in Beschlag nimmt, die dadurch den planwirtschaftlich regulierten Sektoren entzogen werden, und daß auf diese Weise die Planerfüllung und Realisation der Ziele der Zentrale konterkariert und geschädigt werden, so daß die second economy der geplanten Gesamtwirtschaft eher abträglich erscheint. Einzelne positive und negative Konsequenzen der second economy für die Gesamtwirtschaft machen deutlich, daß das Nebeneinander unterschiedlicher Systemelemente von vornherein weder positiv noch negativ beurteilt werden kann. Das gleiche gilt auch für moderne Marktwirtschaften, die immer mehr durch staatliche Eingriffe gekennzeichnet sind.[22] Das Vordringen der Staatstätigkeit entgegen der liberalen Konzeption in der Bundesrepublik

21 Zur second economy vgl. Gregory Grossmann: The ‚Second Economy' of the USSR, in: Problems of Communism, Vol. 26, Heft 5, 1977, S. 25-50; Aron Katsenelinboigen: Studies in Soviet Economic Planning, New York 1978, S. 165 ff.

22 Auf die wissenschaftliche politisch z.T. bereits wirksame Gegenbewegung in Form der monetaristischen Theorie und ihrer ordnungspolitischen Konsequenzen sei hier nur hingewiesen.

zeigt, wie immer man das Gesamtergebnis beurteilen mag, daß das Wirtschaftssystem der Bundesrepublik durch umfangreiche, mehr oder minder sogenannte systeminkonforme Staatsaktivitäten in der Wirtschaft gekennzeichnet ist, ohne daß deshalb schlechthin ein darauf zurückgehender Wohlstandsverlust konstatiert würde.

So ergibt sich als **These vier**, daß das System, wenn die Realität in der Regel durch antinomische Erscheinungen und Beziehungen gekennzeichnet ist, immer eine mixed economy darstellt und daß der Tatbestand der „Mischung" unterschiedlicher Systemelemente an sich noch keine Aussage über die Vor- und Nachteile für die Funktionsweise des Gesamtsystems zuläßt. Mit dieser These wird zu einer umfänglichen Diskussion Stellung genommen, die im vierten Kapitel behandelt wird. Bevor jedoch auf eine Bewertung der Mischformen eingegangen wird, soll ein kurzer Versuch unternommen werden, für Planwirtschaften einige besonders markante Konstellationen der Mischung von Systemelementen herauszuarbeiten. Dabei wird auf die im ordo-liberalen sowohl wie im marxistischen Ansatz angelegte Fragestellung der Gegenüberstellung von Plan und Markt bezug genommen und versucht, herauszuarbeiten, in welcher Form sie in einer Konfiguration in den bestehenden sozialistischen Systemen zusammenwirken.

Drittes Kapitel: Die Kombination von marktmäßiger und planmäßiger Koordination in sozialistischen Planwirtschaften

A. Das abgegrenzte Nebeneinander von Plan und Markt

Es handelt sich hierbei zunächst um Exklaven der Planwirtschaft, die weitgehend durch nicht zentral geplante Entscheidungen der Bevölkerung oder der kleinen Produzenten gekennzeichnet sind und Märkte entstehen lassen. Dazu zählen traditionell der Kolchosmarkt, Altwarenmärkte und die Kauf- und Verkaufsbeziehungen aus der second economy. Die Absonderung gegenüber der staatlich geplanten Wirtschaft reicht ziemlich weit, gleichwohl bestehen Wechselwirkungen, z.B. am Kolchosmarkt durch die Landwirtschaftsplanung, die Versorgung und das Preisniveau in den staatlichen und genossenschaftlichen Läden, die Einkommensgestaltung usw. Formal könnten die Wechselwirkungen durch einen Interferenzkoeffizienten gemessen werden, der die Güterströme von der Planwirtschaft in die genannten Bereiche und umgekehrt oder den jeweiligen Anteil am Sozialprodukt ausdrückt.[23] Damit ist jedoch nur ein Teil

23 Das Maß der Interferenz (I) würde sich aus den Gesamtumstäzen der Volkswirtschaft (U_g), in welche immer planwirtschaftliche und solche innerhalb der second economy eingeschlossen sind, und den Umsätzen aus dem planwirtschaftlichen in den second-economy Bereich (U_{ps}) und umgekehrt (U_{sp}) ergeben

der Interferenzbeziehungen erfaßt, wie die verschiedenartigen Wechselwirkungen am Kolchosmarkt zeigen, und kein Kriterium für den gesamtwirtschaftlichen Nutzen dieser nicht geplanten Bereiche gefunden. Ein wohlfahrtstheoretisches Maß für den Beitrag der zweiten Wirtschaft zur Gesamtwirtschaft könnte durch die Differenz der Faktorproduktivitäten beider Sektoren gewonnen werden. Da dabei aber indirekte und Fernwirkungen nicht erfaßt werden, erscheint eine statistisch befriedigende Messung nicht möglich. Jedenfalls kann die Differenz der Produktivitäten sowohl positive wie negative Werte annehmen, je nachdem, wie stark der Beitrag und die Opportunitätserträge der Faktoreinsätze sind.

B. Die Kombination von Plan und Markt unter den Bedingungen des Schachtelprinzips

Anderer Art ist die Kombination von Plan und Markt unter den Bedingungen des Schachtelprinzips. Danach versucht die Zentrale, aus verschiedenen technischen und ökonomischen Unmöglichkeitsgründen[24] gar nicht eine Totalkoordination der Volkswirtschaft zu erreichen, sondern sie reduziert sich auf globale Entscheidungen, so daß die detaillierte Ausfüllung durch die Entscheidungen der Betriebe, unterer Behörden und die Konsumenten erfolgt.[25] Diese informationelle Beschränkung des planwirtschaftlichen Systems im ganzen, d.h. die nicht vollständig vollzogene Koordination durch Plankennziffern, kreiert dezentrale Entscheidungsräume, in denen prinzipiell eigeninteressierte Ziele formuliert und an ihnen die „Rest"-Entscheidungen der dezentralen Einheiten orientiert werden. Diese dezentralen, individuellen Entscheidungen sind nicht untereinander koordiniert und äußerst heterogen.

$$I = -\frac{U_{sp} + U_{ps}}{U_g}.$$

Entsprechend beträgt der Anteil am Sozialprodukt

$$\frac{Y_s}{Y_g}.$$

24 Darunter ist zu verstehen, daß die Zentrale aus informationellen und technischen Gründen nicht in der Lage ist, eine „vollkommene Planung" vorzusehen, weil sie weder über die notwendigen Informationen noch über geeignete Steuerungswerkzeuge verfügt, um dieses Ziel zu realisieren. Ferner beabsichtigt die Zentrale häufig gar nicht alles detailliert zu planen. Auch aus einer zentralen Übersteuerung können Freiräume für die unteren Entscheidungsträger entstehen. Vgl. Friedrich Haffner: Systemkonträre Beziehungen in der sowjetischen Planwirtschaft, Berlin 1978, S. 95 ff., insbesondere S. 100 ff.

25 Global- und Detailplanung ist nicht mit makro- und mikroökonomischer Koordination identisch. Globalplanung umfaßt alle solche Planungstechniken (insbesondere Plankennziffern), die noch selbständige Entscheidungen, z.B. über die Qualitäts- und Sortimentsgestaltung, für die Betriebe offen lassen.

Aber so wenig diese Entscheidungen durch die Pläne bestimmt sind, so wird doch das Ergebnis als Planerfüllung an Abnehmer geliefert und der Zentrale als Planerfüllung gemeldet, obwohl sie eben nicht durch den Plan der Zentrale determiniert sind. Diese Entscheidungen, die wie in einer „Schachtel" begrenzt durch Planauflagen getroffen werden, sind für die Zentrale selbst zunächst nicht steuerbar (vgl. unten).

In der Realität haben die Planauflagen der Zentrale niemals die Wünsche der Zentrale oder die Ziele der Volkswirtschaft vollkommen, d.h. en détail, zum Ausdruck gebracht, deshalb konnten die Betriebe die Konkretisierung der Globalkennziffern eigenverantwortlich, d.h. nach ihren subjektiven Zielen, vornehmen. Deshalb hat die Produktion auch in bezug auf Qualität und Sortiment häufig den Bedürfnissen der Volkswirtschaft nicht entsprochen, auch wenn die (globalen) Pläne erfüllt wurden. Das Schachtelprinzip war also in der Praxis regelmäßig ein Störelement, das das System nicht gefördert hat. Der Grund dafür lag vor allem darin, daß eine Steuerung der Entscheidungen in den Betrieben nach den Bedürfnissen der Gesellschaft (zunächst) nicht bewußt stattgefunden hat und mit Hilfe der Methoden der zentralen Planung auch nicht erfolgen konnte. Aber es scheint prinzipiell denkbar, daß Arrangements gefunden werden, in denen eine solche negative Kombination zentraler und betrieblicher Entscheidungen vermieden würde. Die Bemühungen bei den Reformen gingen in diese Richtung.

C. Die Parameterbeziehung

Die Parameterbeziehung schließt unmittelbar an die vorher geschilderte Situation an. Die Betriebe haben – vorgesehen oder nicht – eigene Entscheidungsspielräume, die sie eigeninteressiert ausfüllen. Sie sind durch die Reformen gelegentlich erweitert oder wieder eingeengt, und zunehmend durch das sozialistische Rechtssystem abgesichert worden. Im Gegensatz zum reinen Schachtelprinzip, in dem zwischen zentraler Globalsteuerung und betrieblicher Detailentscheidung keine Koordination erfolgte, wird hier nun versucht, über die sogenannten ökonomischen Hebel die betrieblichen Entscheidungen auf die Planziele indirekt zu lenken. Dies geschieht mit Hilfe der Festlegung von Prämienordnungen und von Preisen. Durch die Prämienordnung wird – unter der Annahme der Einkommensmaximierung der Entscheidungs- und Leistungsträger – ein Zusatzeinkommen bei Erfüllung bestimmter Plankennziffern und Leistungsgrößen (Gewinn) in Aussicht gestellt. Da diese Kriterien meist Wertgrößen darstellen, also in Preisen formuliert sind, kann durch die Produkt- und Faktorpreise die Entscheidung der Betriebe in eine gewünschte Richtung gesteuert werden. Preise und Prämienfunktion sind Daten der betrieblichen Entscheidung und Aktionsparameter der Zentrale zur Steuerung der Betriebe. Diese Parameterbeziehung drückt ein Nebeneinander von zentraler planmäßiger und dezentraler unternehmerischer Entscheidung in der Form aus, daß der Staat die selbständigen Entscheidungen der Betriebe akzeptiert, aber versucht, durch indirekte Steuerung auf sie Einfluß zu nehmen. Diese indirekte Steuerung wurde auch als „implizite Bindungsregel" bezeichnet[26], wobei eine Bindung jedoch lediglich darin besteht, daß die Preise und Prämienordnungen festgesetzt werden, nicht aber darin, daß die Entscheidungen der Betriebe unmittelbar gebunden werden. Der staatlich festgesetzte Preis wirkt in dem Entscheidungskalkül der Betriebe so wie ein Marktpreis, abgesehen davon, daß er meist stabiler und weniger durch Marktformen verzerrt ist, dafür aber durch das schemative administrative Preisfestsetzungsverfahren kaum so ermittelt werden kann, daß er diese Lenkungsfunktion hinreichend gut erfüllt. Eine administrative Festlegung der Betriebe besteht bei der Parameterbeziehung (außer durch die globalen Plankennziffern) nicht.

Das Konzept der verstärkten parametrischen Steuerung neben der direkten Planung lag dem Neuen Ökonomischen System der DDR von 1963 zugrunde. Wenn es letztlich ohne Erfolg geblieben und wieder von einem stärker zentralisierten System abgelöst worden ist, so war dabei nicht eine systeminkonforme Organisation des betrieblichen Entscheidungskalküls und seiner Steuerung durch ökonomische Hebel verantwortlich[27], sondern im Gegenteil, eine Gewinnorientierung (neben der Aufrechterhaltung einer Reihe von Plankennziffern) und die Steuerung über ökonomische Hebel und Finanznormative muß als eine rationale Organisation eines prinzipiell, wenn auch asymmetrisch zugunsten der Planung gemischten Wirtschaftssystems gelten. Trotz der seit ca. 1970 erfolgten Einengung des Entscheidungsspielraums und veränderter Kennziffernplanung ist dieses System beibehalten worden, wenn auch die stimulierende Rolle des Gewinns geschwächt wurde. Diese muß unter planwirtschaftlichen Bedingungen als eine relativ vernünftige Lösung angesehen werden, wenn eine Totalplanung nach der Theorie der Zentralverwaltungswirtschaft aus den genannten Gründen nicht möglich ist. Das Problem liegt darin – und hier war die entscheidende Ursache für den Fehlschlag –, daß eine Steuerung der Betriebe auf die Bedürfnisse der Volkswirtschaft oder der Planungszentrale wirkungsvoll gelingen muß. Dies hängt davon ab, daß ein „in sich geschlossenes System der ökonomischen Hebel" hergestellt wird, d.h. Kennziffern, Preise, Prämien, Finanznormative u.a. administrativ so festgelegt werden, daß sie in den Betrieben konsistent auf eine Erfüllung der zentral konkretisierten und nicht konkretisierten volkswirtschaftlichen Ziele bewirken. Ursache des Scheiterns war also nicht das Nebeneinander zwischen zentraler und dezentraler Entscheidung, das prinzipiell nicht aufhebbar ist, sondern die

---

26 Gernot Gutmann (II): Zur Ordnungskonformität von Wirtschaftspolitik in der Zentralverwaltungswirtschaft sowjetischen Typs, Rektoratsrede, Köln 1983, S. 18 und passim.

27 Gutmann (II), S. 6-9.

nicht gelungene Steuerung über die Kennziffern, Preise usw. Dies ist ein permanentes auch heute noch bestehendes Problem und nicht allein auf die Reformen von 1963 bis 1970 bezogen.

D. Vertrags- und Kooperationsbeziehungen

Es handelt sich hierbei um die Beziehungen zwischen gesellschaftlichen Wirtschaftseinheiten (Betrieben, Kombinaten), also um die sogenannten horizontalen Beziehungen in einer Planwirtschaft. Im Extremmodell können auch sie zentralverwaltungswirtschaftlich geordnet werden, indem mit Hilfe von Bezugsscheinen und Lieferverpflichtungen die Kauf- und Verkaufsbeziehungen durch die Zentrale festgelegt werden. Wenn aber die Betriebe über eigene Entscheidungsspielräume verfügen, die nur durch globale Plankennziffern eingeengt sind, so kann die Restkoordination auch selbständig in Verträgen zwischen den Betrieben erfolgen. Das seit langem etablierte Vertragssystem, dessen Gültigkeit zunächst auf nur technische Fragen beschränkt war, wurde zunehmend auf ökonomische Entscheidungsprobleme wie Gegenstandsbestimmung, Nebenbedingungen, in bestimmten Fällen (Sonderanfertigungen) auch auf Preise erweitert.[28] Zwar wurde dadurch kein Markt geschaffen. Jeder Vertrag enthält aber Elemente einer Marktwirtschaft, soweit bilaterale, d.h. nicht zentral bestimmte Abmachungen getroffen werden. Wenn es gelingt, die Entscheidungsspielräume der Vertragspartner genau abzustecken, um sicher zu stellen, daß ihre Vereinbarungen nicht den gesamtwirtschaftlichen Plänen widersprechen (z.B. dadurch, daß die Verträge Voraussetzungen der Planfestlegung oder durch Plandaten beschränkt werden), wird ein marktwirtschaftliches Element in den Planungsprozeß eingebaut. Wieweit dies widerspruchsfrei gelingt, hängt nicht zuletzt davon ab, daß sich nicht auch hier monopolistische Marktformen durchsetzen, die den einen der Vertragspartner in die Lage versetzen, daß er seine Interessen gegenüber dem anderen durchsetzen kann. Es hängt auch davon ab, wieweit über die einzelnen Beziehungen zwischen zwei Vertragspartnern eine allgemeine Vergleichbarkeit mit ähnlichen Prozessen hergestellt und eine Wahl der besten Vertragspartner erreicht werden kann, sollen die horizontalen Beziehungen nicht nur zentrale Entscheidungen irgendwie ergänzen, sondern auch zur Effizienzsteigerung beitragen. Beide Bedingungen sind aufgrund der verwurzelten Abneigungen gegen Marktkonkurrenz sehr restriktiv, so daß man skeptisch sein muß, ob eine weitere Ausdehnung des Vertragssystems dem zentralen Systemgestaltungswillen entspricht.

---

28 Vgl. I. I. Konnik: Denežnoe obraščenie v prozesse rasširennogo socialističeskogo vosproizvodstva (Der Geldumlauf im Prozeß der erweiterten sozialistischen Reproduktion), Moskva 1982, S. 172.

Dem Vertrag liegt meistens die Vorstellung eines einmaligen Tausch- oder Liefervertrages zugrunde. Tatsächlich kann das Vertragssystem auch die Grundlage langfristiger Kooperationsbeziehungen sein, die über Lieferverträge hinaus eine Abstimmung der Produktions-, Investitions- und Entwicklungs- u.a. Programme vorsieht. In diesen Fällen ist eine horizontale Beziehung ein selbständiges dauerndes Element innerhalb einer Planwirtschaft, das kaum noch in allen Einzelheiten von der Planungszentrale wirkungsvoll überwacht oder gar gesteuert werden kann.

In den hier vorgestellten Kombinationen und der Verschmelzung von theoretischen Markt- und Planbeziehungen wird deutlich, daß es sich, zumindest in den unter B bis D behandelten Beziehungen nicht um getrennte Sektoren, sondern um ein ständiges Ineinandergreifen von Plan und Markt als theoretische Koordinationsprinzipien handelt, selbst wenn Markt insbesondere hier nicht als ein voll entwickeltes Koordinationssystem verstanden werden darf. In nicht zentral geplanten, an subjektiven Zielfunktionen orientierten Entscheidungen der Betriebe, und in einzelnen nicht zentralgesteuerten Vertragsbeziehungen kommt die Dichotomie zwischen zentraler Planung und dezentraler Marktsteuerung schon zur Geltung. Auch in der polit-ökonomischen Literatur wird der Sachverhalt euphemistisch als Einheit von gebrauchswertmäßiger, wertmäßiger und finanzieller Steuerung dargestellt.[29]

Als Ergebnis dieser Erörterung muß gelten, daß auch in sozialistischen Planwirtschaften kein logisch konsistentes System realisiert ist, sondern daß sich das Gesamtsystem u.a. als eine Kombination marktwirtschaftlicher und planwirtschaftlicher Elemente unter der Dominanz der zentralen Planung in verschiedenen Formen, von denen hier nur die wichtigsten genannt werden, darstellt. Es sei darauf verwiesen, daß noch eine ganze Reihe anderer Figurationen ermittelt werden können, in denen andere Kombinationen beider Elemente vorliegen. Entscheidend ist, daß „Planwirtschaften" nicht nur durch das Subsystem der zentralen Planung, sondern über eine Reihe anderer Subsysteme, von denen hier nur die Steuerung über ökonomische Hebel und ihre Voraussetzungen hervorgehoben wurden, zu verstehen ist. Daneben ist vor allem auf die gesamtwirtschaftliche Organisation, die volkswirtschaftliche Leitung und das finanzielle Steuerungssystem[30] hinzuweisen. Sie existieren nicht nebeneinander – nur theoretisch können sie herausgear-

29 Die Diskussion über die hier behandelte Qualität sozialistischer Wirtschaftssysteme ist insbesondere in den sechziger und siebziger Jahren geführt worden, vgl. z.B. G. Schilling / D. A. Allachverdijan: Tovarno – denežnye otnošenija v razvitom socialističeskom obščestive (Die Ware-Geld-Beziehungen in der entwickelten sozialistischen Gesellschaft), in: Financy SSSR, Heft 2, 1974, S. 24-36; B. F. Andreev: Regulirujuščaja rol' zakona planovernosti (Die regulierende Rolle des Gesetzes der Planmäßigkeit), in: Vestnik Moskovskogo universiteta, Heft 1, 1976, S. 24-35; Die Wirtschaft des entwickelten Sozialismus, Hauptmerkmale und Gesetzmäßigkeiten (Übers. a. d. Russischen), Berlin 1979.

30 Vgl. Kornai, S. 53 f.

beitet werden –, sondern in einem Komplex, der heute zutreffend als „Wirtschaftsmechanismus“ bezeichnet wird. Darin kommt zum Ausdruck, daß auf der Grundlage einer Organisationsstruktur der Volkswirtschaft ein Wechselspiel zwischen Planzentrale und Betrieben über verschiedene Informationsmedien (Plankennziffern, Preise, Fonds, Prämienordnungen) besteht. Dabei ist die Zentrale in der Oberhand, aber die Betriebe sind nicht nur Planempfänger und -ausführer, sondern reagieren in gewissem Umfang selbständig.

Viertes Kapitel: Die Konformitäts- und Effizienzproblematik

Die bisherige Darstellung hat gezeigt, daß das Nebeneinander unterschiedlicher Systemelemente von vornherein keineswegs positiv oder negativ beurteilt werden kann. Aber wie kann man ein Maß für die Nützlichkeit des Nebeneinanders verschiedener, häufig auch systeminkonformer und systemkonträrer Ordnungsformen finden? Dies ist ein alter Diskussionsgegenstand, zu dem sehr unterschiedliche Aussagen gemacht worden sind.

A. Das Konformitätskonzept

Es stellt die Frage, wieweit einzelne Elemente eines Wirtschaftssystems mit dem Gesamtkonzept vereinbar sind. Trifft dies zu, ist die Funktionsfähigkeit und damit die Effizienz des Gesamtsystems gesichert. Im umgekehrten Fall ist die Funktionsfähigkeit beeinträchtigt, die Effizienz gemindert und möglicherweise steht das System selbst auf dem Spiel, je nachdem, welches Gewicht die systeminkonformen Elemente haben. Um das Konformitätskonzept anwenden zu können, ist es notwendig, zuerst eine Gesamtkonzeption eines Wirtschaftssystems zu formulieren. Es sei hier nicht im einzelnen darauf eingegangen, ob es sich in der Marktwirtschaft um den Markt oder um den Wettbewerb als das systemprägende Element handelt. In beiden Fällen wird gefragt, wieweit einzelne Maßnahmen der Förderung des Markt- oder des Wettbewerbsmechanismus dienen. Umgekehrt würde man in einer Planwirtschaft die Systemkonformität daraufhin zu beurteilen haben, wieweit einzelne Elemente mit dem Gesamtplan im Sinne der Zentralverwaltungswirtschaft übereinstimmen.[31]

Ist aber das systemprägende Kriterium eindimensional oder zu eng angelegt, wie – aufgrund des Kriteriums der Zahl der Planungssubjekte – bei den Mo-

---

31 Anstelle der hier vorliegenden Ordnungskonformität wird auf das Ziel, dem die jeweilige Ordnung dienen soll, abgestellt und zum Konformitätskriterium gemacht, so z.B. die Freiheit für Marktwirtschaften, die Machterhaltung für die zentrale Planwirtschaft. Dieser Interpretation soll hier nicht weiter gefolgt werden.

dellen der Verkehrswirtschaft und der Zentralverwaltungswirtschaft, ist es zwar leicht, alle anderen Erscheinungen, z.B. die (gewiß beschränkte) Selbständigkeit der Betriebe, als inkonform auszuweisen. Aber damit wird analytisch wenig gewonnen, weil – wie versucht wurde zu zeigen – gerade dies eine notwendige Konstellation der Realität ist, die nur mit diesem Ansatz nicht hinreichend erfaßt wird.

Eine Beurteilung von Einzelelementen komplexer Realsysteme an heroischen Theoriesystemen ist bekanntlich – wie auch in diesem Aufsatz deutlich geworden ist – nicht möglich. In der Realität wird immer wieder versucht, Reformen und Verbesserungen von Wirtschaftssystemen, in Marktwirtschaften durch Wirtschaftspolitik, in Planwirtschaften durch Einbau von dezentralen Elementen, zu erreichen. Die Beurteilung wird auf der Grundlage der genannten Konformitätskonzeption in beiden Fällen negativ sein, weil jedesmal von vornherein die Systeminkonformität feststeht. Akzeptiert man die obengenannte Feststellung, daß jedes System ein Mischsystem ist und sein muß und daß die systemkonträren Elemente von vornherein eben nicht schon als dem Gesamtsystem abträglich gelten können, kann auf diese Weise eine Beurteilung von einzelnen Systemelementen nicht zu einem befriedigenden Erfolg führen.

B. Die Auflösung des Konformitätspostulats

Sie hat bereits in einer Diskussion der fünfziger Jahre stattgefunden, als von verschiedenen Autoren deutlich gemacht wurde, daß Einzelelemente der Wirtschaftspolitik auf das marktwirtschaftliche System unterschiedlich wirken können. Im einzelnen wurden zerstörende oder hemmende Wirkungen, eine neutrale Beziehung oder sogar fördernde und konstitutive Einflüsse unterschieden.[32] Die Aufgliederung in unterschiedliche Grade der Konformität vom Negativen zum Positiven macht deutlich, daß grundsätzlich bereits systeminkonforme Elemente (nach der ursprünglichen Definition) auch positiv beurteilt werden können. Allerdings bleibt auch hier die Orientierung an einem prinzipiell einheitlichen theoretischen Ordnungsdenken erhalten. Sie müßte durch eine Konzeption ersetzt werden, die im Grundsatz ein gemischt-wirtschaftliches Modell als Gesamtsystem vorsieht. In diesem Falle würde die Konformitätsaussage überhaupt ihre analytische Bedeutung verlieren, weil von vornherein feststeht, daß es sowohl systemkonforme wie -nichtkonforme Elemente gibt. Mit der Schwächung des Konformitätspostulats transformiert sich die Frage des Zusammenwirkens unterschiedlicher Systemelemente von

---

32 Vgl. Karl C. Thalheim: Zum Problem der Einheitlichkeit der Wirtschaftspolitik, in: Festgabe für G. Jahn, hrsg. von K. Muhs, Berlin 1955, S. 577-587; E. Tuchtfeld: Zur Frage der Systemkonformität wirtschaftspolitischer Maßnahmen, in: H.-J. Seraphim (Hrsg.): Zur Grundlegung wirtschaftspolitischer Konzeptionen, Berlin 1960, S. 203-238.

einer Orientierung in einem gedachten Gesamtsystem zu einer allgemeinen Effizienz wirtschaftspolitischer und institutioneller Arrangements.

C. Effizienzkriterien für Wirtschaftssysteme

Offensichtlich kommt es darauf an, Maßstäbe zu entwickeln, die abseits von einem dominanten theoretischen Systemmodell die Kombination unterschiedlicher Systemelemente zu beurteilen gestatten. Dabei könnte man theoretisch von der Vorstellung der optimalen Koordination einer Gesamtwirtschaft ausgehen und an dieser optimalen Koordination die realen Koordinationsmechanismen zu beurteilen suchen. Allerdings müßte man dann wissen, wie eine optimale Koordination auszusehen habe, ein Postulat, das nicht einmal theoretisch, schon gar nicht operational zu erfüllen ist.

Die Messung von Wirtschaftssystemelementen[33] ist durch die Einführung der Koordinationskosten bedeutend erweitert worden. Dabei kommt es darauf an zu erkennen, daß jede Koordination und jede Änderung des Systems spezifische Transformations- und Koordinationskosten in einer breiten Palette von Differenzierungen hervorruft. Diese Kosten würden in einer Rechnung über optimale Koordination als Belastung eingehen, ihre Minimierung würde neben dem Optimalitätskriterium des Systems selbst zu einem Nebenkriterium werden. Allerdings gilt auch hier, daß die Operationalität der Messung von Koordinationskosten keineswegs gesichert ist, ja daß vielmehr letztlich auch nur eine qualitative Bewertung dieser Kosten in der Praxis möglich ist. Eine spezifische institutionelle Effizienz kann man zwar theoretisch konstruieren, nicht aber zu einem operationalen Bewertungsmaßstab machen, so daß Versuche, die System- oder Ordnungseffizienz so zu messen, scheitern werden.

Anstelle der Messung der Ordnungs- oder institutionellen Effizienz könnte man daran denken, einfach die Effizienz des Wirtschaftsprozesses zu setzen. Die praktisch fehlende institutionelle Effizienzmessung wird dann ersetzt durch eine Prozeßeffizienzmessung. Konkret würde dies bedeuten, daß man die Verbesserungen und Verschlechterungen des Wachstums des Sozialprodukts als Maßstab für die Qualität einer Wirtschaftsordnung oder genauer, für die Kombination unterschiedlicher Ordnungselemente nehmen könnte. Leider ist diese Ersatzlösung unbefriedigend, weil erstens die prozessuale Effizienz unterschiedlich definiert werden kann als Makro- oder Mikroeffizienz, als Verteilungs- oder als Verwendungseffizienz, so daß für die Beurteilung der Ergebnisse des Wirtschaftsprozesses selbst kein einheitliches Kriterium zur

---

33 Zu verschiedenen organisationellen Effizienzkonzepten: Armin Bohnet: Effizienz und Preise – zwei zentrale Kategorien in der Wirtschaftsordnungstheorie, in: Preise im Sozialismus, Kontinuität und Wandel, Teil II: Zur Theorie und Praxis gesamtwirtschaftlicher Preissysteme, hrsg. von A. Bohnet, Berlin 1984, S. 129 ff.; ferner Alfred Schüller in diesem Band.

Verfügung steht. Immerhin könnte man hier einige oder mehrere Effizienzgrößen akzeptieren. Schwerer wiegt dagegen, daß zweitens auch die prozessuale Effizienz nicht nur das Ergebnis des Wirtschaftssystems ist, sondern daß eine Reihe von anderen Faktoren, insbesondere äußere Einflüsse, Konjunkturschwankungen, Mißernten und andere darauf einwirken, so daß es kaum möglich erscheint, die Ergebnisse des Prozesses als Bewertungsmaßstäbe für die institutionelle Organisation zu verwenden, die nur eine unter vielen Verursachungsfaktoren ist. Schließlich muß drittens darauf verwiesen werden, daß die institutionellen Änderungen nur sehr langfristig wirken, während den Prozeß eine Reihe kurzfristige, meist aber stärker wirkende Faktoren beeinflussen. Auch ist, wie häufig in Wirtschaftsreformen, eine Änderung des Systems nur punktuell durch Veränderung einzelner Institutionen möglich, so daß ein Wandel sich in den gesamtwirtschaftlichen Größen kaum oder nur sehr schwach auswirkt. Das Ergebnis dieser Überlegungen würde darin bestehen, daß eine Messung der institutionellen Veränderungen einer Volkswirtschaft, der Mischung von Ordnungselementen, über eine institutionelle Effizienz und über eine prozessuale Effizienz praktisch nicht möglich ist **(These fünf)**.

Dieses Ergebnis setzt alle diejenigen, die in Wirtschaftssystemen denken, Ordnungsreformen vorschlagen oder beurteilen wollen, in eine schwierige Situation. Außer der Beschreibung von Systemen und Systemänderungen scheint nach dem bisher Gesagten eine Bewertung kaum möglich zu sein. Nach Meinung des Verfassers ist gleichwohl auf einem theoretisch niedrigeren Niveau annäherungsweise eine Lösung für das Bewertungsproblem von institutionellen Veränderungen möglich, indem man hinsichtlich der Beurteilung von Wirtschaftssystemen auf den Ganzheitsanspruch verzichtet und ordnungspolitische Partialanalysen betreibt. Es erscheint nämlich möglich, daß man zuerst einzelne institutionelle Teilarrangements als theoretische Modelle herausgreift und unter ceteris-paribus-Bedingungen unterschiedliche Möglichkeiten ordnungspolitischer Teillösungen untersucht. So kann man z.B. die Steuerung der Betriebe durch Kennziffern rational und ohne das Gesamtsystem zu tangieren mit Hilfe alternativer Kennziffern analysieren und dabei positive und negative Wirkungen der einen oder anderen Kennziffer feststellen. Eine Abwägung der Vor- und Nachteile einzelner Kennziffern, wobei die historischen Erfahrungen und theoretischen Diskussionen einzubeziehen sind, gestattet es, im einzelnen festzustellen, welche Lösung die bessere ist, möglicherweise sogar eine Optimallösung oder Zweitbestlösung zu finden (theoretische Effizienz). Demgegenüber kann eine „historische Effizienz" des institutionellen Aufbaus der Wirtschaftssysteme als ein zweiter Schritt dadurch gefunden werden, daß man einen gewissen Problemlösungsstand mit dessen Fehlleistungen u.a. auch aus der Diskussion um eine Verbesserung konstatiert, sodann eine z.B. durch Reformen veranlaßte neue Lösung unter Zuhilfenahme der theoretischen Analyse der Ausgangslage gegenüberstellt und die dabei gewonnenen Vor- und Nachteile bestimmt.

In beiden Schritten handelt es sich um Partialanalysen, die im ersten Fall theoretisch und im zweiten – auf dem ersten aufbauend – historisch verfährt. Die Schwierigkeit dieses Weges liegt darin, daß man zu einer Gesamteffizienz ordnungspolitischer Konstellationen in einem strengen Sinne nicht kommen kann, da eine Addition der Vor- und Nachteile wegen ihres vorwiegend qualitativen Charakters nicht möglich ist. Verringert man die theoretischen Anforderungen, so wird es möglich, qualitativ die Vor- und Nachteile einzelner Änderungen des Ordnungsgefüges gegeneinander abzuwägen und die Kombinationen ihrer positiven und negativen Effekte zu bewerten, so daß sich eine keineswegs präzise, sondern vage Summierung von Vor- und Nachteilen institutioneller Veränderungen eines Wirtschaftssystems ergeben könnte. Ein solches Verfahren darf nicht überstrapaziert werden, indem man allzu sichere Ergebnisse („alle Wirtschaftsreformen bewirken keine Veränderung des Systems") vermeidet, sondern indem man deutlich verschiedene Tendenzen, die in einzelnen ordnungspolitischen Neuerungen enthalten sind, gegeneinander abwägt. Zugegebenermaßen ist ein solches Gesamtergebnis nicht exakt, sondern im Gegensatz zur Einzelanalyse in hohem Maße von der Bewertung einzelner Vor- und Nachteile abhängig.

D. Die Beurteilung von Wirtschaftsreformen

Schon die vorhergehende Herleitung hat gezeigt, daß man bei der Bewertung von Veränderungen eines Wirtschaftssystems auf große Schwierigkeiten stößt. Diese Schwierigkeiten potenzieren sich, wenn es sich, wie in der Regel bei Wirtschaftsreformen, um eine ganze Reihe von institutionellen Änderungen handelt, die als Reformen meist mit dem Versuch verknüpft sind, eine neue Konzeption zu verwirklichen. Bescheidener, methodisch auch weniger anspruchsvoll, ist der neuerdings gewählte Begriff der „Vervollkommnung des Wirtschaftssystems" für die Änderungen 1979/80 in der Sowjetunion.[34] Er macht deutlich, daß es sich bei den Änderungen um eine Vielzahl von Einzelelementen handelt, die gar nicht den Anspruch einer neuen Gesamtkonzeption erheben. Gleichwohl drängt das Interesse derjenigen, die sich mit der Entwicklung sozialistischer Länder beschäftigen, dahin, ein Gesamturteil über Veränderungen des Wirtschaftssystems zu gewinnen. Nach dem oben Gesagten wird man kaum aufgrund eines Konformitätsurteils zu einem Ergebnis kommen können, sondern nur, wie hier entwickelt, eine Summation von Einzeleffekten zu einem vagen Gesamturteil verdichten können. Gegenüber dieser sicher sehr bescheidenen Möglichkeit sind Aussagen darüber, daß sich der

[34] Vgl. A. Kossygin: Eine wichtige Etappe der Verbesserung der Planungs- und Leitungstätigkeit (Übers. a. d. Russischen), in: Sowjetwissenschaft, Gesellschaftswissenschaftliche Beiträge, Heft 12, 1979, S. 1225-1239.

Grundcharakter eines Wirtschaftssystems durch Reformen nicht verändert habe, wie er vielfach getroffen wird, kaum aussagekräftig und gehaltvoll. Es gibt nur wenige Zeiten, in denen Grundcharaktere von Wirtschaftssystemen überhaupt geändert werden, meist in revolutionären Zeiten wie nach 1917 in der Sowjetunion oder in der Folgezeit von verlorenen Kriegen wie in Deutschland; auch dann nimmt die Umgestaltung meist einen längeren Zeitraum in Anspruch. Normalerweise werden Wirtschaftssysteme nur durch kleine Veränderungen vorangetrieben, die für sich genommen den Systemcharakter nicht ändern.

Die Problematik des Modells oder des Grundcharakters eines Wirtschaftssystems wird besonders deutlich, wenn man, wie am Beispiel Ungarns gezeigt werden kann, eine klare Ausgangsposition, etwa Ende der sechziger Jahre, vor sich hat, von der aus über Jahre hinweg durch mehrere Reformschritte allmählich der allgemeine sozialistische (sowjetische) Systemtyp verlassen wird und eine noch nicht im Endergebnis klar definierte Zielvorstellung eines marktsozialistischen Systems anvisiert wird. Die Beschränktheit des Denkens in einheitlichen Grundmodellen für Wirtschaftssysteme wird dann besonders deutlich, wenn man sich die Frage stellt, unter welchen Bedingungen man das Verlassen eines solchen Modells und die Kreierung eines neuen Systems annehmen kann. Letztlich bleibt nur der Rekurs auf gesamtwirtschaftliche Ordnungsmodelle, die jedoch immer gerade von den Einzelelementen abstrahieren, die für Übergangsformen charakteristisch sind.

Abschließend sei auf ein Problem sozialistischer Planwirtschaften hingewiesen, das sich aus der bekannten Gegenüberstellung der Entwicklung durch bewußte Entscheidung über Institutionen und Entscheidungsträger und der Entwicklung durch Evolution und soziale Selektion bildet. Hayek hat mit Entschiedenheit darauf verwiesen, daß die soziale Evolution nicht nur mehr Möglichkeiten in den Entwicklungsprozeß einbringt, sondern in den Mechanismen der sozialen Selektion auch deutlicher Höher- und Minderwertigkeit voneinander scheiden kann als eine Schaffung von sozialen Institutionen durch Entscheidung („Sozialkonstruktivismus")[35], bei der von vornherein nur eine begrenzte Auswahl von Möglichkeiten in das Blickfeld der Entscheidenden rückt und diese aufgrund nur beschränkter Informationen und Zielvorstellungen keineswegs eine positive Entwicklung sichern können. Sozialistische Planwirtschaften haben weitgehend den Weg der Sozialkonstruktion gewählt. Die Fehler, die dabei in Kauf genommen werden, müssen in schwierigen Reformen wieder ausgebügelt werden, die Zeit und komplizierte Informationsströme über Fehlstrukturen voraussetzen, so daß insgesamt der ordnungspolitische Entwicklungsgang von Planwirtschaften langwieriger, kostspieliger und schwieriger sein dürfte als der von solchen, die durch Evolution

35 F. A. von Hayek: Die Irrtümer des Konstruktivismus und die Grundlagen legitimer Kritik gesellschaftlicher Gebilde, Tübingen 1975.

geleitet werden. Wirtschaftsreformen in Planwirtschaften sind insofern Etappen auf dem langen Weg der planwirtschaftlichen ordnungspolitischen Problemlösung. Noch längst sind nicht alle Möglichkeiten planwirtschaftlicher Regulierung ausgelotet und ausprobiert. Darin kann auch eine gewisse Entschuldigung dafür gesehen werden, daß die sozialistischen Planwirtschaften auf dem selbstgewählten Weg zu einem einigermaßen befriedigenden planerischen Gesamtsystem nur sehr langsam vorankommen und einzelne Reformen häufig nur geringe Fortschritte bringen, aber mit hohen sozialen Kosten verbunden sind.

Die Analyse der Systembildungsmethoden zeigte eine Reihe von Problemen, die in der DDR- und Osteuropa-Forschung bewältigt werden müssen. Sie zeigte auch, welche Schwierigkeiten bei einem Vergleich der Systeme auftreten. Insbesondere kann der Forscher sich nicht auf eine oder wenige Methoden verlassen, sondern Sachprobleme erfordern in der Regel die Anwendung unterschiedlicher methodischer Ansätze. Dabei werden die Methoden selbst auf ihre Tauglichkeit überprüft. Ein Fortschritt kann nicht aus der Kombination von Methoden erwartet werden, sondern in der Gegenüberstellung widersprüchlicher Aussagen, die aus unterschiedlichen methodischen Ansätzen folgen. Die Komplexität und innere Widersprüchlichkeit der Realität gestattet es nicht, auf einheitliche und einfache Analyseansätze zurückzugreifen, will man nicht Gefahr laufen, mit stark reduzierten Denkmodellen die Wirklichkeit so zu vereinfachen, daß sie politisch und ideologisch einseitig wirken muß. Die Schwierigkeiten der Systemanalyse und des Systemvergleichs liegen gerade in diesen methodischen Problemen begründet, die allen Anlaß geben, bei der Systemanalyse und dem Systemvergleich äußerst vorsichtig und antiambitiös vorzugehen.

Literatur

Allachverdijan, D. A.: Tovarno – denežnye otnošenija v razvitom socialističeskom obščestve (Die Ware-Geld-Beziehungen in der entwickelten sozialistischen Gesellschaft), in: Financy SSSR, Heft 2, 1974, S. 24-36.

Andreev, B. F.: Regulirujuscaja rol' zakona planomernosti (Die regulierende Rolle des Gesetzes der Planmäßigkeit), in: Vestnik Moskovskogo universiteta, Heft 1, 1976, S. 24-35.

Bohnet, Armin / Mansfeld, W.: Auf dem Wege zu einer allgemeinen Theorie der Wirtschaftsordnung? Über einige Entwicklungen in neueren Arbeiten, in: Jahrbücher für Nationalökonomie und Statistik (JfNSt), Bd. 195/6, Stuttgart–New York 1980, S. 497-517.

Bohnet, Armin: Effizienz und Preise – zwei zentrale Kategorien in der Wirtschaftsordnungstheorie, in: Preise im Sozialismus, Kontinuität und Wandel, Teil II: Zur Theorie und Praxis gesamtwirtschaftlicher Preissysteme, hrsg. von A. Bohnet, Berlin 1984.

Brus, Wlodzimierz: Funktionsprobleme der sozialistischen Wirtschaft (Übers. a. d. Polnischen), Frankfurt/M. 1971.

Die Wirtschaft des entwickelten Sozialismus, Hauptmerkmale und Gesetzmäßigkeiten (Übers. a. d. Russischen), Berlin 1979.

Eucken, Walter: Grundsätze der Wirtschaftspolitik, Tübingen 1952.

Eucken, Walter: Die Grundlagen der Nationalökonomie, 7. Aufl., Berlin–Heidelberg–New York 1959.

Gretschmann, Klaus: Steuerungsprobleme der Staatswirtschaft, Berlin 1981, Teil A.

Grossmann, Gregory: The ‚Second Economy‘ of the USSR, in: Problems of Communism, Vol. 26, Heft 5, 1977, S. 25-50.

Gutmann, Gernot (I): Zentralgeleitete Wirtschaft, in: Handwörterbuch der Wirtschaftswissenschaft (HdWW), Bd. 9, Stuttgart–New York–Tübingen–Göttingen und Zürich 1982, S. 599-616.

Gutmann, Gernot (II): Zur Ordnungskonformität von Wirtschaftspolitik in der Zentralverwaltungswirtschaft sowjetischen Typs, Rektoratsrede, Köln 1983.

Haffner, Friedrich: Systemkonträre Beziehungen in der sowjetischen Planwirtschaft, Berlin 1978.

Hayek, Friedrich A. von: Die Irrtümer des Konstruktivismus und die Grundlagen legitimer Kritik gesellschaftlicher Gebilde, Tübingen 1975.

Hedtkamp, Günter: Wirtschaftssysteme, Theorie und Vergleich, München 1974.

Hensel, K. Paul: Einführung in die Theorie der Zentralverwaltungswirtschaft, 3. Aufl., Stuttgart–New York 1979.

Holesovsky, Vaclav: Economic Systems, Analysis and Comparison, McGraw-Hill 1977.

Hondrich, U. O.: Systemtheorie als Instrument der Gesellschaftsanalyse, in: Theorie der Gesellschaft oder Sozialtechnologie, hrsg. von F. Maciejewski, Frankfurt 1973, S. 88-114.

Katsenelinboigen, Aron: Studies in Soviet Economic Planning, New York 1978.

Kloten, Norbert: Zur Typenlehre der Wirtschafts- und Gesellschaftsordnungen, in: ORDO, Jahrbuch für die Ordnung von Wirtschaft und Gesellschaft, Bd. VII, Düsseldorf und München 1955, S. 123-143.

Knirsch, Peter: Strukturen und Formen zentraler Wirtschaftsplanung, Berlin 1969.

Kohlmey, Gunther: Planen als Regeln und Steuern, in: Probleme der politischen Ökonomie, Bd. 11, Berlin 1968, S. 89-121.

Konnik, I. I.: Denežnoe obraščenie v prozesse rasširennogo socialističeskogo vosproizvodstva (Der Geldumlauf im Prozeß der erweiterten sozialistischen Reproduktion), Moskva 1982.

Kornai, J.: Anti-Equilibrium. On the economic systems theory and the tasks of research, Amsterdam–London 1974.

Kossygin, A.: Eine wichtige Etappe der Verbesserung der Planungs- und Leitungstätigkeit (Übers. a. d. Russischen), in: Sowjetwissenschaft, Gesellschaftswissenschaftliche Beiträge, Heft 12, 1979, S. 1225-1239.

Kosta, Jiří: Sozialistische Planwirtschaft, Theorie und Praxis, Opladen 1974.

Kotov, V. N: Kritika buržuaznych teory ‚ėkonomičeskich sistem' (Eine Kritik der bürgerlichen Theorien der ‚ökonomischen Systeme'), Moskva 1981.

Kusminov, I. I.: Abriß der politischen Ökonomie des Sozialismus – Methodologie (Übers. a. d. Russischen), Berlin 1976.

Leipold, Helmut: Wirtschafts- und Gesellschaftssysteme im Vergleich, 3. Aufl., Stuttgart 1981.

Neuberger, E. / Duffy, W. J.: Comparative Economic Systems: A Decisionmaking Approach, Boston u.a. 1976.

Ritschl, H.: Grundlagen der Wirtschaftsordnung, Tübingen 1954.

Rostow, Walt W.: The Stages of Economic Growth, Cambridge 1960; deutsch: Stadien wirtschaftlichen Wachstums, Göttingen 1960.

Schachtschabel, H. G. (Hrsg.): Wirtschaftsstufen und Wirtschaftsordnungen, Darmstadt 1971.

Schenk, K. Ernst: Märkte, Hierarchie und Wettbewerb, München 1981.

Schenk, K. Ernst: Vergleichende System- und Industriestudien – Ein „Institutional Choice"-Ansatz, Stuttgart–New York 1983.

Schilling, G.: Zur Stellung der Wertkategorien in der sozialistischen Planung, in: Wirtschaftswissenschaft, Heft 3, 1974, S. 359.

Schüller, Alfred: Property Rights und Ökonomische Theorie, München 1983.

Shaw, William H.: Marx's Theory of History, Stanford (Cal.) 1978.

Sláma, Jiří: Empirische Überprüfung der Verhaltensmuster von Plan- und Marktwirtschaften, in: Jahrbuch der Wirtschaft Osteuropas, Bd. 8, 1979, S. 360 ff.

Thalheim, Karl C.: Zum Problem der Einheitlichkeit der Wirtschaftspolitik, in: Festgabe für G. Jahn, hrsg. von K. Muhs, Berlin 1955, S. 577-587.

Thalheim, Karl C.: Systemtypische Merkmale von Wirtschaftsordnungen, in: Sozialwissenschaftliche Untersuchungen, Gerhard Albrecht zum 80. Geburtstag, hrsg. von Helmut Arndt, Berlin 1969, S. 329-341.

Tuchtfeld, H.: Zur Frage der Systemkonformität wirtschaftspolitischer Maßnahmen, in: Seraphim, H.-J. (Hrsg.): Zur Grundlegung wirtschaftspolitischer Konzeptionen, Berlin 1960, S. 203-238.

Wagener, Hans-Jürgen: Zur Analyse von Wirtschaftssystemen. Eine Einführung, Berlin–Heidelberg–New York 1979.

Karl-Ernst Schenk

SYSTEMVERGLEICH MIT EINER ÖKONOMISCHEN THEORIE DER INSTITUTIONEN*

I. Die Perspektive

Dieser Beitrag soll zeigen, daß ökonomische Theorie der Institutionen mit einem Systemansatz verbunden werden kann und daß dies zu erweiterten Erkenntnissen führt. Gegenüber einem früheren Beitrag in den Ökonomischen Studien[1] wird von einer einfachen Entscheidung, nämlich der zwischen Markt und Hierarchie, ausgegangen. Das Modell von Coase und Williamson[2], mit dem zunächst argumentiert wird, soll Schritt für Schritt erweitert werden, um zu sehen, ob sich dadurch die Aussagen des ursprünglichen Modells verändern.

Der Schwerpunkt dieses Beitrages liegt in der Darlegung des analytischen Ansatzes und in seiner Anwendung auf Systeme unterschiedlichen Typs. Die Anwendung auf ausgewählte Industriezweige wurde an anderer Stelle[3] weiter ausgeführt.

II. Einführung von zusätzlichen Schnittlinien

Beim Vorgehen der Analyse komplexer institutioneller Strukturen sind zwei Probleme zu beachten:

---

* Dieser Beitrag wurde unter dem Titel „Institutional Choice“, Wirtschaftsordnung und Industrieorganisation: Ein Beitrag zur Analyse komplexer arbeitsteiliger Systeme, veröffentlicht in: Karl-Ernst Schenk (V) (Hrsg.): Wirtschaftsordnung, Industrieorganisation und Koordination – Theorien und Ländervergleiche, Ökonomische Studien, Bd. 36, Stuttgart–New York 1985, S. 1 ff.

1 Karl-Ernst Schenk (III): Ziele und Vergleichsmethode des institutionentheoretischen Ansatzes, in: ders. (Hrsg.): Vergleichende System- und Industriestudien – Ein „Institutional Choice“-Ansatz, Ökonomische Studien, Bd. 34, Stuttgart–New York 1983, S. 1 ff.

2 Ronald H. Coase: The Nature of the Firm, in: Economica NS, Nr. 4, 1937, S. 386 ff.; Oliver E. Williamson: Markets and Hierarchies: Analysis and Antitrust Implications. A Study in the Economics of Internal Organization, New York–London 1975.

3 Karl-Ernst Schenk / Andreas Wass von Czege: Transaktionsmerkmale und Rahmenbedingungen als Bestimmungsgründe der Industrieorganisation und Koordination, in: Karl-Ernst Schenk (V) (Hrsg.), S. 37 ff.

– der analytische Ansatz darf nicht zu wenig Raum für mögliche institutionelle Alternativen lassen, mit anderen Worten: *nicht zu wenig institutionelle Varietät*. Im nächsten Abschnitt soll ein Beispiel für zu geringe Varietät behandelt werden.

– Der Ansatz *darf nicht zuviel institutionelle Varietät* aufweisen. Darunter würde die gedankliche Handhabbarkeit leiden. Das Verständnis würde erschwert.

Die Differenzierung des analytischen Modells sollte sich also auf einer mittleren Linie zwischen diesen Extremen bewegen. Um diese Aussage zu begründen, soll zunächst gezeigt werden, wie sich die Einführung einer zusätzlichen Schnittlinie auf die Varietät auswirkt.

Nach dem Coase / Williamson-Paradigma werden Markt-Transaktionen innerhalb der Unternehmung selbst vollzogen, d.h. internalisiert, wenn und soweit die Kosten für die Unternehmung niedriger sind als bei Ausnutzung des Marktes.

Schematisch dargestellt, werden die beiden folgenden Alternativen gegeneinander abgewogen:

Schaubild 1

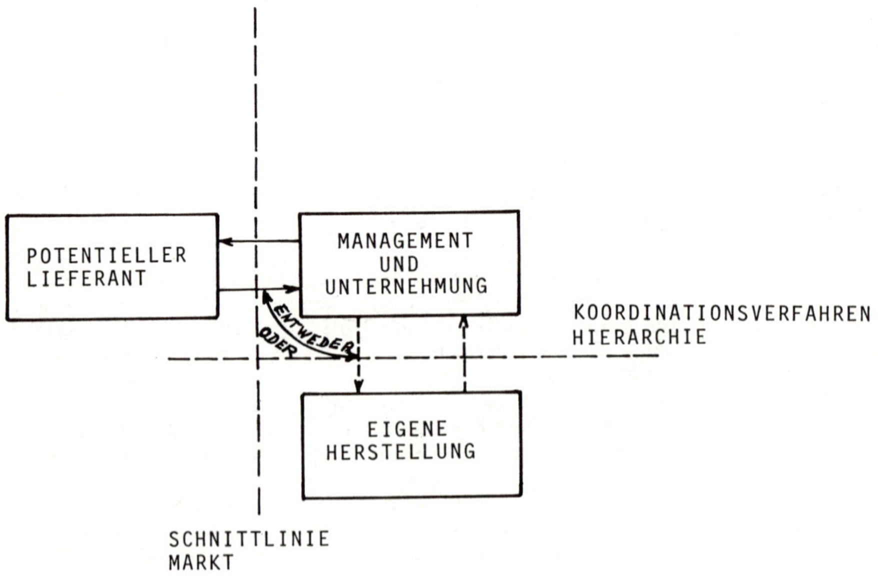

Soll die Transaktion über die Schnittlinie des Marktes oder über eine (innere) Schnittlinie vollzogen werden, die bei Williamson kurz als „Hierarchie" oder vertikale Integration bezeichnet wird?

Die These besagt, daß die kostengünstigere der beiden Alternativen gewählt wird.

Im zweiten Schritt wird nunmehr von einer Interessendivergenz zwischen Eigentümern und Management ausgegangen, wie sie in der Literatur sehr ausgiebig und unter Betonung der gesamtwirtschaftlichen Konsequenzen behandelt wurde.[4]

Um dieser Interessendivergenz gerecht zu werden und die institutionellen Möglichkeiten zu ihrer Lösung berücksichtigen zu können, wird eine neue Schnittlinie eingeführt.

Schaubild 2

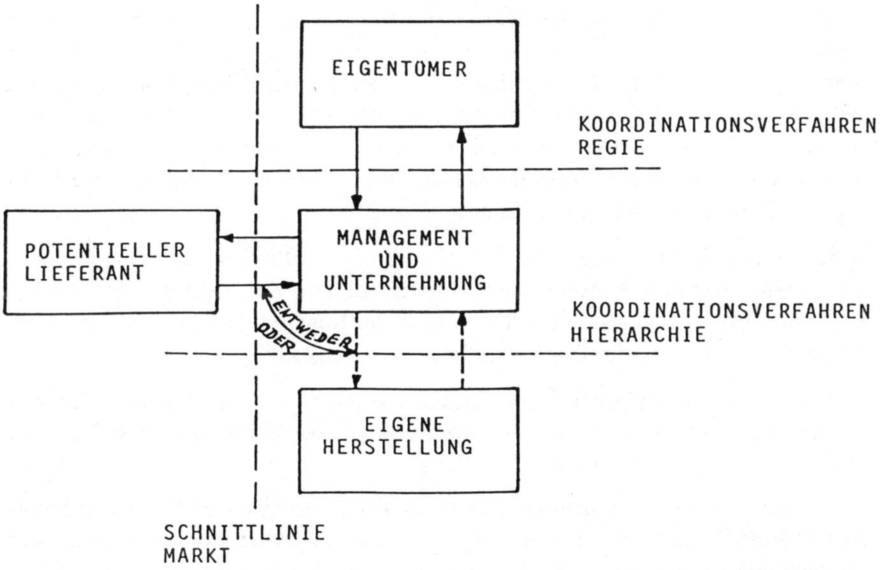

Es wird durch Beobachtung festgestellt, daß die Koordinationsverfahren an der Schnittlinie Eigentümer/Management und Unternehmen sehr vielgestaltig sind. Jedoch möge es gelingen, jedes dieser Verfahren einer der drei folgenden Klassen zuzuordnen:[5]

4 z.B. bei Eirik G. Furubotn / Svetozar Pejovich (Hrsg.): The Economics of Property Rights, Cambridge (Mass.) 1974; John Kenneth Galbraith: The New Industrial State, London 1968.

5 Siehe dazu die Übersicht 1, wo die Kriterien der Zuordnung angegeben werden.

- Preisgestützte Regie
- Regie mit Hilfe von Budgets
- Regie mit Hilfe von Plankennziffern.

Dies geschieht, indem die Parameter festgestellt werden, die in dieser Koordinationsbeziehung die *wesentliche Rolle* spielen. Damit wird nunmehr am Eingang des Teilsystems „Management und Betriebe“ einer dieser drei verschiedenen Zustände maßgebend sein. Das Verhalten des Teilsystems – so lautet unsere durchgängig vertretene Grundthese – wird sich nach dem Eingangszustand richten und kann durch Beobachtung festgestellt werden. Hier interessiert nun das Verhalten bei der Wahl zwischen „Markt“ und „Hierarchie“. Wird sich an dem vorher dargestellten Ergebnis („die kostengünstigste Alternative wird gewählt“) etwas ändern?

Schaut man sich die Literatur über das Eigentümer-Manager-Verhältnis an, so wird man mit dieser Möglichkeit rechnen müssen. Es wird nämlich eigennütziges Verhalten des Managements unterstellt. Auch zusätzliches Personal trägt zu einer Erhöhung des Managernutzens bei. Bei der hier betrachteten Entscheidung ergibt sich nun für das Management die Möglichkeit, durch die Wahl von „Hierarchie“ den eigenen Nutzen zu steigern. Dies würde bedeuten, daß nicht mehr die kostengünstigste, sondern eine andere Alternative mit höherem nichtpekuniärem Nutzen für das Mangement gewählt wird. Das Modell mit zusätzlicher Varietät an der nun eingeführten Schnittlinie kann also zu einem anderen Ergebnis führen.

Es ist nun leicht vorstellbar, daß weitere Schnittlinien eingeführt werden, die zu einer weiteren Erhöhung der Varietät führen. Beispielsweise ist es möglich, eine Schnittlinie zwischen dem Teilsystem Regierung und einem Industriezweig vorzusehen, wie im folgenden Schaubild dargestellt.

Auch hier sei es möglich, die Vielgestaltigkeit der Koordinationsbeziehungen zwischen Regierung und Industriezweigen auf drei Verfahren zu reduzieren. Das Ergebnis wird in Übersicht 2 dargestellt.

Gemäß unserer Grundthese, daß jedes am Eingang eines Teilsystems vorherrschende Verfahren zu einem spezifischen Verhalten führt, wäre es nun möglich zu beobachten, welches der drei möglichen wirtschaftspolitischen Regime zur Wahl eines der drei aufgeführten Regieverfahren führt. Wenn es gelingt, die Gesetzmäßigkeit des Zusammenhanges aufzufinden, dann hilft dies, die eingangs gestellte Frage zu beantworten: Wird die Unternehmung sich für „Markt“ oder „Hierarchie“ entscheiden? Denn es gibt wirtschaftspolitische Regime, unter denen „Markt“ wahrscheinlicher und auch solche, unter denen „Hierarchie“ wahrscheinlicher wird.

Übersicht 1: Unterscheidung von Koordinationsverfahren („Regieverfahren") an der Schnittlinie C

DARSTELLUNG	MERKMALE	BEZEICHNUNG
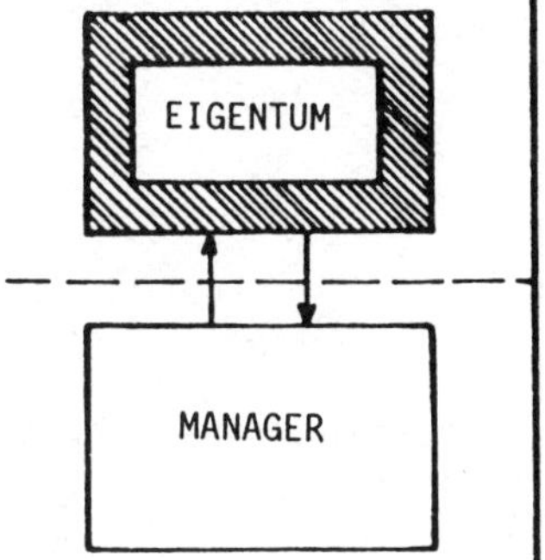	STARKE KOMPETENZ BEI EIGENTÜMERN	PLANREGIE
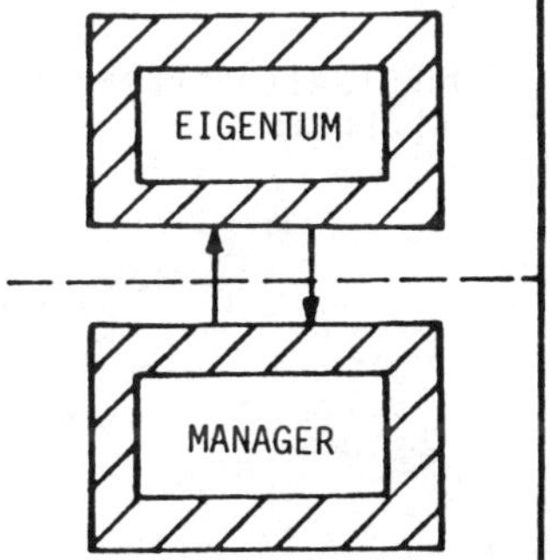	MITTLERE KOMPETENZ BEI EIGENTÜMERN	BUDGETREGIE
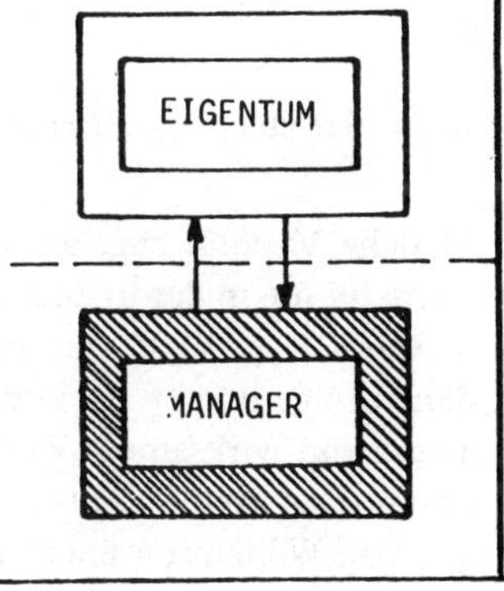	SCHWACHE KOMPETENZ BEI EIGENTÜMERN	PREISGESTÜTZTE REGIE

LEGENDE:  STARKE;  MITTLERE;  SCHWACHE KOMPETENZZUWEISUNG

Schaubild 3

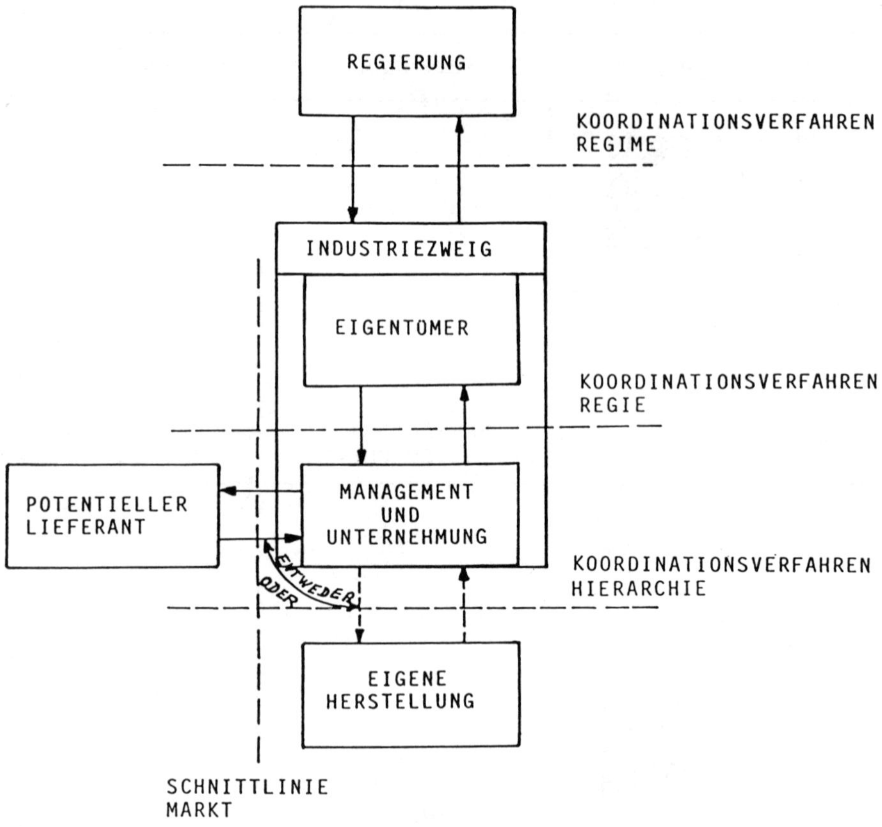

III. Hypothesenbildung

Damit sind wir an einem wichtigen Punkt angelangt, der zu einem Resümee Anlaß gibt.

– Durch Einführung neuer Schnittlinien wird zusätzliche Varietät zugelassen. Das heißt: Institutionelle Zustände können eintreten, für die in der ursprünglichen Theorie von Coase und Williamson kein Raum war. Vielmehr war dort nur der Grenzfall angenommen worden, demzufolge immer ein kommerzielles wirtschaftspolitisches Regime mit hinreichend wirksamem Wettbewerb vorherrschte. Dieser und nur dieser Zustand an der Schnittlinie Regierung/Industriezweig läßt es zu, die Aussagen von Williamson über die Wahl zwischen „Markt" und „Hierarchie" anzuwenden. Für alle anderen Zustände gelten diese Aussagen nicht.

Übersicht 2: Unterscheidung von Koordinationsverfahren („Regimen") an der Schnittlinie B

DARSTELLUNG	MERKMALE	BEZEICHNUNG
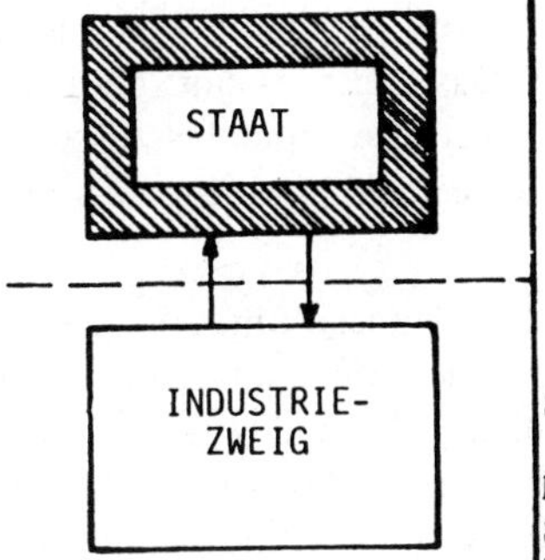	STARKE KOMPETENZEN (WIE Z.B. MARKTZUGANG FÜR SCHLÜSSELPRODUKTE) BEIM STAAT	REGIME DIREKTER STAATLICHER LEITUNG
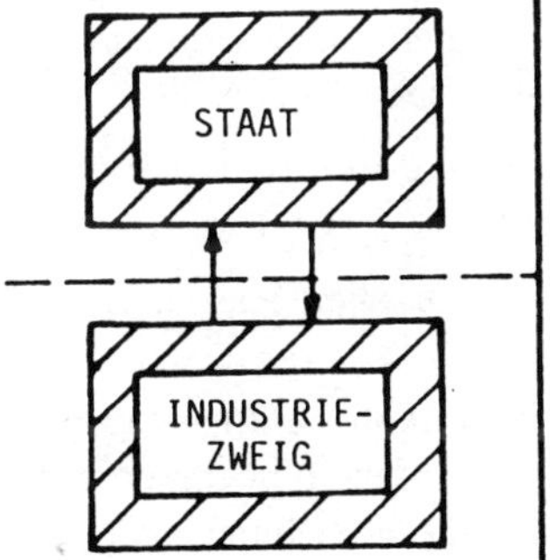	MITTLERE KOMPETENZEN (WIE Z.B. FESTLEGUNG OPERATIVER PARAMETER) BEIM STAAT	REGIME DER REGULIERUNG
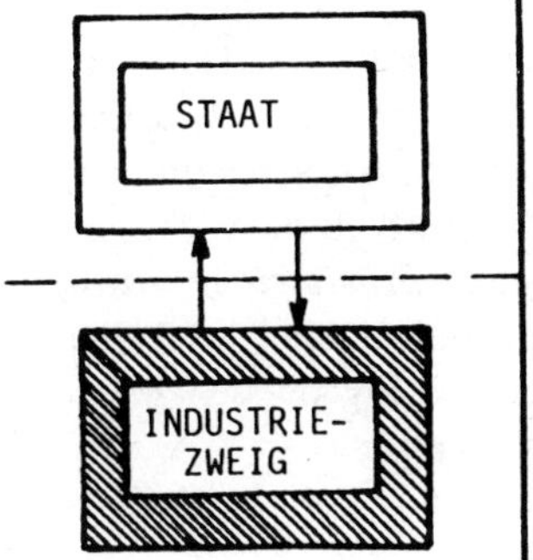	SCHWACHE KOMPETENZEN (WIE Z.B. FESTLEGUNG BESTIMMTER RAHMENDATEN WIE ZÖLLE, ABSCHREIBUNGSSÄTZE, STEUERSÄTZE, SOZIAL-UND UMWELTNORMEN) BEIM STAAT	KOMMERZIELLES REGIME

LEGENDE:  STARKE; 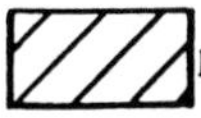 MITTLERE;  SCHWACHE KOMPETENZZUWEISUNG

- Durch Einführung von zwei weiteren Schnittlinien ist somit das Ergebnis der Analyse zunächst einmal unbestimmter geworden. Denn wir wissen nun nicht mehr, welche Aussage dann gilt, wenn an der Schnittlinie Regierung/ Industriezweig *kein* kommerzielles Regime zu beobachten ist.
- In dieser neu entstandenen und als unbefriedigend empfundenen Situation müssen demnach die Aussagen erweitert werden, um überhaupt erst einmal neu eingeführte Zustände erfassen zu können. Das heißt, es sind Beobachtungen nötig, um die Regelmäßigkeiten zu registrieren und festzuhalten. Oder es sind weitere Hypothesen in der einschlägigen Literatur ausfindig zu machen und heranzuziehen.
- Gelingt es, dies zu leisten, dann ist die größere Unbestimmtheit, die zunächst entstanden ist, wieder eingeschränkt oder vielleicht sogar ganz beseitigt worden. Die Theorie von Coase / Williamson (und weitere herangezogene Aussagen über Regelmäßigkeiten) würden in der erweiterten Erklärung noch eine Rolle spielen, aber nur für bestimmte Spezialfälle oder „Spezialzustände". Wesentlich ist aber, daß nunmehr gegenüber vorher eine sehr viel *allgemeinere Erklärung* geliefert werden kann, wenn es gelingt, die Leerstellen für Hypothesen über Regelmäßigkeiten des Zusammenhanges von Zuständen an unterschiedlichen Schnittlinien wieder aufzufüllen.
- Auch wenn das nicht auf Anhieb gelingt, scheint die Erhöhung der institutionellen Varietät *positive Wirkungen* zu haben:
  - Bisherige Theorien werden als Aussagensysteme über Spezialfälle ausgewiesen. Ihre Grenzen werden aufgezeigt.
  - Es wird auf die Notwendigkeit von erweiterten Beobachtungen aufmerksam gemacht, um neu entstandene Leerstellen für Hypothesen aufzufüllen. Davon geht eine anregende Wirkung auf die Forschung aus.
  - Es besteht die Chance, von spezielleren zu allgemeineren Hypothesen zu gelangen.

Die in bezug auf neue Hypothesen aufgeworfenen Probleme lassen sich nun keineswegs sofort und vollständig lösen. Darüber muß man sich im klaren sein. Man ist von einer Welt, in der viele Fragen beantwortbar erscheinen, in eine neue Welt versetzt worden, in der plötzlich sehr deutlich viele Fragen noch offen sind. Man muß überlegen, ob nicht wenigstens *provisorische Antworten* möglich sind, Antworten, die jedenfalls so lange akzeptabel erscheinen, bis der sehr langwierige Prozeß des Beobachtens zu ersten Ergebnissen geführt hat. Mit diesem Thema soll sich der nächste Abschnitt befassen.

IV. Provisorische Antworten

Das Problem läßt sich am besten aufzeigen, indem man eine Skizze der Teilsysteme und Schnittlinien anfertigt, wie sie sich aus der bisherigen Betrachtung ergibt. Daran fällt auf, daß wir das ursprüngliche Problem durch horizontale Schnittlinien erweitert haben. Genau darin bestand das Defizit einer auf Märkte (vertikale Schnittlinien) kaprizierten mikroökonomischen Theorie. Darin bestand ihre *dimensionsverzerrende Reduktion von Varietät*. Nunmehr ist also die Betrachtung um Varietät erheblich erweitert worden, und zwar genauer: um Zustände, die in der hierarchischen Dimension auftreten können.

Es liegt daher nahe zu fragen, ob nicht allgemeine Aussagen über Verhalten von Teilsystemen in der hierarchischen Dimension möglich sind. Solche Aussagen liefert der property rights-Ansatz und der Agentur-Ansatz.[6]

Der property rights-Ansatz versucht, Aussagen über das Verhalten eines Teilsystems (Agent) abzuleiten, in dem die zugewiesenen Verfügungsrechte durch ein übergeordnetes Teilsystem (Prinzipal) schrittweise verdünnt werden. Diese Überlegung machen wir uns zu eigen. Dies geschieht ja in der Systemskizze (Schaubild 4) immer dann, wenn von einem Koordinationsverfahren mit *vielen Rechten* des Agenten zu einem solchen mit *eingeschränkten Rechten* übergegangen wird, wenn sich also die Zustände an der Schnittlinie in einer Richtung verändern. Die provisorische Hypothese wird aus diesem Agenturverhältnis abgeleitet und analog auf alle Teilsysteme übertragen, die in einer hierarchischen Beziehung miteinander stehen. Es wird sich zeigen, ob sich dadurch die durch neue Schnittlinien erweiterte, und vorerst zu hoch erscheinende, Varietät des Systems verringern läßt.

Natürlich wäre dann noch eine empirische Überprüfung vorzunehmen, d.h. eine systematische Beobachtung. Hier geht es jedoch zunächst darum, das Konzept zu entwickeln und vorzustellen. Literatur, die diese vorläufige Hypothese bestätigt, scheint indes in reichlichem Maße vorzuliegen.

Als provisorische Hypothese kann formuliert werden:

Das übergeordnete Teilsystem neigt bei Entzug von Rechten dazu

– der Überwachung des untergeordneten Teilsystems weniger Aufmerksamkeit zuzuwenden;

– das Überwachungsverfahren[7] verliert in seinen Augen an Bedeutung.

---

[6] Vgl. dazu u.a.: Armen Alchian / Harold Demsetz: The Property Rights Paradigma, in: Journal of Economic History, Vol. 33, 1973, S. 16 ff.; Eirik G. Furobotn / Svetozar Pejovich (Hrsg.): The Economics of Property Rights, Cambridge (Mass.) 1974; Michael Jensen / William Meckling: Theory of the Firm: Managerial Behavior, Agency Costs and Ownership Structure, in: Journal of Financial Economics, Vol. 3, 1976, S. 305 ff.; Edward P. Lazear: Agency, Earnings Profiles, Productivity and Hour Restriction, in: American Economic Review, Vol. 71, 1981, S. 606 ff.

[7] Hier geht es um das Überwachungsverfahren gegenüber dem untergeordneten System, wie es in Schaubild 4 schematisch durch Pfeile über eine Schnittlinie hinweg dargestellt ist.

Das untergeordnete Teilsystem neigt bei Verdünnung *seiner* Rechte an der oberen Schnittlinie (Übergang zu einem Koordinationsverfahren mit weniger Selbstverantwortung) zu folgendem Verhalten:

– Der Schwerpunkt der Aufmerksamkeit verlagert sich von anderen Schnittlinien an die obere Schnittlinie.

Es bildet sich in zunehmendem Maße eine Übereinstimmung der Interessen beider Teilsysteme heraus. Dieser Zusammenhang wird im Schaubild 4 schematisch dargestellt.

Schaubild 4: Verhalten von Teilsystemen in hierarchischer Koordinationsbeziehung bei vollen und verdünnten Rechten

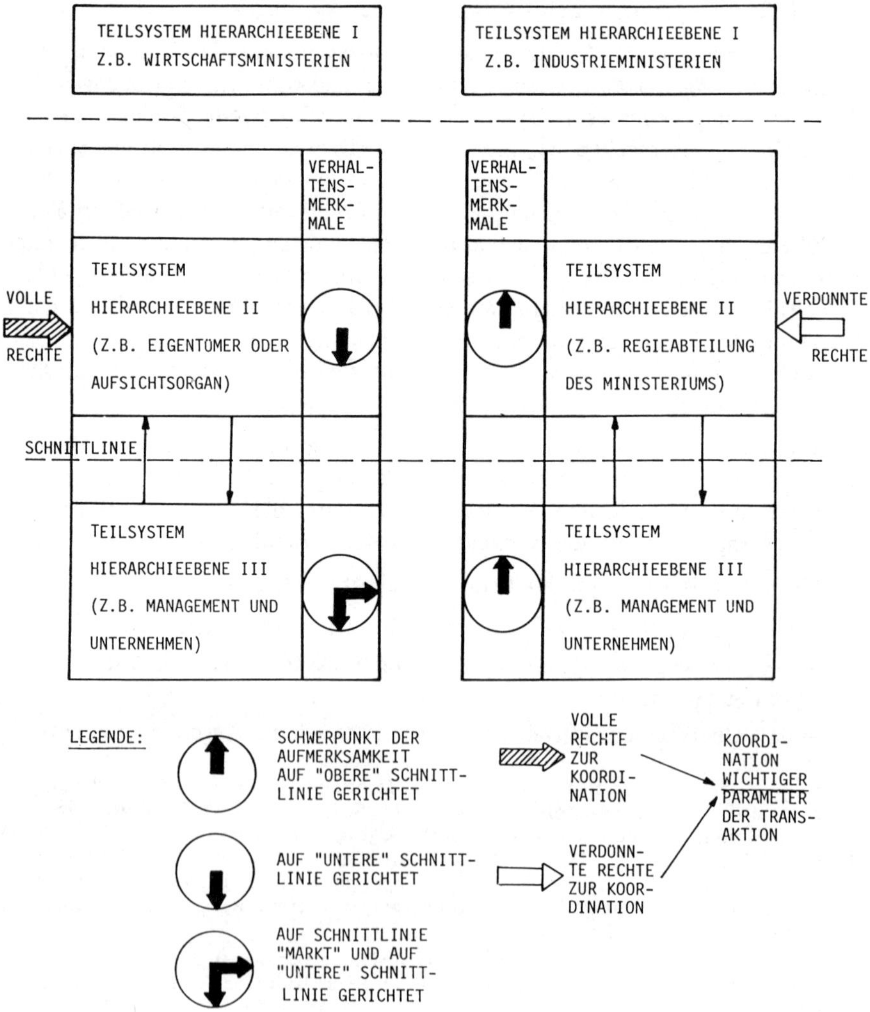

Lenken wir nun den Blick auf die ursprüngliche Markt/Hierarchie-Entscheidung zurück. Eine vorläufige Antwort über das Ergebnis erscheint nunmehr möglich. Sie geht von der abgeleiteten Tendenzhypothese aus.

Wird das wirtschaftspolitische Regime so verändert, daß auf die Teilsysteme Eigentümer und Management zusammengenommen weniger Rechte zur Koordination entfallen (im Schaubild 4: „verdünnte" Rechte), dann lassen die Kontrollanstrengungen durch die Eigentümer nach. Für das Management bietet dies die Gelegenheit, sich nichtpekuniäre Vorteile in Form von mehr Untergebenen anzueignen. Die Entscheidung für „Hierarchie" (und gegen „Markt") bietet eine solche Gelegenheit. Bei einer geringen Kapital- und Gewinnbeteiligung des Managements wird diese Gelegenheit (neben anderen!) ausgenutzt werden. Zur Wahl von Hierarchie bietet sich also nicht nur Gelegenheit, sondern auch ein Anreiz.

Bei dieser Gedankenführung über eine vergrößerte Zahl von möglichen Zuständen, über die Einschränkung der Zahl der wahrscheinlichen Zustände durch provisorische Hypothesen über das Verhalten wurde unterstellt, daß „Manager sich selbst am nächsten sind". Bekanntlich ist das in der mikroökonomischen Literatur eine durchaus übliche Betrachtungsweise.

Zusammenfassend: Beim Übergang von einem kommerziellen zum regulierten oder staatlich direkt leitenden wirtschaftspolitischen Regime ergeben sich für das Management der regulierten Unternehmen Gelegenheiten zur Vergrößerung der Hierarchie (und zur Vermeidung von Marktbeziehungen). Zugleich sind Anreize in dieser Richtung wirksam.

V. Die „System"-Schnittlinie

Mit diesem Ergebnis können wir uns noch nicht zufrieden geben. Es ist durchaus möglich, daß das Management „Marktbeziehungen" wählt, um auf diese Weise (unerlaubt) Gewinne abzuschöpfen, die durch Regulierung begrenzt oder durch direkte staatliche Leitung völlig verwehrt sind. Nehmen wir als Beispiel Unternehmen mit begrenzter Gewinnhöhe wie z.B. gemeinnützige Unternehmen oder sogenannte „mutual" societies in den USA, die etwa den „Versicherungsvereinen auf Gegenseitigkeit" der deutschen Rechtsordnung entsprechen. Es wurde beobachtet, daß Manager häufig sogenannte „Strohmann-Firmen" einrichten, um durch gezielte Geschäfte diesen Firmen Gewinne zuzuschanzen.[8] Da nichtregulierte Firmen keiner Gewinnbegrenzung

---

8 Alfred Nichols: Stock versus Mutual Savings and Loan Associations: Some Evidence of Differences in Behavior, in: American Economic Review, Vol. 57, Paper and Proceedings, 1967, S. 337 ff.; Karl-Ernst Schenk (I): Märkte, Hierarchien und Wettbewerb. Elemente einer Theorie der Wirtschaftsordnung, München 1981, S. 145 f.

unterliegen, bietet sich damit auch die Möglichkeit der Abschöpfung. Die Gewinnverlagerung erfolgt durch Vereinbarung von überhöhten Preisen (soweit es sich um Strohmann-Lieferanten) oder von zu niedrigen Preisen (soweit es sich um Strohmann-Abnehmer handelt). Sie ist den Managern natürlich nur unter Geheimhaltung möglich.[9]

Eine solche Wahlalternative kann die Märkte/Hierarchie-Entscheidung nur dann beeinflussen, wenn es außerhalb des regulierten Industriezweiges Lieferanten- oder Abnehmerindustrien gibt, die nicht reguliert, sondern kommerziell organisiert sind. Somit erscheint es nun auch notwendig, dem Vorhandensein bzw. Nichtvorhandensein dieser Wahlalternative Rechnung zu tragen. Denn vorher kann offenbar nichts darüber gesagt werden, ob für das Management die Wahl von „Hierarchie" oder die Strohmann-Alternative („Markt") attraktiver ist.

Das Modell muß um eine zusätzliche Schnittlinie erweitert werden, die uns über diese Merkmale der „Umgebung" des betrachteten Industriezweiges Auskunft gibt.[10]

Die neue Schnittlinie gibt an, welcher Anteil jedem der drei wirtschaftspolitischen Regime in einer Volkswirtschaft zukommt. Sie kennzeichnet somit in zusammenfassender Weise das wirtschaftspolitische Verhalten der Regierung gegenüber der gesamten Wirtschaft. Es braucht nicht besonders betont zu werden, daß dies eine statistische Bestandsaufnahme voraussetzt, die recht schwierig sein kann. So kann man etwa die Anteile der oben genannten Bereiche am Sozialprodukt feststellen, um zu diesem Maß zu kommen. Nehmen wir an, daß sich die statistischen Probleme lösen lassen, dann ist zu fragen, wie es sich nunmehr mit der Varietät verhält, die durch diese neue Schnittlinie eingeführt wurde. Prinzipiell ist jede Mischung von Anteilen der drei wirtschaftspolitischen Regime denkbar. Die Varietät wäre unendlich hoch. Jedenfalls wäre sie hier größer als wir bisher an anderen Schnittlinien zugelassen haben. Andererseits zeigt uns aber die Beobachtung von existierenden Wirtschaftssystemen, daß sie sich ohne allzustarke Vereinfachung auf drei Typen reduzieren lassen:

---

9 Der in Deutschland in letzter Zeit bekanntgewordene Fall bezog sich auf das Management des gemeinnützigen Wohnungsbauunternehmens „Neue Heimat". Durch die Artikelserie des „Spiegel" (Neue Heimat: Die dunklen Geschäfte von Vietor und Genossen, Nr. 6/7, 1982) wurden Beteiligungen an mehreren Liefer- und Dienstleistungsfirmen bekannt, die von der „Neuen Heimat" ständig Aufträge erhielten. Vgl. auch Karl-Ernst Schenk (II): Gemeinnütziger Wohnungsbau: Hecht auf dem Trockenen, in: Wirtschaftswoche, Nr. 12, 1982, S. 60 ff.

10 Wir wollen „Umgebung" im weitesten Sinne verstehen. Der Begriff soll die gesamte Volkswirtschaft umfassen, obwohl sicherlich noch enger definierte „Umgebungen" möglich wären.

- dominierender Anteil der kommerziellen Regime (Beispiel: Bundesrepublik Deutschland)[11];
- dominierender Anteil der regulierenden Regime (Beispiel: Jugoslawien und Ungarn)[12];
- dominierender Anteil der staatlich direkt geleiteten Regime (Beispiel: UdSSR)[13].

Deshalb können wir auch an dieser Schnittlinie nach dem bisher verfolgten Prinzip arbeiten, zusätzliche Varietät einzuführen, sie jedoch in überschaubaren Grenzen zu halten.

Damit ist der vorliegende Zweck vorerst erreicht, und es ist möglich, auf die ursprüngliche Märkte/Hierarchie-Entscheidung zurückzublenden:

- Zeichnet sich das betrachtete Land durch dominierende kommerzielle Regime aus, dann ist es für das Management wahrscheinlich, kommerziell organisierte Zulieferer- und Abnehmerfirmen vorzufinden. Steht das Management zudem noch einem *kommerziell organisierten Unternehmen* vor, dann ist die Wahl von „Markt" wahrscheinlich. Steht es demgegenüber einem *regulierten Unternehmen* vor, dann sind „Markt" *und* „Hierarchie" wahrscheinlich. Vor einer genaueren Aussage bedarf es einer weiteren Beobachtung der Gegebenheiten des Industriezweiges und seiner Märkte.
- Für ein Land, das sich durch *dominierende regulierte Regime* auszeichnet, wollen wir nur auf den Regelfall, auf das *Management eines regulierten Industriezweiges*, eingehen.[14] Dieses Management handelt Liefer- und Bezugsverträge mit ebenfalls regulierten Unternehmen aus. Somit besteht keine Gelegenheit, Gewinne in andere Industriezweige zu verlagern und sie dort abzuschöpfen. Die Wahl von „Hierarchie" gewinnt also an Attraktivität, verglichen mit der oben angeführten Situation in einem Land mit dominierenden kommerziellen Regimen. Da es sich um Angliederung einer branchenfremden Aktivität handelt, wird dies normalerweise nur mit Zustimmung des Teilsystems „Eigentum" möglich sein.

Mit anderen Worten: Man muß in einem Land mit diesen Merkmalen an der „System"-Schnittlinie (beispielsweise in Ungarn) mit mehr „Hierarchie" und weniger horizontalen Marktbeziehungen auf der Unternehmensebene rechnen als in einem Land wie die Bundesrepublik Deutschland.[15]

---

11 Siehe dazu Karl-Ernst Schenk (IV): Vergleichende Länderstudien, in: ders. (Hrsg.): Vergleichende System- und Industriestudien – Ein „Institutional Choice"-Ansatz, Ökonomische Studien, Bd. 34, Stuttgart–New York 1983, S. 21 ff.

12 Schenk (IV), S. 53 ff.

13 Schenk (IV), S. 87 ff.

14 Angenommen wird hier eine Beschränkung der Gewinnhöhe.

15 Schenk (IV), S. 72.

Durch die Einführung der Systemschnittlinie ist es möglich geworden, die vorläufige Hypothese auf ein System mit bestimmten, leicht beobachtbaren Merkmalen zu übertragen. Im zweiten Schritt kann dann auf weniger gut (oder noch nicht) beobachtbare Merkmale geschlossen werden. Über die zweite Kategorie von Merkmalen können somit besser begründete Erwartungen gebildet werden.

Diese Aussage soll nun noch durch ein Schaubild erläutert werden (Schaubild 5). Darin werden beide Kategorien von Merkmalen erfaßt, nämlich Strukturmerkmale und Verhaltensmerkmale. Bei den Letzteren interessiert nur die soeben diskutierte Erwartung über das Verhalten bei der Entscheidung Markt/Hierarchie.

Die Attraktivität von Markt (Hierarchie) wird in Schaubild 5 durch einen *Richtungspfeil* ausgedrückt, der entweder auf eine laterale Schnittlinie („Markt") oder auf eine obere Schnittlinie („Hierarchie") gerichtet ist. In der synoptischen Darstellung ergibt sich eine systemtypische Konstellation der Strukturmerkmale und des hier betrachteten Verhaltensmerkmals für die Systeme mit dominierenden kommerziellen Regimen und mit dominierenden regulierten Regimen.

Eine ähnliche Verbindung mit Strukturmerkmalen ließe sich auch für andere Verhaltensmerkmale herstellen, beispielsweise für die im Schaubild 4 dargestellten Schwerpunkte der Aufmerksamkeit. Jedoch wollen wir uns hier auf die Verfolgung der Markt/Hierarchie-Attraktivität beschränken.

Ungarn mit seiner zentral regulierten Wirtschaft, so ist aus der bisherigen Argumentation zu folgern, wird danach wahrscheinlich eine höhere Konzentration der Unternehmen aufweisen als vergleichbare Länder[16] mit dominierenden kommerziellen Regimen.[17] Mit anderen Worten: Produktion findet vielfach vorwiegend für den Bedarf des eigenen Unternehmens (oder Trusts) statt und nicht für den Markt. Die Zahl der Anbieter auf Märkten ist geringer als die Zahl der Produzenten, was sich wettbewerbsmindernd auswirkt. Wahrscheinlich wirkt sich also schon die zentrale Regulierung so auf die Struktur der Märkte und Hierarchien aus, daß nur mit einem verminderten Marktwettbewerb zu rechnen ist.

Die weiteren und vielleicht noch tiefergreifenden Wirkungen der Regulierung auf die Verhaltensweisen der Manager und auf den Marktwettbewerb sollen hier nicht weiter erörtert werden. Sie dürften jedoch in der gleichen Richtung laufen.

---

16 Die Bundesrepublik Deutschland ist wegen ihrer Größe *nicht* mit Ungarn vergleichbar. Zur Unternehmenskonzentration in Ungarn siehe Schenk (IV), S. 72 f.

17 Außerdem gilt: Die vertikalen Koordinationsbeziehungen ziehen stärker die Aufmerksamkeit des Managements auf sich als die horizontalen, weil sie für das Abschneiden des Unternehmens größere Bedeutung haben als in einer Volkswirtschaft wie in der Bundesrepublik Deutschland.

Schaubild 5: Synoptischer Vergleich von Struktur- und Verhaltensmerkmalen (zwischen dominierendem staatlich regulierten Regime und dominierendem kommerziellen Regime)

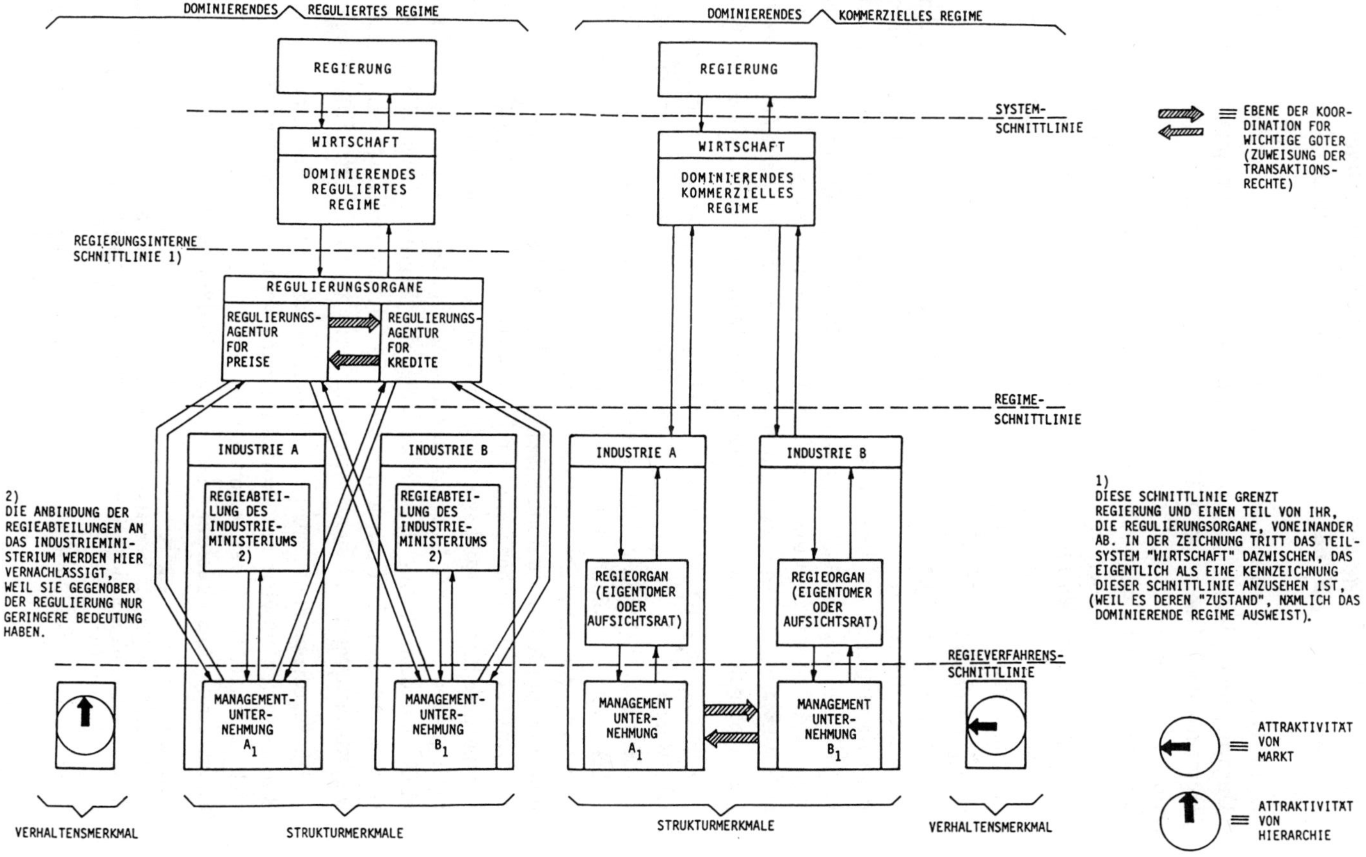

VI. Was ändert sich bei dezentraler Regulierung? (Die jugoslawische Form der Regulierung)

Im Unterschied zu der sehr stark zentralisierten Form der Regulierung in Ungarn, finden wir in Jugoslawien delegierte Regulierungsrechte vor.[18] Die (gemeinsamen) Träger dieser Rechte, die Bundesstaaten, die Industrieassoziationen, Gebietskörperschaften, Banken und Wirtschaftskammern, nehmen an einem Verhandlungsprozeß mit den einzelnen Unternehmen teil. Wichtige Parameter der Unternehmenspolitik, *wie der Wirtschaftsplan für das kommende Jahr, das Produktionsprofil* und *die Preise* sind Gegenstand der hieraus resultierenden Vereinbarungen („gesellschaftlicher Absprachen") oder können es zumindest dann sein, wenn es für notwendig gehalten wird.

So werden über die operativen Planungen hinaus auch *grundsätzliche Beschränkungen* über die Verwendung des Nettoeinkommens der Unternehmen oder über die Amortisation und Vergrößerung des (der Gesellschaft gehörenden) Kapitalfonds auf diesem Wege auferlegt.[19] Diese Form der Regulierung erweist sich als ein notwendiges Gegengewicht zur Verwaltung des gesellschaftlichen Produktionseigentums durch die Belegschaft der Unternehmen (Arbeiterselbstverwaltung). Denn es handelt sich um ein *treuhänderisches Verhältnis.* Der Treuhänder, nämlich die Belegschaft, wird auf diese Weise überwacht.

Allerdings ergeben sich weitere wichtige Konsequenzen aus der Form der Überwachung. Die korporativistische Regulierung, wie sie kurz bezeichnet werden soll, hat Vorläufer im nationalsozialistischen Deutschland und in Italien gehabt, freilich unter ganz anderen politischen Vorzeichen. Walter Eucken[20], der diese Erfahrungen ausgewertet hat, bescheinigt den regulierenden Korporationen monopolistisches Verhalten. Seine Auffassung wird von zeitgenössischen Beobachtern der jugoslawischen (korporativistischen) Regulierung geteilt.[21] Obwohl die Marktbeziehungen zwischen den Unternehmen in Jugoslawien bei der Koordination der Aktivitäten eine große Rolle spielen, muß man deshalb mit der Verwendung des Begriffes „sozialistische Marktwirtschaft" sicherlich vorsichtig sein: Sie weisen andere Merkmale auf als Marktbeziehungen in einem System mit vorwiegend kommerziellen Regimen.

Die jugoslawische Form der Regulierung, die auf der Ebene der einzelnen Bundesstaaten implizit mit Profilabsprachen verbunden ist, läßt zum Beispiel nicht erwarten, daß bei regionalen Monopolen neuer Wettbewerb entsteht, sei es durch Ausgliederung einer neuen Produktionsstätte aus einem Unter-

---

18 Auf den Grund, die stärker föderative Verfassung des Staates und der Vereinigten Arbeiterpartei, soll hier nicht eingegangen werden. Vgl. Schenk (IV), S. 53.

19 Schenk (IV), S. 58.

20 Walter Eucken: Grundsätze der Wirtschaftspolitik, Bern–Tübingen 1952.

21 Vgl. Laura Tyson: The Yugoslav Economic System and its Performance in the 1970's, Berkeley 1980, S. 18.

nehmen („Markt“) oder durch Gründung und Angliederung an ein bestehendes Unternehmen („Hierarchie“). Die Form der Ausgliederung („Markt“) ist ohnehin für die Unternehmen nicht attraktiv. Das bestehende Recht der Arbeiterselbstverwaltung läßt sie zwar zu, jedoch würde die Tochterunternehmung sofort vollständig unabhängig vom Einfluß der Muttergesellschaft. Der Anreiz zur Gründung, beispielsweise um die Versorgung der Mutter mit bestimmten Zwischenprodukten zu sichern, wird dadurch drastisch verringert.[22] Mitsprache im Management oder Beherrschung sind ausgeschlossen.

Es kann somit festgehalten werden, daß auch die jugoslawische dezentralisierte Regulierung die Markt/Hierarchie-Entscheidung des Managements von Unternehmen einseitig beeinflußt, und zwar zugunsten der Hierarchie. Wir kommen also für die ungarische und die jugoslawische Regulierung trotz erheblicher Unterschiede der praktizierten Verfahren und der Begründung zu sehr ähnlichen Ergebnissen.[23]

Wir halten fest, daß im jugoslawischen System wichtige Parameter der Geschäftspolitik der Unternehmen nicht auf der Managementebene, sondern auf der Ebene der Absprachen in Kammern und Verbänden koordiniert werden. Oberhalb der „Marktebene“ tritt eine weitere Koordinationsebene auf. Im ungarischen System werden wichtige Parameter der Geschäftspolitik auf der Ebene der Regierung (zwischen verschiedenen Regulierungsagenturen) festgelegt[24], nämlich Höchst- und Mindestlöhne, Unternehmenseinkommen, Kreditlinien und Maßnahmen der Außenhandelsförderung. Auch hier finden wir also eine weitere Koordinierungsebene, allerdings noch „höher“ gelegen.[25]

VII. Verhalten von Regieorganen und Management bei dominierender Regulierung

Die Organe, die als Agenten des Eigentümers mit der Aufsicht über Unternehmen betraut sind, kurz: Regieorgane, unterscheiden sich in Ungarn und Jugoslawien. In Ungarn ist es das Gründungsorgan (bei Industriebetrieben in der Regel das Industrieministerium), in Jugoslawien die für das Unternehmen zuständige Gebietskörperschaft. Wie wirkt sich das Verhältnis zwischen diesem Organ und dem Management auf die Markt/Hierarchie-Entscheidung aus? Für beide Arten von Regieorganen gilt, daß die gesamtwirtschaftliche Regulierung

---

22 Dies gilt nicht nur auf der Ebene des einzelnen Bundesstaates, wie die vorige Feststellung, sondern landesweit.

23 Auf die Unterschiede wird in den einzelnen Beiträgen des Bandes 36 der Ökonomischen Studien hingewiesen. Vgl. Schenk (V).

24 Vgl. Schenk (IV), S. 71 f.

25 Zu den Schwierigkeiten und Risiken der Abstimmung des Einsatzes dieser Parameter siehe auch Schenk (IV), S. 77 ff.

in erheblichem Maße ihre Aufmerksamkeit und Arbeitszeit absorbiert. Zwar sind diese Aufsichtsorgane nicht mit den Regulierungsorganen identisch. Jedoch hängen Gewinn oder Verlust der Unternehmen so stark von der Regulierung ab, daß die Aufsichtsarbeit (Regie) sehr davon betroffen wird. Die gleiche Feststellung gilt mutatis mutandis für das Management der Unternehmen.

Unternehmen mit „Überprofiten"[26] wird es unter einem Regime der Regulierung kaum geben, denn ein geschicktes Management hat es selbst in der Hand, durch erhöhte Kosten und geringere Anstrengungen den Gewinn auf jede gewünschte und als normal angesehene Höhe zu senken. Deshalb sind Verlustunternehmen der interessantere Fall, um Verhaltensweisen von Aufsichtsorganen und Management zu beobachten. Zum Überleben des Unternehmens und zur Sicherung der Arbeitsplätze müssen entweder zusätzliche Kredite oder Zuschüsse beschafft werden, was durch Verhandlungen des Regieorgans mit Banken oder mit dem Finanzministerium geschehen kann. Oder das Verlustunternehmen wird einem Gewinnunternehmen angegliedert. Diese Lösung ist mit sanftem Druck auf beide Unternehmen zu bewerkstelligen; Zuschüsse oder Kredite sind jedoch in der Regel die einfachere Lösung.

Blenden wir auf die Markt/Hierarchie-Entscheidung zurück, die den Ausgangspunkt all unserer Überlegungen darstellte! Auch in der Situation, in der das Management nicht mehr selbständig handlungsfähig ist und sich an den Repräsentanten des Eigentums wenden muß, ist die Entscheidung für „Hierarchie" (und gegen „Markt") attraktiver.

Damit haben wir nach der Erweiterung des einfachen Markt/Hierarchie-Entscheidungsmodells um weitere Schnittlinien für das ungarische und das jugoslawische System dominierender Regulierung eine wichtige Aussage festzuhalten: Aufgrund der Koordinationsverfahren, die dort festgestellt und nacheinander abgehandelt wurden, gingen von allen Schnittlinien Einflüsse pro „Hierarchie" und *nicht* pro „Markt" aus. Dabei ist nochmals auf den „vorläufigen" Charakter einzelner dieser Aussagen hinzuweisen.

Im Ergebnis führen Systeme der Regulierung (verglichen mit kommerziellen Systemen) zu einer Präferierung der Hierarchie-Entscheidung und – wie wir ebenfalls sahen – zu Marktbeziehungen mit den Merkmalen *eingeschränkter Profilüberschneidungen* zwischen den Unternehmen und *stärker konzentrierten Unternehmen*.

---

[26] Neuberger und Duffy schlagen vor, Überprofite zu besteuern und auf Verlustunternehmen zu verteilen. Vgl. Egon Neuberger / William J. Duffy: Comparative Economic Systems: A Decision Making Approach, Boston 1976, S. 253.

VIII. Das System dominierender direkt staatlich geleiteter Regime

Nun läge es nahe, diese Überlegungen für das System sowjetischen Typs fortzuführen. Darauf soll jedoch hier aus Platzgründen verzichtet werden. Dabei wäre, wenn wir die oben eingeführten Tendenzhypothesen auf die hierarchischen Koordinationsverfahren dieses Systems analog anwenden würden, eine noch deutlich stärkere Neigung in Richtung der bereits festgehaltenen Merkmale festzustellen:

- Höherverlagerung von Koordinationsebenen zwischen den Industriehierarchien;
- gesteigerte Attraktivität der „Hierarchie";
- Schwächung der wettbewerblichen und Stärkung der monopolistischen Merkmale in den horizontalen Beziehungen zwischen Unternehmen;
- Absorption der Aufmerksamkeit von Management und Regieorganen durch das Koordinationsverfahren an der „oberen" Schnittlinie. Vernachlässigung der Koordination an „unteren" und „lateralen" Schnittlinien.[27]

Es würde also wenig an zusätzlichen Erkenntnissen bringen, wenn die Analyse in diesem Sinne weitergeführt würde.

IX. Ergebnis

Ausgehend von einem herkömmlichen Modell zur Erklärung von Management-Entscheidungen wurden Erweiterungen vorgenommen. Dadurch konnte der Einfluß weiterer Teilsysteme auf diesen Typ der Entscheidung abgefragt werden. Mit anderen Worten: Die Varietät des Modells der Entscheidung wurde erhöht. Jedoch geschah dies in sparsamer Form, um die Überschaubarkeit zu gewährleisten. Weiterhin wurden Aussagen über Regelmäßigkeiten benutzt, um zu fragen, ob durch den jeweiligen Schritt der Erweiterung die Entscheidung pro „Markt" oder pro „Hierarchie" wahrscheinlicher wird.

Wie die Erweiterungen zeigen, sind insbesondere hierarchisch übergeordnete Teilsysteme nicht ohne Einfluß auf die ursprüngliche Managemententscheidung. Diese Aussage mag zwar trivial erscheinen. Jedoch wird ihr durch herkömmliche mikroökonomische und institutionenanalytische Modelle nicht genügend (oder keine) Beachtung geschenkt.

---

27 Damit sind z.B. für das Teilsystem Management die Beziehungen zu anderen Unternehmen gemeint.

Literatur

Alchian, Armen / Demsetz, Harold: The Property Rights Paradigma, in: Journal of Economic History, Vol. 33, 1973, S. 16 ff.

Coase, Ronald H.: The Nature of the Firm, in: Economica NS, Nr. 4, 1937, S. 386 ff.

Eucken, Walter: Grundsätze der Wirtschaftspolitik, Bern–Tübingen 1952.

Furobotn, Eirik G. / Pejovich, Svetozar (Hrsg.): The Economics of Property Rights, Cambridge (Mass.) 1974.

Galbraith, John Kenneth: The New Industrial State, London 1968.

Jensen, Michael / Meckling, William: Theory of the Firm: Managerial Behavior, Agency Costs and Ownership Structure, in: Journal of Financial Economics, Vol. 3, 1976, S. 305 ff.

Lazear, Edward P.: Agency, Earnings Profiles, Productivity and Hour Restriction, in: American Economic Review, Vol. 71, 1981, S. 606 ff.

Neuberger, Egon / Duffy, William J.: Comparative Economic Systems: A Decision Making Approach, Boston 1976.

Nichols, Alfred: Stock versus Mutual Savings and Loan Associations: Some Evidence of Differences in Behavior, in: American Economic Review, Vol. 57, Paper and Proceedings, 1967, S. 337 ff.

Schenk, Karl-Ernst (I): Märkte, Hierarchien und Wettbewerb. Elemente einer Theorie der Wirtschaftsordnung, München 1981.

Schenk, Karl-Ernst (II): Gemeinnütziger Wohnungsbau: Hecht auf dem Trockenen, in: Wirtschaftswoche, Nr. 12, 1982, S. 60 ff.

Schenk, Karl-Ernst (III): Ziele und Vergleichsmethode des institutionentheoretischen Ansatzes, in: ders. (Hrsg.): Vergleichende System- und Industriestudien – Ein „Institutional Choice"-Ansatz, Ökonomische Studien, Bd. 34, Stuttgart–New York 1983, S. 1 ff.

Schenk, Karl-Ernst (IV): Vergleichende Länderstudien, in: ders. (Hrsg.): Vergleichende System- und Industriestudien – Ein „Institutional Choice"-Ansatz, Ökonomische Studien, Bd. 34, Stuttgart–New York 1983, S. 21 ff.

Schenk, Karl-Ernst (V) (Hrsg.): Wirtschaftsordnung, Industrieorganisation und Koordination – Theorien und Ländervergleiche, Ökonomische Studien, Bd. 36, Stuttgart–New York 1985.

Schenk, Karl-Ernst / Wass von Czege, Andreas: Transaktionsmerkmale und Rahmenbedingungen als Bestimmungsgründe der Industrieorganisation und Koordination, in: Schenk, Karl-Ernst (V) (Hrsg.), S. 37 ff.

Tyson, Laura: The Yugoslav Economic System and its Performance in the 1970's, Berkeley 1980.

Williamson, Oliver E.: Markets and Hierarchies: Analysis and Antitrust Implications. A Study in the Economics of Internal Organization, New York–London 1975.

Alfred Schüller

DER THEORETISCHE INSTITUTIONALISMUS ALS METHODE DES SYSTEMVERGLEICHS

Erstes Kapitel: Problemstellung

In der neoklassischen Theorie der Wirtschaftssysteme bleiben fundamentale Kräfte unberücksichtigt, die das Schicksal des einzelnen und seine materielle Lage bestimmen: die sozialen Institutionen.[1] Gemeint sind damit *erstens* Handlungs- und Verfügungsrechte (Property Rights), aufgefaßt als rechtliche und anderweitig gesicherte Möglichkeiten eines bestimmten Umgangs mit Gütern, durch die ihr Verfügungs- und Nutzungsbereich mit Geltung gegenüber anderen Personen wirksam begrenzt und ihr effektiver ökonomischer Wert bestimmt werden; *zweitens* die Bündelung entsprechender Rechte in Organisationen.

Die Bedeutung sozialer Institutionen für den Wohlstand der Menschen wird neuerdings auch in der UdSSR betont. So werden in der „Studie von Nowosibirsk"[2] die Schwächen des sowjetischen Wirtschaftssystems nicht im Mangel an Faktorressourcen oder Planungstechniken gesehen, sondern in Institutionen, deren Aufgaben den individuellen Handlungszielen und -absichten zuwiderlaufen (im folgenden *Kongruenzproblem* genannt[3]). Immer dann, so wird offen zugegeben, wenn die staatlicherseits festgesetzten Normen und Regeln (beispielsweise Einschränkungen der persönlichen Nebenbetriebe, der bisher zulässigen Arten des Fischfangs oder der Doppelbeschäftigung) „lebenswichtige Interessen bestimmter Bevölkerungsgruppen berühren, suchen letztere oft eine Möglichkeit, die Verbote auf die eine oder andere Weise zu umgehen und ihre Bedürfnisse zu befriedigen". Ergreift dann der Staat – etwa im Hinblick auf

1 Ausführlicher hierzu Willi Meyer: Entwicklung und Bedeutung des Property Rights-Ansatzes in der Nationalökonomie sowie Hans-Günter Krüsselberg: Property Rights-Theorie und Wohlfahrtsökonomik, in: Alfred Schüller: Property Rights und ökonomische Theorie, München 1983, S. 1-44 und S. 45-77.

2 „Die Studie von Nowosibirsk"; deutsche Übersetzung in: Osteuropa-Archiv, vormals Ost-Probleme, 34. Jg., Nr. 184, 1984, A 1–A 25.

3 Zu dieser Fragestellung allgemein siehe Christian Watrin: Markt und Staat als Systeme der Ressourcenallokation, in: Artur Woll u.a. (Hrsg.): Nationale Entwicklung und internationale Zusammenarbeit, Berlin–Heidelberg–New York–Tokyo 1983, S. 5.

die Erfordernisse des angestrebten Wirtschaftssystems, d.h. im Hinblick auf die *Systemkonformität* der Institutionen – „strengere Maßnahmen zur Unterbindung unerwünschter Aktivitäten, macht die Bevölkerung noch raffiniertere Verhaltensweisen ausfindig, um ihre Interessen unter den neuen Bedingungen zu befriedigen".[4]

Offensichtlich verhalten sich die Menschen überall so, wie es Armen A. Alchian, Harold Demsetz, Ronald Coase und James M. Buchanan annehmen, um nur einige der wichtigsten Vertreter des theoretischen Institutionalismus zu nennen.[5] Sie glauben, das erklären zu können, was für die mutmaßliche Verfasserin der Studie von Nowosibirsk ein Rätsel ist: „Wir wissen überhaupt noch nicht einmal etwas über die Spitze des ‚Eisbergs' der sozialökonomischen Beziehungen und über den konkreten gesellschaftlichen Mechanismus der Wechselwirkung zwischen ökonomischer Basis und sozialem Überbau."[6]

Damit ist im Kern das Forschungsziel des theoretischen Institutionalismus umrissen. Es geht um die Beurteilung der konstitutionellen und post-konstitutionellen Institutionen des Wirtschaftens (einschließlich der Einrichtungen des Staates, des Rechts und der Politik) unter ökonomischen Rationalitätsaspekten. Angenommen wird, daß die Gesellschaftsmitglieder als nutzenmaximierende Individuen sich dieser Einrichtungen stets und überall unter Effizienzgesichtspunkten bedienen. Deshalb liegt es nahe, nach der Relevanz dieses Ansatzes für den Systemvergleich zu fragen. Dies geschieht im folgenden unter Beschränkung auf vier Punkte:

1. Die Frage der Systemstruktur von Institutionen und ihrer Einbeziehung in die ökonomische Analyse.
2. Die Frage eines für den Systemvergleich geeigneten Effizienzkonzepts im Anschluß an die Transaktionskostenanalyse.
3. Die Erklärung der institutionellen Effizienz aus dem systemspezifischen Rechnungs- und Politikzusammenhang für Marktwirtschaften und Zentralverwaltungswirtschaften.
4. Der Nachweis einer notwendigen ordnungstheoretischen Fundierung des Institutionalismus.

Zweites Kapitel: Zur Frage der Systemstruktur von Institutionen und ihrer Einbeziehung in die ökonomische Analyse

In der einschlägigen amerikanischen Literatur wird vielfach versäumt, die Vielfalt der Institutionen eines Gesellschafts- und Wirtschaftssystems in einer

4 „Die Studie von Nowosibirsk", A 20, A 21.

5 Siehe den Überblick in Meyer, Krüsselberg, ebenda.

6 „Studie von Nowosibirsk", A 19.

adäquaten Weise zu strukturieren. Hierfür scheint mir die von Ludwig Lachmann[7] vorgeschlagene Unterscheidung von „äußeren“ und „inneren“ Institutionen zweckmäßig zu sein, da sie dem spezifischen Ursache-Wirkungs-Zusammenhang, der *Interdependenz* beider Arten von Institutionen, Rechnung trägt. Die äußeren Institutionen bilden mit der staatlich-politischen Verfassung, der sittlich-kulturellen und der Wirtschaftsverfassung gleichsam die verfügungsrechtliche Grundstruktur eines Wirtschaftssystems. Die inneren Institutionen mit verschiedenen Eigentums-, Vertrags- und Unternehmensformen usw. einerseits und den institutionellen Ausformungen des Wirtschaftssystems durch die staatliche Wirtschaftspolitik andererseits können als Anpassungsformen an die verfügungsrechtliche Grundstruktur aufgefaßt werden. Aus der Wechselbeziehung von politischer, rechtlicher und ökonomischer Ordnungsidee ergibt sich sachlogisch eine strukturelle Interdependenz zwischen äußeren und inneren Institutionen.

Ganz offensichtlich wird mit dieser Strukturierung an das Erkenntnisprogramm der klassischen Nationalökonomie und der ordoliberalen Theorie der Wirtschaftsordnungen (im folgenden kurz Ordnungstheorie genannt) angeknüpft, einmal bezüglich der Betonung der Interdependenzfrage, zum anderen hinsichtlich des verfügungsrechtlichen Aspekts, selbständige Wirtschaftspläne erstellen und realisieren zu können. Mit dieser Planungsmacht werden im Wirtschaftsverkehr Zuständigkeiten und Verantwortlichkeiten abgegrenzt.[8]

In der deutschen Ordnungstheorie gilt das Hauptinteresse der Erarbeitung von möglichst klaren theoretischen Einsichten in den Inhalt von denkbaren und möglichen Ordnungen und – im Hinblick darauf – der Frage der Vereinbarkeit (*Konformität*) der wirtschaftlichen Teilordnungen. Es genügt nach Franz Böhm, einem der maßgeblichen Vertreter des Ordoliberalismus, „wenn die Ordnungstheorie die Kriterien herausarbeitet, die bei der Entscheidung über die Einführung oder die Abschaffung einer bestimmten Wirtschaftsordnung, vor allem aber bei wirtschaftspolitischen Entscheidungen im Rahmen einer bestimmten Wirtschaftsordnung, vernünftigerweise zu beachten sind“.[9] Der theoretische Institutionalismus versucht dagegen, Art und Weise der Entstehung und Entfaltung sowohl der äußeren als auch der inneren Institutionen *ökonomisch* zu erklären. Für die Ökonomik der äußeren Institutionen wird vielfach die Bezeichnung „Ökonomik der Verfassungsgebung“[10] ver-

---

7 Ludwig M. Lachmann: Wirtschaftsordnung und wirtschaftliche Institutionen, ORDO, Bd. XIV, 1963, S. 63-77.

8 Siehe Dieter Schmidtchen: German „Ordnungspolitik“ als Institutional Choice, in: Zeitschrift für die gesamte Staatswissenschaft, Bd. 140, 1984, S. 54-70.

9 Franz Böhm: Eine Kampfansage an Ordnungstheorie und Ordnungspolitik. Zu einem Aufsatz in Kyklos, ORDO, Bd. XXIV, 1973, S. 20.

10 James M. Buchanan / Gordon Tullock: The Calculus of Consent, Michigan 1972. James M. Buchanan: The Limits of Liberty. Between Anarchy and Leviathan, Chicago–London 1975.

wendet. Die „Ökonomische Theorie der Politik"[11], die „Ökonomische Theorie der Bürokratie"[12] einerseits und die „Ökonomische Theorie des Rechts"[13] sowie die „Ökonomische Theorie der Unternehmung"[14] andererseits sind die bekanntesten Erklärungsansätze im Bereich der inneren Institutionen.

Die Frage, ob und inwieweit die äußeren Institutionen *ökonomisch* erklärbar sind, ist umstritten:

1. Nach Karl Marx sind die ökonomisch-materiellen Produktionsbedingungen – die Produktivkräfte – die Triebkraft der Entstehung und Entfaltung von sozialen Institutionen, ihres sittlich-kulturellen Fundaments und ihrer politisch-rechtlichen Regelungen und Organisationsformen. Im Kapitalismus bleiben nach Marx die verfügungsrechtlichen Produktionsbedingungen, die Produktionsverhältnisse, hinter der Entwicklung der Produktivkräfte zurück und verwandeln sich in eine Bremse des weiteren Fortschritts der wirtschaftlichen Entwicklung. Es entsteht ein verschärfter Klassenkampf, dem schließlich die verfügungsrechtlichen Grundbedingungen der kapitalistischen Produktionsweise, Privateigentum, Vertragsfreiheit, Marktpreise und Geld, zum Opfer fallen.

Anschließend, so wird heute in der marxistisch-leninistischen Theorie angenommen, reguliert der sozialistisch verfaßte Staat auf der Grundlage des gesellschaftlichen Eigentums planmäßig die Produktionsverhältnisse im Einklang, wenn nicht gar im Vorlauf mit den ständig wachsenden Produktivkräften und beschleunigt dadurch – in Übereinstimmung von persönlichen, kollektiven und gesellschaftlichen Interessen – den wirtschaftlichen und sozialen Fortschritt.

Es besteht nach dieser Hypothese des institutionellen Wandels Grund zu uneingeschränktem Optimismus: Die ökonomische Basis schafft sich mit naturgesetzlicher Gewalt den „richtigen" Überbau, einschließlich der „richtigen" Rechtsnormen und Organisationsformen, die für eine ständige Steigerung der gesellschaftlichen Produktivkräfte erforderlich sind.

Im scharfen Gegensatz dazu heißt es in der Studie von Nowosibirsk eher pessimistisch: Der Prozeß der Vervollkommnung der sozialistischen Produktionsverhältnisse weist eine „Mehrdimensionalität und Konfliktträchtigkeit der Interessen" auf und läuft insgesamt komplizierter ab als üblicherweise angenommen wird.[15]

---

11 Siehe Dennis C. Mueller: Public Choice, Cambridge 1979; ders.: Public Choice: A Survey, in: Journal of Economic Literature, Vol. 14, 1976, S. 395-433; Bruno S. Frey: Theorie demokratischer Wirtschaftspolitik, München 1981; Harold Demsetz: Economic, Legal and Political Dimensions of Competition, 2. Aufl., Amsterdam–New York–Oxford 1983.

12 Ulrich Roppel: Ökonomische Theorie der Bürokratie, Freiburg 1979.

13 Siehe den Überblick in Cento G. Veljanowski: The New Law-and-Economics. A Research Review, Oxford 1982.

14 Siehe den Überblick in Schüller: Property Rights . . . , S. 161 ff.

15 A.a.O., S. A 19.

Die an Marx anknüpfende Institutionenanalyse ist bekanntlich vielfach an der Wirklichkeit gescheitert. In den bisherigen Fällen sozialistischer Transformationen haben sich nicht die ökonomischen Interessen der Produktivkräfte, sondern vielmehr die Verfügungsmacht revolutionärer „Unternehmer", wie etwa Lenin und Stalin, in Verbindung mit polizeistaatlichen und militärischen Machtmitteln als entscheidend herausgestellt.

2. James Buchanan[16] betrachtet den Staat und die auf ihn zurückzuführenden äußeren Institutionen des Wirtschaftens als das Ergebnis einer kollektiven Übereinkunft mittels Gesellschaftsvertrag (Verfassung) und gibt für ihre Entstehung und Veränderung ebenfalls eine ökonomische Erklärung, und zwar auf der Grundlage folgender Annahmen: In einem Quasi-Hobbesschen Urzustand herrsche hinsichtlich des ökonomischen Verhaltens der Menschen totale Regellosigkeit und Ungewißheit; dies verhindere ein gedeihliches Zusammenleben. Der Grund dafür sei, daß unter den gegebenen Handlungsmöglichkeiten (Produktion, Raub, Verteidigung) der Raub als Form des Gütererwerbs nicht ausgeschlossen werden könne, außer durch einen gemeinsamen vertraglichen Verzicht darauf. Einigten sich demzufolge die Menschen auf eine Reihe von Regeln und institutionellen Vorkehrungen zum Schutze dieser Regeln (vor allem des Eigentums), könnten die unproduktiven Abwehrmaßnahmen gegen Raub direkt in die Produktionstätigkeit gelenkt werden.

Da die Umsetzung entsprechender Regeln unvermeidlich zu einer von Anwendungs- und Auslegungsproblemen bestimmten Verfassungspraxis führe, sei ein Staat notwendig, damit sich der einzelne auf die generelle Geltung der Regeln verlassen könne. Dies wäre bei herrschaftsfreier Kommunikation, also bei einer Habermasschen „Organisation der gesellschaftlichen Beziehungen nach dem Prinzip, daß die Geltung jeder politisch folgenreichen Norm von einem in herrschaftsfreier Kommunikation erzielten Konsensus abhängig gemacht wird"[17], ausgeschlossen. Nach der Konzeption des Gesellschaftsvertrags gilt der Staat als dauerhaft vorgegebene, eben als „äußere" Institution. Die sich darauf aufbauenden inneren Institutionen erscheinen dann als das mehr oder weniger beabsichtigte Ergebnis des staatlichen Organisationsplans. Wenn sich demzufolge durch den Staat, verstanden als Übereinkunft von Regeln mit der Eigenschaft eines öffentlichen Gutes, die individuelle und die gesellschaftliche Wohlfahrt erhöht, so ist daraus weiterhin ein Zweck zu folgern, dem die jeweilige Bevölkerung allein aus *ökonomischen* Gründen zustimmen können müßte.

Dieses Modell gilt selbstverständlich nur für die Etablierung einer Verfassung in einer demokratischen Gesellschaft. Aber auch in nicht demokratischen Verfassungen wird es aus ökonomischen Gründen zweckmäßig sein, bestimmte

---

16 James M. Buchanan: The Limits of Liberty, S. 17 ff.

17 Jürgen Habermas: Erkenntnis und Interesse, Frankfurt/M. 1968, S. 344.

Regeln festzulegen und Vorkehrungen zu treffen, die zugleich als institutionelle Grundlagen des Wirtschaftssystems anzusehen sind, etwa zur Ordnung der Verfügungsrechte über Güter durch eine Eigentumsregelung und durch Plangesetze, zur Ordnung des Güteraustauches durch ein Vertragsrecht und durch eine Regelung für Rechtsstreitigkeiten. Maßnahmen dieser Art haben auch in nicht demokratischen Staaten einen ökonomisch erkennbaren Nutzen. Müssen sie deshalb aber aus diesem Grunde entstanden sein? Gerade die oben angedeuteten Umstände der Entstehung sozialistischer Staaten und ihrer rechtlichen und sozialen Organisation weisen auf Erklärungszusammenhänge hin, für die die Ökonomie keine letztbegründete Kompetenz beanspruchen kann. Man denke nur an die Entstehungsgründe der sozialistischen Länder Ost-Mittel-Europas und an die Teilungen Deutschlands.

Auch das politische Haus der marktwirtschaftlichen Ordnung wurde z.B. in England, wie Franz Böhm feststellt[18], lange vor Adam Smith in Verfassungskämpfen aufgerichtet, bei denen es um ganz andere Ziele als um eine bessere Lösung des Knappheitsproblems durch eine entsprechende Ordnung der Wirtschaft ging. Gewiß war damals zu erkennen, daß beispielsweise der Nahrungsmittelbedarf der schnell wachsenden Stadtbevölkerung nur durch die Befreiung der bäuerlichen Initiative befriedigt werden konnte. Doch wurde das Feudalsystem nicht aus diesem ökonomischen Grund beseitigt; es handelte sich vielmehr primär um einen Akt der politischen Liberalisierung. In dieser von philosophischen Ideen und sittlichen Überzeugungen bestimmten Bewegung der Emanzipation der Menschen aus politischen Abhängigkeiten und feudalistischen Unterdrückungen ergaben sich dann auch die effizienteren ökonomischen Lösungen mit einer beispiellosen Entfaltung der produktiven Kräfte wie von selbst. Es spricht deshalb viel für die Auffassung von Mestmäcker, nach der das, was hier als verfügungsrechtliche Grundstruktur des Wirtschaftssystems genannt wird, zwar mit Hilfe der Nationalökonomie erkennbar ist; deshalb müssen aber die zugrunde liegenden Normen und Regeln nicht ihrerseits ökonomisch sein.[19] Im folgenden konzentriert sich deshalb das Interesse auf die post-konstitutionelle Ebene des Institutionalismus, also auf die inneren Institutionen.

---

18 Böhm, S. 31 f.

19 Ernst-Joachim Mestmäcker: Die sichtbare Hand des Rechts. Über das Verhältnis von Rechtsordnung und Wirtschaftssystem, Baden-Baden 1978, S. 36.

Drittes Kapitel: Zur Frage eines für den Systemvergleich geeigneten Effizienzkonzepts

A. Grundelemente des Effizienzkonzepts

I. Transaktionen

Die Schaffung und der Transfer von Verfügungsrechten manifestieren sich in sog. *Transaktionen.* Commons[20], als bedeutendster Vertreter des amerikanischen Institutionalismus, hat wohl als erster versucht, das soziale Handeln auf Transaktionen, die einfachste Form der Sozialbeziehungen, zurückzuführen. Für ihn ist deshalb die Transaktion *der* Grundbegriff der ökonomischen Analyse. Commons unterscheidet nach dem Inhalt der involvierten Sozialbeziehungen drei Typen von Transaktionen:

1. *Bargaining Transactions*: Gemeint sind damit vertragsmäßige Austauschbeziehungen zwischen selbständigen Wirtschaftseinheiten, nach heutigem Verständnis gleichzusetzen mit „marktlichen Transaktionen". Dabei richten sich die Tauschinteressen nicht primär auf die physischen oder spezifischen, sondern auf die effektiven Gütereigenschaften.

2. *Managerial Transactions*: Sie erstrecken sich auf die Leistungsbeziehungen zwischen Vorgesetzten und Untergebenen in Organisationen, heute vielfach „hierarchische Transaktionen" genannt.

3. *Rationing Transactions*: Dabei handelt es sich um die Zuweisung von Belastungen und die Gewährung von Entlastungen in Form von Steuern und Subventionen, quantitativen Produktions- und Investitionsgestattungen oder -verboten durch Regierungsdekret oder anderweitige rechtlich übergeordnete Anweisungsberechtigte nach sog. „working rules". Hierzu sind in einem systemübergreifenden Verständnis auch Planauflagen in den verschiedensten Formen, Fondszuführungen, staatlich festgesetzte Preise, Leistungsanreize (Prämien) und Sanktionen, also – wenn man will – im weitesten Sinne das gesamte Instrumentarium der *Wirtschaftspolitik* in verschiedenen Wirtschaftssystemen zu zählen.

Mit diesen Transaktionsformen macht Commons in einer auch für den Systemvergleich nützlichen Klassifikation auf den Sachverhalt aufmerksam, daß Rechtsbeziehungen ökonomische Probleme aufwerfen. Commons, der vielfach als Wegbereiter des modernen theoretischen Institutionalismus gilt, hat insbesondere die Frage nach den wirtschaftlich vorteilhaftesten Trans-

20 John R. Commons: Institutional Economics, New York 1934. Im Anschluß daran Dieter Schneider: Unternehmer und Unternehmung in der heutigen Wirtschaftstheorie und der deutschsprachigen Nationalökonomie der Spätklassik, in: Studien zur Entwicklung der ökonomischen Theorie, Schriften des Vereins für Socialpolitik, N.F., Bd. 115/V, Berlin 1986, S. 30 ff.

aktionsformen gestellt, ohne sie allerdings in einer analytisch überzeugenden Weise zu beantworten. Dies ist dann Ronald Coase mit der Einführung des Kalküls der Transaktionskosten und mit der Unterscheidung von marktlichen und hierarchischen (unternehmens- oder organisationsinternen) Transaktionen gelungen.

II. Transaktionskosten

Ausgangspunkt ist die Feststellung: Wir können den komparativen Vorteilen von Institutionen nicht gerecht werden, wenn wir ihre Leistungen mit einem unerreichbaren idealen Standard vergleichen (etwa mit dem statischen Modell des vollkommenen Konkurrenzgleichgewichts, der vollständigen Planung oder der idealen Arbeiterselbstverwaltung), der keine Kosten verursacht. Vielmehr sind die Kosten einer bestimmten Transaktionsform mit dem zu vergleichen, was mittels einer anderen zur Verfügung stehenden Methode erreicht werden kann. Transaktionskosten können unter folgenden Aspekten begründet sein:

1. Geeignete Transaktionspartner stehen nicht beliebig zur Verfügung. Sie sind ausfindig zu machen und über die eigenen Wünsche in Kenntnis zu setzen. Dadurch entstehen *Such- und Informationskosten*.

2. Transaktionswünsche sind entscheidungsreif zu machen und zum bestmöglichen Abschluß zu bringen. Damit entstehen *Koordinationskosten*, und zwar erstens bei der marktlichen Verhandlung, zweitens bei der hierarchischen (internen) Organisation durch Anweisungen und drittens bei den wirtschaftspolitischen Maßnahmen.

3. Im Interesse günstiger Koordinationsergebnisse ist Wert auf bestmögliche Aushandlungs- und Entscheidungs*kompetenz* zu legen. Der Erwerb entsprechender Zuständigkeiten ist in der Regel mit Kosten, Fähigkeiten und Mühen verbunden, entweder für die eigene Ausbildung oder für Investitionen in Personen, deren Dienste man in Anspruch nimmt. Es entstehen also Kosten des Kompetenzerwerbs und der Kompetenzverleihung.

4. Kompetenz allein genügt nicht zu ihrer Nutzung. Es muß ein hinreichender Anreiz bestehen, von ihr Gebrauch zu machen. Dabei ist vorauszusetzen, daß die Menschen nicht, wie häufig vereinfachend in der Wirtschaftstheorie unterstellt wird, vollkommen motiviert sind. Es liegt also nahe, die *Motivationskosten* als eine institutionelle Variable eines Wirtschaftssystems in die Analyse einzubeziehen.

5. Schließlich ist sicherzustellen, daß die Transaktionserwartungen in Erfüllung gehen. Dafür fallen *Kontrollkosten* an. Das Kontrollproblem entsteht vor allem dadurch, daß in allen Wirtschaftssystemen die durch ausgedehnte Arbeitsteilung erzielbaren Spezialisierungsvorteile eine entsprechend ausge-

dehnte Funktionenteilung zwischen rechtlicher und tatsächlicher Verfügungsgewalt voraussetzen. Für die Produktionsmitteleigentümer bedeutet das Prinzip der Funktionenteilung ein mehr oder weniger hohes Maß an Lockerheit im Willensbildungs- und Entscheidungsprozeß sowie im Leistungsablauf. Insbesondere in der Teamproduktion können die Mitwirkenden nicht mehr exakt entsprechend ihrer Grenzproduktivität entlohnt werden. Es entsteht das Common-Resource-Problem, das sich in Freiräumen für „weiches" Leistungsverhalten äußert. Das Kontrollproblem besteht darin, unter Wahrung eines günstigen Entsprechungsverhältnisses von Leistungsbeitrag und -entgelt zugleich den Vorteil sicherzustellen, der mit der Teamproduktion angestrebt wird. Dabei ist vorauszusetzen, daß es explizite und implizite Freiräume gibt; ob sie zur Leistungssteigerung oder zur Leistungsschwächung genutzt werden, hängt wesentlich von den verfügungsrechtlichen Bedingungen ab.

B. Transaktionskosten und institutionelle Effizienz

Positive Transaktionskosten werden bisweilen – im Anschluß an Coase – als Verdünnung von Verfügungsrechten und als Abweichung vom Idealzustand bei Transaktionskosten von Null angesehen. Transaktionskosten gelten in dieser Sicht als Ausdruck einer ineffizienten Ressourcennutzung. Die vergleichende Analyse systemspezifischer Institutionen – etwa von Unternehmensverfassungen in marktwirtschaftlichen und nicht-marktwirtschaftlichen Ordnungen – spitzt sich damit auf efficiency-tests nach Maßgabe der Abweichung vom Zustand bei Transaktionskosten von Null zu. Dabei wird irrtümlicherweise unterstellt, die Bedingung dieses Ideals sei unmittelbar auf die Realität übertragbar: das Ideal selbst könne also erreicht werden. Im Anschluß an James M. Buchanan[21] scheint mir dagegen eine *prozeßanalytische* Effizienzbetrachtung einen realistischeren Ansatzpunkt zu bieten.[22] Hierzu kann wie folgt argumentiert werden:

– Solange die Möglichkeit des freiwilligen Austauschs von Verfügungsrechten unter Einschluß der Entdeckung und Auswahl von kostenminimalen Transaktionsformen besteht, kann vermutet werden, daß die bestmögliche Effizienz erreicht ist.

---

21 James M. Buchanan: Rights, Efficiency and Exchange: The Irrelevance of Transactions Cost, in: Manfred Neumann (Hrsg.): Ansprüche, Eigentums- und Verfügungsrechte, Berlin 1984, S. 9 ff.

22 Einen Überblick über verschiedene Effizienzkonzepte gibt Armin Bohnet: Effizienz und Preise – zwei zentrale Kategorien in der Wirtschaftsordnungstheorie, in: ders. (Hrsg.): Preise im Sozialismus. Kontinuität im Wandel. Teil II: Zur Theorie und Praxis gesamtwirtschaftlicher Preissysteme, Berlin 1984, S. 121-152.

– Ist der Austausch dagegen unterbunden, etwa durch staatliche Maßnahmen eingeschränkt, so ist der potentielle Prozeß der Minimierung der Transaktionskosten unterbrochen. Insoweit ist dann zu vermuten, daß die Transaktionseffizienz suboptimal ist. Dieser sich zugegebenermaßen bescheiden ausnehmende Effizienzkalkül scheint implizit auch der Studie von Nowosibirsk zugrunde zu liegen.

– Institutionen unterliegen dem Wandel. Die Aussicht auf Transaktionskosteneinsparungen bietet einen wichtigen Anreiz für die Institutionenwahl und den Institutionenwandel. Die Entdeckung und Erprobung transaktionskostensparender Institutionen gehören ebenso zur wirtschaftlichen Entwicklung wie Produkt- und Verfahrensneuerungen. Der beste Effizienztest für institutionellen Wandel besteht darin, daß die beteiligten Parteien mit ihm einverstanden sind. Dieser Effizienztest bezieht sich auf die Lösung des *Kongruenzproblems*.

– Für sich betrachtet, kann das Transaktionskostenargument eine ökonomische Rationalität vorspiegeln, die zwar in Übereinstimmung mit der Lösung des Kongruenzproblems, zugleich aber im Widerspruch zur Lösung des *Konformitätsproblems* steht. Es muß dann aus der Logik eines übergeordneten Effizienzkonzepts, etwa der Markt- oder Wettbewerbskonformität oder der Plankonformität von Institutionen argumentiert werden. Unter diesem Gesichtspunkt vermag eine ökonomische Theorie der Institutionen unsere Einsichten in ökonomische Zusammenhänge nur in Verbindung mit einer leistungsfähigen Ordnungstheorie zu bereichern. Demzufolge wären die verschiedenen transaktionskostenbedingten Effizienzschranken in der Ressourcenallokation in Verbindung mit Hypothesen des ordnungsspezifischen Wandels von Institutionen zu analysieren, etwa im Rahmen von Marktprozessen oder der staatlichen Regulierung und Planung, wobei hier angenommen wird, daß dem knappheitsbezogenen *Rechnungszusammenhang* sowie *wirtschaftspolitischen Restriktionen* besondere Bedeutung zukommen.

C. Zur Erklärung der institutionellen Effizienz aus dem systemspezifischen Rechnungs- und Politikzusammenhang

Das zentrale Problem aller Transaktionsformen besteht in der Frage: Wie können die vorhandenen Ressourcen unter Knappheitsgesichtspunkten in die bestmöglichen Verwendungen gelenkt werden? Unter Beschränkung auf die marktwirtschaftliche Koordinationsproblematik berücksichtigt Ronald Coase in seiner Transaktionskostenanalyse den Preismechanismus und die organisationsinterne managerielle Anweisung. Der maßgebliche Rechnungszusammenhang ergibt sich hier durch das Preissystem. Dieses kann durch wirtschaftspolitische Transaktionen beeinflußt sein.

In Zentralverwaltungswirtschaften stellt sich das Koordinationsproblem nun aber so: Wie können die Ressourcen *ohne* Märkte und Preise in die bestmöglichen Verwendungen gelenkt werden? Eine Antwort hierauf gibt K. Paul Hensel. Er berücksichtigt neben dem Preissystem für Marktwirtschaften als Mittel der Bestimmung von Knappheitsgraden *Salden von Planbilanzen*, die von zentralverwaltungswirtschaftlichen Planungsorganen zur Abstimmung des Güteraufkommens und des Güterbedarfs ausgearbeitet werden. Auf der Grundlage dieses alternativen Allokationssystems lassen sich dann produktionswirtschaftliche Normative ermitteln und auf die verschiedenen Leistungseinrichtungen in Form von betrieblichen und – vor allem – von wirtschaftspolitischen Transaktionen aufschlüsseln. Vor dem Hintergrund der beiden verschiedenen Allokationssysteme ist zu vermuten, daß institutionelle Effizienzprobleme – sowohl im Hinblick auf das *Kongruenz-* als auch auf das *Konformitäts*kriterien – wesentlich durch die Art und Weise bestimmt sind, wie das volkswirtschaftliche Problem der Knappheitsbestimmung, also das Problem der Wirtschaftsrechnung, gelöst wird.

Viertes Kapitel: Zur Ökonomik der inneren Institutionen in Marktwirtschaften

A. Vorgaben des Rechtssystems für die Entfaltung marktwirtschaftlicher Institutionen

Die Grundregeln des Marktsystems sind nach Friedrich A. von Hayek[23] (unter Berufung auf David Hume) solche, die den Kern aller freiheitlichen Rechtsordnungen bilden. Sie sind ohne ein entsprechendes Potential an sittlich-kulturellen Werten nicht durchsetzbar: Die Verhinderung von Gewalt und Betrug, der Schutz des Eigentums, die Erzwingung von Verträgen, die Anerkennung gleicher Rechte für alle Individuen. Unter diesen äußeren Handlungsbedingungen entwickeln sich zahlreiche Verfügungsrechte und Zweckorganisationen spontan im Marktgeschehen.[24] Sie haben funktionalen Charakter, d.h. mit ihrem Bestand ist nur so lange zu rechnen, als sie gegenüber anderen Anpassungsformen an die äußeren Institutionen komparative Vorteile haben. Der Bewährungstest dieser Institutionen erstreckt sich einmal auf die Selbstkontrolle der Wirtschaftsteilnehmer, die sich ihrer aus Eigeninteresse bedienen, zum anderen auf die Kontrolle konkurrierender Institutionen. Dieser doppelte Bewährungstest dürfte die relative Stabilität marktwirtschaftlicher Institutionen und ihre Effizienz bei der Lösung des *Kongruenzproblems* erklären.

23 Friedrich A. von Hayek: Die Verfassung der Freiheit, Tübingen 1971, S. 190.
24 Alfred Schüller: Property Rights . . . , S. 158 ff.

Dies sei an der transaktionskostentheoretischen Erklärung der Unternehmung etwas eingehender erläutert.

B. Zum Verhältnis von Markt und Unternehmung – oder: Zur Erklärung eines *einfachen* Bruchs in der Wirtschaftsrechnung und der institutionellen Konsequenzen

Ausgangspunkt ist die Feststellung von Ronald Coase[25], daß die Nutzung des marktwirtschaftlichen Rechnungszusammenhangs Transaktionskosten verursacht, die durch Gründung von Unternehmungen, also durch eine indirekte Form der Marktkoordination, gesenkt werden können. Wenn sich demzufolge, wie Oliver E. Williamson[26] im Anschluß an Coase feststellt, bestimmte Unternehmensformen durchsetzen, so liegt dies an ihrer komparativen Vorteilhaftigkeit gegenüber dem Markt und anderen Unternehmensformen, wobei allerdings zu berücksichtigen ist, daß der Wettbewerbsvorteil bestimmter Unternehmensverfassungen auch in wirtschaftspolitischen Maßnahmen wie Haftungs- und Publizitätsbeschränkungen oder steuerlichen Privilegien begründet sein kann.

Eine Erweiterung der Coaseschen Konzeption ergibt sich, wenn man im Anschluß an Steven N. S. Cheung[27] das Verhältnis von Produkt- zu Faktormärkten aus dem knappheitsbezogenen Rechnungszusammenhang erklärt, und zwar in folgender Weise: „Einfache Kaufpreise“ (mit der Dimension DM/Stück oder DM/kg) auf den Produktmärkten mit konkurrenzloser Genauigkeit. Wenn aber die angebotenen und nachgefragten Leistungen zeitlich oder intensitätsmäßig stark variieren oder nicht hinreichend genau eingeschätzt werden können, kann es ökonomisch vorteilhaft sein, das Preis-Leistungs-Verhältnis offener zu gestalten, in dem etwa im Rahmen eines Dienstvertrages Stunden, Wochen- oder Monatsentgelte (also „Bestandshaltepreise“ mit der Dimension Gehalt pro Zeiteinheit) vereinbart und unabhängig von den für ein Endprodukt erbrachten Teilleistungen gezahlt werden.[28]

Die generelle Bewertung des Preis-Leistungs-Verhältnisses zielt offensichtlich auf die Einsparung von Transaktionskosten hin, indem ein Unternehmensleiter mit den Faktoreignern seiner Wahl vereinbart, daß er ihre Einzelleistungen nicht mit separaten Preisen bewertet, sondern mittels Weisungsbefugnis flexibel nach Bedarf bestimmen und abrufen darf.

---

25 Ronald Coase: The Nature of the Firm, in: Economica, Vol. IV, 1937, S. 386-405.

26 Oliver E. Williamson: The Modern Corporation: Origins, Evolution, Attributes, In: Journal of Economic Literature, Vol. XIX, 1981, S. 1537-1568.

27 Steven N. S. Cheung: The Contractual Nature of the Firm, Journal of Law and Economics, Vol. XXVI, 1983, S. 1-21.

28 Zur Unterscheidung von „einfachen Kaufpreisen“ und „Bestandshaltepreisen“ siehe Wolfgang Stützel: Preis, Wert und Macht, 2. Aufl., Aalen 1972, Anhang I.

Druckfehlerberichtigung

zu: Probleme systemvergleichender Betrachtung
(Schriftenreihe der Gesellschaft für Deutschlandforschung, Band XV)

Im Beitrag *Der theoretische Institutionalismus als Methode des Systemvergleichs* von Alfred Schüller muß der zweite Absatz des Abschnittes B. auf Seite 142 wie folgt lauten:

Eine Erweiterung der Coaseschen Konzeption ergibt sich, wenn man im Anschluß an Steven N. S. Cheung[27] das Verhältnis von Produkt- zu Faktormärkten aus dem knappheitsbezogenen Rechnungszusammenhang erklärt, und zwar in folgender Weise: „Einfache Kaufpreise" (mit der Dimension DM/Stück oder DM/kg) auf den Produktmärkten vermitteln hinsichtlich des Preis-Leistungs-Verhältnisses Informationen mit konkurrenzloser Genauigkeit. Wenn aber die angebotenen und nachgefragten Leistungen zeitlich oder intensitätsmäßig stark variieren oder nicht hinreichend genau eingeschätzt werden können, kann es ökonomisch vorteilhaft sein, das Preis-Leistungs-Verhältnis offener zu gestalten, in dem etwa im Rahmen eines Dienstvertrages Stunden-, Wochen- oder Monatsentgelte (also „Bestandshaltepreise" mit der Dimension Gehalt pro Zeiteinheit) vereinbart und unabhängig von den für ein Endprodukt erbrachten Teilleistungen gezahlt werden.[28]

Im Gefolge der Transformierung des Produktpreissystems in das Faktorpreissystem wird mit der Lockerung des Preis-Leistungs-Verhältnisses die Wirtschaftsrechnung gleichsam brüchig, was wiederum bestimmte verfügungsrechtliche Konsequenzen hat. Es bilden sich dadurch nämlich die im Zusammenhang mit der Teamproduktion bereits erwähnten individuellen Handlungsspielräume für weiches Leistungsverhalten heraus. Die Transaktionskosten erhöhen sich. Diejenigen Unternehmensformen, die mit diesem Problem dann am besten fertig werden, erlangen im Wettbewerb komparative Vorteile.

Nach dieser aus dem marktwirtschaftlichen Rechnungszusammenhang abgeleiteten Unternehmenserklärung gäbe es ohne Unternehmungen keine Faktormärkte und damit auch keine Möglichkeit zu einer von den Produktmärkten abweichenden Leistungsbewertung, wie sie offensichtlich von den meisten Menschen im Interesse der Ausschaltung von Marktrisiken bevorzugt wird, die mit der einfachen Kaufpreisbewertung von Leistungen in höherem Maße verbunden sind als mit der Bewertung mittels Bestandshaltepreisen. Für die meisten Menschen stellen deshalb Arbeits- oder Dienstverträge die vergleichsweise effizienteste Lösung des *Kongruenzproblems* dar.

I. Konsequenzen für die Informationseffizienz

Der mit dem geschilderten Bruch im Rechnungszusammenhang verbundene Verlust an Informationen über das Preis-Leistungs-Verhältnis kann als Aufwand für den Transaktionskostengewinn aus der Tansponierung von Vorgängen der Marktkoordination in solche der Unternehmensorganisation aufgefaßt werden. Dieser Gewinn fällt einmal bei denjenigen an, die die mit der geschilderten Transponierungsaufgabe verbundenen unternehmerischen Leistungen erfolgreich bewältigen, zum anderen bei den Arbeitnehmern, die sich nicht ständig über alle knappheitsrelevanten Tatbestände auf den Produktmärkten informieren müssen, vielmehr hinsichtlich ihrer Einkommens- und Beschäftigungslage eine ihren Präferenzen entgegenkommende größere Informationssicherheit gewinnen.

Der Bruch im Rechnungszusammenhang ist deshalb als ein *einfacher* zu bezeichnen, weil er in dem geschilderten ökonomischen Zusammenhang relativ leicht und mit Gewinn für alle Beteiligten geheilt werden kann. Dies setzt allerdings voraus, daß auf den Faktormärkten prinzipiell Kontrahierungsfreiheit besteht und knappheitsorientierte Bestandshaltepreise zugelassen werden. Ist dies nicht der Fall, so kann es zu einem *komplizierten* Bruch im Rechnungszusammenhang kommen, etwa wenn die Preise nicht mehr die tatsächlichen Knappheiten auf den Faktormärkten indizieren können, wie im Augenblick auf dem Arbeitsmarkt in der Bundesrepublik Deutschland.

II. Konsequenzen für die Kompetenz- und Anreizeffizienz

Offensichtlich möchten viele Menschen unabhängig vom Einfluß der Kräfte sein, denen die Unternehmungen ihre Entstehung und ihre Fähigkeit verdanken, hinsichtlich der Einkommens- und Beschäftigungschancen eine prinzipiell höhere Erwartungssicherheit als bei direkter Einschaltung in das Marktsystem anbieten zu können. Die verfügungsrechtlichen Umstände eines je nach der Größe der Unternehmen, ihrer Produktionstiefe und Arbeitsintensität verminderten Produktmarktkontakts sind geeignet, bei den Beschäftigten eine Minderschätzung der Belange des Produktmarktes aufkommen zu lassen. Der Netto-Transaktionsgewinn aus der geschilderten Transponierungsaufgabe erfordert aber den Einsatz einer unternehmerischen Kompetenz, die sich vor allem gegenüber denjenigen zu bewähren hat, die die Belange des Produktmarktes höher schätzen als die Belange des Faktormarktes. Das sind die in- und ausländischen Käufer. Die Bewältigung dieses Konflikts setzt den bestimmenden Einfluß jener Verfügungsrechte voraus, bei deren Nutzung es primär darum geht, den *Marktwert* des Unternehmens zu maximieren.[29] Nach diesem Kalkül sind die von vielen Menschen gewünschten *unternehmensgebundenen* Einkommens- und Beschäftigungssicherheiten nur bis zu dem Ausmaß begründet, zu dem die Einsparung von Vermarktungskosten gleich ist dem Grenzwert der (meist) mit der Größe ansteigenden Kosten für die Organisation einer Unternehmung.

Ein besonderes Problem liegt nun darin, daß den Arbeitsverträgen unterschiedliche *implizite* Spezifizierungen mit nicht einklagbaren Leistungserwartungen zugrunde liegen. So sehen die Arbeitnehmer vielfach in den Arbeitsverträgen einen Sicherheitspakt gegen Marktrisiken. Die Unternehmerseite vertraut dagegen auf eine hohe flexible Einsatzfähigkeit und Leistungsbereitschaft der Arbeitnehmer. Solange die impliziten Leistungs- und Sicherheitserwartungen gleichwertig sind, dürfte wechselseitig ein hinreichender Anreiz bestehen, sie nicht zu enttäuschen. Diese Anreizwirkung hängt allerdings wesentlich vom Wettbewerbsdruck auf den Faktor- und Produktmärkten ab.

III. Konsequenzen für die Koordinations- und Kontrolleffizienz

Es kann zwischen zwei Koordinationsformen mit unterschiedlichen Transaktionskosten gewählt werden. Dabei kommt es nicht, wie beispielsweise Coase und andere annehmen, zu einer Verdrängung des Marktes durch Unternehmungen oder umgekehrt; es entsteht vielmehr eine freiwillige Kontraktsubstitution mit der Folge einer Erweiterung des marktwirtschaftlichen Rechnungs-

---

29 Zu dieser Zielsetzung allgemein Guiseppe Bernnelli: Mitbestimmung und Selbstverwaltung. Eine ökonomische Analyse der Arbeitnehmerpartizipation, Köln 1983, S. 156 und passim.

zusammenhangs durch Faktormärkte. Die Gefahr einer Verdrängung des Marktsystems besteht allerdings dann, wenn Regierungen große Unternehmungen, vor allem staatliche, um beinahe jeden Preis vor dem Konkurs zu bewahren versuchen.

Das vielfach in der sog. Managementtheorie der Unternehmung als Ursache für Effizienzschwächen der Marktwirtschaft betonte Argument der Trennung von Eigentum und Kontrolle ist ebenfalls unbegründet. Die Kontrolle des Managerverhaltens vollzieht sich nicht nur in ihrem direkten Verhältnis zu den Eigentümern, sondern darüber hinaus in vielfältigen indirekten Formen. Durch die verschiedenen Marktkontrollen, die zur Gleichrichtung der unternehmensinternen Interessen beitragen, kann insbesondere der genannte Bruch in der Wirtschaftsrechnung geheilt werden. Neben der Gütermarkt- und Finanzmarktkontrolle sind noch die Kontrolle durch den Markt für Führungskräfte und durch konkurrierende Unternehmensformen zu nennen. Alle diese Märkte für unternehmensgebundene Ressourcen informieren ständig, wenn auch mit unterschiedlicher Genauigkeit und Intensität, über den Marktwert eines Unternehmens. Sie erzeugen damit eine prinzipiell knappheitsorientierte Kontrolle des Unternehmensverhaltens, unabhängig davon, ob Eigentum und Leitung vereinigt oder getrennt sind.

Diese verschiedenen Kontrollformen können allerdings Funktionsschwächen aufweisen. Dabei dürfte der Verlust an verfügungsrechtlichen Wahlmöglichkeiten, hervorgerufen durch „Rationing Transactions", eine wichtige Rolle spielen.[30]

C. Zur Ökonomik wirtschaftspolitischer Entscheidungen – oder: Zur Erklärung eines *komplizierten* Bruchs im marktwirtschaftlichen Rechnungszusammenhang und seiner institutionellen Konsequenzen

Das Marktsystem und das ihm zugrundeliegende Entwicklungs- und Auswahlverfahren können wohl auf der Gewißheit der Regelgeltung beruhen, nicht aber eine *personengebundene* Sicherheit verschaffen. Diejenigen, die das Marktsystem weniger effektiv zu nutzen verstehen, bleiben in ihren ökonomischen Daseinsbedingungen hinter den Erfolgreicheren zurück. Weil im Marktprozeß auch ständig Verfügungsrechte entwertet werden, schafft der Vorgang der institutionellen Ausformung des Marktsystems zugleich auch ökonomische Anreize, den verfügungsrechtlichen Rahmen, der zur Lösung

30 Alfred Schüller: Zum Verhältnis von Aktieneigentum und Wettbewerbsordnung – Ein Befund aus der Sicht der Property Rights-Theorie, in: Józef Popkiewicz / Jochen Schumann (Hrsg.): Aufgaben und Funktionsweisen der Unternehmungen in den Wirtschaftsordnung Polens und der Bundesrepublik Deutschland, Bad Honnef 1980, S. 107-132.

des *Kongruenz-* und *Konformitätsproblems* erforderlich ist, einzuschränken. Es kommt zu einem Konflikt bei der Lösung beider Probleme. Dieser trade off-Effekt entsteht z.B., wenn durch staatliche Maßnahmen der künstlichen Besitzstandssicherung von Verfügungsrechten das Marktpreissystem durch wirtschaftspolitische Verhandlungslösungen eingeschränkt oder ersetzt wird. Durch diesen zweiten (komplizierten) Bruch im marktwirtschaftlichen Rechnungszusammenhang kann die Lösung des *Konformitätsproblems* grundlegend in Frage gestellt sein. Die Institutionen, die dann in Verbindung mit dem zweiten Bruch des Rechnungszusammenhangs entstehen, dienen gleichsam als *Ersatzverfahren der Koordination*, ohne dem gleichen Bewährungstest zu unterliegen wie die aus dem Marktpreissystem hervorgehenden Institutionen. Diese Genese von Institutionen zu beachten ist wichtig, wenn es um die Beurteilung der Effizienz von Entscheidungsregeln des Staates und des Marktes geht.

Die institutionellen Konsequenzen des zweiten Bruchs verdienen vor dem Hintergrund wirtschaftspolitischer Entscheidungen und ihrer Erklärung durch die ökonomische Theorie der Politik besondere Beachtung. Die Vertreter dieses Ansatzes streben die Entwicklung von Modellen des Sozialverhaltens an, die sich weitgehend mit der Analyse von Markt- und Wettbewerbsprozessen dekken. So wie die Faktor- und Produktanbieter nicht zum Zwecke der Bedürfnisbefriedigung anderer, sondern im Hinblick auf eigene Interessen und Ziele anbieten, verwenden die Politiker (wirtschafts-)politische Konzepte und Aktionen einzig und allein als Mittel zur Verfolgung ihrer Ziele, die nur dadurch erreicht werden können, daß sie gewählt werden. Die Analyse der vielfältigen wirtschaftlichen und wirtschaftspolitischen Staatstätigkeiten unter Effizienzgesichtspunkten ist, wie Christian Watrin[31] feststellt, sicherlich kein weniger ehrgeiziges Unternehmen als das Studium des Marktsystems. Die Frage, ob dabei das Transaktionskostenkonzept eine für die vergleichende Beurteilung der Effizienz von Markt und Staat brauchbare Referenzbasis darstellt und geeignet ist, Tatbestände von Markt- und Regierungsversagen zu objektivieren, ist in Verbindung mit dem hier zugrunde gelegten Effizienkonzept besonders in den Fällen zu bejahen, in denen der Staat als Anbieter von Gütern und Leistungen den Wettbewerb durch private Anbieter be- oder verhindert.

Die ökonomische Analyse der Politik scheint insbesondere geeignet zu sein, die Schwächen staatlichen Handelns aufzudecken. Öffentliche Verfügungsrechte haben immer die Tendenz zu einer Nutzung, bei der die Entscheidungsträger nicht hinreichend für die Folgen ihres Tuns verantwortlich und haftbar gemacht werden können; ökonomisch gesprochen fehlt der Rechnungszusammenhang, d.h. ein enges Preis-Leistungs-Verhältnis. So können es sich die Parteien eher leisten, ihre Wähler zu enttäuschen als Firmen ihre Kunden.[32] Harald Demsetz

---

31 Watrin, S. 5.

32 „The cost of a known failure by a private firm to satisfy quality and delivery

spricht in diesem Zusammenhang von einer durchaus ökonomisch begründeten Neigung der politischen Parteien zur „rationalen politischen Ignoranz“.[33] Die damit verbundenen Vorteile und Kosten sind weder zufällig noch gleichmäßig verteilt. Benachteiligt ist vor allem der isolierte Wähler gegenüber demjenigen, der in Interessenverbänden organisiert ist, die ihrerseits um die ideologische und materielle Einflußnahme auf die Parteien konkurrieren. Insgesamt dürfte also der nicht-organisierte Wähler auf dem Wählerstimmenmarkt sehr viel schlechter dastehen als der einzelne Käufer im Marktsystem. Fraglich erscheint allerdings, ob in der ökonomischen Theorie der Politik hinreichend berücksichtigt wird, daß es auch Politiker gibt, die sich bei ihren Handlungen im Hinblick auf die systemspezifischen Funktionserfordernisse um eine *gleichgerichtete Lösung des Kongruenz- und Konformitätsproblems* bemühen und damit auch bei den Wählern Erfolg haben. Diese Position kann durch wirtschaftswissenschaftliche Bemühungen um verbesserte Einsichten in ordnungstheoretische Zusammenhänge gestärkt werden.

Fünftes Kapitel: Zur Ökonomik der inneren Institutionen in sozialistischen Planwirtschaften

A. Vorgaben des Rechtssystems für die Entstehung zentralverwaltungswirtschaftlicher Institutionen

In Wirtschaftssystemen, in denen – wie in der DDR – die ökonomische Planungsmacht zentralisiert ist, sollte es nicht schwerfallen, die mit der Ausübung dieser Macht verbundenen Transaktionskosten in ziemlich beliebiger Höhe als angemessen zu akzeptieren, zumal im Hinblick auf den Nutzen, den die staatliche Leitung auf diesem Wege der Kontrolle über ihre herrschaftssichernden Property Rights erlangen kann. So kann beispielsweise das staatliche Außenwirtschaftsmonopol in einem beachtlichen Ausmaß als transaktionskostensparend bezeichnet werden, denn der innere System- und Rechnungszusammenhang würde ohne Monopolisierung der Außenwirtschaftsbeziehungen mit einer kompliziert-formalisierten bürokratischen Lenkung noch weiter, als

agreements made with buyers is borne by the firm through a combination of damage claims and reduced demand for its products. The stock market quickly evaluates the impact of these on the value of ownership shares when these shares are traded publicly. By the same token, although exceptionally good performance by a political party surely benefits a political party and its members. The benefits of fulfilling a promise to reduce unemployment are captured mainly by the unemployed, not by the political party. The fortunes of political parties and their members, then, are more poorly correlated with performance than are the fortunes of owners of firms.“ Demsetz, S. 79 ff.

33 Ebenda, S. 84.

es ohnehin der Fall ist[34], aufgespalten. Die Folgen sind dann, wie der Fall Polen zeigt[35], schwer zu bewältigen. Das Systemrisiko wird also durch die Monopolisierung des Außenhandels auf eine sonst nicht erreichbare Weise vermindert. Zugleich handelt es sich um eine Methode zum Ausschluß der individuellen Informations- und Meinungsfreiheit sowie der freien Faktorwanderung. Alle diese Tatbestände bedrohen die äußeren Institutionen eines zentralverwaltungswirtschaftlichen Systems im Kern. Insoweit erfüllt der organisatorische Ordnungsrahmen des Außenwirtschafts- und Devisenmonopols auf höchst effiziente Weise die Aufgabe eines risikominimierenden Instruments. Wenn, wie in der DDR in Artikel 9, auf der Ebene der Staatsverfassung die Vorentscheidung für die Zentralverwaltungswirtschaft gefallen ist, so kann es gleichwohl innerhalb dieser institutionellen Vorgabe im Detail organisatorische Vorkehrungen geben, die den funktionalen Erfordernissen des Systems besser Rechnung tragen können als andere. Dies zu entscheiden, erfordert einen Vergleich der institutionellen Effizienz innerhalb des gegebenen Ordnungsrahmens (die Kombinatsverfassung der DDR kann hierfür als Beispiel dienen).[36]

Bei einem solchen Test sind *erstens* die systemspezifischen Bedingungen des institutionellen Wandels zu beachten. So schließen der fehlende Parteienwettbewerb und die zur Nutzung und Sicherung des staatlichen Produktionsmitteleigentums erforderliche Vorherrschaft des zwingenden Rechts eine offene wettbewerblich-unternehmerische Entdeckung und Durchsetzung von kostenminimalen Institutionen aus. *Zweitens* ist zu berücksichtigen, daß die transaktionskostenverursachenden Charakteristika bestimmter Institutionen, etwa des zentralverwaltungswirtschaftlichen Außenwirtschafts- und Devisenmonopols, ihrerseits durch die Eigenart der jeweiligen Gesamtordnung und diese durch die Wirtschaftsrechnung geprägt sind. In diesem Zusammenhang relativiert sich die Transaktionskostenfrage im Hinblick auf den Nutzen, den bestimmte Institutionen für die Funktionsfähigkeit des Gesamtsystems haben.

Aber auch unter Berücksichtigung des damit angesprochenen *Konformitätskriteriums* bleibt der Systemvergleich eine lohnende Aufgabe, und zwar im Hinblick auf das *Kongruenzproblem*, also die Erörterung der Folgen, die bei fehlender oder unzureichender Übereinstimmung zwischen den systemspezifischen Aufgaben von Institutionen und den Handlungszielen der Wirtschaftssubjekte auftreten. Mit den Möglichkeiten der Lösung des *Kongruenzproblems* stellt sich zugleich die Frage nach dem zentralverwaltungswirtschaftlichen Rechnungszusammenhang. Die Ausgangsthese hierzu lautet: Die Effizienz von Institutionen ist an die Effizienz des Rechnungssystems gebunden.

34 Siehe Fünftes Kapitel, B. (1)–(3).

35 Siehe hierzu Alfred Schüller: Die Verschuldungskrise Polens als Ordnungsproblem, ORDO, Bd. 33, 1982, S. 19 ff.

36 Siehe Fünftes Kapitel, B. (3).

B. Transaktionskostentheoretische Aspekte des Verhältnisses von Plan und Unternehmung – oder: Zur Erklärung *unheilbarer* Brüche im zentralverwaltungswirtschaftlichen Rechnungszusammenhang und ihrer institutionellen Konsequenzen

Ähnlich wie die Nutzung des Marktpreissystems Transaktionskosten verursacht, ist die Abwicklung wirtschaftlicher Transaktionen mit Hilfe eines zentralen Planungssystems und den ihm entsprechenden Rationing und Managerial Transactions mit einem Ressourcenverzehr verbunden. Und wie es für die Entstehung von Unternehmungen eine preistheoretische Erklärung gibt, müßte es analog eine am planwirtschaftlichen Rechnungszusammenhang ansetzende Antwort geben. Tatsächlich kann auch in sozialistischen Planwirtschaften die wichtigste Aufgabe der Unternehmungen darin gesehen werden, die Transaktionskosten, die bei direkter Verknüpfung der Leistungsträger (im Extremfall als Ein-Mann-Betrieb) mit dem Plansystem entstehen, zu senken. Zweifellos gäbe es auch hier ohne Unternehmungen sehr viel mehr separate Beziehungen, die einer vergleichsweise kostspieligeren Koordination bedürften. Die Gründung von Unternehmungen wäre also auch hier so lange als vorteilhaft anzusehen, als die damit verbundenen Organisationskosten kleiner sind als die alternativen Transaktionskosten einer direkten Plananbindung der einzelnen Leistungsträger. Transaktionskosten können insbesondere eingespart werden, wenn Planbeziehungen, die je für sich Austauschverträge der Leistungsträger mit den zentralen staatlichen Planern erfordern, für längere Zeit vertraglich fixiert werden, ohne daß dabei die Einzelleistungen exakt vorgeschrieben werden. Vielmehr ist auch hier der Transaktionskostenvorteil darin zu sehen, daß die Einzelleistungen mittels Weisungsbefugnissen von Betriebsleitern je nach Bedarf abgerufen werden können.

In diesem Zusammenhang stellt sich das Grundproblem in sozialistischen Planwirtschaften wie in Marktwirtschaften: Wie können die einzelnen betrieblichen Wirtschaftspläne und Wirtschaftsprozesse koordiniert und kontrolliert werden? Wie in der Marktwirtschaft ist diese Aufgabe auch hier durch einen gesamtwirtschaftlichen, knappheitsorientierten Rechnungszusammenhang zu lösen. Konkret wird dies anhand güterwirtschaftlicher Bilanzsalden versucht. Einen *umfassenden* Rechnungszusammenhang herzustellen, erfordert streng genommen die Ausarbeitung und Abstimmung so vieler güterwirtschaftlicher Planbilanzen wie es Güterarten gibt.[37] Ein derart umfassendes Plansystem läßt sich aber in der Praxis nicht verwirklichen.[38] Denn je komplexer eine ange-

---

37 Siehe hierzu K. Paul Hensel: Der Zwang zum wirtschaftspolitischen Experiment in zentral gelenkten Wirtschaften, in: ders.: Systemvergleich als Aufgabe, Stuttgart–New York 1977, S. 178.

38 Friedrich A. von Hayek: Sozialistische Wirtschaftsrechnung I. und III. Abgedruckt in: ders.: Individualismus und wirtschaftliche Ordnung, 2. Aufl., Salzburg 1976, S. 199 ff.; ähnlich auch Gernot Gutmann: Zur Ordnungskonformität von Wirtschaftspolitik in der

strebte Ordnung ist, desto mehr wird sich bei ihrer Verwirklichung die Macht der Planer und Lenker auf die abstrakten Züge beschränken, ohne die konkreten Einzelheiten einer solchen Ordnung in ihrer gesamten Vielfalt beherrschen zu können.[39]

Die zentrale Planung reduziert sich deshalb in der Praxis auf eine ziemlich begrenzte Zahl von Planbilanzen, die, wenn auch bei weitem nicht umfassend, für Güter letzter Ordnung und Güterbündel aufgestellt werden. Diese Art der Wirtschaftsrechnung weist nun aber im Vergleich zum Marktpreissystem einige für die institutionelle Effizienz des Gesamtsystems wichtige Unterschiede auf:

(1) Es kann – wenn von schwarzen Märkten abgesehen wird – nicht zwischen Plankoordination und Unternehmenskoordination gewählt werden. Dafür fehlt dem Plansystem ein dem Marktsystem vergleichbares Verfahren der Knappheitsbestimmung, mit dem – etwa unter Transaktionskostengesichtspunkten – Fragen der Betriebsgrößenstruktur, der horizontalen und vertikalen Konzentration geklärt werden könnten. Dies verdeutlicht, daß im System einer Zentralverwaltungswirtschaft Bestimmungsgründe wirksam sind, die mit der Logik des für Marktwirtschaften entwickelten Kalküls der Transaktionskosten nicht hinreichend zu erfassen sind.

(2) Das gesamte Rechnungssystem hat einen unheilbaren Strukturbruch, der damit beginnt, daß „nur ein Teil der produzierten Güter in aggregierter Form zentral, in sich konsistent und in der notwendigen Disaggregation bilanziert" wird.[40] Dadurch können die betrieblichen Entscheidungen nicht an gesamtwirtschaftlichen Knappheitsgraden orientiert sein.

(3) Zur Einbeziehung der Betriebspläne in den Prozeß der Erstellung und Verwirklichung der zentralen Planung müssen „Hilfsverfahren der Koordination"[41] verwendet werden. Diese bestehen vor allem in einem Kennziffernprogramm, im Vertragssystem sowie in ökonomischen Hebeln in Form von staatlich festgesetzten Preisen, Löhnen, Zinsen, Abführungen, Gewinnen und dergleichen sowie in materiellen Anreizen. Mit diesen Hilfsverfahren der Koordination soll die Einheit von zentraler und betrieblicher Planung hergestellt werden. In Verbindung mit diesen Hilfsverfahren der Koordination könnte es naheliegen, die meist mehrgliedrige Leitungs- und Betriebsorganisation unter Gesichtspunkten der Transaktionseffizienz zu gestalten. Tatsächlich

---

Zentralverwaltungswirtschaft sowjetischen Typs, Kölner Universitätsreden, Nr. 60, Köln 1983 und Friedrich Haffner: Wirtschaftspolitik im sowjetischen Sozialismus, in: Dieter Cassel (Hrsg.): Wirtschaftspolitik im Systemvergleich, München 1984, S. 263-280; Günter Hedtkamp: Artikel „Wirtschaftssystem, UdSSR", in: Handwörterbuch der Wirtschaftswissenschaft (HdWW), Neunter Bd., Stuttgart–New York–Tübingen–Göttingen–Zürich 1982, S. 387 f.

39 Friedrich A. von Hayek: Arten der Ordnung, ORDO, Bd. XIV, 1963, S. 15.

40 Hedtkamp, S. 387.

41 Hensel, S. 278.

zielte die Kombinatsreform in der DDR darauf ab, durch Übergang von der dreistufigen zur zweistufigen Leitungsorganisation und durch eine groß angelegte Konzernierung der Betriebsstruktur Informations-, Koordinations- und Kontrollkosten einzusparen. Erwartet wurde u.a., daß durch organisatorische Zusammenfassung technisch verbundener Teilprozesse und Betriebe, die vorher verschiedenen Industrieministerien unterstellt waren, der interzweigliche Informations- und Koordinationsprozeß reduziert und das Verfahren der Einigung und Beschlußfassung beschleunigt wird. Die Maßnahme kann also als Instrument gedeutet werden, die Transaktionskosten zu senken.[42]

I. Konsequenzen für die Informationseffizienz

Die Transponierung des unvollständigen und hochaggregierten Systems der zentralen Bilanzen mittels des Kennziffernsystems und der genannten Hilfsverfahren auf die Warenproduzenten ist – abgesehen von bestimmten detailliert aufgeschlüsselten Planvorgaben – mit einem Bruch des Rechnungszusammenhangs verbunden, weil die Betriebe die Aufschlüsselung der zentralen Vorgaben im eigenen Interesse beeinflussen können und sich hierbei an staatlich fixierten Preisen und anderen Wertgrößen orientieren, die auf einem anderen Meßkonzept als dem der naturalen Bilanzsalden beruhen und keine knappheitsbezogenen Entscheidungen ermöglichen. Das Delegieren von Verfügungs- oder Planungsrechten und der hiermit verbundene Bruch im Rechnungszusammenhang führen dazu, daß die Zentrale bei der Ausarbeitung des Volkswirtschaftsplans hinsichtlich der Abstimmung von Aufkommen und Bedarf einen erheblichen Informationsverlust hinnehmen muß. Hierdurch werden nicht nur die gesamtwirtschaftlichen Knappheitsgrade verzerrt; es werden auch *neue institutionelle Vorkehrungen* zur Lenkung und Kontrolle der betrieblichen Prozesse notwendig, so z.B. das umfassende Leitungssystem, bestehend aus vertikalen Anweisungen, das nach Friedrich Haffner ein zweites, das Planungssystem ergänzendes „zentralistisches Informations- und Koordinationssystem" darstellt.[43]

In Verbindung mit dem geschilderten unheilbaren Bruch im Rechnungszusammenhang dürfte auch das Interesse an einer zunehmenden Rechtsförmigkeit des sowjetischen Wirtschaftssystems begründet sein. Denn die damit be-

---

42 Siehe hierzu Helmut Leipold: Die Kombinationsreform in der DDR im Lichte der Transaktionskostenökonomie, Jahrbuch für Neue Politische Ökonomie, 3. Bd., Stuttgart–New York 1983, S. 252-267.

43 Friedrich Haffner: Die neueren Entwicklungen des Wirtschaftssystems der DDR und der Sowjetunion im Lichte eines erweiterten Systemansatzes, in: FS-Analysen, hrsg. von der Forschungsstelle für gesamtdeutsche wirtschaftliche und soziale Fragen, Nr. 6, 1980, S. 11. f.

zweckte Allgemeingültigkeit und formal bindende Natur rechtlicher Regelungen kann beachtliche ökonomische Vorteile haben, wenn an den gewaltigen Informationsbedarf des Systems zentraler Planung und Lenkung gedacht wird, in der der zentrale Wille nicht mittels Ausrichtung der Pläne im Hinblick auf einen konsistenten gesamtwirtschaftlichen Rechnungszusammenhang kundgetan und durchgesetzt werden kann, sondern nur – wie Stefan Pomorski schreibt – durch allgemeine Anordnungen einer stabil und einheitlich sowie loyal zum Machtzentrum funktionierenden Bürokratie.[44] Selbst an dieser Voraussetzung scheint es meist zu mangeln.

II. Konsequenzen für die Anreiz- und Kompetenzeffizienz

Aus volkswirtschaftlicher Sicht geht es darum, die verschiedenen Funktionsebenen des Lenkungs- und Produktionssystems durch Gewährung von Anreizen und Zuweisung von Kompetenzen dem zentralen Plansystem dienstbar zu machen. Die Unternehmen haben demzufolge die Aufgabe, die Vielfalt der Planbeziehungen zu erweitern, d.h. eine synergetische Beziehung zum Zentralplan zu ermöglichen. Dies setzt eine Nutzung ihrer Verfügungsrechte gemäß dem Prinzip der *Planwertmaximierung* der Unternehmen voraus, analog zur Maximierung des Marktwertes kapitalistischer Unternehmungen. Entscheidend für die Marktwertmaximierung der Unternehmen ist eine primär von den Gewinninteressen der Eigentümer bestimmte Verfassung der Unternehmen und die Übertragbarkeit der Rechte an den Unternehmen.[45] In Planwirtschaften besteht eine völlig anders geartete Struktur der Verfügungs- und Aneignungsrechte mit einem prinzipiellen Verbot, die Rechte an den Staatsbetrieben nach Rentabilitätskalkülen zu übertragen. Deshalb ist davon auszugehen, daß die ministeriellen und betrieblichen Lenkungsorgane andere Erfolgsziele als die Maximierung des Planwerts der Betriebe haben.

So unterstellt Helmut Leipold[46] im Anschluß an die ökonomische Theorie der Bürokratie für die Industrieministerien und die vergleichbaren staatlichen Leitungsorgane als repräsentatives Erfolgsziel das Streben nach Kompetenzexpansion mit einem ausgeprägten Ressortegoismus, der sich in beinahe un-

---

44 Vergleiche Stanislaw Pomorski: Die gegenwärtige Wirtschaftsrechtsdiskussion in der Sowjetunion, in: Georg Brunner (Hrsg.): Wirtschaftsrecht, internationaler Handel und friedliche Koexistenz aus osteuropäischer Sicht, Berlin 1982, S. 20 f.

45 Siehe hierzu Alfred Schüller: Unternehmensgebundene Verfügungsrechte im Spannungsfeld zwischen marktwirtschaftlichen Funktionserfordernissen und sozialstaatlichen Bindungen, in: Artur Fridolin Utz (Hrsg.): Das Unternehmen als Größe der Arbeitswelt – Der Arbeiter als Gesellschafter?, Bonn 1984, S. 150 f.

46 Helmut Leipold: Der Einfluß von Property Rights auf hierarchische und marktliche Transaktionen in sozialistischen Wirtschaftssystemen, in: Schüller (Hrsg.): Property Rights und ökonomische Theorie, S. 185 ff.

überwindlichen Koordinationsbarrieren äußert. Diese werden bewußt zwischen den statusmäßig gleichgestellten Leitern und ihren Behörden geschaffen, um zu verhindern, daß bei abteilungsübergreifenden Aufgaben eigene Zuständigkeiten und Ressourcen geteilt werden müssen. Ähnliche Verhaltensweisen dürften für die Leitungsebenen der Unternehmen (Kombinate) und der ihnen zugeordneten Betriebe typisch sein. Im praktischen Vollzug dieser gleichgerichteten Ziele, die auf eine systematische Minderschätzung der Belange des Plans hinauslaufen, ist mit einem ständigen Tauziehen um staatlich finanzierte Investitionsprogramme und der damit verbundenen Möglichkeit zu rechnen, den Einfluß auf den volkswirtschaftlichen Ressourceneinsatz, also auf die Planungsmacht, auszudehnen. Bei dieser Art von Wettbewerb um die Aneignung von Rechten aus dem Potential *Rationing Transactions* sind die Industriezweigministerien mit den jeweils besten Beziehungen zum Parteiapparat im Vorteil. In der Konkurrenz der verschieden starken Interessengruppen werden vor allem die aufstrebenden Produktionsrichtungen die geringsten Aussichten auf Teilnahme an der Planungsmacht haben. Das Ergebnis ist ein System von planungsmächtigen Ministern höherer und niederer Ordnung, das als neofeudale Degeneration des Staatseigentums aufgefaßt werden kann.[47] Die damit verbundene Umverteilung von zentraler Planungsmacht dürfte zwar der Lösung des *Kongruenzproblems* entgegenkommen, doch ist es eine offene Frage, inwieweit dadurch die Effizienz im oben genannten Sinne verbessert wird. Immerhin spricht einiges dafür, daß die vielfältigen Handlungsspielräume im Lenkungs- und Produktionssystem die Erreichung der Planziele begünstigen, soweit gleichzeitig das *Konformitätsproblem* gelöst wird, d.h. an der Dominanz der zentralen Planung und ihrer Verwirklichung keine Zweifel bestehen.

III. Konsequenzen für die Koordinations- und Kontrolleffizienz

Im legalen Bereich schließt das vom staatlichen Eigentum an den Produktionsmitteln her begründete vorherrschende zwingende Recht eine spontane unternehmerische Entdeckung und Nutzung der Transaktionsformen unter

47 Wir haben es hier mit einer Analogie zu den konzernbeherrschten Gesellschaften in Marktwirtschaften zu tun, in denen unter dem Einfluß der Stimmrechtsfähigkeit von juristischen, also nicht natürlichen Personen und eines gesetzlich reduzierten Gewinnanspruchs der Aktionäre die Verfügungsmacht der natürlichen Anteilseigner im Vergleich zum Management wesentlich eingeschränkt sein kann (siehe hierzu Schüller: Zum Verhältnis von Aktieneigentum und Wettbewerbsordnung – Ein Befund aus der Sicht der Property Rights-Theorie). Während die „Entstaatlichung" des Eigentums an den Produktionsmitteln wegen des vielfach unterbrochenen Rechnungszusammenhangs unter zentralverwaltungswirtschaftlichen Bedingungen eine organisationsstrukturelle Systemkonstante, also unvermeidlich ist, stellen Tendenzen zur „Entpersonalisierung" des Aktieneigentums keine unentrinnbare Entwicklung des Marktsystems dar, sondern sind das Ergebnis einer änderbaren aktiengesetzlichen Datenvorgabe.

Effizienzgesichtspunkten aus. Wenn aber keine verschiedenartigen Transaktionsformen zur Wahl stehen, scheidet das dem Transaktionskostenansatz der Unternehmen zugrunde liegende Prinzip der „Minimierung der Koordinationskosten“[48] als Erklärung für das Verhältnis von Plan und Unternehmung aus.

Die spezifischen Kontrollprobleme zentral geleiteter Volkswirtschaften ergeben sich – wie bereits angedeutet – aus den unheilbaren Brüchen in der Wirtschaftsrechnung und der dadurch entstehenden Schwächung der zentralen Planungsmacht. Während unter marktwirtschaftlichen Bedingungen angenommen werden kann, daß sich die beiden Koordinationsformen Markt und Unternehmung nicht verdrängen, sondern in einer synergetischen Beziehung zueinander stehen, scheint der Plan unter jenem unausweichlichen Substitutionsdruck zu stehen, den Ronald Coase in seinem berühmten Artikel auf das Marktsystem ausgeübt sieht. So wird angenommen, daß im Gefolge der Kombinatsreform in der DDR Fehlinformationen entstanden sind, durch die der Koordinationsgrad der zentralen Pläne vermindert und der zentrale Einfluß im Kompetenz- und Kontrollsystem geschwächt worden sind. Es ist daher, wie Helmut Leipold feststellt[49], nicht verwunderlich, daß die 1981/82 erlassenen Verordnungen und gesetzlichen Regelungen faktisch darauf hinauslaufen, die Kombinatsdirektoren zugunsten der zentralen Staatsorgane wieder weitgehend zu entmachten.

Die Substitutionsgefahr im Verhältnis Plan – Unternehmung stellt ein systemstrukturelles Problem dar, weil die geschilderten Bestrebungen zur Kompetenzexpansion und die daraus hervorgehende Monopolisierung der Leistungseinrichtungen weder durch steigende Organisationskosten begrenzt, noch durch Wettbewerbsdruck zurückgedrängt werden können. Dabei dürfte auch für die sozialistischen Unternehmen gelten, daß ab einer bestimmten Größe die Organisationskosten deshalb überproportional zunehmen, weil die Lenkungskapazität des unternehmerischen Koordinators mit wachsender Zahl der eingegliederten Transaktionen abnehmende Grenzerträge aufweist. Deshalb werden auch hier mit steigendem Konzentrationsgrad der Unternehmen und zunehmender Heterogenität der zu koordinierenden Transaktionen Fehlentscheidungen wahrscheinlicher. Aus diesem Grunde wird aber ein sozialistischer Konzern nicht, wie zuletzt in der Bundesrepublik Deutschland die Firma AEG, in existentielle Schwierigkeiten kommen. Gemessen an den verfügungsrechtlichen Umständen, die im Marktsystem starke Kräfte zu seiner Erhaltung auslösen und es vor Monopolisierung schützen, gibt es unter zentralverwaltungswirtschaftlichen Bedingungen keine vergleichbar wirksamen Verfahren der Machtkontrolle.

---

48 Eva Bössmann: Volkswirtschaftliche Probleme der Transaktionskosten, Zeitschrift für die gesamte Staatswissenschaft, Bd. 138, 1982, S. 664-679.

49 Leipold: Die Kombinatsreform in der DDR.

So beruhen die genannten Hilfsverfahren der Koordination nicht nur auf expliziten, sondern, wie Gernot Gutmann feststellt, zu einem erheblichen Teil auf impliziten Bindungsregeln, die unvermeidlich Freiräume für plangefährdende verfügungsrechtliche Aneignungen eröffnen. In Verbindung damit werden sich die höchsten Hierarchieorgane um eine hohe flexible Einsatzfähigkeit und Leistungsbereitschaft der unteren Lenkungsebenen und der Betriebe sowie um eine entsprechende Anreizeffizienz der Kennziffern und ökonomischen Hebel bemühen. Die Agierenden auf den unteren Verwaltungs- und Produktionsebenen werden dagegen einen vergleichsweise hohen Schutz vor unbequemen Leistungsanforderungen und unvorhersehbaren Risiken des Plans suchen. Da in sozialistischen Planwirtschaften die Betriebe keinem existenzgefährdenden Wettbewerb ausgesetzt sind und – gemäß dem verfassungsmäßigen „Recht auf Arbeit“ – eine personengebundene Gewißheit der Beschäftigung besteht, ist nicht mit einer Gleichwertigkeit der wechselseitigen impliziten Leistungserwartungen im Gefüge der Lenkungs- und Produktionsorganisation zu rechnen. Deshalb dürften die verfügungsrechtlichen Umstände, die in der Zentralverwaltungswirtschaft zur *Minderschätzung der Belange des Plans* führen, sehr viel ungünstigere Effizienzwirkungen als die entsprechenden Bedingungen haben, die in der Marktwirtschaft der Minderschätzung der Produktmarkterfordernisse Vorschub leisten können. Durch die gespaltene Wirtschaftsrechnung wird auch die Aufgabe erschwert, volkswirtschaftlich effiziente Kontrollinstitutionen neu zu etablieren, um die widerstreitenden Interessen in Einklang zu bringen.

C. Zur Ökonomik wirtschaftspolitischer Entscheidungen – oder: Zur Erklärung eines permanenten Reformzwangs

In sozialistischen Planwirtschaften besteht eine von der Wirtschaftsrechnung her begründete unüberbrückbare Inkongruenz zwischen individuellen Handlungszielen und den Aufgaben, die dem zentralverwaltungswirtschaftlichen Lenkungs- und Produktionsapparat zugedacht sind. Ausdruck dafür sind Leistungsverweigerung, Verantwortungsscheu, partikularistische und autarkistische Bestrebungen in allen Wirtschaftsbereichen, konfliktgeladener Gruppenegoismus, eine verbreitete Untergrundwirtschaft mit zahlreichen wohlstandshemmenden Begleiterscheinungen von Beziehungswirtschaft, Korruption und Verkümmerung der Arbeitsteilung.

Ergebnisse dieser Art tauchen auch in prinzipiell dezentralisierten Wirtschaftssystemen auf, bezeichnenderweise dann, wenn die Selbstinteressiertheit der Menschen nicht durch eine Wirtschaftsrechnung auf der Grundlage von freien wettbewerblichen Marktpreisen und entsprechenden Institutionen kanalisiert wird.

Dies deutet auf eine Bestätigung der Ausgangsthese hin, daß nämlich die institutionelle Effizienz eng an die Effizienz des Rechnungssystems gebunden ist. Wenn die Wirtschaftsrechnung die Kosten und den Nutzen der Verwendung von Verfügungsrechten individuell nicht hinreichend exakt zuweisen und den Erfolg menschlichen Handelns ermitteln kann, gerät die Koordination von einzelwirtschaftlichen Interessen mit dem Gesamtinteresse in einen unlösbaren Konflikt. Der Anreiz für Bemühungen um ein nachfragegerechtes Angebot von Gütern und für eine knappheitsorientierte Nutzung von Verfügungsrechten geht verloren. An seine Stelle treten leistungsschwächende, leistungsverfälschende und leistungsverschwendende Verhaltensweisen mit nachhaltigen Kollektivschädigungen. In dem Maße, in dem auf die Herstellung einer effizienten Wirtschaftsrechnung verzichtet wird, entstehen ständig Zwänge für institutionelle Reformen.

Dies gilt für Marktwirtschaften wie für sozialistische Wirtschaftssysteme. Der wesentliche Unterschied zwischen beiden besteht jedoch darin, daß die in Marktwirtschaften auftretenden Ineffizienzen der Wirtschaftsrechnung nicht systemimmanent, sondern in der Regel wirtschaftspolitisch verursacht sind. Somit ist hier – in der Verbindung mit einem demokratischen Mehrparteiensystem – die Chance gegeben, daß ineffiziente Institutionen durch effizientere ersetzt und damit Brüche in der Wirtschaftsrechnung geheilt werden können.

Im Gegensatz hierzu ist unter den institutionellen Bedingungen der sozialistischen Planwirtschaft, verbunden mit Einparteienherrschaft, kein geschlossener Rechnungszusammenhang herstellbar, wie alle bisherigen Reformexperimente bewiesen haben. Graduelle Verbesserungen sind allenfalls dort erreicht worden, wo systematypische Institutionen eingeführt wurden, wie etwa in Ungarn. Der ungarische Marktsozialismus unterscheidet sich u.a. von der sowjet-sozialistischen Planwirtschaft dadurch, daß der sich – als Folge der nicht bedarfsgerechten Produktionsstruktur – entfaltende Bereich der Schattenwirtschaft (Second Economy) dazu genutzt wird, Angebotsdefizite des sozialistischen Sektors zu erkennen. Zugleich werden die auf privater Initiative und auf individuellen Handlungsrechten beruhenden vielfältigen Angebotsformen der Second Economy daraufhin überprüft, ob sich ihre verfügungsrechtlichen Entwicklungsbedingungen nicht durch Legalisierung verbessern und effizienter gestalten lassen. So hat die ungarische Variante der Planwirtschaft prinzipiell einen größeren Handlungsspielraum für den institutionellen Wandel erhalten.

Allerdings ist nicht zu übersehen, daß die ungarischen Planer vielfach nur das nachvollziehen, was anderweitig, vor allem auf dem Weltmarkt, durch den Preismechanismus geleistet wird. Dies gilt ausdrücklich für die Konstruktion des „kompetitiven Preissystems". Die Umstände dieser organisierten Preisanpassung lassen erwarten, daß dabei die Verfügungsrechte der Produzenten einseitig gestärkt werden, insbesondere ihr Interesse an kostendeckenden und gewinnsichernden Preisen.[50] Auch von ungarischen Ökonomen wird offen zugegeben, daß das System der weltmarktorientierten Binnenpreise bei allen unbestreitbaren Vorzügen, die es gegenüber der unrealistischen Preispolitik der sozialistischen Planwirtschaft hat, konzeptionell und institutionell mit sehr vielen Mängeln und Problemen behaftet ist. Deshalb wird in der mit erheblichem bürokratischen Aufwand verbundenen Simulierung von Wettbewerbspreisen nur eine Übergangslösung gesehen, die nach den Vorstellungen einiger ungarischer Ökonomen schrittweise einer echten Marktpreisbildung weichen soll.[51] Dies würde allerdings eine weitgehende Dezentralisierung der Planungsmacht und die Zulassung eines marktmäßigen Rechnungszusammenhangs auf der Grundlage spontaner gewinnorientierter Transaktionen voraussetzen. Solange dies nicht der Fall ist, bleiben für die Koordination der Handlungen nur kollektive *Bargaining Transactions*, wobei die innerhalb und zwischen den verschiedenen Verwaltungsebenen und Betrieben zu bewerkstelligenden Transaktionen auf äußerst komplizierten, nicht selten auf labilen Machtverhältnissen beruhen. Dies ist die unausweichliche Konsequenz einer Hilfskoordination, die ohne einen konsistenten Knappheitsmesser auskommen muß. Die hierzu notwendigen institutionellen Vorkehrungen sind wiederum aus der gesamtwirtschaftlichen Rechnungsproblematik zu erklären.

Weitergehende Reformen stoßen – bislang auch in Ungarn – auf systembedingte Grenzen und nicht zuletzt – wie in der Studie von Nowosibirsk festgestellt wird – auf den Widerstand derjenigen, die in diesen Systemen „eine ziemlich hohe Position innehaben und folglich durch persönliche Interessen daran gebunden sind".[52] Dies erkläre, warum in der UdSSR das System staatlicher Wirtschaftslenkung niemals einer qualitativen Veränderung unterzogen worden sei, „welche die grundsätzlichen Wandlungen im Zustand der Produktivkräfte wiedergespiegelt hätte".[53]

Sechstes Kapitel: Folgerung – Die Notwendigkeit einer ordnungstheoretischen Fundierung des Institutionalismus

Der theoretische Institutionalismus als Methode des Systemvergleichs läßt erkennen, daß die Erklärung der Funktionsweise von sozialen Institutionen auf der Grundlage des methodologischen Individualismus auch im System-

50 Siehe hierzu auch Janós Kornai: Comments on the Present State and Prospects of the Hungarian Economic Reform, in: Journal of Comparative Economics, Vol. 7, 1983, S. 226 ff.

51 Vgl. etwa Tamás Nagy: Das System „weltmarktorientierter" Preise in Ungarn, in: Bohnet: Preise im Sozialismus, S. 94.

52 „Die Studie von Nowosibirsk, A 13.

53 Ebena, A 5.

vergleich nützlich ist. Dies gilt besonders für die Erklärung der Reaktionen und der Folgekosten, mit denen gerechnet werden muß, wenn die Menschen daran gehindert werden, Institutionen zu entwickeln und zu nutzen, die mit ihren Handlungszielen übereinstimmen. Die Frage, inwieweit diese *Kongruenz* in verschiedenen Wirtschaftssystemen herstellbar ist, setzt die Kenntnis der Beschaffenheit und Funktionsweise von Wirtschaftsordnungen und ihrer Teilordnungen voraus. So bestimmen offensichtlich die Umstände der systemspezifischen Wirtschaftsrechnung maßgeblich die Entstehung und Entwicklung von inneren Institutionen. Demzufolge wird die institutionelle Effizienz wesentlich durch die Effizienz des vorherrschenden Rechnungszusammenhangs bestimmt. Aus dieser Sicht ist die Entscheidung für eine bestimmte Wirtschaftsrechnung eine Entscheidung über die Entstehung und Entfaltung von bestimmten Institutionen.

Systemkonformität der Institutionen sagt noch nichts über ihre Effizienz im Hinblick auf das Kongruenzkriterium aus. So sind die vielfältigen Hilfsverfahren der Koordination in zentralgeplanten Volkswirtschaften durchaus systemkonform, gleichwohl sind sie aber offensichtlich für die Lösung des *Kongruenzproblems* als wenig wirkungsvoll zu bezeichnen. Offensichtlich beruhen die sozialistischen Produktionsverhältnisse nicht auf ökonomischen Zweckmäßigkeitserwägungen im Sinne eines umfassenden individualistischen Kongruenzkonzepts, sondern haben der politisch-ideologischen Absicherung des Handlungsbereichs der monopolistischen Staatspartei zu dienen. Deshalb ist die Beobachtung, daß die politischen Herrscher in den sozialistischen Ländern in Reformfragen ungleich systematischer und nachdrücklicher zur „rationalen politischen Ignoranz" neigen als die Führer demokratischer Parteien, durchaus ökonomisch erklärbar, wenn auch nur im Sinne eines *exklusiven* individualistischen Kongruenzkonzepts. Hier wird eine Schwäche des theoretischen Institutionalismus erkennbar. Die Regeln rationaler Institutionenwahl sind nach dem Transaktionskostenkonzept in Verbindung mit dem Property Rights-Ansatz nicht deutlich genug unter Gesichtspunkten des Konformitätskriteriums und des Kongruenzkriteriums differenziert. Gerade unter sozialistischen Produktionsverhältnissen erweist sich die Nutzenmaximierungshypothese als hochgradig empfänglich für eine Rationalisierung der jeweils getroffenen Institutionenwahl nach Bedarf der Entscheidungsträger. Was Gernot Gutmann für den wirtschaftlichen Systemvergleich generell feststellt, gilt auch für den theoretischen Institutionalismus: „Wirtschaftlicher Systemvergleich ohne ordnungstheoretische Fundierung wird ... immer nur ein Torso bleiben".[54]

[54] Gernot Gutmann: Probleme des Vergleichs alternativer Wirtschaftssysteme. Dargestellt am Beispiel Bundesrepublik Deutschland – DDR, in: Gottfried Zieger (Hrsg.): Recht, Wirtschaft, Politik im geteilten Deutschland. Festschrift für Siegfried Mampel zum 70. Geburtstag am 13. September 1983, Köln–Berlin–Bonn–München 1983, S. 279.

Literatur

Benelli, Guiseppe: Mitbestimmung und Selbstverwaltung. Eine ökonomische Analyse der Arbeitnehmerpartizipation, Köln 1983.

Böhm, Franz: Eine Kampfansage an Ordnungstheorie und Ordnungspolitik. Zu einem Aufsatz in Kyklos, in: ORDO, Jahrbuch für die Ordnung von Wirtschaft und Gesellschaft, Bd. XXIV, 1973, S. 11-48.

Bössmann, Eva: Volkswirtschaftliche Probleme der Transaktionskosten, in: Zeitschrift für die gesamte Staatswissenschaft, Bd. 138, 1982, S. 664-679.

Bohnet, Armin: Effizienz und Preise – zwei zentrale Kategorien in der Wirtschaftsordnungstheorie, in: ders. (Hrsg.): Preise im Sozialismus. Kontinuität im Wandel. Teil II: Zur Theorie und Praxis gesamtwirtschaftlicher Preissysteme, Berlin 1984, S. 121-152.

Bohnet, Armin (Hrsg.): Preise im Sozialismus. Kontinuität im Wandel. Teil II: Zur Theorie und Praxis gesamtwirtschaftlicher Preissysteme, Berlin 1984.

Brunner, Georg (Hrsg.): Wirtschaftsrecht, internationaler Handel und friedliche Koexistenz aus osteuropäischer Sicht, Berlin 1982.

Buchanan, James M. / Tullock, Gordon: The Calculus of Consent, Michigan 1972.

Buchanan, James M.: The Limits of Liberty. Between Anarchy and Leviathan, Chicago–London 1975. Deutsch: Die Grenzen der Freiheit. Zwischen Anarchie und Leviathan, Tübingen 1984.

Buchanan, James M.: Rights, Efficiency and Exchange: The Irrelevanz of Transactions Cost, in: Neumann, Manfred (Hrsg.): Ansprüche, Eigentums- und Verfügungsrechte, Berlin 1984, S. 9-24.

Cassel, Dieter (Hrsg.): Wirtschaftspolitik im Systemvergleich, München 1984.

Cheung, Steven N. S.: The Contractual Nature of the Firm, in: Journal of Law and Economics, Vol. XXVI, 1983, S. 1-21.

Coase, Ronald: The Nature of the Firm, in: Economica, Vol. IV, 1937, S. 386-405.

Commons, John R.: Institutional Economics, New York 1934.

Demsetz, Harold: Economic, Legal and Political Dimensions of Competition, 2. Aufl., Amsterdam–New York–Oxford 1983.

„Die Studie von Nowosibirsk", dt. Übersetzung in: Osteuropa-Archiv, vormals Ost-Probleme, 34. Jg., Nr. 184, 1984, A 1–A 25.

Frey, Bruno S.: Theorie demokratischer Wirtschaftspolitik, München 1981.

Gutmann, Gernot: Zur Ordnungskonformität von Wirtschaftspolitik in der Zentralverwaltungswirtschaft sowjetischen Typs, Kölner Universitätsreden, Nr. 60, Köln 1983.

Gutmann, Gernot: Probleme des Vergleichs alternativer Wirtschaftssysteme. Dargestellt am Beispiel Bundesrepublik Deutschland – DDR, in: Zieger, Gottfried (Hrsg.): Recht, Wirtschaft, Politik im geteilten Deutschland. Festschrift für Siegfried Mampel zum 70. Geburtstag am 13. September 1983, Köln–Berlin–Bonn–München 1983, S. 271-295.

Habermas, Jürgen: Erkenntnis und Interesse, Frankfurt/M. 1968.

Haffner, Friedrich: Die neueren Entwicklungen des Wirtschaftssystems der DDR und der Sowjetunion im Lichte eines erweiterten Systemansatzes, in: FS-Analysen, hrsg. von der Forschungsstelle für gesamtdeutsche wirtschaftliche und soziale Fragen, Nr. 6, 1980, S. 5-32.

Haffner, Friedrich: Wirtschaftspolitik im sowjetischen Sozialismus, in: Cassel, Dieter (Hrsg.): Wirtschaftspolitik im Systemvergleich, München 1984, S. 263-280.

Hayek, Friedrich A. von: Arten der Ordnung, in: ORDO, Jahrbuch für die Ordnung von Wirtschaft und Gesellschaft, Bd. XIV, 1963, S. 3-20.

Hayek, Friedrich A. von: Die Verfassung der Freiheit, Tübingen 1971.

Hayek, Friedrich A. von: Sozialistische Wirtschaftsrechnung I. und III., in: ders.: Individualismus und wirtschaftliche Ordnung, 2. Aufl., Salzburg 1976, S. 156-191 und S. 233-267.

Hayek, Friedrich A. von: Individualismus und wirtschaftliche Ordnung, 2. Aufl., Salzburg 1976.

Hedtkamp, Günter: Artikel „Wirtschaftssystem, UdSSR", in: Handwörterbuch der Wirtschaftswissenschaft (HdWW), Neunter Bd., Stuttgart–New York–Tübingen–Göttingen–Zürich 1982, S. 383-399.

Hensel, K. Paul: Systemvergleich als Aufgabe, Stuttgart–New York 1977.

Hensel, K. Paul: Der Zwang zum wirtschaftspolitischen Experiment in zentral gelenkten Wirtschaften, in: ders.: Systemvergleich als Aufgabe, Stuttgart–New York 1977, S. 173-182.

Kornai, Janós: Comments on the Present State and Prospects of the Hungarian Economic Reform, in: Journal of Comparative Economics, Vol. 7, 1983, S. 225-252.

Krüsselberg, Hans-Günter: Property Rights-Theorie und Wohlfahrtsökonomik, in: Schüller, Alfred (Hrsg.): Property Rights und ökonomische Theorie, München 1983, S. 45-77.

Lachmann, Ludwig M.: Wirtschaftsordnung und wirtschaftliche Institutionen, in: ORDO, Jahrbuch für die Ordnung von Wirtschaft und Gesellschaft, Bd. XIV, 1963, S. 63-77.

Leipold, Helmut: Die Kombinatsreform in der DDR im Lichte der Transaktionskostenökonomie, in: Jahrbuch für Neue Politische Ökonomie, 3. Bd., Stuttgart–New York 1983, S. 252-267.

Leipold, Helmut: Der Einfluß von Property Rights auf hierarchische und marktliche Transaktionen in sozialistischen Wirtschaftssystemen, in: Schüller, Alfred (Hrsg.): Property Rights und ökonomische Theorie, München 1983, S. 185-217.

Mestmäcker, Ernst-Joachim: Die sichtbare Hand des Rechts. Über das Verhältnis von Rechtsordnung und Wirtschaftssystem, Baden-Baden 1978.

Meyer, Willi: Entwicklung und Bedeutung des Property Rights-Ansatzes in der Nationalökonomie, in: Schüller, Alfred (Hrsg.): Property Rights und ökonomische Theorie, München 1983, S. 1-44.

Mueller, Dennis C.: Public Choice: A Survey, in: Journal of Economic Literature, Vol. 14, 1976, S. 395-433.

Mueller, Dennis C.: Public Choice, Cambridge 1979.

Nagy, Tamás: Das System „weltmarktorientierter" Preise in Ungarn, in: Bohnet, Armin (Hrsg.): Preise im Sozialismus. Kontinuität im Wandel. Teil II: Zur Theorie und Praxis gesamtwirtschaftlicher Preissysteme, Berlin 1984, S. 69-95.

Pomorski, Stanislaw: Die gegenwärtige Wirtschaftsrechtsdiskussion in der Sowjetunion, in: Brunner, Georg (Hrsg.): Wirtschaftsrecht, internationaler Handel und friedliche Koexistenz aus osteuropäischer Sicht, Berlin 1982, S. 11-22.

Popkiewicz, Józef / Schumann, Jochen (Hrsg.): Aufgaben und Funktionsweisen der Unternehmungen in den Wirtschaftsordnungen Polens und der Bundesrepublik Deutschland, Bad Honnef 1980.

Roppel, Ulrich: Ökonomische Theorie der Bürokratie, Freiburg 1979.

Schmidtchen, Dieter: German „Ordnungspolitik" as Institutional Choice, in: Zeitschrift für die gesamte Staatswissenschaft, Bd. 140, 1984, S. 54-70.

Schneider, Dieter: Unternehmer und Unternehmung in der heutigen Wirtschaftstheorie und der deutschsprachigen Nationalökonomie der Spätklassik, in: Studien zur Entwicklung der ökonomischen Theorie, Schriften des Vereins für Socialpolitik, N.F., Bd. 115/V, Berlin 1986, S. 30-79.

Schüller, Alfred: Zum Verhältnis von Aktieneigentum und Wettbewerbsordnung – Ein Befund aus der Sicht der Property Rights-Theorie, in: Popkiewicz, Józef / Schumann, Jochen (Hrsg.): Aufgaben und Funktionsweisen der Unternehmungen in den Wirtschaftsordnungen Polens und der Bundesrepublik Deutschland, Bad Honnef 1980, S. 107-132.

Schüller, Alfred: Die Verschuldungskrise Polens als Ordnungsproblem, in: ORDO, Jahrbuch für die Ordnung von Wirtschaft und Gesellschaft, Bd. 33, 1982, S. 3-38.

Schüller, Alfred (Hrsg.): Property Rights und ökonomische Theorie, München 1983.

Schüller, Alfred: Unternehmensgebundene Verfügungsrechte im Spannungsfeld zwischen marktwirtschaftlichen Funktionserfordernissen und sozialstaatlichen Bindungen, in: Utz, Artur F. (Hrsg.): Das Unternehmen als Größe der Arbeitswelt – Der Arbeiter als Gesellschafter?, Bonn 1984, S. 124-214.

Stützel, Wolfgang: Preis, Wert und Macht, 2. Aufl., Aalen 1972.

Utz, Artur F. (Hrsg.): Das Unternehmen als Größe der Arbeitswelt – Der Arbeiter als Gesellschafter?, Bonn 1984.

Veljanowski, Cento G.: The New Law-and-Economics. A Research Review, Oxford 1982.

Watrin, Christian: Markt und Staat als Systeme der Ressourcenallokation, in: Woll, Artur u.a. (Hrsg.): Nationale Entwicklung und internationale Zusammenarbeit, Berlin–Heidelberg–New York–Tokyo 1983, S. 3-10.

Williamson, Oliver: The Modern Corporation: Origins, Evolution, Attributes, in: Journal of Economic Literature, Vol. XIX, 1981, S. 1537-1568.

Woll, Artur u.a. (Hrsg.): Nationale Entwicklung und internationale Zusammenarbeit, Berlin–Heidelberg–New York–Tokyo 1983.

Zieger, Gottfried (Hrsg.): Recht, Wirtschaft, Politik im geteilten Deutschland. Festschrift für Siegfried Mampel zum 70. Geburtstag am 13. September 1983, Köln–Berlin–Bonn–München 1983.

Georg Brunner

METHODEN UND PROBLEME EINES INTERSYSTEMAREN VERGLEICHS VON VERFASSUNGEN UND POLITISCHEN SYSTEMEN

I. Bestandsaufnahme

Zwar läßt sich im System der Wissenschaften schon seit der Antike und namentlich seit der Verfassungssammlung des Aristoteles, von der leider nur die „Athinaion Politeia" erhalten geblieben ist, eine Disziplin ausmachen, die man am treffendsten wohl als *Vergleichende Regierungslehre* bezeichnen kann [1], doch haben sich unter den einschlägigen komparatistischen Bemühungen – von seltenen Ausnahmen so großer Geister wie Jean Bodin [2] und Baron de Montesquieu [3] abgesehen – bis in die jüngste Zeit kaum Werke befunden, denen das Prädikat eines intersystemaren Vergleichs im strengen Sinne zugesprochen werden könnte. Der traditionelle Systemvergleich war und ist ein intrasystemarer Vergleich in dem Sinne, daß als Ausgangs- und Bezugspunkt die jeweilige politische Organisation gesellschaftlichen Zusammenlebens im Abendland gedient hat, als deren Prototyp sich in moderner Zeit der demokratische Verfassungsstaat herausgebildet hat. Zu den Weltregionen, denen dieser demokratische Verfassungsstaat zumindest als ideelles Leitbild gedient hat, mochte zur Not auch noch Lateinamerika gerechnet werden. Problematischer wurden die Dinge erst nach dem Ersten Weltkrieg, als sich faschistische Systeme als vorübergehende und kommunistische Systeme – wie es sich nach 1945 herausstellen sollte – als dauerhafte Formen einer totalitären Diktatur etabliert haben und im Zuge des in der zweiten Hälfte der fünfziger Jahre einsetzenden Entkolonialisierungsprozesses in Asien und Afrika autoritäre Regierungssysteme vielfältiger Art entstanden sind, denen man nun auch die lateinamerikanischen Diktaturen mit leichterem Gewissen zuordnen konnte, als dies zuvor mit verklärtem Blick auf den demokratischen Verfassungsstaat geschehen war. Mit der Erkenntnis, daß man auf absehbare Zeit wohl mit „drei Welten" wird leben müssen, deren politische Organisationsformen sich,

1 Zur Entstehung und Entwicklung dieser Disziplin vgl. Georg Brunner: Vergleichende Regierungslehre, Bd. 1, Paderborn 1979, S. 22 ff.

2 Six livres de la République, 1576.

3 De l'Esprit des lois, 1748.

unbeschadet der unvermeidlichen Grenzfälle, grundlegend voneinander unterscheiden, hat die Geburtsstunde des intersystemaren Vergleichs geschlagen. Bei Lichte besehen handelte es sich eigentlich um eine Geburtenserie. Als mehrfach gebärende Mütter mochten noch vielleicht die Rechtswissenschaft und die Politikwissenschaft identifiziert werden, aber die Spuren der Väter – pater semper incertus! – verloren sich vielfach im Dunkel wissenschaftlich zweifelhafter Herkunft.

In Anbetracht der fragwürdigen Genealogie des intersystemaren Vergleichs kann höchstens idealtypisch zwischen einem rechtswissenschaftlichen und einem politikwissenschaftlichen Zweig der Komparatistik unterschieden werden, die sich dadurch voneinander abheben müßten, daß der eine sich auf die Untersuchung der rechtsnormativen Grundordnung politischer Gemeinwesen beschränkt, wohingegen der andere sich die Aufklärung der tatsächlichen Beschaffenheit politischer Gemeinwesen zum Ziele setzt. In Wirklichkeit sind die Grenzen fließend und müssen es meines Erachtens aus später darzulegenden Gründen auch sein. Schon aus diesem Grunde wäre es schwierig, die Entwicklung der einzelnen Ansätze des intersystemaren Vergleichs mit ihren gegenständlichen und methodologischen Differenzierungen schön säuberlich nachzuzeichnen. An dieser Stelle verbietet sich dies aus Raumgründen ohnehin. Nur thesenförmig sollen einige Feststellungen getroffen werden, die zum Verständnis des gegenwärtigen Standes der Vergleichenden Regierungslehre unerläßlich sind.

Die im 19. Jahrhundert als juristische Disziplin fest etablierte *Rechtsvergleichung* hat zum Systemvergleich in unserem Sinne recht wenig beigetragen, begreift sie sich doch traditionell als Privatrechtsvergleichung. Es wäre demnach zu erwarten gewesen, daß sich daneben und unter anderer Bezeichnung, etwa als Verfassungsvergleichung, ein spezieller, komparatistischer Zweig des öffentlichen Rechts entwickelt hätte, der sich dem intersystemaren Vergleich nationaler Verfassungsrechte annehmen würde. Dies ist allerdings nur sehr bedingt der Fall gewesen. Obwohl der Begriff *Verfassungsvergleichung* in der Rechtswissenschaft durchaus geläufig ist, fehlt es dieser Disziplin – wenn sie überhaupt als solche bezeichnet werden kann – bis zum heutigen Tage an fest umrissenen Konturen.[4] Dementsprechend sind Gesamtdarstellungen der Verfassungsvergleichung äußerst rar, zumal, wenn man von ihnen auch einen intersystemaren Vergleich erwartet.[5] Die rechtswissenschaftliche Heimat

---

[4] Vgl. hierzu Herbert Krüger: Stand und Selbstverständnis der Verfassungsvergleichung heute, Verfassung und Recht in Übersee 1972, S. 5 ff.; Fritz Münch: Einführung in die Verfassungsvergleichung, Zeitschrift für ausländisches öffentliches Recht und Völkerrecht 1973, S. 126 ff.

[5] So vor allem: C. F. Strong: Modern Political Constitutions, London 1930, 8. Aufl. (bearbeitet von M. G. Clarke), 1972; Paolo Biscaretti di Ruffìa: Introduzione al diritto costituzionale comparato, Milano 1969, 3. Aufl. 1974. Zu nennen ist auch bei allen ideologischen Vorbehalten: Ottó Bihari: Összehasonlító államjog (Vergleichendes Staatsrecht), Budapest 1967.

der Vergleichenden Regierungslehre ist im deutschen Kulturkreis vielmehr die *Allgemeine Staatslehre*, der im romanischen und angelsächsischen Bereich weniger ausgeprägte Spezialdisziplinen entsprechen. Freilich ist die Charakterisierung der Allgemeinen Staatslehre als einer rechtswissenschaftlichen Disziplin nicht unproblematisch: Sie ist historisch gesehen ein Abkömmling der enzyklopädisch-umfassend konzipierten „Gesamten Staatswissenschaften", und sie hat sich nach Überwindung des Rechtspositivismus in zunehmendem Maße für politikwissenschaftliche Fragestellungen geöffnet. In unserem Zusammenhang kommt dem Umstand größere Bedeutung zu, daß die Allgemeine Staatslehre – von wenigen Ausnahmen abgesehen[6] – zumindest schwerpunktmäßig noch immer eine Wissenschaft von den allgemeinen Lehren und Gestaltungsformen des westlich-demokratischen Verfassungsstaates geblieben ist, die folglich nur zaghafte und punktuelle Beiträge zum intersystemaren Vergleich leistet. Stärkere Impulse sind dann schon aus Frankreich zu erwarten, wo an den Rechtsfakultäten 1954 der Kurs „Verfassungsrecht und politische Institutionen" eingeführt worden ist, in dem das Verfassungsrecht komparatistisch und von einem politikwissenschaftlichen Standpunkt aus gelehrt werden sollte. Im Ergebnis dieser Neuerung ist unter dem Titel *Droit constitutionnel et institutions politiques* eine Reihe von Studienbüchern erschienen, die der Sache nach neben der Darstellung des französischen Verfassungsrechts eine intersystemare Institutionenvergleichung zum Gegenstand zu haben pflegen.[7]

Der erste Schritt zur Erweiterung der Vergleichenden Regierungslehre von einem intrasystemaren Vergleich demokratischer Verfassungsstaaten zu einem intersystemaren Vergleich wurde im Zusammenhang mit dem *Totalitarismuskonzept* unternommen, das in den dreißiger Jahren vornehmlich von deutschen Emigranten in den Vereinigten Staaten entwickelt wurde, um zunächst das nationalsozialistische Deutschland und das faschistische Italien sowie später die kommunistische Sowjetunion herrschaftstheoretisch zu erfassen. Dieses Konzept fand dann Eingang in die späteren Auflagen der führenden zeitgenössischen Gesamtdarstellungen der Vergleichenden Regierungslehre, die sich somit zu intersystemaren Vergleichen erweiterten.[8] Nach dem Zweiten Weltkrieg bewirkte die aufkommende *Entwicklungsländerforschung* die Bereiche-

6 So vor allem Felix Ermacora: Allgemeine Staatslehre, 2 Teilbände, Berlin 1970.

7 Die bekanntesten Studienbücher dieser Art stammen aus der Feder von Georges Burdeau, Charles Cadoux, Michel-Henri Fabre, André Hauriou, Claude Leclercq und Marcel Prélot. Über Umfang und Anspruchsniveau eines Studienbuches gehen hinaus: Maurice Duverger: Institutions politiques et droit constitutionnel, 2 Bände, Paris 1955, 15. Aufl. 1978; Jacques Cadart: Institutions politiques et droit constitutionnel, 2 Bände, Paris 1975.

8 Herman Finer: Theory and Practice of Modern Government, 2 Bände, New York 1932; etwas gekürzt in einem Band: New York 1934, 2. Aufl. 1949; deutsch: Der moderne Staat, 3 Bände, Stuttgart 1957/58; Carl Joachim Friedrich: Constitutional Government and Politics, New York 1937; seit der 2. Auflage (1941) unter dem Titel: Constitutional Government and Democracy, Boston, 4. Aufl. 1968; deutsch: Der Verfassungsstaat der Neuzeit, Berlin 1953.

rung der Vergleichenden Regierungslehre um eine dritte Dimension. Betrachtet man die repräsentativen Werke, die auf der Basis einer dreidimensionalen, intersystemaren Komparatistik entstanden sind, so kommt man um die Feststellung nicht herum, daß es den politikwissenschaftlich ausgerichteten Verfassungsrechtlern wesentlich besser und ungezwungener gelungen ist, die Unterschiede und Gemeinsamkeiten in der tatsächlichen Beschaffenheit unterschiedlicher politischer Systeme zu verdeutlichen[9], als vielen reinrassigen Politologen, die sich mit Institutionen und Normen nicht selten schwertun.[10] Andererseits muß zugegeben werden, daß bei den Politikwissenschaftlern juristischer Provenienz die sachgerechte Erfassung der politischen Realität weniger die Frucht eines ausgeprägten Methodenbewußtseins denn als die natürliche Folge klaren Denkens und ausgewogenen Urteilsvermögens gewesen ist. Die fruchtbarsten methodologischen Impulse sind von der amerikanischen *Political Science* ausgegangen und wurden durch die Beschäftigung mit der Dritten Welt veranlaßt. Von ihr wurden die Grundgedanken der allgemeinen Systemtheorie aufgegriffen und in Gestalt der strukturell-funktionalen Methode zunächst für die Analyse der politischen Systeme der Entwicklungsländer fruchtbar gemacht.[11] In der Folgezeit ist der strukturell-funktionale Ansatz – neben und teilweise in Verbindung mit dem entwicklungstheoretischen Ansatz[12] – zu einer beliebten und vermutlich zu der am weitesten verbreiteten Methode des intersystemaren Vergleichs in der Politikwissenschaft geworden.[13]

Der *innerdeutsche Systemvergleich*, um den es in unserem Zusammenhnag in erster Linie geht, stellt nur einen Ausschnitt aus der Gesamtproblematik des intersystemaren Vergleichs dar. Abgesehen von den auch in der Öffentlichkeit ausführlich diskutierten „Materialien zum Bericht zur Lage der Nation" (1971, 1972, 1974) sind zwar in diesem Bereich der Komparatistik bedeutende Einzeluntersuchungen monographischer Natur und sich bedeutend dünkende Reflexionen theoretischer Natur anzutreffen, aber die wenigen vorhandenen Gesamtvergleiche haben den bescheidenen Rahmen der politischen Bildungs-

---

9 So vor allem: Georges Burdeau: Traité de science politique, 7 Bände, Paris 1949/57, 2. Aufl., 10 Bände, 1967/77; Karl Loewenstein: Political Power and the Governmental Process, Chicago 1957, 2. Aufl. 1962, deutsch: Verfassungslehre, Tübingen 1959, 2. Aufl. 1969.

10 So etwa S. E. Finer: Comparative Government, Harmondsworth 1970; Peter H. Merkl: Modern Comparative Politics, New York 1970; Gary K. Bertsch / Robert P. Clark / David M. Wood: Comparing Political Systems, New York 1978, 2. Aufl. 1982.

11 So mit nachhaltiger Wirkung Gabriel A. Almond / James S. Coleman (Hrsg.): The Politics of the Developing Areas, Princeton/N.J. 1960.

12 Repräsentativ etwa Samuel P. Huntington: Political Order in Changing Societies, New Haven/Conn. 1968.

13 Exemplarisch für diese Richtung etwa: Gabriel A. Almond / S. Bingham Powell, Jr.: Comparative Politics, Boston 1966, 2. Aufl. 1978; Jean Blondel: An Introduction to Comparative Government, London 1969; ders.: Comparing Political Systems, New York 1972.

literatur noch nicht gesprengt.[14] Statt ihrer näheren Würdigung mag deshalb im folgenden gleich auf die Sachproblematik des intersystemaren und insbesondere des innerdeutschen Systemvergleichs eingegangen werden.

II. Theoretisch-methodologische Überlegungen

Die Frage, ob ein umfassender Systemvergleich in bezug auf die Verfassungen und/oder politischen Systeme beider deutscher Staaten sinnvoll und überhaupt möglich sei, wird kontrovers beurteilt. Sie ist unlängst von W. Bleek jedenfalls unter politikwissenschaftlichen Gesichtspunkten vor allem unter Berufung auf die Komplexität des politischen Systems vehement verneint worden.[15] Daß das politische System ein äußerst komplexes Phänomen ist, sei unbestritten. Mit dieser Feststellung ist indes die Frage noch nicht beantwortet, ob es auf dem Wege der Komplexitätsreduktion nicht möglich sei, die konstituierenden Elemente des politischen Systems zu identifizieren und so zu einem allgemeinen politischen Systembegriff zu gelangen, der die Formulierung systemübergreifender Fragen gestattet und folglich einen intersystemaren Gesamtvergleich ermöglicht. Dies ist m.E. durchaus möglich, und die Lösung soll weiter unten auch angedeutet werden.

Aus Zweckmäßigkeitsgründen soll aber zunächst ein anderes Problem erörtert werden, nämlich das Problem des *sachgerechten Vergleichsgegenstandes*: Sollen die Verfassungsordnungen oder die politischen Systeme beider deutscher Staaten miteinander verglichen werden? Oder kann beides – je nach den stärker juristisch oder politikwissenschaftlich orientierten Neigungen des jeweiligen Wissenschaftlers – nebeneinander geschehen? Da die Verfassungsordnung gegenüber dem politischen System der weniger komplexe Begriff ist, sollen die einschlägigen Überlegungen an der Möglichkeit einer innerdeutschen Verfassungsvergleichung ansetzen.

Eine *innerdeutsche Verfassungsvergleichung* ist möglich, wenn es einen allgemeinen Verfassungsbegriff gibt, der auf die zu vergleichenden Systeme gleichermaßen Anwendung finden kann. Diese Voraussetzung scheint auf den ersten Blick gegeben zu sein, da man unter Verfassung im juristischen Sinne – sieht man von den Akzidenzien der jeweiligen Definitionen ab – in Ost und West in gleicher Weise die rechtliche Grundordnung des politischen Gemein-

---

14 Als Grundrisse dieser Art sollen zwei Veröffentlichungen genannt werden, die jeweils für den politikwissenschaftlichen bzw. den verfassungsrechtlichen Ansatz repräsentativ sind: Wolfgang Behr: Bundesrepublik Deutschland – Deutsche Demokratische Republik, Stuttgart 1979; Karin Schmid: Die Verfassungssysteme der Bundesrepublik Deutschland und der DDR, Berlin 1982. Weitere Produkte dieser Literaturgattung werden genannt und gewürdigt bei Wilhelm Bleek: Zwischendeutsche Vergleiche, Deutschland-Archiv 1982, S. 717 ff.

15 Bleek (Anm. 14), S. 729 f.

wesens versteht, die jedenfalls drei Dinge zu leisten hat:[16] 1. Sie soll die Staatsgewalt konstituieren, indem sie die Grundzüge des staatlichen Aufbaus, die Kompetenzen und Verfahren der Verfassungsorgane festlegt (Staatsorganisationsrecht). 2. Sie soll die allgemeine Rechtsstellung des Einzelnen im Gemeinwesen bestimmen (Grundrechtsteil). 3. Sie soll Leitprinzipien einer materialen Wertordnung für das Gemeinwesen aufstellen. Der erfreuliche Anschein, den dieser gemeinsame Verfassungsbegriff weckt, trügt allerdings, und zwar nicht deshalb, weil die letztgenannten Leitprinzipien einer materialen Wertordnung in einem demokratischen Verfassungsstaat und in einer kommunistischen Diktatur offenkundig divergieren. Hierbei handelt es sich um inhaltliche Unterschiede in der Regelung eines bestimmten Sachbereichs, die – auf den gemeinsamen Nenner der materialen Wertordnung gebracht – aufgedeckt und einander gegenübergestellt werden können. Das entscheidende Problem liegt darin, daß sich hinter dem in der Verfassungsdefinition gemeinsam verwendeten Ausdruck „*rechtliche* Grundordnung" ein unterschiedliches Rechts- und somit Verfassungsverständnis verbirgt, das weitreichende Folgen für die Rechts- und Verfassungspraxis zeitigt. Im Rechtsstaat wird der politische Prozeß durch das Recht begrenzt und kanalisiert, die Träger der politischen Macht sind an das Recht gebunden, dem Recht gebührt der Primat gegenüber der Politik. In einer kommunistischen Diktatur hingegen ist die Politik dem Recht übergeordnet, das Recht gilt nur im Rahmen der politischen Zweckmäßigkeit, es herrscht der Primat der Politik. Die ideologischen Versatzstücke für die These vom Primat der Politik sind die Lehren von der führenden Rolle der Partei, dem Instrumentalcharakter des Rechts und die sozialistische Gesetzlichkeit. Die kommunistische Partei ist nach ihrem Selbstverständnis mit dem wissenschaftlichen Erkenntnis- und dem politischen Führungsmonopol ausgestattet und bedient sich zur Durchsetzung der von ihr als richtig erkannten Politik verschiedener Instrumente. Eines dieser Instrumente ist das Recht, das nach politischen Zweckmäßigkeitsgesichtspunkten gesetzt und angewandt werden muß. Den mangelnden Eigenwert und die durchgehende Politisierung des Rechts bringt der Grundsatz der sozialistischen Gesetzlichkeit zum Ausdruck: „Gesetzlichkeit und Recht sind Ausdruck und Instrument der bewußten Durchsetzung der geschichtlichen Notwendigkeiten. Darin liegt gleichzeitig ihre wissenschaftlich begründete Parteilichkeit. Parteilichkeit und Gesetzlichkeit stehen nicht in einem alternativen oder einander ergänzenden Verhältnis zueinander. Die sozialistische Gesetzlichkeit ist Ausdruck der Parteilichkeit."[17] Es ist die Konsequenz dieses Rechts- und Verfassungsverständnisses, daß von

---

[16] Vgl. etwa die Definitionen bei Konrad Hesse: Grundzüge des Verfassungsrechts der Bundesrepublik Deutschland, 15. Aufl., Heidelberg 1985, S. 10 f.; Klaus Stern: Das Staatsrecht der Bundesrepublik Deutschland, Bd. I, München 1977, S. 53; Stichwort „Verfassung", in: Kleines Politisches Wörterbuch, Berlin (Ost) 1973, S. 880; Staatsrecht der DDR, Lehrbuch, 2. Aufl., Berlin (Ost) 1984, S. 32.

[17] Marxistisch-leninistische Staats- und Rechtstheorie. Lehrbuch, 3. Aufl., Berlin (Ost) 1980, S. 426.

der Verfassung gar nicht erwartet wird, daß sie irgend etwas verbindlich regelt. Die Normativität kommunistischer Verfassungen ist wesensmäßig eingeschränkt oder nicht vorhanden; genauer gesagt: eine kommunistische Verfassung entfaltet nur insofern normative Kraft, als dies von der Partei für zweckmäßig erachtet wird.[18] Aus diesem konträren Verfassungsverständnis folgt die Unmöglichkeit eines mit normativ-juristischen Methoden betriebenen intersystemaren Verfassungsvergleichs. Denn dieser setzt die gleiche normative Kraft der zu vergleichenden Rechtsnormen voraus; diese Voraussetzung ist wiederum beim demokratischen Verfassungsstaat und der kommunistischen Parteidiktatur offenkundig nicht gegeben.

Da die Verfassung aus den dargelegten Gründen kein geeigneter Bezugspunkt für einen intersystemaren Vergleich ist, muß als Vergleichsbasis nach einem komplexeren „gemeinsamen Nenner" Ausschau gehalten werden. Als solcher kommt das „politische System" in Betracht, welcher Begriff – obzwar aus der amerikanischen Politikwissenschaft kommend – inzwischen in allen kommunistischen Ländern rezipiert worden ist und sogar in den Text der Sowjetverfassung vom 7. 10. 1977 Eingang gefunden hat (Art. 6 und 9). Da dieser Begriff – übrigens auch nach dem Verständnis der DDR – auf die tatsächliche Machtstruktur eines politischen Gemeinwesens abzielt und in institutioneller Hinsicht auch die außerstaatlichen Machtträger erfaßt, die keine Verfassungsorgane sind, sind keine Hinderungsgründe ersichtlich, einen *politischen Systemvergleich* mit Aussicht auf Erfolg durchzuführen. Denn es wird vernünftigerweise kaum zu bestreiten sein, daß sowohl die Bundesrepublik Deutschland als auch die DDR über eine tatsächliche Machtstruktur verfügen, die analysiert und mit anderen Machtstrukturen verglichen werden kann. Natürlich bedarf der *Begriff des „politischen Systems"* einer genaueren Umschreibung, um als Bezugspunkt für einen intersystemaren Vergleich brauchbar zu sein. An dieser Stelle kann dies nur in aller Kürze und apodiktisch geschehen:[19] Das politische System ist die Ordnung, in der das Gemeinwesen seine öffentlichen Angelegenheiten gestaltet. Diese Ordnung stellt sich als ein Wirkungszusammenhang dar, in dem mittels der Macht Entscheidungen getroffen und durchgeführt werden. Daraus ergeben sich mindestens vier Fragen, die in allen politischen Systemen notwendigerweise auftauchen, aber in concreto natürlich unterschiedlich beantwortet werden können: 1. Wer trifft die Entscheidungen? 2. Wie groß ist die Reichweite der Entscheidungen. 3. Zu welchem Zweck werden Entscheidungen getroffen? 4. Mit welchen Mitteln werden die Entscheidungen

[18] Zu den Funktionen, die eine kommunistische Verfassung unter diesen Umständen tatsächlich erfüllt, vgl. Georg Brunner: Die Funktionen der Verfassung in den sozialistischen Staaten im Spiegel der neueren Verfassunggebung, in: Friedrich-Christian Schroeder / Boris Meissner (Hrsg.): Verfassungs- und Verwaltungsreform in den sozialistischen Staaten, Berlin 1978, S. 10 ff. (S. 39 ff.).

[19] Ausführlicher hierzu Brunner (Anm. 1), S. 15 ff., S. 60 ff. Zur Anwendung dieses politischen Systembegriffs auf die DDR vgl. Georg Brunner: Das politische System der DDR, in: Politische Systeme in Deutschland, Berlin 1980, S. 41 ff.

durchgeführt? Bezeichnet man die politische Macht, die die Fähigkeit vermittelt, Grundentscheidungen zu treffen, als Herrschaft, so lassen sich diese vier Fragen zu analytischen Zwecken in entsprechende Konzepte umsetzen: 1. Herrschaftsstruktur, 2. Herrschaftsumfang, 3. Herrschaftsziele, 4. Herrschaftsausübung.

Als *Zwischenergebnis* der bisherigen Überlegungen ist festzuhalten: Ein intersystemarer Vergleich kann vernünftigerweise nur als politischer Systemvergleich durchgeführt werden, der nicht von den Verfassungsnormen, sondern von der politischen Realität ausgeht. Natürlich muß nicht immer die Totalität der in Rede stehenden politischen Systeme miteinander verglichen werden. Sektorale Vergleiche, die sich mit bestimmten Systemausschnitten begnügen, haben durchaus ihren Sinn. Die richtig verstandene Verfassungsvergleichung wäre demnach nichts anderes als ein – wenn auch recht umfassender – sektoraler politischer Systemvergleich, nämlich ein Vergleich der Teile von politischen Systemen, die vom Regelungsbereich der Verfassungen herkömmlicherweise erfaßt werden. Der Unterschied zwischen dem politischen Systemvergleich und der Verfassungsvergleichung ist somit letztlich nur ein quantitativer. Eine sich qualitativ andersartig begreifende Verfassungsvergleichung, die ihre Aufmerksamkeit auf die Verfassungsnormen konzentrieren würde, wäre hingegen verfehlt und irreführend, da sie von der unzutreffenden Annahme gleicher Normativität der zu vergleichenden Rechtsnormen ausgehen würde.

Bei den *methodologischen Überlegungen* scheint es mir nach wie vor am zweckmäßigsten zu sein, von der formalen Beschaffenheit des politischen Systems auszugehen. Eine Anknüpfung an materiale Kriterien verbietet sich schon deshalb, weil die Systeminhalte verschieden zu sein pflegen und der Auffindung gemeinsamer, systemübergreifender Bezugspunkte deshalb entgegenstehen. In formaler Hinsicht stellt sich das politische System – wie gesagt – als ein Wirkungszusammenhang dar, in dem Akteure handeln, d.h. Machtträger Entscheidungen treffen und durchführen. Struktur und Funktion bilden zwei Aspekte dieses Wirkungszusammenhangs. Unter einem statischen Gesichtspunkt erscheint er als eine Struktur, deren Elemente das Gesamtsystem konstituieren. Bei dynamischer Betrachtungsweise bietet er sich als ein Geflecht von Funktionen dar, die von den Strukturelementen für das Gesamtsystem erbracht werden. Dies ist der Grundgedanke der Systemtheorie, die in ihrer in der politikwissenschaftlichen Komparatistik weit verbreiteten strukturell-funktionalen Variante bestrebt ist, diejenigen Strukturelemente in verschiedenen politischen Systemen aufzuspüren, die ähnliche Funktionen bei der Lösung der einem jeden System immanenten Probleme erfüllen. Dieser Grundgedanke ist im wesentlichen der gleiche, zu dem sich die moderne Rechtsvergleichung in zunehmendem Maße bekennt, die sich das Prinzip der Funktionalität zu eigen macht, indem sie von einem konkreten Sachproblem ausgeht und danach fragt, welche Rechtsinstitute eine ähnliche Funktion hinsichtlich der Problemlösung erfüllen.[20] Da Struktur und Funktion eine untrennbare Einheit bilden, das eine ohne das andere weder erkennbar noch denkbar ist, ist es prinzipiell gleichgültig, ob im konkreten Fall der Vergleich bei einer Struktur oder bei einer Funktion ansetzt. Entscheidend ist, daß beide miteinander verknüpft bleiben. Was hiermit gemeint ist, soll an zwei Beispielen demonstriert werden.

III. Der funktionale Vergleich

Beim funktionalen Vergleich interessiert sich der Komparatist für eine bestimmte Funktion und fragt danach, welches Strukturelement diese Funktion in verschiedenen politischen Systemen erfüllt.

Nehmen wir als Beispiel die *Regierungsfunktion*, und fragen wir danach, wer in der Bundesrepublik Deutschland und in der DDR „regiert"!

Die Beantwortung dieser Frage setzt natürlich voraus, daß man einen klaren Begriff der Regierungsfunktion zur Hand hat. Ihn zu entwickeln, ist nicht so einfach. Von den Schwierigkeiten legt eine Reihe vorzüglicher, aber letztlich gescheiterter Bemühungen beredtes Zeugnis ab.[21] Einig ist man sich nur darüber, daß die Regierungstätigkeit sich nicht in einem bloßen Gesetzesvollzug erschöpfe, sondern eine gestaltende, staatslenkende Aktivität zum Inhalt habe. Trotzdem muß ein Vergleich nicht auch schon daran scheitern, daß es an einem allgemein anerkannten Begriff der Regierung fehlt – dies zumal dann, wenn es sich weniger um die Abwesenheit eines wissenschaftlichen Konsenses als um die semantische Schwierigkeit handelt, das gemeinsam Empfundene in eine exakte Definition umzusetzen. Wichtig ist vielmehr, daß der Komparatist deutlich sagt, was er unter der Regierungsfunktion verstehen will; das übrige mögen die Kritiker besorgen. In diesem Sinne soll die Regierungsfunktion als der *Inbegriff aller politischen Grundentscheidungen* definiert werden, die nicht notwendigerweise in Form einer Rechtsnorm oder einer Gerichtsentscheidung ergehen.[22] Eine Entscheidung soll wiederum dann „politische Grundentscheidung" genannt werden, wenn ihren Gegenstand eine öffentliche Angelegenheit von gesteigerter Bedeutsamkeit bildet.[23] Diese Qualifikation

---

20 Vgl. hierzu die näheren Ausführungen von Ulrich Drobnig und Klaus Wähler in diesem Band. Prononciert in diesem Sinne Konrad Zweigert / Hein Kötz: Einführung in die Rechtsvergleichung, Bd. I, 2. Aufl., Tübingen 1984, S. 34 f.

21 Vgl. insbes. Rudolf Smend: Die politische Gewalt im Verfassungsstaat und das Problem der Staatsform, in: Festschrift für Wilhelm Kahl, Teil III, Tübingen 1923, S. 1 ff.; Ulrich Scheuner: Der Bereich der Regierung, in: Rechtsprobleme in Staat und Kirche – Festgabe für Rudolf Smend, Göttingen 1952, S. 253 ff.; Georg Kassimatis: Der Bereich der Regierung, Berlin 1967; Werner Frotscher: Regierung als Rechtsbegriff, Berlin 1975.

22 Näheres hierzu bei Brunner (Anm. 1), S. 285 ff.

23 Näheres hierzu bei Georg Brunner; Kontrolle in Deutschland, Köln 1972, S. 67 ff.

mag in verschiedenen politischen Systemen einem unterschiedlich großen Kreis von Angelegenheiten zugesprochen werden, womit die systemspezifische Frage des Herrschaftsumfangs angesprochen ist.

Der positivistisch gesonnene Jurist könnte nun auf die Idee kommen, die Verfassungen der beiden deutschen Staaten daraufhin zu durchforsten, welchen Verfassungsorganen sie die somit umschriebene Regierungsfunktion jeweils zuweisen. Im Grundgesetz würde er zwar keine ausdrückliche Kompetenznorm finden, aber er könnte zumindest drei verfassungsrechtliche Feststellungen treffen: 1. Es gibt ein Verfassungsorgan namens „Bundesregierung", dessen Bezeichnung darauf hindeutet, daß es regieren soll; 2. das Grundgesetz kennt eine „vollziehende Gewalt", zu der die Lehre auch die Regierung rechnet und die im Zeichen des Gewaltenteilungsprinzips von den Organen der Gesetzgebung und der Rechtsprechung institutionell getrennt ist (Art. 20 II 2); 3. das Verfassungsorgan Bundesregierung besteht aus mehreren Struktureinheiten mit differenzierten Entscheidungskompetenzen, wobei dem Bundeskanzler eine herausgehobene Stellung zukommt, da er die „Richtlinien der Politik" bestimmt (Art. 65). Auf der anderen Seite würde die Lektüre der DDR-Verfassung von 1968 die Erkenntnis vermitteln, daß das Verfassungsorgan, dem man dort prima facie die Regierungskompetenz zutrauen würde, offiziell „Ministerrat" heißt, von dem Art. 76 I erst seit der Verfassungsänderung vom 7. 10. 1974 das behauptet, was zuvor nur in § 1 I des rangniederen Gesetzes über den Ministerrat vom 16. 10. 1972 zu lesen war: daß nämlich der Ministerrat die „Regierung der Deutschen Demokratischen Republik" sei. Allerdings soll diese Regierung nach Art. 76 I Verf. „Organ der Volkskammer" sein und in deren Auftrag bloß die einheitliche *Durchführung* der Staatspolitik leiten. Nimmt man des weiteren den Grundsatz der Gewalteneinheit hinzu, der in Art. 48 Verf. in den Aussagen seinen Niederschlag findet, daß die Volkskammer das „oberste staatliche Machtorgan" der DDR sei und in ihren Plenarsitzungen über die „Grundfragen der Staatspolitik" entscheide, so könnte man auf dieser rein rechtsnormativen Vergleichsbasis auf folgenden *Abweg* geraten:

„Dieser Konzeption entspricht es, daß die Volkskammer die anderen zentralen Staatsorgane und deren Mitglieder: den Vorsitzenden und die Mitglieder des Staatsrates, den Vorsitzenden und die Mitglieder des Ministerrates, den Vorsitzenden des Nationalen Verteidigungsrates, den Präsidenten und die Richter des Obersten Gerichts und den Generalstaatsanwalt wählt und diese jederzeit abberufen kann. Im Gegensatz dazu werden die Bundesminister gem. Art. 64 Abs. 1 GG auf Vorschlag des Bundeskanzlers vom Bundespräsidenten ernannt und entlassen, also nicht von der Volksvertretung gewählt und abberufen. Gem. Art. 49 Abs. 3 DDR-Verf. 1968 bestimmt die Volkskammer auch die Grundsätze der Tätigkeit der von ihr gewählten zentralen Staatsorgane sowie die Grundfragen der Staatspolitik. Inhaltlich läßt sich diese Kompetenz der Bestimmung der ‚Richtlinien der Politik' vergleichen, die Art. 65 GG dem Bundeskanzler zuweist."[24]

Nach dieser Interpretation des normativen Verfassungsbefundes ist in der Bundesrepublik die Bundesregierung mit dem Bundeskanzler an der Spitze und in der DDR die Volkskammer Träger der Regierungsfunktion. Des weiteren wird ein Demokratiedefizit der Bundesrepublik offenbar darin gesehen, daß die Bundesminister nicht von der Volksvertretung gewählt und abberufen werden und – diese Schlußfolgerung drängt sich dem Leser auf – deshalb wohl auch nicht wirksam kontrolliert werden könnten. Die Regelungen des Grundgesetzes, nach denen die Amtsdauer der Bundesminister untrennbar an diejenige des Bundeskanzlers geknüpft ist (Art. 69 II), der Bundeskanzler vom Bundestag gewählt wird (Art. 63) und von diesem via Mißtrauensvotum gestürzt werden kann (Art. 67), werden dabei mit Stillschweigen übergangen, würden sie wohl das düstere Bild bundesrepublikanischer Demokratie zum Verdruß des Verfassers obiger Zeilen etwas aufhellen. Ihm scheint ein noch schwärzeres Bild als Vergleichsergebnis vorzuschweben, da die Volkskammer über diejenigen Staatsorgane, auf die vielleicht aus praktischen Gründen einzelne regierungsähnliche Funktionen übergehen könnten, jedenfalls eine richtungbestimmende Kontrolle ausübe, während dem Bundestag wegen des Gewaltenteilungsprinzips sogar dies verwehrt sei.

Zu derart abstrusen Behauptungen kann nur ein intersystemarer Vergleich gelangen, der das *Funktionalitätsprinzip* in mehrfacher Weise *verletzt*:

1. Zunächst wird auf der *juristischen Ebene* die *unterschiedliche Funktionalität der einschlägigen Rechtsnormen* verkannt. Den Bestimmungen der DDR-Verfassung wird die gleiche normative Ordnungsfunktion unterstellt wie denjenigen des Grundgesetzes. Auf diesen Gesichtspunkt ist in Abschnitt II ausführlich eingegangen worden, so daß sich weitere Ausführungen zu ihm an dieser Stelle erübrigen. Zur Ehrenrettung der positivistisch gesonnenen Juristen soll nur soviel vermerkt werden, daß eine derart krasse Fehleinschätzung der unterschiedlichen normativen Kraft der Verfassungsbestimmungen nicht einmal auf der Grundlage eines juristischen Normenfetischismus vertretbar wäre. Denn aus Art. 1 I DDR-Verf. ergibt sich die schon verfassungsrechtlich verankerte Suprematie der SED gegenüber dem Staat, und in § 1 I des Ministerratsgesetzes von 1972 heißt es ausdrücklich, daß der Ministerrat „unter Führung der Partei der Arbeiterklasse" „arbeitet".

2. Auf der *theoretisch-ideologischen* Ebene wird die *unterschiedliche Funktionalität des Demokratieprinzips* übersehen. Diese ergibt sich aus den systemspezifischen Antworten auf die generellen Fragen, die das Demokratieprinzip systemübergreifend einheitlich stellt: Wer ist Träger der Staatsgewalt? Wer übt die Staatsgewalt aus? Wie sind die Beziehungen zwischen dem Träger und dem Ausübenden der Staatsgewalt ausgestaltet? Nach dem Selbstverständnis der Bundesrepublik ist das egalitär begriffene Volk (politische Gleichheit

---

24 Herwig Roggemann: Die Verfassung der DDR, Opladen 1970, S. 163.

aller Wahlbürger) der Souverän. Die Staatsgewalt wird jedoch – von unbedeutenden Ausnahmefällen abgesehen – nicht vom Volk ausgeübt, sondern von verschiedenen Verfassungsorganen, für deren Kompetenzen und gegenseitige Zuordnung namentlich das Repräsentativprinzip, die Gewaltenteilung und der Parlamentarismus maßgebend sind. All diese Verfassungsorgane sind jedoch unmittelbar oder mittelbar demokratisch legitimiert, indem das Volk in freien Wahlen zwischen parteienstaatlich vermittelten politischen Alternativen entscheidet und den Bundestag bestellt, der teils allein, teils in Verbindung mit anderen demokratisch legitimierten Verfassungsorganen die übrigen Verfassungsorgane bestimmt. Die Legitimationsstränge der einzelnen Verfassungsorgane sind zum Teil verschlungen, aber sie führen letztlich ausnahmslos auf das Volk in Bund und Ländern zurück.[25] Demnach besteht die Funktion des Demokratieprinzips im politischen System der Bundesrepublik in der Gewährleistung dessen, daß alle Verfassungsorgane, die Staatsgewalt ausüben, ihre Existenz letztlich auf einen Kreationsakt des Volkes stützen. Nach dem Selbstverständnis der DDR scheint ebenfalls das Volk Träger der Souveränität zu sein, doch wird hierbei von einem elitär-qualitativen Volksbegriff der Werktätigen auf der Basis der politischen Ungleichheit ausgegangen. Denn das Volk wird nach der marxistisch-leninistischen Systemideologie nicht als eine ungegliederte Einheit, sondern in seiner klassenmäßigen Gliederung gesehen, wobei den einzelnen Klassen und Schichten eine hierarchisch abgestufte Legitimationskraft zukommt (Arbeiterklasse, Klasse der Genossenschaftsbauern, Intelligenz, andere werktätige Schichten). Die führende Rolle wird der Arbeiterklasse zugesprochen, die wiederum von ihrem „bewußten und organisierten Vortrupp", der SED, geführt wird. Das werktätige Volk wird auf diese Weise durch die Partei mediatisiert. Der eigentliche Souverän ist die Partei – oder genauer: die Parteiführung –, die kraft ihres am meisten fortgeschrittenen gesellschaftlichen Bewußtseins das Erkenntnis- und Führungsmonopol für sich beansprucht.[26] Aus dieser Sicht ist die Aussage zu relativieren, die unter Bezugnahme auf das Prinzip der Gewalteneinheit zur Allzuständigkeit der unmittelbaren Volksvertretung gelangt, aus der die grundsätzlich alleinige Ausübung der Staatsgewalt durch die Volkskammer folgt und mit der nur die rücknehmbare Übertragung einzelner Staatsaufgaben auf andere Verfassungsorgane aus Gründen der zweckmäßigen Arbeitsteilung vereinbar ist. Die Volkskammer hat bei Ausübung der Staatsgewalt nur den Parteiwillen zu vollziehen. Damit dies gewährleistet ist, müssen die Beziehungen zwischen Volk und Volkskammer so ausgestaltet sein, daß es für freie Wahlen

25 So ist die demokratische Legitimität des Bundesverfassungsgerichts über die meisten Stufen vermittelt. Für die Hälfte der Richter ist der Legitimationsstrang noch relativ kurz und übersichtlich: Bundesvolk – Bundestag – Wahlmännerausschuß des Bundestages – Richter am BVerfG. Anders bei der anderen Hälfte: Volk in den Ländern – Landesparlamente – Landesregierungen – Bundesrat – Richter am BVerfG.

26 Zur ideologischen Ableitung im einzelnen vgl. Georg Brunner: Einführung in das Recht der DDR, 2. Aufl., München 1979, S. 45 ff.

keinen Raum gibt. Die Wahlen sind so zu organisieren, daß sie die Personalentscheidungen der Parteiführung bestätigen. In technischer Hinsicht wird das über das Nomenklatursystem, die Nationale Front und die Einheitsliste bewerkstelligt.[27] „So wird die Durchführung der Wahlen zu einer Bewegung, in der sich das sozialistische Staatsbewußtsein von Millionen Bürgern manifestiert."[28] Damit erweist sich als Hauptfunktion des Demokratieprinzips im politischen System der DDR die ideologisch-propagandistische Verschleierung und Legitimierung der uneingeschränkten Parteiherrschaft.

3. Schließlich wird auf der *realpolitischen Ebene* auf eine Untersuchung der von Volkskammer und Bundestag *tatsächlich ausgeübten Funktionen* verzichtet und einfach unterstellt, daß die Volkskammer die ihr von der Verfassung angeblich zugedachte Regierungsfunktion auszuüben überhaupt in der Lage ist. Zur Feststellung des Gegenteils genügt schon ein flüchtiger Blick auf die Arbeitsweise der Volkskammer.[29] Plenarsitzungen der Volkskammer, in denen gemäß Art. 48 I DDR-Verf. „über die Grundfragen der Staatspolitik" entschieden werden sollte, fanden 1951/60 an 104, 1961/70 an 64 und 1971/80 an 32 Tagen statt.[30] Dieser Zahlenreihe stehen auf der anderen Seite 1951/60 538, 1961/70 565 und 1971/80 611 Sitzungen des Bundestages gegenüber.[31] Die Zahlen dürften für sich sprechen, wobei aus der gegenläufigen Entwicklung der Sitzungsfrequenzen sogar die Schlußfolgerung gezogen werden könnte, daß parlamentarischen Aktivitäten der fortschreitende Aufbau des Kapitalismus offenbar bekömmlicher ist als der fortschreitende Aufbau des Sozialismus. Im Durchschnitt der letzten fünf Jahre 1981/85 trat das Plenum der Volkskammer an 2,8 Tagen zu Sitzungen zusammen, während der Bundestag auf 63 Sitzungstage kam. Da man mit guten Gründen der Meinung sein kann, daß die Bedeutung der parlamentarischen Ausschußsitzungen höher zu veranschlagen sei als diejenige der Plenarsitzungen, könnte ein vergleichender Blick in diese Richtung auch nicht schaden. Zwar werden genauere Angaben über die Sitzungshäufigkeit der Volkskammerausschüsse nicht veröffentlicht[32], aber schätzungsweise dürften 20 bis 30 Ausschußsitzungen im Jahr stattfinden. Jedenfalls liegt ihre Zahl erheblich unter 714, mit welcher Durchschnittszahl an Sitzungstagen die ständigen Ausschüsse des Bundestages in den Jahren 1949/80 jährlich aufwarten konnten.[33] Diese Daten könnten durch weitere

---

27 Zu den Einzelheiten vgl. Peter J. Lapp: Wahlen in der DDR, Berlin 1982.

28 Klaus Sorgenicht / Wolfgang Weichelt / Tord Riemann / Hans-Joachim Semler (Hrsg.): Verfassung der Deutschen Demokratischen Republik, 2 Bände, Berlin (Ost) 1969, Bd. II, S. 55 f.

29 Über sie liegt auch eine umfassende Monographie vor: Peter J. Lapp: Die Volkskammer der DDR, Opladen 1975.

30 Lapp (Anm. 29), S. 265, sowie eigene Beobachtungen.

31 Errechnet nach dem Datenhandbuch zur Geschichte des Deutschen Bundestages 1949 bis 1982, Bonn 1983, S. 532 ff.

32 Zu den bekanntgewordenen Daten vgl. Lapp (Anm. 29), S. 151 f.

33 Errechnet nach dem Datenhandbuch (Anm. 31), S. 565.

quantitative und qualitative Aussagen über die Arbeitsweise der beiden deutschen Parlamente ergänzt werden, um das faktische Vergleichsergebnis zu erhärten: Zumindest an der Passivität der Volkskammer gemessen übt der Bundestag eine geradezu hektische politische Aktivität aus.

Ein funktionsgerechter Vergleich, der sich die Beantwortung der Frage zum Ziele gesetzt hätte, welche Strukturelemente in den politischen Systemen beider deutscher Staaten die Regierungsfunktion erfüllen, hätte demgegenüber zu folgenden *Anfangsergebnissen* führen müssen:

1. Träger der Regierungsfunktion ist in der *Bundesrepublik Deutschland* die Bundesregierung mit dem Bundeskanzler an der Spitze, die jedoch
   - vom Vertrauen des Bundestages abhängig ist,
   - durch Mitentscheidungskompetenzen des Bundestages, des Bundesrates und des Bundesverfassungsgerichts (weniger des Bundespräsidenten) beschränkt ist,
   - an die Bestimmungen des Grundgesetzes und der Rechtsordnung gebunden ist und namentlich die Grundrechte zu achten hat,
   - in einem föderalistischen, parteienstaatlichen und pluralistischen System mit einer wirksamen öffentlichen Meinung agiert, woraus sich zahlreiche weitere Einschränkungen ergeben.

2. Träger der Regierungsfunktion ist in der *DDR* das Politbüro der SED[34] mit dem Generalsekretär an der Spitze, das
   - von niemandes Vertrauen abhängig ist,
   - durch keinerlei Mitentscheidungskompetenzen anderer Partei- oder Staatsorgane beschränkt ist,
   - an die Bestimmungen der Verfassung und der Rechtsordnung nicht gebunden ist und sich namentlich um die Grundrechte nicht zu kümmern braucht,
   - in einem totalitären System agiert, aus dem sich keine oder zumindest keine nennenswerten Einschränkungen ergeben.

Im folgenden wären diese Anfangsergebnisse zu verfeinern. Insbesondere müßte der internationale Kontext berücksichtigt werden, aus dem sich Beschränkungen bei der Ausübung der Regierungsfunktion ergeben können. Hierbei würde sich das Bild interner Regierungsbegrenzungen vermutlich in sein Gegenteil verkehren: Die Rücksichtnahme der Bundesregierung auf Bündnisverpflichtungen und -interessen sowie andere internationale und innerdeutsche

---

34 Dieser Tatbestand wird im freizügigeren wissenschaftlichen Schrifttum Ungarns offen zugegeben: Lajos Ficzere: A Minisztertanács a politikai és kormányzati rendszerben (Der Ministerrat im politischen und Regierungssystem), Jogtudományi Közlöny 1983, S. 435 ff. (S. 441).

Gegebenheiten schränkt ihren Regierungsspielraum gewiß ein, aber nicht annähernd in dem Maße, wie das Politbüro der SED die Entscheidungen der Parteiführung der Sowjetunion zu beachten hat, mit welcher Hegemonialmacht sich die DDR seit der Verfassungsrevision von 1974 auch juristisch „für immer und unwiderruflich . . . verbündet“ betrachtet (Art. 6 II Verf.) und die sich laut „Breźnev-Doktrin“ die Befugnis vorbehält, die Durchsetzung ihres Willens gegebenenfalls auf dem Wege militärischer Gewalt zu sichern.

IV. Der strukturelle Vergleich

Beim strukturellen Vergleich dienen auf den ersten Blick ähnliche Strukturelemente als Ausgangspunkt, über die der Forscher erfahren möchte, welche Funktionen sie in den verschiedenen politischen Systemen erfüllen. Dieser Ansatz wird in der funktionalen Rechtsvergleichung vielfach abgelehnt und in der strukturell-funktional orientierten Politikwissenschaft selten angewandt, weil man offenbar der Ansicht ist, daß die gemeinhin „dogmatisch-begrifflich“ bzw. „institutionell“ apostrophierte Methode sich durch die scheinbare Ähnlichkeit der zu vergleichenden Rechtsinstitute bzw. politischen Institutionen aufs Glatteis führen lasse und deren unterschiedliche Funktionalität leicht übersehe. Dies ist allerdings eine Unterstellung, die nur dann begründet ist, wenn der Komparatist tatsächlich so handelt, wie es der Vorwurf suggeriert. In der Tat kann der strukturelle Vergleich gerade in der Ost-West-Komparatistik sehr fruchtbar sein, da es hier besonders häufig vorkommt, daß man auf Strukturelemente trifft, die in der Terminologie beider Systeme gleich oder ähnlich bezeichnet werden, obwohl sie eine völlig verschiedene Funktion erfüllen. Dieser „Etikettenschwindel“ kann nur bei Anwendung der strukturellen Methode aufgedeckt werden.

Zur Illustration sei die Institution der *Grundrechte* ausgewählt, die in den politischen Systemen und Verfassungen beider deutscher Staaten vorhanden sind und einander insofern ähneln, als sie nach systemimmanenter Auffassung hüben wie drüben jedenfalls dazu da sind, die Stellung des Einzelnen im politischen System auszugestalten. Mit diesem gemeinsamen Nenner ist die Basis für die Vergleichbarkeit gegeben.

Da die Grundrechte von Haus aus verfassungsrechtliche Institutionen sind, versteht es sich von selbst, daß die Vergleichung juristisch wird ansetzen müssen. Nur darf sie hier nicht stehen bleiben, sondern muß vielmehr in einem weiteren Schritt die politische Wirklichkeit zu erfassen trachten. Es wird zweckmäßig sein, die Untersuchung auf *drei Ebenen* durchzuführen, indem man auf der rechtsnormativen Ebene (verfassungsrechtliche Normierung, Rechtsdogmatik, Rechtstheorie) beginnt, sich dann auf die rechtstatsächliche

Ebene (Grundrechtsanwendung in Gesetzgebung, Rechtsprechung und Verwaltungspraxis) begibt und schließlich zur realpolitischen Ebene (Bedeutung der Grundrechte in der politischen Praxis) fortschreitet.[35] Der Befund dürfte sich auf den einzelnen Ebenen in aller Kürze folgendermaßen darstellen:

Auf der *rechtsnormativen Ebene* finden wir zunächst in beiden deutschen Verfassungen einen Grundrechtskatalog, der im Aufbau und im Inhalt Gemeinsamkeiten wie Unterschiede aufweist. Der Gleichheitsgrundsatz erfreut sich in beiden Dokumenten einer ähnlich hohen Wertschätzung. Ansonsten wird der westdeutsche Grundrechtskatalog von den Freiheitsrechten des status negativus beherrscht, während sich die politischen Mitwirkungsrechte des status activus im wesentlichen auf das Wahlrecht beschränken und soziale Leistungsrechte des status positivus kaum anzutreffen sind. Demgegenüber steht in der DDR der zu einem allgemeinen Mitbestimmungs- und Mitgestaltungsrecht erhöhte status activus an der Spitze der Grundrechte, auf den ein sorgfältig ausgearbeiteter status positivus und ein vergleichsweise stiefmütterlich behandelter status negativus folgen. Darüber hinaus enthält die DDR-Verfassung Grundpflichten eines status passivus, für die es im Grundgesetz so gut wie keine Entsprechung gibt. Bei der Überprüfung der wissenschaftlichen Ausdeutung dieses positiv-rechtlichen Befundes fällt in erster Linie ein krasses Mißverhältnis auf. In der Bundesrepublik wird man mit einem immensen, kaum mehr überschaubaren Schrifttum grundrechtsdogmatischer und grundrechtstheoretischer Art konfrontiert, in dem nicht nur alle denkbaren Probleme bis in die feinsten Verästelungen untersucht und kontrovers diskutiert werden, sondern mit großer Phantasie Probleme erfunden werden, damit sie mit noch größerem Scharfsinn einer Lösung zugeführt werden können. Daran gemessen ist das Schrifttum der DDR ausgesprochen kärglich. Von einer Grundrechtsdogmatik im Sinne des ernsthaften Bemühens um die Ermittlung des Norminhalts konkreter Grundrechtsbestimmungen kann im Grunde überhaupt nicht gesprochen werden. Es gibt nur eine Grundrechtstheorie allgemeiner Art, deren rechtswissenschaftliche Erzeugnisse vom ideologisch-propagandistischen Schrifttum nur mühsam zu unterscheiden sind. In inhaltlicher Hinsicht hat die westdeutsche Grundrechtstheorie und -dogmatik unter dem Einfluß des Sozialstaatsgedankens und des Demokratieprinzips eine von den Vätern des Grundgesetzes kaum vorhersehbare Wendung genommen[36], die den Freiheitsrechten eine teilhalbe- und leistungsrechtliche Dimen-

35 Ein derartiger Vergleich ist noch nicht systematisch durchgeführt worden. Über die Grundrechte in der Bundesrepublik liegen zahlreiche Arbeiten vor, die diese Aspekte mehr oder weniger umfassend behandeln. In bezug auf die Grundrechte in der DDR ist vor allem hinzuweisen auf Hannes Kaschkat: Die sozialistischen Grundrechte in der DDR, Diss. Würzburg 1976; Georg Brunner: Karl Marx und die Grundrechte in der DDR, in: Konrad Löw (Hrsg.): Karl Marx und das politische System der DDR, Asperg bei Stuttgart 1982, S. 49 ff. (S. 54 ff.).

36 Für eine rasche Übersicht vgl. etwa Ernst-Wolfgang Böckenförde: Grundrechtstheorie und Grundrechtsinterpretation, Neue Juristische Wochenschrift 1974, S. 1529 ff.;

sion verliehen hat.[37] In jüngster Zeit wird darüber hinaus die Möglichkeit, aus dem Grundgesetz Grundpflichten abzuleiten, zumindest als Problem erörtert.[38] Demgegenüber hat sich die Rechtswissenschaft der DDR – von einer Diskussion um die „sozialistischen Persönlichkeitsrechte" in den sechziger Jahren abgesehen – immer um eine juristische Reduktion der Grundrechte in dem Sinne bemüht, daß deren individueller Anspruchscharakter geleugnet und deren inhaltliche Bestimmung in das Belieben der Partei- und Staatsführung gestellt wird.

Auf der *rechtstatsächlichen Ebene* ist festzustellen, daß den Grundrechten im Rechtsalltag der Bundesrepublik auch im intrasystemaren West-West-Vergleich eine ungeheure praktische Bedeutung zukommt. Der Umgang mit den Grundrechten ist zum täglichen Brot der Gesetzgebung, Verwaltung und Rechtsprechung geworden, und namentlich die mit öffentlich-rechtlichen Fragen befaßten Fachgerichte haben sich ständig mit der Behauptung der angeblichen Grundrechtswidrigkeit dieser Rechtsnorm oder jenes Verwaltungsaktes auseinanderzusetzen. Der Siegeszug der Grundrechte durch die Rechtspraxis ist nicht zuletzt auf den Umstand zurückzuführen, daß mit der Verfassungsbeschwerde an das Bundesverfassungsgericht (und den entsprechenden Rechtsbehelfen in Bayern und Hessen) dem Individuum ein spezifisches Mittel des Grundrechtsschutzes in die Hand gegeben wurde, das die Bürger und noch mehr ihre in einem scharfen Konkurrenzkampf stehenden Rechtsanwälte im Laufe der Zeit brillant zu gebrauchen (und mißbrauchen) gelernt haben. Die von seinen Mitgliedern herausgegebene Entscheidungssammlung des Bundesverfassungsgerichts, in der nur ein Bruchteil aller Entscheidungen veröffentlicht wird, ist mittlerweile in beschleunigtem Tempo auf 70 Bände mit je über 400 Seiten angewachsen, wobei die Grundrechtsjudikatur den Löwenanteil ausmacht.[39] Die Flut der Verfassungsbeschwerden ist zu einer die Arbeitsfähigkeit des Bundesverfassungsgerichts ernsthaft gefährdenden Landplage geworden, der weder das doppelte Annahmeverfahren bei Verfassungsbeschwerden gemäß § 93a ff. BVerfGG[40] noch die wiederholten Zuständig-

---

Fritz Ossenbühl: Die Interpretation der Grundrechte in der Rechtsprechung des Bundesverfassungsgerichts, Neue Juristische Wochenschrift 1976, S. 2100 ff.

37 Zusammenfassend hierzu die Referate von Wolfgang Martens und Peter Häberle zum Thema „Grundrechte im Leistungsstaat", Veröffentlichungen der Vereinigung der Deutschen Staatsrechtslehrer, Heft 30 (1972).

38 Zusammenfassend hierzu die Referate von Volkmar Götz und Hasso Hofmann zum Thema „Grundpflichten als verfassungsrechtliche Dimension", Veröffentlichungen der Vereinigung der Deutschen Staatsrechtslehrer, Heft 41 (1983).

39 Symptomatisch hierfür ist die Tatsache, daß im GG-Kommentar von G. Leibholz, H. J. Rinck und D. Hesselberger (Grundgesetz für die Bundesrepublik Deutschland. Kommentar an Hand der Rechtsprechung des Bundesverfassungsgerichts, 6. Aufl., Köln 1979 ff.), in dem das Grundgesetz speziell an Hand der verfassungsgerichtlichen Judikatur erläutert wird, über die Hälfte des Umfangs auf die Kommentierung der ersten 19 der insgesamt 146 GG-Artikel entfällt.

40 Die jüngste Verschärfung des Annahmeverfahrens ist durch ÄndG vom 12.12. 1985 (BGBl. I, S. 2226) mit Wirkung vom 1.1.1986 erfolgt.

keitsverlagerungen vom Ersten (Grundrechts-)Senat auf den Zweiten (Staatsrechts-)Senat gemäß § 14 IV BVerfGG Herr werden können. Da haben es die Richter in der DDR besser! Es gibt weder eine Verfassungsgerichtsbarkeit noch einen gerichtlichen Verwaltungsrechtsschutz, und an einen spezifischen Grundrechtsschutz ist erst recht nicht zu denken. Es ist deshalb nicht verwunderlich, daß – von den vergangenen fünfziger Jahren abgesehen, als das Oberste Gericht einzelne Grundrechte auf bestimmten Rechtsgebieten heranzog, um die Sowjetisierung der mitteldeutschen Rechtsordnung zu beschleunigen[41] – in den Entscheidungen der DDR-Gerichte auf Grundrechtsartikel der Verfassung fast nie Bezug genommen wird. Geschieht dies doch einmal, so hat der Hinweis nur eine ergänzende, illustrative Bedeutung. Im Rechtsalltag der DDR sind die Grundrechte als juristische Kategorie schlicht inexistent.

Was schließlich die *realpolitische Ebene* in den außerrechtlichen Bereichen des politischen Systems angeht, so ist für die Bundesrepublik festzustellen, daß die Grundrechte in der öffentlichen Diskussion als Argumentationshilfen im pluralistischen Meinungsbildungsprozeß eine gewisse Rolle spielen. Sie werden zur Rechtfertigung unterschiedlicher politischer Zielsetzungen – auch solcher, die sich gegen Teile der verfassungsmäßigen Grundordnung richten – herangezogen. Sie mögen als diskursive Mittel der politischen Überzeugung eine beschränkte Wirksamkeit entfalten, doch sollte diese nicht überschätzt werden. Rechtsprechung, Wissenschaft und Publizistik haben einen grundrechtlichen Basiskonsens zuwege gebracht, der sich nur allmählich verändert und schwerlich gegen das Grundgesetz gewendet werden kann. In der DDR dürfte die außerrechtliche, politische Bedeutung höher zu veranschlagen sein. Zwar gibt es hier keine politischen Auseinandersetzungen und keinen pluralistischen Meinungsbildungsprozeß, in dem mit grundrechtlichen Argumenten für und gegen bestimmte politische Positionen geworben werden könnte. Es gibt aber eine Herrschaftsfunktion namens „Agitation und Propaganda", der die Grundrechte praktisch schon immer in erster Linie zugeordnet gewesen sind. Die zentral gesteuerte Grundrechtspropaganda hat im Laufe der Zeit eine Akzentverschiebung erfahren. Stand in den sechziger Jahren die innere Aufgabe der sozialen Integration und der Herrschaftslegitimierung im Vordergrund, so hat sich der Schwerpunkt in den siebziger Jahren auf die Außenpropaganda verschoben, um der internationalen Öffentlichkeit klarzumachen, daß die DDR alle völkerrechtlichen Verpflichtungen zur Achtung der Menschenrechte vorbildlich erfülle, in den kapitalistischen Staaten indes die Menschenrechte laufend verletzt würden.[42]

Will man aus dieser skizzenhaften Analyse ein komparatistisches *Fazit* ziehen und die Frage beantworten, welche Funktionen die Grundrechte in beiden deutschen Staaten erfüllen, so ließe sich unter dem Vorbehalt des

---

41 Belege bei Brunner (Anm. 35), S. 56 ff.

42 Belege bei Brunner (Anm. 35), S. 63 ff.

Wandels im Zeitablauf, in bezug auf die gegenwärtige Lage ungefähr folgendes aussagen:

1. In der *Bundesrepublik* haben die Grundrechte die Funktion, den Herrschaftsumfang zu beschränken, indem sie
   - die individuelle Handlungsfreiheit primär gegen staatliche Eingriffe, darüber hinaus aber auch gegen Eingriffe gesellschaftlicher Mächte und anderer Einzelpersonen (mittelbare Drittwirkung) abgrenzen und sichern,
   - in zunehmendem Maße die Teilhabe der Einzelnen an staatlichen Leistungen und Vorgängen erleichtern.

2. In der *DDR* haben die Grundrechte die Schrankenlosigkeit politischer Herrschaft propagandistisch abzusichern, indem
   - beim DDR-Bürger auf die Herausbildung einer Bewußtseinslage hingewirkt wird, die ihn befähigen soll, sich in ein totalitäres System einzuordnen und die Handlungsanweisungen der Partei- und Staatsführung widerspruchslos zu befolgen und – nach Möglichkeit – schon aus eigenem Antrieb zu antizipieren,
   - gegenüber der internationalen Öffentlichkeit unter Nutzbarmachung der doppelten Begriffsvalenz der Grundrechte der Anschein erweckt wird, als seien in der DDR die Grund- und Menschenrechte im traditionell-westlichen Sinne gewährleistet und darüber hinaus in einem progressiven Sinne sogar noch weiter ausgebildet.

V. Schlußbemerkungen

Es versteht sich von selbst, daß die vorgetragenen Gedanken im vorgegebenen Rahmen nur fragmentarisch sein konnten. Ihr Hauptanliegen ist ein doppeltes. Es sollte einmal für die Möglichkeit und Fruchtbarkeit eines *intersystemaren Gesamtvergleichs* plädiert und bei allem Respekt vor Sektoralvergleichen davor gewarnt werden, daß das Gute des Besseren Feind wird. Als Gegenstand dieses Gesamtvergleichs ist freilich nicht die Totalität der jeweiligen Lebensverhältnisse gemeint, sondern diejenigen Verhältnisse, deren Kohäsion ausgeprägt genug ist, um als relativ eigenständiges (Teil-)System identifiziert zu werden. Daran schließt sich das zweite Anliegen an. Es sollte der Überzeugung Ausdruck verliehen werden, daß die Rechts- und Verfassungsordnung nur in einem demokratischen Rechts- und Verfassungsstaat, nicht jedoch in einer totalitären Diktatur diese Kohäsion aufweist. In letzterer ist die Rechts- und Verfassungsordnung so fest in das umfassendere politische System eingebettet, daß ihre isolierte Analyse nur um den Preis irreführender, falscher Ergebnisse möglich ist. Es ist eine hinzunehmende Folge beschränkter einzelmenschlicher Erkenntnis- und Arbeitsfähigkeit, daß Teilsysteme analysiert und miteinander verglichen und somit Teilwahrheiten erkannt werden. Analyse und Vergleich von Nicht-Systemen führen jedoch zur Unwahrheit. Um dies zu vermeiden, ist von einer Nur-Rechtsvergleichung in der intersystemaren Komparatistik grundsätzlich Abstand zu nehmen. Ein Systemvergleich kann in dem hier zur Debatte stehenden Zusammenhang *nur* als *politischer Systemvergleich* durchgeführt werden, wobei den Rechtsnormen das Gewicht beizumessen ist, das ihrer funktionalen Bedeutung entspricht. Diese ist system- und fallweise naturgemäß verschieden. Jedenfalls muß ein Rechtsvergleicher bei intersystemaren Studien die politische Wirklichkeit in gleicher Weise in seine Untersuchungen miteinbeziehen, wie ein Politologe – zumindest bei der Beschäftigung mit dem westlichen System – ohne Rechtskenntnisse nicht auskommt.

Literatur

Almond, Gabriel A. / Coleman, James S. (Hrsg.): The Politics of the Developing Areas, Princeton/N.J. 1960.

Almond, Gabriel A. / Powell, S. Bingham, Jr.: Comparative Politics, 2. Aufl., Boston 1978.

Autorenkollektiv: Kleines Politisches Wörterbuch, Berlin (Ost) 1973.

Autorenkollektiv: Marxistisch-leninistische Staats- und Rechtslehre, 3. Aufl., Berlin (Ost) 1980.

Autorenkollektiv: Staatsrecht der DDR, Lehrbuch, 2. Aufl., Berlin (Ost) 1984.

Behr, Wolfgang: Bundesrepublik Deutschland – Deutsche Demokratische Republik, Stuttgart 1979.

Bertsch, Gary K. / Clark, Robert P. / Wood, David M.: Comparing Political Systems, 2. Aufl., New York 1982.

Bihari, Ottó: Összehasonlító államjog (Vergleichendes Staatsrecht), Budapest 1967.

Biscaretti die Ruffìa, Paolo: Introduzione al diritto costituzionale comparato, 3. Aufl., Milano 1974.

Bleek, Wilhelm: Zwischendeutsche Vergleiche, Deutschland-Archiv 1982, S. 717 ff.

Blondel, Jean: An Introduction to Comparative Government, London 1969.

Blondel, Jean: Comparing Political Systems, New York 1972.

Böckenförde, Ernst-Wolfgang: Grundrechtstheorie und Grundrechtsinterpretation, Neue Juristische Wochenschrift, 1974, S. 1529 ff.

Bodin, Jean: Six livres de la République, Paris 1576 (auszugsweise deutsche Ausgabe: Über den Staat, Stuttgart 1977).

Brunner, Georg: Kontrolle in Deutschland, Köln 1972.

Brunner, Georg: Die Funktionen der Verfassung in den sozialistischen Staaten im Spiegel der neueren Verfassunggebung, in: Schroeder, Friedrich-Christian / Meissner, Boris (Hrsg.): Verfassungs- und Verwaltungsreformen in den sozialistischen Staaten, Berlin 1978, S. 11 ff.

Brunner, Georg: Einführung in das Recht der DDR, 2. Aufl., München 1979.

Brunner, Georg: Vergleichende Regierungslehre, Bd. 1, Paderborn 1979.

Brunner, Georg: Das politische System der DDR, in: Politische Systeme in Deutschland, Berlin 1980, S. 41 ff.

Brunner, Georg: Karl Marx und die Grundrechte in der DDR, in: Löw, Konrad (Hrsg.): Karl Marx und das politische System der DDR, Asperg bei Stuttgart 1982, S. 49 ff.

Burdeau, Georges: Droit constitutionnel et institutions politiques, 19. Aufl., Paris 1980.

Burdeau, Georges: Traité de science politique, 2. Aufl., 10 Bände, Paris 1967/77.

Cadart, Jacques: Institutions politiques et droit constitutionnel, 2 Bände, Paris 1975.

Cadoux, Charles: Droit constitutionnel et institutions politiques, 2 Bände, Paris 1973/82.

Duverger, Maurice: Institutions politiques et droit constitutionnel, 2 Bände, 15. Aufl., Paris 1978.

Ermacora, Felix: Allgemeine Staatslehre, 2 Teilbde., Berlin 1970.

Fabre, Michel-Henri: Principes républicains de droit constitutionnel, 2. Aufl., Paris 1977.

Ficzere, Lajos: A Minisztertanács a politikai és kormányzati rendszerben (Der Ministerrat im politischen und Regierungssystem), Jogtudományi Közlöny (Budapest) 1983, S. 435 ff.

Finer, Herman: Theory and Practice of Modern Government, 2 Bände, New York 1932; etwas gekürzt in einem Band, 2. Aufl., New York 1949; deutsch: Der moderne Staat, 3 Bände, Stuttgart 1957/58.

Finer, S. E.: Comparative Government, Harmondsworth 1970.

Friedrich, Carl Joachim: Constitutional Government and Politics, New York 1937; seit der zweiten Auflage (1941) unter dem Titel: Constitutional Government and Democracy, 4. Aufl., Boston 1968; deutsch: Der Verfassungsstaat der Neuzeit, Berlin 1953.

Frotscher, Werner: Regierung als Rechtsbegriff, Berlin 1975.

Götz, Volkmar / Hofmann, Hasso: Grundpflichten als verfassungsrechtliche Dimension, Veröffentlichungen der Vereinigung der Deutschen Staatsrechtslehrer, Heft 41, Berlin 1983.

Hauriou, André / Gicquel, Jean: Droit constitutionnel et institutions politiques, 7. Aufl., Paris 1980.

Hesse, Konrad: Grundzüge des Verfassungsrechts der Bundesrepublik Deutschland, 15. Aufl., Heidelberg 1985.

Huntington, Samuel P.: Political Order in Changing Societies, New Haven/ Conn. 1968.

Kaschkat, Hannes: Die sozialistischen Grundrechte in der DDR, Diss. Würzburg 1976.

Kassimatis, Georg: Der Bereich der Regierung, Berlin 1967.

Krüger, Herbert: Stand und Selbstverständnis der Verfassungsvergleichung heute, Verfassung und Recht in Übersee 1972, S. 5 ff.

Lapp, Peter J.: Die Volkskammer der DDR, Opladen 1972.

Lapp, Peter J.: Wahlen in der DDR, Berlin 1982.

Leibholz, Gerhard / Rinck, Hans-Justus / Hesselberger, D.: Grundgesetz für die Bundesrepublik Deutschland, Kommentar an Hand der Rechtsprechung des Bundesverfassungsgerichts, 6. Aufl., ab 1979 ff.

Leclercq, Claude: Institutions politiques et droit constitutionnel, 2. Aufl., Paris 1977.

Loewenstein, Karl: Political Power and the Governmental Process, 2. Aufl., Chicago 1962; deutsch: Verfassungslehre, 2. Aufl., Tübingen 1969.

Martens, Wolfgang / Häberle, Peter: Grundrechte im Leistungsstaat, Veröffentlichungen der Vereinigung der Deutschen Staatsrechtslehrer, Heft 30, Berlin 1972.

Merkl, Peter H.: Modern Comparative Politics, New York 1970.

Montesquieu, Charles de Secondat: De l'Esprit des lois, Genf 1748 (deutsche Ausgabe: Vom Geist der Gesetze, Stuttgart 1965).

Münch, Fritz: Einführung in die Verfassungsvergleichung, Zeitschrift für ausländisches öffentliches Recht und Völkerrecht 1973, S. 126 ff.

Ossenbühl, Fritz: Die Interpretation der Grundrechte in der Rechtsprechung des Bundesverfassungsgerichts, Neue Juristische Wochenschrift 1976, S. 2100 ff.

Prélot, Marcel / Boulouis, Jean: Institutions politiques et droit constitutionnel, 7. Aufl., Paris 1978.

Roggemann, Herwig: Die Verfassung der DDR, Opladen 1970.

Scheuner, Ulrich: Der Bereich der Regierung, in: Rechtsprobleme in Staat und Kirche – Festgabe für Rudolf Smend, Göttingen 1952, S. 253 ff.

Schindler, Peter: Datenhandbuch zur Geschichte des Deutschen Bundestages 1949–1982, Bonn 1983.

Schmid, Karin: Die Verfassungssysteme der Bundesrepublik Deutschland und der DDR, Berlin 1982.

Smend, Rudolf: Die politische Gewalt im Verfassungsstaat und das Problem der Staatsform, in: Festschrift für Wilhelm Kahl, Tübingen 1923, Teil III, S. 1 ff.

Sorgenicht, Klaus / Weichelt, Wolfgang / Riemann, Tord / Semler, Hans-Joachim (Hrsg.): Verfassung der Deutschen Demokratischen Republik, 2 Bände, Berlin (Ost) 1969.

Stern, Klaus: Das Staatsrecht der Bundesrepublik Deutschland, Bd. I, München 1977.

Strong, C. F.: Modern Political Constitutions, London 1930, 8. Auflage bearbeitet von Clarke, M. G., 1972.

Zweigert, Konrad / Kötz, Hein: Einführung in die Rechtsvergleichung, Bd. I: Grundlagen, 2. Aufl., Tübingen 1984.

Wolfgang Seiffert

WANDLUNGEN IN DER AUFFASSUNG ZUR INTERSYSTEMAREN RECHTSVERGLEICHUNG IN DER DDR UND IN DER UDSSR

I. Einleitung

Obwohl die DDR auch heute noch zu den Ländern gehört, die an der Vorbildwirkung der Sowjetunion – zumindest in der Öffentlichkeit – keine Zweifel äußern, ist die Rechtswissenschaft der DDR den – allerdings ebenfalls sehr bescheidenen – Ansätzen der sowjetischen Rechtswissenschaft auf dem Gebiet der intersystemaren Rechtsvergleichung nicht gefolgt. An den Diskussionen der sechziger Jahre in den Comecon-Ländern zu Problemen der Rechtsvergleichung[1] hat sie so gut wie nicht teilgenommen.[2] Von den insgesamt fünf Beiträgen[3], die sich speziell mit den Fragen der Rechtsvergleichung befassen und von vier Autoren aus der DDR stammen, ist ein Beitrag (Seiffert, Theoretische Probleme marxistischer Rechtsvergleichung) zu keinem Zeitpunkt in der DDR veröffentlicht worden, zwei der Autoren dieser Beiträge sind vor Jahren in die Bundesrepublik Deutschland übergesiedelt[4], der letzte aus

---

1 Vgl. zu dieser Diskussion aus den RGW-(Comecon-)Ländern z.B. Viktor Knapp: Verträge im tschechoslowakischen Recht – Ein Beitrag zur Rechtsvergleichung zwischen Ländern mit verschiedener Gesellschaftsordnung, RabelZ, Jg. 27, Heft 23, 1962/63, S. 495-518; auf diese Diskussionen übte sicher die von Loeber entwickelte Betrachtung der soziologischen Komponente für die intersystemare Rechtsvergleichung ihren Einfluß aus; vgl. Dietrich A. Loeber: Rechtsvergleichung zwischen Ländern mit verschiedener Wirtschaftsordnung, RabelZ, 26 (1961), S. 201-229.

2 Aus dieser Zeit existiert in der Rechtswissenschaft der DDR lediglich der Beitrag von Marin Posch / Valentin Petev: Vergleichung in der Rechtslehre, Staat und Recht, Berlin (Ost) 1966, S. 86-99.

3 Posch (Anm. 2); Wolfgang Seiffert: Internationale Tagung in Wien zu Fragen des gewerblichen Rechtsschutzes, Staat und Recht, Berlin (Ost) 1969, S. 113-118; ders.: Zu theoretischen Fragen marxistischer Rechtsvergleichung, in: Hagen / Römer / Seiffert (Hrsg.): Rechtswissenschaft und Arbeiterbewegung, Festschrift für Eduard Rabofsky, Köln 1976, S. 273-293. – Wolfgang Seiffert / Boleslaus Zimmermann: Bemerkungen zum Einsatz der rechtsvergleichenden Forschung bei der Angleichung einzelstaatlicher Rechtsnormen für die wissenschaftlich-technische Zusammenarbeit im Rahmen des RGW, Staat und Recht, Berlin (Ost) 1973, S. 1704-1710. – Karl A. Mollnau: Marginalien zum Budapester Weltkongreß für Rechtsvergleichung, Staat und Recht, Berlin (Ost) 1979, S. 19-24.

4 Petev, Seiffert

dem Jahre 1979 stammende Beitrag[5], der in Form einer „Marginalie" erschien, stützt sich auf sowjetische Literatur und gibt zudem Positionen – z.T. wörtlich – wieder, die in meinem Beitrag in der Bundesrepublik enthalten sind.

Es hat natürlich seinen besonderen Grund, wenn wir gerade bei der Rechtswissenschaft der DDR in Fragen der Rechtsvergleichung im allgemeinen und der intersystemaren Komparativistik im besonderen auf solche Zurückhaltung treffen: gleich welche Funktion man einer solchen intersystemaren Rechtsvergleichung beimißt, ob man sie darin sieht, durch den Vergleich Gemeinsamkeiten und Unterschiede festzustellen und auf diese Weise zu neuen Erkenntnissen zu gelangen oder ob man die „Überlegenheit" der eigenen Rechtsordnung nachzuweisen hofft – stets liegt der Vergleich mit der Bundesrepublik Deutschland gewissermaßen in der Natur der Sache, und dies will man tunlichst vermeiden, sei es um keine Gemeinsamkeiten heraufzubeschwören, sei es um der Gefahr zu entgehen, den Nachweis der behaupteten „Überlegenheit" schuldig bleiben zu müssen. Dennoch kommt auch die DDR in der Praxis nicht herum, intersystemare Rechtsvergleichung zu betreiben, und zwar insbesondere wegen ihrer ausgedehnten intersystemaren Wirtschafts- und Vermögensbeziehungen und vielfältiger familienrechtlicher Beziehungen. Doch waltet hier ein weitgehender Pragmatismus: soweit nur möglich, wird das eigene Recht angewandt bzw. werden Arbeiten zum ausländischen Recht oder Abhandlungen über internationale Wirtschaftsbeziehungen veröffentlicht[6], die keine direkten rechtsvergleichenden Arbeiten darstellen. Theoretische Verallgemeinerungen in der DDR beschränken sich auf die vier angeführten Arbeiten.

Etwas umfangreicher ist die Literatur in der UdSSR; hier liegen folgende Arbeiten vor:

„Zivs, S. L.: La méthode de recherche comparative dans la science juridique, in: Act. Jur. Hung. 13, 1971, S. 175-180."

„Tille, A. A.: Socialisticeskoe sravnitel'noe pravovedenie, Moskau 1975."

„Tille, A. A. / Svekov, A. G.: Sravnitèl'nyj metod v juridiceskich disciplinach, Moskau 1978."

„Autorenkollektiv: Problemy sravnitel'nogo pravovedenia, Moskau 1978."

„Tumanov, V. A. (Hrsg.): Sravnitel'noe pravovedenie – Sbornik statej, Moskau 1978."

„Usenko, J. T.: Zum Verhältnis von Kategorien des Völkerrechts und des innerstaatlichen Rechts, Sowjetwissenschaft – gesellschaftswissenschaftliche Beiträge, Heft 2, Berlin (Ost) 1984, S. 130-137."

---

5 Mollnau (Anm. 3).

6 Vgl. z.B. Heinz Strohbach / Helga Rudolph: Rechtsfragen intersystemarer Wirtschaftsbeziehungen, Berlin (Ost) 1982.

II. Hauptteil

1. Will man die Position der DDR und der UdSSR zur intersystemaren Rechtsvergleichung heute bestimmen, so läßt sich etwa folgendes feststellen:

a) Nach der ursprünglichen Ablehnung solcher Rechtsvergleichung, der späteren, eingeschränkten Anerkennung in Form einer sogenannten „kontrastierenden Rechtsvergleichung", die am Überlegenheitsdogma festhielt[7], wird die intersystemare Rechtsvergleichung heute grundsätzlich bejaht[8], jedoch stützen sich solche Aussagen fast nur auf Autoren aus anderen RGW-Ländern.[9]

b) Eigene Arbeiten, die solche intersystemare Rechtsvergleichung bejahen oder Arbeiten, die konkrete intersystemare Rechtsvergleichung darstellen, liegen nicht vor.

2. Mit diesen Einschränkungen lassen sich für die in der Rechtswissenschaft der DDR und der UdSSR in den letzten zehn Jahren geäußerten, z.T. wiederholten (Mollnau), zumindest nicht widersprochenen Positionen zur Rechtsvergleichung im allgemeinen wie der intersystemaren Rechtsvergleichung im besonderen folgende acht Thesen an Hand der genannten Literatur aufstellen:

(1) Die Methode der Rechtsvergleichung wird heute als integrierender Bestandteil rechtswissenschaftlicher Forschungsmethoden bejaht und konstatiert, daß ihre Bedeutung mit der fortschreitenden Internationalisierung des gesellschaftlichen Lebens der RGW-(Comecon-)Länder weiter zunimmt.

(2) Rechtsvergleichung wird als eine Methode hohen Allgemeingrades verstanden, die
   a) nicht *die* und nicht die *einzige* rechtswissenschaftliche Forschungsmethode darstellt und
   b) innerhalb vieler anderer rechtswissenschaftlicher Verfahren zur Anwendung kommt.

(3) Auch im Recht kann das Vergleichen nicht auf Identifizieren eingeschränkt werden, sondern um Rechtsvergleichung handelt es sich im Sinne des Wortes bzw. per definitionem nur da, wo durch Gegenüberstellung oder den Zusammenhang zweier oder mehrerer Rechtsordnungen oder einzelner Rechtsinstitute verschiedener Länder Verallgemeinerungen erreicht werden, indem eine Trennung des Einheitlichen und Unterschiedlichen der zu vergleichenden Objekte erfolgt.

---

7 Zivs, a.a.O.

8 Tille und Tumanov für die UdSSR, Mollnau für die DDR.

9 Ebenda.

(4) Ziel ist die Gewinnung neuer Erkenntnisse (der wissenschaftlichen Wahrheit) über das Objekt, das den Gegenstand dieser Wissenschaft bildet: das Recht in seinen inneren objektiven Gesetzmäßigkeiten.

(5) Untersuchungsgegenstand sind deshalb nicht isolierte Rechtsinstitute, sondern die rechtliche Regelung konkreter gesellschaftlicher Verhältnisse; dies heißt nicht, daß Rechtsinstitute nicht Ausgangspunkt rechtsvergleichender Untersuchungen sein können, doch muß man stets zu dem *materiellen* Problem der Verhaltenskomplexe vordringen, um deren Regelung es sich handelt.

(6) Der Maßstab des Vergleichs ist darin zu sehen, inwieweit die miteinander verglichenen Regelungen im Hinblick auf das gesellschaftlich objektiv Notwendige das Optimum an Effektivität erreichen. Dabei können unterschiedliche Strukturen durchaus die gleiche Funktion erfüllen, aber diese Funktion müssen sie erfüllen. Ziel muß sein, jene juristischen Strukturen herauszufinden, die eine vorbestimmte Funktion in optimaler Weise erfüllen.

(7) Methodisch muß man folglich
   a) das materielle Problem fixieren,
   b) die Funktion bestimmen, die eine entsprechende Regelung des Problems in dem jeweiligen System zu erfüllen hat und
   c) dann die Gemeinsamkeiten und Unterschiede feststellen.

(8) Wenngleich es zweifellos Spezifika der Rechtsvergleichung zwischen „sozialistischen" und „kapitalistischen" Ländern gibt, so gelten im Prinzip diese Grundsätze auch für die intersystemare Rechtsvergleichung, weil beide „warenproduzierende Gesellschaften" sind, doch ist hier von einem besonderen „ideologischen Gewicht" die Rede.[10]

Soweit sich die wenigen Autoren aus der UdSSR und noch weniger Autoren aus der DDR nach wie vor zu diesen Thesen bekennen, könnte es durchaus auch methodologisch zu übereinstimmenden, parallelen oder analogen Forschungsverfahren kommen, zugleich aber könnte gefragt werden, was daran eigentlich *marxistische* Rechtsvergleichung sein solle.[11]

Eine Stellungnahme aus der UdSSR und der DDR zu diesen Fragen war nicht zu ermitteln. Meine Antwort lautet:

Wenn der Vergleich eine hohe Abstraktionsstufe wissenschaftlicher Erkenntnismethode darstellt, wird man auf dieser Ebene keine spezifischen Merkmale ansiedeln können. Das *marxistische* selbst kann vielmehr erst bei der Bestim-

---

10 Mollnau (Anm. 3), S. 24.

11 So etwa Hans-Joachim Bartels: Methode und Gegenstand intersystemarer Rechtsvergleichung, Tübingen 1983, S. 55.

mung des Wesens und des Begriffs des Rechts und darin gefunden werden, daß die marxistische Sicht nicht nur die äußere Erscheinungsform des Rechts, seine abstrakte Struktur und Funktion, sondern seine materielle Bedingtheit und seine materielle Wirkung in die rechtswissenschafltliche Untersuchung selbst einbezieht. In diesem Sinne ist marxistische Rechtsvergleichung nicht nur Rechtssoziologie [12] (das ist sie auch), sondern sie ist eine konkrete Form der Anwendung der materialistischen Dialektik.[13]

3. Wenn wir dennoch in der DDR und der UdSSR eher ein Zurückfallen bereits einmal erreichter Positionen auf dem Gebiet der intersystemaren Rechtsvergleichung durch weitgehendes Stillschweigen feststellen müssen, so erhebt sich natürlich die Frage nach den Ursachen. Mir scheinen sie vor allem im folgenden zu liegen.

Einmal impliziert eine intersystemare Rechtsvergleichung einen *allgemeinen Rechtsbegriff*. Zwar wird ein solcher allgemeiner Rechtsbegriff heute in der UdSSR und der DDR abstrakt bejaht[14], bei konkreten, rechtsvergleichenden Arbeiten aber würde man nicht darum herumkommen festzustellen, daß der *Stellenwert* des Rechts in Rechtsstaaten ein anderer ist als in Staaten des „real existierenden Sozialismus". Mit der Belebung der Rechtskategorie in diesen Staaten ging nämlich ihre Funktionalisierung und Instrumentalisierung, ihre Einordnung in die politische Organisation des „realen Sozialismus" einher. Das Recht wurde wie der Staat zum reinen Lenkungsinstrument in der Hand des Politbüros der jeweiligen *Kommunistischen Partei* funktionalisiert, die in Analogie zu dem römisch-byzantinischen Lehrsatz des „prinzeps legibus solutes"[15] die Beschlüsse der *Kommunistischen Partei* zur eigentlichen Quelle des Rechts werden läßt, die selbst aber an das Recht nicht gebunden ist.

Zum anderen haben wir es bei der DDR wie UdSSR – was leider oft übersehen wird – nicht mit sozialistischen Ländern, sondern mit Parteidiktaturen zu tun, die den Marxismus nicht als eine wissenschaftliche Analysemethode anwenden, wie etwa Marx und Engels ihre Position selbst umschrieben haben[16], sondern sie berufen sich auf deren Arbeiten (völlig zu Unrecht) nur zur Legitimation ihrer Herrschaft, ansonsten aber ist das, was von diesen Staaten als Marxismus-Leninismus bezeichnet wird, längst zu einer Ideologie im Sinne einer Kirchenlehre degeneriert, die einerseits einen hohen Stellen-

12 Wolfgang Seiffert: Marxistische Rechtsvergleichung (Anm. 3), S. 279/80.

13 Ebenda, S. 285.

14 Vgl. dazu die Analyse und Literaturhinweise bei Wolfgang Seiffert: Das Rechtssystem des RGW, Baden-Baden 1982, S. 82-85.

15 Vgl. Christoph Link: Herrschaftsordnung und bürgerliche Freiheit, Wien–Köln–Graz 1979, S. 89-92.

16 Peter Lübbe: Der staatlich etablierte Sozialismus, Hamburg 1975, S. 65-66; S. 81-98.

wert im System des „realen Sozialismus“ einnimmt, andererseits dazu verurteilt und darauf reduziert ist, die Irreversibilität und Allmacht der kommunistischen Herrschaft zu rechtfertigen.[17]

Auf dieser Grundlage sind wissenschaftlich seriöse Arbeiten für intersystemare Rechtsvergleichung nicht zu erbringen. Dies wird wohl auch heißen, daß die von mir skizzierten positiven Ansätze auch ohne ausdrücklichen Widerruf nicht zu den Grundlagen der Rechtswissenschaft dieser Länder zählen. Das bedeutet aber im Umkehrschluß, daß, wer sie dennoch erbringt, von *diesen* (ideologischen) Grundlagen abweicht und seine Forschungsergebnisse auf *anderer* Basis leistet, die durchaus verschiedene, pluralistisch geartete Ansätze haben können.

III. Schluß

Dennoch – oder besser: gerade deshalb – haben wir allen Grund, mit der intersystemaren Rechtsvergleichung fortzufahren, Kollegen in den RGW-Ländern zu analogen Arbeiten zu animieren, mit ihnen Kontakt zu halten und zu kooperieren.

Literatur

Autorenkollektiv: Problemy sravnitel'nogo pravodenia, Moskau 1978.

Bartels, Hans-Joachim: Methode und Gegenstand intersystemarer Rechtsvergleichung, Tübingen 1983.

Knapp, Viktor: Verträge im tschechoslowakischen Recht – Ein Beitrag zur Rechtsvergleichung zwischen Ländern mit verschiedener Gesellschaftsordnung, Rabels Zeitschrift für ausländisches und internationales Privatrecht, 23, 1962/63, S. 495 ff.

Link, Christoph: Herrschaftsordnung und bürgerliche Freiheit, Wien–Köln–Graz 1979.

Loeber, Dietrich A.: Rechtsvergleichung zwischen Ländern mit verschiedener Wirtschaftsordnung, Rabels Zeitschrift für ausländisches und internationales Privatrecht, 26, 1961, S. 201 ff.

Lübbe, Peter: Der staatlich etablierte Sozialismus, Hamburg 1975.

Mollnau, Karl A.: Marginalien zum Budapester Weltkongreß für Rechtsvergleichung, Staat und Recht, Berlin (Ost) 1973, S. 19 ff.

Posch, Martin / Petev, Valentin: Vergleichung in der Rechtslehre, Staat und Recht, Berlin (Ost) 1966, S. 86 ff.

Seiffert, Wolfgang: Internationale Tagung in Wien zu Fragen des gewerblichen Rechtsschutzes, Staat und Recht, Berlin (Ost) 1969, S. 113 ff.

---

17 Lübbe (Anm. 16), S. 69-80.

Seiffert, Wolfgang: Zu theoretischen Fragen marxistischer Rechtsvergleichung, in: Hagen / Römer / Seiffert (Hrsg.): Rechtswissenschaft und Arbeiterbewegung, Köln 1976, S. 273 ff.

Seiffert, Wolfgang: Das Rechtssystem des RGW, Baden-Baden 1982.

Seiffert, Wolfgang / Zimmermann, Boleslaus: Bemerkungen zum Einsatz der rechtsvergleichenden Forschung bei der Angleichung einzelstaatlicher Rechtsnormen für die wissenschaftlich-technische Zusammenarbeit im Rahmen des RGW, Staat und Recht, Berlin (Ost) 1973, S. 1704 ff.

Strohbach, Heinz / Rudolph, Helga: Rechtsfragen intersystemarer Wirtschaftsbeziehungen, Berlin (Ost) 1982.

Tille, A. A.: Socialisticeskoe sravnitel'noe pravovedenie, Moskau 1975.

Tumanov, V. A. (Hrsg.): Sravnitel'noe pravodenie – Sbornik statej, Moskau 1978.

Usenko, J. T.: Zum Verhältnis von Kategorien des Völkerrechts und des innerstaatlichen Rechts, Sowjetwissenschaft – gesellschaftswissenschaftliche Beiträge, Berlin (Ost) 1984, S. 130 ff.

Zivs, S. L.: La méthode de recherche comparative dans la science juridique, Act. Jur. Hung. 13, Budapest 1971, S. 175 ff.

Ulrich Drobnig

MÖGLICHKEITEN UND GRENZEN INTERSYSTEMARER RECHTSVERGLEICHUNG AUF DEM GEBIET DES ZIVILRECHTS

I. Die Problemstellung

Rechtsvergleichung ist im Prinzip universal. Sie kennt theoretisch keine Länder- und keine Systemgrenzen. Es ist im Gegenteil gerade ihr Ziel, die geographischen Fesseln abzustreifen, die sich daraus ergeben, daß die Geltung einer jeden staatlichen Rechtsordnung beschränkt ist auf das Gebiet des jeweiligen rechtssetzenden Staates.

Auf der Grundlage des universalen Anwendungsanspruches der Rechtsvergleichung können sich Fragen wie die, ob intersystemare Rechtsvergleichung möglich ist und nach welchen Methoden sie durchzuführen sei, sowie nach der Vergleichbarkeit einzelner Rechtsordnungen bzw. eines ganzen Rechtskreises – etwa des sozialistischen Rechtskreises im Verhältnis zu nicht-sozialistischen Rechtskreisen – natürlich überhaupt nicht stellen. Tatsächlich sind sie auch von der allgemeinen Theorie der Rechtsvergleichung zunächst nicht gestellt worden.

Erst nach dem Zweiten Weltkrieg hat die Ostrechtsforschung, deren wissenschaftliche Existenz aus wohl eher persönlichen Gründen nicht immer voll in den Strom der allgemeinen rechtsvergleichenden Wissenschaft einbezogen war, die Frage der Vergleichbarkeit von sozialistischen und nicht-sozialistischen Rechtsordnungen aufgeworfen. Loeber gebührt das Verdienst, im Jahre 1961 diese Frage erstmals grundsätzlich thematisiert zu haben.[1] Nach einem Überblick über die Argumente für und wider diese Vergleichbarkeit, die er damals in der ost- und der westeuropäischen juristischen Literatur vorfand, entwickelte er seine eigene Auffassung.

Ihr Kernpunkt ist die Unterscheidung zwischen systembezogenen und systemneutralen Rechtsinstituten. Loeber war der Auffassung, daß wegen der starken Unterschiede die Rechtsvergleichung zwischen systembezogenen

1 Dietrich A. Loeber: Rechtsvergleichung zwischen Ländern mit verschiedener Wirtschaftsordnung, Rabels Zeitschrift für ausländisches und internationales Privatrecht, 26, 1961, S. 201 ff.

Rechtsinstituten besonders reizvoll sei, dagegen praktische Nutzanwendungen einer solchen Vergleichung oder gar eine Vereinheitlichung hier ausgeschlossen sei. Gerade umgekehrt liege es bei den systemneutralen Rechtsinstituten. Zu den systembezogenen und daher theoretisch vergleichsträchtigen Rechtsgebieten zählte er insbesondere weite Bereiche des Wirtschaftsrechts. Als systemneutral und daher auch praktisch vergleichsfähig bezeichnete er hingegen überwiegende Teile des Zivilrechts.

Einige osteuropäische Reaktionen auf die Thesen von Loeber hat Herr Seiffert dargestellt.[2]

In Westeuropa hat Loeber viel weniger Aufsehen erregt – weil er lediglich Selbstverständliches zu bestätigen schien. Zwar findet man auch hier einzelne Stimmen, welche die Vergleichbarkeit von sozialistischen und nicht-sozialistischen Rechtsordnungen leugnen, weil der grundsätzlich andersartige Charakter der politischen und sozialen Systeme einer Vergleichung entgegenstehe, namentlich auf dem Sondergebiet des Wirtschaftsrechts.[3] Auch hat es – im Rahmen des politischen kalten Krieges – gewisse Beispiele für eine präjudizierte Rechtsvergleichung gegeben, die von der prinzipiellen Überlegenheit der nicht-sozialistischen Rechtsordnungen ausgingen. Aber beide Auffassungen sind im Westen doch mit viel weniger Nachdruck vertreten worden als die entsprechenden Standpunkte im Osten. Dafür hat die dritte Richtung, welche die intersystemare Rechtsvergleichung bejaht, im Westen besonders angesehene Befürworter gefunden, die sich auch sehr prononciert für diesen Standpunkt ausgesprochen haben.

Der international wohl führende Rechtsvergleicher, der Franzose René David – übrigens ein recht guter Kenner des sowjetischen Rechts – stützt sein positives Votum im wesentlichen darauf, daß die sozialistischen Rechtsordnungen in vieler Beziehung den nicht-sozialistischen westlichen Rechtsordnungen viel näher stünden als dem Recht sozialistischer Länder in Afrika oder Asien.[4] – Zweigert / Kötz fügen folgenden wichtigen Gesichtspunkt hinzu: Zwar verlange Vergleichbarkeit Ähnlichkeit der rechtlichen Bedürfnisse; es sei aber noch nicht erwiesen, daß diese Ähnlichkeit im Verhältnis zwischen West und Ost fehle.[5] Dieses Argument basiert freilich auf der unausgesprochenen (und erst recht unbewiesenen) Annahme, als könne überall das Bestehen

---

[2] Siehe oben S. 187 ff. Vgl. ergänzend auch Ulrich Drobnig: Rechtsvergleichung zwischen Rechtsordnungen verschiedener Wirtschaftssysteme, Rabels Zeitschrift für ausländisches und internationales Privatrecht, 48, 1984, S. 233 ff. (S. 234-237).

[3] Andreas Bilinsky: Das sowjetische Wirtschaftsrecht, Studien des Instituts für Ostrecht, Bd. 19, Tübingen–Basel 1968, S. 18, beruft sicht auf den sowjetischen Standpunkt und macht ihn sich damit zu eigen.

[4] René David: Droit comparé et systèmes socio-politiques, in: Livre du centenaire de la Société de législation comparée, II, Paris 1971, S. 145 ff. (S. 148-150).

[5] Konrad Zweigert / Hein Kötz: Einführung in die Rechtsvergleichung auf dem Gebiete des Privatrechts, I, 2. Aufl., Tübingen 1984, S. 42.

ähnlicher tatsächlicher Verhältnisse und rechtlicher Lösungsbedürfnisse vermutet und müsse das Gegenteil nachgewiesen werden. – Schließlich hat sich auch Constantinesco, ein besonders gründlicher Methodiker der Rechtsvergleichung, für die Vergleichbarkeit ausgesprochen – freilich nicht, ohne zugleich nachdrücklich zu warnen vor verräterischen, oberflächlichen Ähnlichkeiten, die wesentliche Sachunterschiede verdecken könnten.[6]

Diese Hinweise auf die Positionen einiger führender Vertreter der allgemeinen Rechtsvergleichung offenbaren allerdings auch, daß sie zwar einige zentrale Fragen der intersystemaren Vergleichung angetippt, jedoch das volle Spektrum der Probleme noch nicht gründlich durchdacht haben, welche den auf intersystemare Vergleichung erpichten Ostrechtler beschäftigen. Den letzteren hingegen fehlt gelegentlich die volle Beherrschung des rechtsvergleichenden Rüstzeuges.

Ich möchte deshalb hier den Versuch unternehmen, diese Lücke zwischen einer allgemeinen und einer Sonderdisziplin zu füllen. Das allgemeine Instrumentarium der Rechtsvergleichung soll auf die besonderen Probleme der intersystemaren Rechtsvergleichung angewendet werden; es wird sich zeigen, daß es dazu einer erheblichen Fortbildung bedarf. Ich hoffe, daß dieser Brückenschlag beiden juristischen und vielleicht auch bei anderen sozialwissenschaftlichen Disziplinen von Nutzen sein wird.

II. Der Begriff der intersystemaren Rechtsvergleichung

Von meinem Ausgangspunkt in der allgemeinen Rechtsvergleichung ergibt sich eine direkte Konsequenz für die Konzeption des Zentralbegriffes der Untersuchung, nämlich der intersystemaren Rechtsvergleichung. Einen eigenen System-Begriff hat die Rechtsvergleichung bisher nicht entwickelt; er müßte jedenfalls enger sein als der Begriff des Rechtskreises, mit dem der Rechtsvergleicher die Vielfalt der bestehenden Rechtsordnungen einzuteilen sucht. Eine Definition ist zunächst auch nicht nötig, da Einverständnis über den Inhalt besteht: Der Begriff der intersystemaren Rechtsvergleichung darf nicht und braucht nicht beschränkt zu werden auf die Vergleichung zwischen sozialistischen und nicht-sozialistischen Rechtsordnungen. Noch weniger berechtigt wäre es, ihn etwa auf die innerdeutsche Rechtsvergleichung einzuengen.

Allerdings steht die Ost-West-Rechtsvergleichung im Mittelpunkt meiner Überlegungen. Sie ist auch diejenige Form intersystemarer Rechtsvergleichung, mit der ich am ehesten vertraut bin und an der ich deshalb meine methodischen Überlegungen praktisch überprüfen kann und werde.

---

6 Leontin-Jean Constantinesco: Rechtsvergleichung, Bd. II, Köln–Berlin 1972, S. 136.

Dennoch wage ich die Behauptung, daß meine Thesen zur intersystemaren Rechtsvergleichung wegen ihrer Ableitung aus den allgemeinen Lehren der Rechtsvergleichung nicht nur für die Ost-West-Vergleichung taugen. Vielmehr glaube ich, daß sie grundsätzlich für jede intersystemare Rechtsvergleichung richtig sind, also etwa auch für diejenige zwischen Nord und Süd.

Unter Rechtsvergleichung verstehe ich – wie ganz überwiegend in der allgemeinen Rechtsvergleichung – hier allein eine Mikro-Vergleichung. Ich schließe also die Makro-Vergleichung aus, die etwa das ganze sozialistische Rechtssystem mit den nicht-sozialistischen Rechtssystemen vergleichen wollte. Ein solcher pauschaler Vergleich läßt sich, wenn er über aphoristische Bemerkungen hinausgehen soll, nur aufgrund einer intensiven Mikro-Vergleichung unternehmen. Die Mikro-Vergleichung beschränkt sich dagegen auf die Vergleichung einzelner rechtlicher Institutionen oder Funktionen.

III. Grundsätzliche Möglichkeit intersystemarer Rechtsvergleichung

An der prinzipiellen Vergleichbarkeit zwischen sozialistischen und nicht-sozialistischen Rechtsordnungen bestehen in den nicht-sozialistischen Ländern keine Zweifel; ernstzunehmende Zweifel haben auch in der Vergangenheit nie bestanden.

Insbesondere ist im Westen meines Wissens von keinem seriösen Wissenschaftler das Gegenstück zu der marxistischen These vertreten worden, daß nämlich die nicht-sozialistischen Rechtsordnungen den sozialistischen grundsätzlich überlegen seien, so daß überhaupt nur eine präjudizierte Vergleichung in Betracht komme.

Noch unhaltbarer wäre aber auch die These, die sozialistischen Rechtsordnungen stellten überhaupt kein „Recht" dar. Durch die Bejahung der grundsätzlichen Möglichkeit intersystemarer *Rechts*vergleichung wird vielmehr zugleich stillschweigend auch die Rechtsqualität der sozialistischen Ordnungen jedenfalls für die Zwecke der Vergleichung unterstellt. Daß der Rechtsbegriff dieser Staaten anders aussieht als der unsrige, steht natürlich auf einem anderen Blatt, kann aber die grundsätzliche Vergleichbarkeit beider Rechtssysteme nicht beeinträchtigen.

IV. Die Stufen der intersystemaren Rechtsvergleichung

Die grundsätzliche Möglichkeit der intersystemaren Rechtsvergleichung ist also zu bejahen. Jedoch zwingen die Besonderheiten dieses Zweiges der Rechtsvergleichung dazu, den Vergleichungskatalog der allgemeinen Rechtsvergleichung zu erweitern. Der letztere enthält zwei Stufen, die analytische und die wertende Rechtsvergleichung.[7]

In der intersystemaren Rechtsvergleichung spielt jedoch sowohl theoretisch wie praktisch eine dritte Erscheinungsform eine prominente Rolle, nämlich die kontrastierende Rechtsvergleichung. Es handelt sich dabei offenbar in der Sache um dasselbe Phänomen, das Herr Bleeck die „Gegenüberstellung" von politischen Systemen nennt.[8] Ob die kontrastierende Rechtsvergleichung freilich den Rang einer eigenen Stufe hat oder lediglich einen Unterteil der bereits anerkannten zwei Stufen bildet, bedarf noch der Klärung.

1. Analytische Rechtsvergleichung

Diese Grundform aller Rechtsvergleichung sucht allein festzustellen, ob die rechtlichen Lösungen der verglichenen Rechtsordnungen übereinstimmen oder ob sie divergieren. In dieser Phase ist die Vergleichung lediglich deskriptiv.

Da nur Vergleichbares verglichen werden kann, setzt analytische Rechtsvergleichung ein tertium comparationis voraus: die Gleichheit oder zumindest Ähnlichkeit derjenigen Lebenswirklichkeiten, deren rechtliche Regelung in zwei oder mehr Ländern verglichen wird.[9] Denn nur auf der Grundlage übereinstimmender Wirklichkeiten läßt sich sinnvoll aussagen, ob ihre rechtlichen Regelungen übereinstimmen oder divergieren.

Gerade in diesem Punkt liegt eine Besonderheit der intersystemaren Rechtsvergleichung: sie wird viel öfter als die intrasystemare Rechtsvergleichung zu dem Ergebnis kommen, daß die verglichenen Rechtsordnungen deswegen nicht übereinstimmen, weil die jeweils geregelten Lebensverhältnisse wesentlich divergieren. Anders als Zweigert / Kötz[10] meine ich, daß man jedenfalls im Verhältnis zum Osten keineswegs vermuten darf, die tatsächlichen Umstände und die Rechtsbedürfnisse stimmten in den beiden Systemen überein. Im Gegenteil: zum mindesten in den von Loeber sogenannten systembezogenen Bereichen – wie Verfassungs- und Wirtschaftsrecht – scheint mir eher die gegenteilige Vermutung profunder Unterschiede angebracht zu sein. Und selbst in den eher systemneutralen Bereichen, wie etwa dem Familien- und Erbrecht oder dem Vertragsrecht der Verbraucher, halte ich eine praesumptio similitu-

---

7 Vgl. Zweigert / Kötz, S. 47-53.

8 Siehe oben S. 15 ff.

9 Beim Verfassungsvergleich will auch Brunner (siehe oben S. 163 ff.) auf die politischen Realitäten abstellen, und zwar (theoretisch richtig) auf *gemeinsame* politische Realitäten. Mir ist freilich zweifelhaft, ob es solche Gemeinsamkeiten tatsächlich gibt.

10 Zweigert / Kötz, S. 42. Vgl. auch Manfred Balz: Eigentumsordnung und Technologiepolitik, Beiträge zum ausländischen und internationalen Privatrecht, Bd. 44, Tübingen 1980, S. 7.

dinis der Lebenswirklichkeit für zu gewagt. Immerhin dürften in den systemneutralen Bereichen im einzelnen zahlreiche faktische Übereinstimmungen oder zumindest Ähnlichkeiten nachzuweisen sein.

Angesichts des Umfanges und der Tragweite der erwähnten Unterschiede empfiehlt es sich, die Tragweite einer eigenen Kategorie der kontrastierenden Rechtsvergleichung zu prüfen.

2. Kontrastierende Rechtsvergleichung

Kontrastierende Rechtsvergleichung kann auf zwei Ursachen beruhen: Es divergieren entweder die Lebenswirklichkeiten in den Vergleichsländern; dann ist nicht einmal eine sinnvolle Rechtsvergleichung möglich. Oder es divergieren trotz übereinstimmender Lebenswirklichkeiten die rechtlichen Regelungen; dann ist Rechtsvergleichung zwar möglich, führt aber zu dem Ergebnis fehlender Übereinstimmung der verglichenen Lösungen.

Wegen des Ausmaßes sowohl der faktischen Unterschiede wie der Regelungsdivergenzen, die zwischen Ost und West bestehen, ist solche kontrastierende Rechtsvergleichung ein typisches Element intersystemarer Komparation. Sie kann aber natürlich bei jeder Rechtsvergleichung auftreten; denn auch zwischen Ländern engster räumlicher, kultureller, wirtschaftlicher oder ideologischer Verbundenheit können in einzelnen Bereichen erhebliche Unterschiede der Lebenswirklichkeiten oder auch gravierende Wertungsunterschiede bestehen.

Kontrastierende Rechtsvergleichung als wissenschaftliche Methode, nämlich als Ergebnis objektiver Rechtsvergleichung und nicht etwa vorgefaßter Meinung, ist wissenschaftlich durchaus seriös. Sie kann sogar wissenschaftlich und namentlich pädagogisch besonders fruchtbar sein, und zwar sowohl für das Verständnis der eigenen Rechtsordnung des Rechtsvergleichers als auch für das Verständnis der fremden Vergleichsordnung. Gerade die scharfe Kontrastwirkung, die sich aus den ausgeprägten tatsächlichen und Bewertungsunterschieden zwischen Ost und West ergibt, ist hervorragend dazu geeignet, das wechselseitige Verständnis für die Grundlagen der eigenen wie der fremden Rechtsordnung zu vertiefen.

Über diesen pädagogischen Zweck hinaus kann kontrastierende Rechtsvergleichung hingegen nichts leisten. Weder kann sie seriöse rechtspolitische Argumente für die Fortbildung des eigenen Rechts liefern noch bestehen etwa Aussichten auf ein (partielle) Vereinheitlichung.

Nach der einprägsamen Einteilung von Loeber kommen für die kontrastierende Rechtsvergleichung insbesondere die eher systembezogenen Rechtsinstitute in Betracht. Dazu gehören – ganz pauschal gesehen – namentlich das Staats- und Verwaltungsrecht und auch wesentliche Teile des Wirtschaftsrechts. Mir ist zweifelhaft, ob man die Ansätze zur ökonomischen Systemvergleichung für die Vergleichung des Wirtschaftsrechts fruchtbar machen kann. Jedenfalls bei den rechtlichen Grundlagen des Wirtschaftssystems bestehen tiefgreifende faktische und Wertungsunterschiede. Sowohl nach dem marxistischen Selbstverständnis als auch nach meiner Auffassung sind diese Unterschiede systemkonstitutiv, d.h. sie begründen die essentielle Andersartigkeit des Wirtschafts- und damit auch des Wirtschafts*rechts*-Systems der sozialistischen Länder.

Obwohl also die kontrastierende Rechtsvergleichung gerade auch bei der intersystemaren Vergleichung einen wichtigen und legitimen Platz einnimmt, stellt sie doch keine selbständige dritte Stufe der Rechtsvergleichung dar. Denn eine Kontrastierung von Lebenswirklichkeiten oder rechtlichen Wertungen ist auch bei jeder intrasystemaren Vergleichung möglich; es handelt sich also nicht um eine Besonderheit intersystemarer Vergleichung – wenn auch bei dieser der Umfang und die Bedeutung der Kontraste in aller Regel besonders groß sind.

Unter den Methoden der Rechtsvergleichung bildet die kontrastierende Rechtsvergleichung daher nur einen Unterfall der analytischen Vergleichung.

3. Wertende Rechtsvergleichung

Auf die analytische Vergleichung kann, falls sich rechtliche Lösungsunterschiede (und nicht nur faktische Divergenzen) ergeben haben, in einer zweiten Stufe eine Bewertung der Rechtsunterschiede folgen. Es geht um die Frage, welche der vorgefundenen Lösungen die bessere ist. Für eine Antwort ist es erforderlich, die verschiedenen rechtlichen Lösungen auf wissenschaftlicher Grundlage zu bewerten.

Diese Bewertung ist zu unterscheiden von zwei anderen möglichen, jedoch weit weniger anspruchsvollen Bewertungen: Einerseits von der Bewertung der Systemkonformität einer fremden Lösung. Hier ist Maßstab das fremde Rechtssystem als Ganzes. Es handelt sich also um system-immanente Kritik, d.h. um die Bewertung einer fremden Lösung nach den Grundwerten und dem Rahmen ihrer eigenen Gesamtordnung. In der system-immanenten Kritik fehlt daher jedes extern-vergleichende Element.

Wohl aber kommt ein solches extern-vergleichendes Element bei der zweiten Erscheinungsform vergleichender Bewertung zum Zuge: Der Betrachter beurteilt eine fremde Lösung nach den Maßstäben seiner eigenen Rechtsordnung. Eine solche Beurteilung kann etwa unter rechtspolitischen Gesichtspunkten geboten, und sie kann im Einzelfall durchaus fruchtbar sein.[11] Wenn auch

11 So hat auch der westdeutsche Gesetzgeber bei Vorbereitung größerer Gesetzesvorhaben die einschlägigen Regeln des Rechts der DDR in Betracht gezogen, vgl. Ulrich

diese Beurteilung vergleichend ist, so ist sie doch nicht objektiv-vergleichend; denn der Maßstab, den sie anlegt, ist der subjektive eines der Vergleichsländer.

Die hier gemeinte Bewertung von Lösungen auf objektiv-vergleichender Grundlage ist dagegen anspruchsvoller; denn sie strebt eine systemübergreifende vergleichende Bewertung an. Es gibt übrigens einige Stimmen, die dies nicht mehr zur Aufgabe der Rechtsvergleichung zählen.[12] Um diese Bewertung mit wissenschaftlichem Anspruch erreichen zu können, muß m.E. eine gemeinsame Wertungsgrundlage vorhanden sein. Die verglichenen Rechtsordnungen müssen also auf dem Vergleichsgebiet in ihren Grundwertungen übereinstimmen.[13] Dem tertium *comparationis* bei der analytischen Rechtsvergleichung muß also ein tertium *valutationis* bei der objektiv-vergleichenden Wertung entsprechen.

Intersystemar wird eine solche Übereinstimmung von Grundwerten relativ rar sein. Sie ist jedoch nicht völlig ausgeschlossen, sondern in den ausgeprägt system-neutralen Bereichen durchaus anzutreffen. Beispiele finden sich etwa im zivilen Vertragsrecht, im Familien- und Erbrecht sowie im intersystemaren Außenhandels-, im Verkehrs- und im Transportrecht.

V. Methodenfragen

1. Rechtsvergleichung darf sich niemals auf den *Buchstaben einer fremden Rechtsnorm* beschränken. Sie hat vielmehr den Inhalt einer solchen Norm anhand aller nur irgend in Betracht kommenden Umstände zu ermitteln: Rechtsprechung und Rechtslehre sind selbstverständlich ergänzende Rechtsquellen. Bei der Vergleichung mit den sozialistischen Rechtsordnungen sind zusätzlich aber auch die Einflüsse außerrechtlicher Grundwerte (etwa der Ideologie), Normen (etwa gesellschaftliche Anschauungen) und Instanzen

---

Drobnig / Peter Dopffel: Die Nutzung der Rechtsvergleichung durch den deutschen Gesetzgeber, Rabels Zeitschrift für ausländisches und internationales Privatrecht, 46, 1982, S. 253 ff. (S. 266 ff., S. 297 allgemein zur Berücksichtigung des Rechts der DDR; S. 261 zum Recht der nicht-ehelichen Kinder; S. 279 und S. 280 zum Scheidungsrecht).

12 Siehe etwa Constantinesco (Anm. 6), S. 323 ff. Wähler (unten S. 207 ff.) bejaht hier zwar eine Aufgabe der Rechtsvergleichung, möchte diese Aufgabe bei der Ost-West-Vergleichung aber solchen afrikanischen oder asiatischen Juristen überlassen, die in einer von beiden Systemen gleichermaßen distanzierten Rechtskultur aufgewachsen sind. Nach meiner Erfahrung bringen aber international versierte Juristen aus Ost und West durchaus die für einen wissenschaftlichen Vergleich erforderliche Objektivität auf und haben dazu gegenüber nicht-europäischen Experten den erheblichen Vorteil größerer Sachnähe.

13 Konrad Zweigert / Hans-Jürgen Puttfarken: Zur Vergleichbarkeit analoger Rechtsinstitute in verschiedenen Gesellschaftsordnungen, in: Rechtsvergleichung (hrsg. von denselben Autoren), Darmstadt 1978, S. 395 ff. (S. 415); Hans Joachim Bartels: Methode und Gegenstand intersystemarer Rechtsvergleichung. Studien zum ausländischen und internationalen Privatrecht, Bd. 7, Tübingen 1982, S. 180 ff., S. 199, S. 204/205.

(wie etwa einer führenden Staatspartei) in demselben Maße zu berücksichtigen, wie sie die fremde Rechtsordnung beeinflussen.[14] Bedeutung und Rang auch dieser „Rechts"-quellen im weitesten Sinne des Wortes sind nach den Regeln der fremden Rechtsordnung einzustufen.

Auch hier dürfte die Einteilung in eher system-bezogene und eher systemneutrale Rechtsinstitute relevant sein. Bei den ersteren ist damit zu rechnen, daß der Einfluß außerrechtlicher Faktoren viel intensiver sein wird als bei den letzteren.

2. *Dogmatische Rechtsvergleichung*, d.h. eine auf Rechtsbegriffe, Rechtsinstitute oder systematische Gesichtspunkte abstellende Vergleichung, ist bereits in der allgemeinen Rechtsvergleichung nur beschränkt fruchtbar. In der Ost-West-Vergleichung ist sie gefährlich und deshalb namentlich in den Händen weniger erfahrener Vergleicher inopportun.[15]

Begriffe und Systematik der sozialistischen Rechtsordnungen sind nämlich einerseits in weitem Umfange aus dem deutschen und dem französischen Rechtskreis kopiert worden. Andererseits hat sich ihr Inhalt in den sozialistischen Ländern zum Teil erheblich verändert. Aus diesem Grunde ist es oft außerordentlich riskant, die uns vertrauten Termini der sozialistischen Rechtsordnungen at face value zu nehmen und von ihnen ohne näheres Zusehen auf die Identität des Begriffsinhaltes zu schließen.[16]

3. Moderne Rechtsvergleichung ist grundsätzlich *funktional* ausgerichtet. Sie vergleicht also nicht Regeln oder gar Begriffe, sondern die Funktionen, welche Rechtsnormen erfüllen.

Für die intersystemare Rechtsvergleichung erscheint dieses methodische Gebot besonders bedeutsam[17], wenn man sich seine doppelte Ausrichtung vor Augen hält.

Einerseits bewahrt diese Methode vor den Gefahren des Umganges mit begrifflichen, dogmatischen und systematischen Kriterien, welche die sozialistischen Länder aus der nicht-sozialistischen Rechtswelt rezipiert haben.

---

14 Siehe dazu nachdrücklich insbesondere Georg Brunner: Zur Methode der Ostrechtsforschung, Die Verwaltung, 5, 1972, S. 473 ff. (S. 475-478); ders.: Von der dogmatischen Ostrechtsforschung zur dialektischen Westrechtsforschung?, Osteuropa 1973, S. 540 ff. (S. 541-542); Klaus Westen: Orientierungsversuche. Zur Diskussion um die Ostrechtswissenschaft, Osteuropa, 1973, S. 618 ff. (S. 622).

15 Sie wird jedoch befürwortet von Otto-Wilhelm Jakobs: Zur Methodik der Zivilrechtsvergleichung zwischen Rechten aus verschiedenen Gesellschaftsordnungen, Osteuropa-Recht, 9, 1963, S. 108 ff. (S. 112).

16 Diese Gefahr unterstreicht Balz (Anm. 8), S. 7, und Klaus Westen: Methodische Vorfragen der Ostrechtsforschung, in: Macht und Recht im kommunistischen Herrschaftssystem, Köln 1965, S. 299 ff. (S. 309).

17 Diesen Zusammenhang betont auch Marc Ancel: Le problème de la comparabilité et la méthode fonctionnelle en droit comparé, in: Festschrift I. Zajtay, Tübingen 1982, S. 1 ff.

Solchen uns scheinbar vertrauten Kriterien darf nur nach sorgfältiger Prüfung dieselbe Bedeutung beigelegt werden, die sie auch in ihren westlichen Herkunftsländern haben.

Andererseits ist aber auch der positive Impetus der funktionalen Methode heilsam und gerade auch intersystemar bedeutsam. Denn diese Methode verpflichtet dazu, zunächst die tatsächlichen Umstände, die Gegenstand rechtlicher Regelung in den Vergleichsländern sind, umfassend aufzuklären und in ihrer vollen Breite zu berücksichtigen. Das Gebot der Funktionalität bezieht sich aber auch auf die verglichenen Rechtsnormen. Auch hier ist die ganze Fülle der Normen zu erfassen, die direkt oder indirekt, als Rechtsnormen oder als Regeln jeglicher anderer Qualität die Entscheidung konkreter Fälle beeinflussen können.

Literatur

Ancel, Marc: Le problème de la comparabilité et la méthode fonctionnelle en droit comparé, in: Festschrift I. Zajtay, Tübingen 1982, S. 1 ff.

Balz, Manfred: Eigentumsordnung und Technologiepolitik. Beiträge zum ausländischen und internationalen Privatrecht, Bd. 44, Tübingen 1980, S. 7.

Bartels, Hans Joachim: Methode und Gegenstand intersystemarer Rechtsvergleichung. Studien zum ausländischen und internationalen Privatrecht, Bd. 7, Tübingen 1982, S. 180 ff.

Bilinsky, Andreas: Das sowjetische Wirtschaftsrecht. Studien des Instituts für Ostrecht, Bd. 19, Tübingen–Basel 1968, S. 18.

Brunner, Georg: Zur Methode der Ostrechtsforschung, Die Verwaltung, 5, 1972, S. 473 ff.

Brunner, Georg: Von der dogmatischen Ostrechtsforschung zur dialektischen Westrechtsforschung, Osteuropa 1973, S. 540 ff.

Constantinesco, Leontin-Jean: Rechtsvergleichung, Bd. II, Köln–Berlin 1972.

David, René: Droit comparé et systèmes socio-politiques, in: Livre du centenaire de la Société de législation comparée, II, Paris 1971, S. 145 ff.

Drobnig, Ulrich: Rechtsvergleichung zwischen Rechtsordnungen verschiedener Wirtschaftssysteme, Rabels Zeitschrift für ausländisches und internationales Privatrecht, 48, 1984, S. 233 ff.

Drobnig, Ulrich / Dopffel, Peter: Die Nutzung der Rechtsvergleichung durch den deutschen Gesetzgeber, Rabels Zeitschrift für ausländisches und internationales Privatrecht, 46, 1982, S. 266 ff.

Jakobs, Otto-Wilhelm: Zur Methodik der Zivilrechtsvergleichung zwischen Rechten aus verschiedenen Gesellschaftsordnungen, Osteuroparecht, 9, 1963, S. 108 ff.

Loeber, Dietrich A.: Rechtsvergleichung zwischen Ländern mit verschiedener Wirtschaftsordnung, Rabels Zeitschrift für ausländisches und internationales Privatrecht, 26, 1961, S. 201 ff.

Westen, Klaus: Methodische Vorfragen der Ostrechtsforschung, in: Macht und Recht im kommunistischen Herrschaftssystem, Köln 1965, S. 299 ff.

Westen, Klaus: Orientierungsversuche. Zur Diskussion um die Ostrechtswissenschaft, Osteuropa 1973, S. 618 ff.

Zweigert, Konrad / Kötz, Hein: Einführung in die Rechtsvergleichung auf dem Gebiet des Privatrechts, I, 2. Aufl., Tübingen 1984.

Zweigert, Konrad / Puttfarken, Hans-Jürgen: Zur Vergleichbarkeit analoger Rechtsinstitute in verschiedenen Gesellschaftsordnungen, in: Rechtsvergleichung (hrsg. von denselben Autoren), Darmstadt 1978, S. 395 ff.

Klaus Wähler

ZUM PROBLEM DER VERGLEICHBARKEIT SOZIALISTISCHER UND NICHTSOZIALISTISCHER PRIVATRECHTSORDNUNGEN

I. Möglichkeiten und Ziele der intersystemaren Privatrechtsvergleichung (insbesondere im Verhältnis Bundesrepublik/DDR)

1. Darüber, daß es im Bereich der Rechtsordnungen des „civil law" (im Gegensatz zu den Ländern des common law) neben dem romanischen und dem sog. deutschen Rechtskreis noch einen besonderen sozialistischen Rechtskreis bzw. einen Rechtskreis der sozialistischen Staaten gibt, ist sich die rechtsvergleichende Disziplin jedenfalls im europäischen Raum ganz überwiegend einig.[1] Einige amerikanische Autoren haben allerdings noch bis zur ersten Hälfte der siebziger Jahre ernsthaft die Auffassung vertreten, die marxistisch-leninistische Ideologie habe das Recht nicht grundsätzlich verändert, die Privatrechtsordnungen der Staaten des Ostblocks gehörten daher zur Rechtsfamilie des civil law und unterschieden sich von den mittel- und westeuropäischen Rechten dieser Gruppe nur dadurch, daß das Eigentum an den Produktionsmitteln dem Staat vorbehalten sei.[2]

Sieht man von dieser nur durch die große räumliche Distanz erklärbaren Sondermeinung einiger namhafter Autoren des Common-law-Rechtskreises

---

1 Vgl. insbes. René David / Günther Grasmann: Einführung in die großen Rechtssysteme der Gegenwart, München 1966, S. 25 f.; Konrad Zweigert / Hein Kötz: Einführung in die Rechtsvergleichung, Bd. I: Grundlagen, Tübingen 1984², S. 85; Leontin-Jean Constantinesco: Rechtsvergleichung, Bd. II: Die rechtsvergleichende Methode, Köln 1972, S. 130; Kurt Hanns Ebert: Rechtsvergleichung, Bern 1978, S. 42 f., S. 97 ff.; *abw.* Adolf Schnitzer: Vergleichende Rechtslehre, Basel 1961², Bd. 1, S. 251 ff. (S. 259 f.).

2 Vgl. F. H. Lawson: Rezension, in: The Univ. of Chicago Law Review, 21 (1954), S. 780 ff. (S. 783); E. L. Johnson: An Introduction to the Soviet Legal System, London 1969, S. 1-5; Wolfgang Friedmann: Law in a Changing Society, London 1972², S. 105 f., S. 140 und S. 270 f.; Albert A. Ehrenzweig: Rezension, in: California Law Review, 58 (1970), S. 1005 ff., S. 1006 und S. 1010; John Hazard: Area Studies and Comparison of Law: The experience with Eastern Europe, in: American Journal of Comparative Law, 19 (1971), S. 645 ff.; Max Rheinstein: Einführung in die Rechtsvergleichung, München 1974, S. 80. – Ähnlich auch Sevold Braga: Das sowjetische Zivilrecht und das europäische Privatrecht, in: Jahrbuch für Ostrecht, Bd. 1 (1960), Nr. 2, S. 69 ff. (S. 82). – *Gegen* diese Auffassung mit Entschiedenheit: Constantinesco: Rechtsvergleichung, Bd. III: Die rechtsvergleichende Wissenschaft, Köln 1983, S. 163 f. und S. 430 f.

ab, besteht – wie gesagt – heute ungeachtet des unterschiedlichen Grades der Abhängigkeit der Privatrechtsordnungen in Osteuropa vom Sowjetrecht darüber Einigkeit, daß jedenfalls gegenwärtig das Recht aller Ostblockstaaten (einschließlich der DDR) sich grundlegend vom Recht aller übrigen Staaten des europäischen Kontinents unterscheidet, mögen diese Staaten nun zum romanischen Rechtskreis (Rechtskreis des Code civil), zum deutschen oder zum skandinavischen Rechtskreis gerechnet werden. Dieser grundlegende Unterschied besteht zunächst für das Verständnis der Funktion des Rechts als solchen in der kommunistischen Ideologie, welches nicht als Eigenwert zur Gewährleistung von Rechtssicherheit und Durchsetzung von Einzelfallgerechtigkeit und auch nicht als Instrument eines Ausgleichs divergierender sozialer Interessen, insbesondere zum Schutz des schwächeren Einzelindividuums gegen den wirtschaftlich Stärkeren betrachtet wird, sondern zunächst als Mittel des sog. Klassenkampfes, d.h. als Mittel zur Durchsetzung einer nach marxistischen Prinzipien geordneten sozialistischen Gesellschaft und nach deren Errichtung als Mittel zur Festigung und Fortentwicklung des sozialistischen Systems zu einer kommunistischen Gesellschaft. Ein prinzipieller Unterschied besteht aber auch für eine Reihe spezifischer Rechtsinstitute, die gerade für die sozialistischen Privatrechtsordnungen charakteristisch sind, z.B. für die Unterscheidung zwischen sozialistischem Eigentum (das sich teilweise als Staatseigentum, teilweise auch als genossenschaftlich-kollektivwirtschaftliches Eigentum darstellt) und persönlichem Eigentum, bei der Differenzierung zwischen Wirtschaftsverträgen, die zwischen Staatsbetrieben untereinander zur Durchführung der staatlichen Wirtschaftspläne geschlossen werden, einerseits und den Verträgen „zur Gestaltung des materiellen und kulturellen Lebens" zwischen Betrieben und Einzelpersonen sowie zwischen Einzelpersonen untereinander andererseits, weiterhin auch für das Prinzip der „materiellen Verantwortlichkeit" der Betriebe für Leistungsstörungen, deren regelmäßige Sanktion nicht eine Schadenersatzpflicht, sondern die Zahlung einer Vertragsstrafe neben fortbestehender Erfüllungspflicht ist.

2. Es ist nun – zumindest in der deutschen Rechtswissenschaft – kaum jemals ernsthaft umstritten gewesen, daß die Rechte des sozialistischen Rechtskreises mit denen der westeuropäischen Industriestaaten trotz der ganz anders gearteten Wirtschafts- und Gesellschaftsordnung, trotz der anderen Funktion des Rechts im sozialistischen Staat und trotz der zunehmenden Anpassung an das Sowjetrecht und gleichzeitiger Preisgabe vieler Elemente der bisherigen gemein-europüischen Rechtstradition miteinander *vergleichbar* sind.[3]

[3] Grundlegend zu dieser Frage: Dietrich Loeber: Rechtsvergleichung zwischen Ländern verschiedener Wirtschaftsordnung, in: Rabels Zeitschrift für ausländisches und internationales Privatrecht, 26 (1961), S. 201 ff. (S. 216); vgl. auch Constantinesco II, S. 129 ff. (S. 135 f.); Klaus Westen: Methodische Vorfragen der Ostrechtsforschung, in: Festschrift Boris Meissner, Köln 1965, S. 299 ff. (S. 302 f.); *anders* nur Andreas Bilinsky: Das sowjetische Wirtschaftsrecht, Tübingen 1968, S. 18.

Die Art und Weise, in der – insbesondere in bezug auf das Recht der Bundesrepublik und der DDR – solche Rechtsvergleichung betrieben wurde, hat jedoch eine Reihe sehr unterschiedlicher Phasen durchgemacht. In den fünfziger und sechziger Jahren stand die Information über die schrittweisen Beseitigung des zunächst in der DDR noch fortgeltenden Rechts des BGB und über alle gesetzgeberischen Maßnahmen zur Angleichung auch des Privatrechts an das Recht der Besatzungsmacht (zunächst im Familienrecht, später auch im übrigen Zivilrecht) im Vordergrund[4], in bezug auf das Recht der osteuropäischen Staaten die Information über die zunehmende Anpassung an das Recht der Sowjetunion. Dabei hatte auch die scharfe, polemische Auseinandersetzung mit Willkürakten von Verwaltungs- und Justizorganen, etwa bei der Bodenreform und der Enteignung von Privatbetrieben in der DDR, oder die Kritik an der Konzeption des Familiengesetzbuch-Entwurfs der DDR[5] durchaus ihren Platz. Anfang der siebziger Jahre trat an die Stelle der Betonung des radikalen Wandels der Rechtsordnung in der DDR eine wertneutrale, jede Stellungnahme vermeidende Gegenüberstellung der unterschiedlichen Rechtslage in der Bundesrepublik und der DDR.[6] Gelegentlich waren nunmehr, besonders im Bereich der Rechtspolitik, auch Stimmen zu hören, die manche Neuregelungen des Zivilrechts in der DDR, insbesondere im Eherecht und im Recht der nichtehelichen Kinder, als beachtenswert oder sogar als vorbildlich für die Bundesrepublik bezeichneten.[7] Seit Mitte der siebziger Jahre herrscht eine kritisch distanzierte Berichterstattung über die Rechtsentwicklung in der DDR und in den osteuropäischen Staaten vor.[8] Der Ge-

---

4 Vgl. die vom Bundesministerium für gesamtdeutsche Fragen herausgegebenen „Bonner Berichte aus Mittel- und Ostdeutschland", z.B. Walther Rosenthal / Richard Lange / Arwed Blomeyer: Die Justiz in der Sowjetischen Besatzungszone, Bonn 1954²; Arwed Blomeyer: Die Entwicklung des Zivilrechts in der Sowjetischen Besatzungszone, Bonn 1955; Walter Rosenthal: Die Justiz in der Sowjetzone, Aufgaben, Methoden und Aufbau, Bonn 1962; Marie Elisabeth von Friesen / Wolfgang Heller: Das Familienrecht in Mitteldeutschland, Bonn 1967. Vgl. ferner: Die Lage des Rechts in Mitteldeutschland, Ringvorlesung der Rechts- und Staatswiss. Fakultät d. Albert-Ludwigs-Universität Freiburg/Br., Sommersemester 1964, Karlsruhe 1965.

5 Vgl. Maria Hagemeyer: Der Entwurf des Familiengesetzbuches der „Deutschen Demokratischen Republik", Bonn 1955.

6 Vgl. insbes. BRD – DDR, Systemvergleich 2: Recht, Materialien zum Bericht zur Lage der Nation, hrsg. vom Bundesministerium für innerdeutsche Beziehungen, Gesamtleitung: Peter Christian Ludz, Kassel 1972 (Erstveröff. als BTagsDrucks. VI/3080).

7 Vgl. Ilse Bechthold: Die Neuregelung des Unehelichenrechts in beiden Teilen Deutschlands, in: ROW, 1968, S. 1 ff. (S. 8 f.); Ilse Bechthold: Der Verschuldensgedanke im Scheidungsrecht der DDR, in: ROW, 1969, S. 8 ff. (S. 18); Klemens Pleyer / Joachim Lieser: Eheliches Güterrecht und Wirtschaftsordnung in beiden Teilen Deutschlands, in: Zeitschrift für das gesamte Familienrecht, 1970, S. 1 ff. (S. 7); Thomas Raiser: Sozialistisches Familienrecht, in: Juristenzeitung, 1966, S. 423 ff. (S. 428). – Reine DDR-Propaganda ohne wissenschaftlichen Wert enthält hingegen: Herbert Lederer / Hans-Jochen Michels: Sozialistische und bürgerliche Rechtsordnung am Beispiel DDR – BRD, in: BRD – DDR, Vergleich der Gesellschaftssysteme, Köln 1973, S. 297-317.

8 Vgl. etwa Georg Brunner: Einführung in das Recht der DDR, München 1979²; vgl. ferner die periodisch erscheinenden Berichte in „Recht in Ost und West", „Jahrbuch

danke, einzelne Regelungen des DDR-Rechts auch in die Reformüberlegungen bezüglich des bundesdeutschen Zivilrechts einzubeziehen, ist zwar nicht mehr häufig, aber doch gelegentlich nach wie vor festzustellen.[9]

3. a) Betrachtet man generell als Aufgabe der Rechtsvergleichung zunächst die Erforschung verschiedener Modelle zur Lösung oder auch zur Verhinderung sozialer Konflikte, so hängt der Grad der Vergleichbarkeit solcher Modelle, soweit man an eine wertende Vergleichung denkt, die nach der besseren rechtlichen Lösung des gleichen Problems sucht, natürlich auch vom Grad der Ähnlichkeit oder Verschiedenheit der gesellschaftlichen Struktur ab, für die ein solches Modell jeweils gedacht ist. Beruhen unterschiedliche Lösungen in verschiedenen Rechtsordnungen eindeutig auf konträren *außerrechtlichen* (sozialen, ökonomischen, ethischen oder religiösen) Wertentscheidungen oder auf einer eklatanten Verschiedenheit der Sozialordnungen, ist eine *objektiv* wertende Rechtsvergleichung nicht möglich, sondern nur eine kontrastierende Vergleichung, in die dann auch Elemente der System- oder Ideologiekritik mit einfließen können[10], auch wenn eine derartige Kritik nicht zu den Aufgaben der Rechtsvergleichung i.e.S. gehört.[11] Man muß sich allerdings gerade bei der Vergleichung sozialistischer und nichtsozialistischer Rechte europäischen Ursprungs auch vor der naheliegenden Versuchung hüten, einer vom Staat, insbesonder den staatlich gelenkten Massenmedien und den Schulen propagierten Staatsideologie, wie sie für die sozialistischen Staaten typisch ist, einen zu hohen Stellenwert beizumessen. Ganz pauschal kann man zunächst einmal sagen, daß die Unterschiede der Gesellschaftsstruktur der westeuropäischen und osteuropäischen Industriestaaten (trotz der eklatanten Unterschiede der Wirtschaftsverfassung, der individuellen Handlungsfreiheit, der Versorgung der Bevölkerung mit Konsumgütern, der Möglichkeiten des freien Reiseverkehrs usw.) ungleich geringer sind als etwa die Unterschiede zwischen der Gesellschaftsstruktur eines westeuropäischen Industriestaates und eines afrikanischen oder asiatischen Entwicklungslandes.

---

für Ostrecht" und „Osteuropa-Recht" sowie „Marxismus im Systemvergleich", Recht (Redaktion: Klaus Westen), Frankfurt/M.–New York 1973.

9 Vgl. z.B. Alexander Freytag: Das (neue) gesetzliche Erbrecht der DDR, in: Zeitschrift für Rechtspolitik, 1984, S. 66 ff.

10 Dieser Ansatz sollte allerdings nicht in der Weise verabsolutiert werden, daß man die Aufgabe der intersystemaren Rechtsvergleichung *ausschließlich* darin sieht, die Vorzüge des eigenen und die Mängel des fremden Systems, m.a.W. die Überlegenheit des eigenen Rechtssystems zu demonstrieren (so aber Grahn, in: Die Rolle der Rechtsvergleichung in der Rechtswissenschaft, Rechtsausbildung und Rechtspraxis der DDR . . . , Potsdam–Babelsberg 1982, S. 31, sowie Arlt, ebenda, S. 47, wohl auch Zimmermann, ebenda, S. 11).

11 Vgl. Zweigert: Die kritische Wertung in der Rechtsvergleichung, in: Festschrift für Clive M. Schmitthoff, hrsg. von Fritz Fabricius, Frankfurt/M. 1973, S. 403 ff. (S. 415-418). – Ähnlich auch Péteri, in: Die Rolle der Rechtsvergleichung . . . , S. 21.

b) Richtet man den Blick auf diejenigen Funktionen der Rechtsvergleichung, die einen unmittelbaren Bezug zur Rechtspraxis haben[12], nämlich

aa) Material zu liefern für den nationalen Gesetzgeber, der sein Recht in einem bestimmten Bereich reformieren will,

bb) Projekte übernationaler Rechtsvereinheitlichung vorzubereiten,

cc) zusätzliche Kriterien für die richterliche Auslegung des eigenen nationalen Rechts zu liefern,

dd) im Rechtsunterricht die eigenen Lösungsmodelle vor dem Kontrasthintergrund divergierender ausländischer Lösungen sichtbar machen,

so kommt im intersystemaren Ost-West-Vergleich neben der heute vor jeder größeren Gesetzesreform üblichen rechtsvergleichenden Bestandsaufnahme (zumindest im europäischen Rahmen) wohl vor allem die kontrastierende Darstellung zu pädagogischen Zwecken in Betracht.[13] In manchen Bereichen erscheint aber auch die Teilnahme sozialistischer Staaten an einer internationalen Rechtsvereinheitlichung gemeinsam mit nichtsozialistischen Staaten nicht mehr ausgeschlossen, wenn man etwa daran denkt, daß die UdSSR und mit ihr sämtliche Staaten des Ostblocks (einschließlich der DDR) am 11. 4. 1980 das UNCITRAL-Übereinkommen über den internationalen Kauf beweglicher Sachen unterzeichnet haben, also ein Abkommen über eine Materie, in der sich die unterschiedlichen Wirtschaftsordnungen Ost- und Westeuropas normalerweise besonders deutlich zeigen.[14]

c) Der Hochschullehrer, der sich mit Rechtsvergleichung beschäftigt, hat nun allerdings anders als etwa der höhere Ministerialbeamte, der an der Erarbeitung nationaler Gesetzesreformentwürfe beteiligt ist oder zu internationalen Konferenzen delegiert wird, welche Vertragstexte für eine internationale Rechtsvereinheitlichung auf einem bestimmten Sachgebiet ausarbeiten, nur ausnahmsweise Gelegenheit, Ergebnisse und Erkenntnisse der rechtsvergleichenden Forschung unmittelbar in die Praxis umzusetzen. Seine Aufgabe ist neben der akademischen Lehre, bei der der Blick auf andere Lösungsmodelle ausländischer Rechtsordnungen noch viel stärker, als es gegenwärtig geschieht, als Mittel zur Verdeutlichung, aber auch zur Relativierung des Lösungsmodells eingesetzt werden sollte, welches die geltenden Normen der eigenen Rechtsordnung bieten, die rechtsvergleichende *Forschung*.

Je nach der Methode, der er sich dabei bedient, kann er zu ganz unterschiedlichen Ergebnissen kommen. Welche Methode er anwendet, hängt natürlich auch von den Zielen ab, die er sich selbst bei seiner rechtsvergleichenden Forschung setzt. Es kann also keine Rede davon sein, daß a priori nur eine oder

12 Vgl. Zweigert / Kötz I, S. 17 ff.

13 Vgl. Loeber, in: RabelsZ, 26 (1961) S. 201 ff. (S. 211 f.).

14 Vgl. dazu etwa Stargardt, in: Die Rolle der Rechtsvergleichung . . . , S. 25 f.; auch G. Neumann, ebenda, S. 58 f.

zwei Methoden wissenschaftlichen Ansprüchen gerecht würden und alle anderen Methoden mehr oder weniger unzulänglich und daher zu verwerfen wären.

II. Methoden der Rechtsvergleichung im intersystemaren Bereich[15]

1. Die deskriptiv-analytische Methode stellt zunächst einmal in einem ersten Schritt die Unterschiede und Gemeinsamkeiten des geltenden (geschriebenen oder durch die Rechtsprechung und Verwaltungspraxis entwickelten) Rechts mehrerer Staaten einander gegenüber.

Sie stellt also z.B. fest, daß der Eigentumsbegriff im DDR-Recht[16] nicht wie in der Bundesrepublik ein einheitlicher Begriff ist, welcher das umfassendste Herrschaftsrecht einer natürlichen oder juristischen Person an einer Sache bezeichnet. Das Eigentum ist vielmehr hierarchisch gestaffelt in ein sozialistisches Eigentum, das sich wiederum als gesamtgesellschaftliches Volkseigentum (dessen Subjekt der Staat ist), als auf bestimmte Produktionsmittel beschränktes und daher bereits rangniederes genossenschaftliches Eigentum werktätiger Kollektive und schließlich als Eigentum gesellschaftlicher Organisationen darstellen kann, und auf der anderen Seite das persönliche Eigentum, welches ein individuelles Eigentum an Konsumgütern (einschließlich Einfamilien- und Wochenendhäusern) beinhaltet. Außerdem wird noch ein überwiegend auf persönlicher Arbeit beruhendes individuelles Eigentum an Produktionsmitteln bei kleinen Handwerks- und anderen Gewerbebetrieben geduldet (vgl. Art. 14 II DDR-Verf.). Da der DDR-Gesetzgeber grundsätzlich eine Vergrößerung des sozialistischen Eigentumssektors anstrebt, kann Volkseigentum nicht verpfändet oder belastet werden und ist auch nicht im Vollstreckungsverfahren pfändbar; alles dies gilt selbstverständlich für das persönliche Eigentum nicht, das im übrigen, soweit es sich auf Grundstücke bezieht, einem staatlichen Vorerwerbsrecht unterliegt (§ 306 II ZGB) und an seine Funktion gebunden ist. Wenn also ein einzelner auf einem Grundstück, welches ihm der Staat zu Erholungszwecken überlassen hat, ein Wochenendhaus errichtet, wird er dessen Eigentümer; nutzt er es aber gewerblich durch Vermietung, kann ihm das Nutzungsrecht am Grundstück entzogen werden und das Wochenendhaus geht dann automatisch in Volkseigentum über (§§ 290, 294 ZGB). Eine Änderung der Nutzungsart oder die Aufgabe der landwirtschaftlichen Nutzung bedarf der Genehmigung.

---

15 Vgl. zum folgenden Abschnitt insbes. Loeber, in: RabelsZ, 26 (1961) S. 201 ff. (S. 211 ff.); Otto Luchterhandt: Gegenstand, Ziele und Methoden der Ostrechtswissenschaft, in: Osteuropa-Recht, 22 (1976), S. 85 ff. (S. 99 ff.); Hans-Joachim Bartels: Methode und Gegenstand intersystemarer Rechtsvergleichung, Tübingen 1982, S. 67-80; ferner Otto-Wilhelm Jakobs: Zur Methodik der Zivilrechtsvergleichung zwischen Rechten aus verschiedenen Gesellschaftsordnungen, in: Osteuropa-Recht, 9 (1963), S. 108 ff. (S. 112 ff.); Dietrich Müller-Römer: Ziele und Methoden der Rechtsvergleichung zwischen beiden Teilen Deutschlands, in: Recht in Ost und West, 13 (1969), S. 1 ff. (S. 5 ff.); Westen, in: Meissner-Festschrift, 1965, S. 299 ff. (S. 311-320).

16 Vgl. hierzu Brunner, S. 154 ff.

All dies ist natürlich noch keine Rechtsvergleichung im engeren Sinne, sondern Auslandrechtskunde, die allerdings eine unverzichtbare Vorstufe jeder Rechtsvergleichung darstellt. Sie wird auch dann noch nicht zur Rechtsvergleichung, wenn sie sich nicht auf die Beschreibung des fremden, also z.B. des DDR-Rechts, beschränkt, sondern dessen Regeln und Rechtsinstitutionen den entsprechenden Normen der Bundesrepublik gegenüberstellt und dabei Unterschiede und Gemeinsamkeiten feststellt, wie dies etwa in den Materialien zum Bericht zur Lage der Nation von 1972 geschehen ist. Von einer wirklichen Rechtsvergleichung kann man vielmehr erst dann sprechen, wenn die in der DDR und in der Bundesrepublik durch Rechtsnormen (z.B. über das Eigentum) geregelten gleichartigen Lebenssachverhalte analysiert und alsdann die Gesamtheit der jeweiligen Normen des privaten und öffentlichen Rechts miteinander verglichen werden, deren Funktion es ist, die Herrschaftsbefugnisse des Staates, sonstiger juristischer Personen und von Einzelindividuen über Sachen schlechthin oder über Sachen bestimmter Art zu regeln.

2. Die historische Methode verfolgt die Entwicklung einzelner Rechtsnormen und Rechtsinstitute sowie bestimmter Rechtsmaterien bis zu ihrem Ursprung zurück.[17] Mit ihrer Hilfe kann z.B. festgestellt werden, ob ein bestimmtes Rechtsinstitut eine spezifische Errungenschaft der sozialistischen Revolution in dem betreffenden Staat darstellt bzw. ob seine Entstehungsgeschichte die von der herrschenden Rechtsauffassung behauptete spezifisch ideologische Begründung bestätigt, oder ob sich eine derartige Behauptung als Scheinbegründung erweist.

So ist die zuerst in der UdSSR praktizierte und nach dem zweiten Weltkrieg von allen Ostblockstaaten übernommene Herauslösung des Familienrechts aus der Kodifikation des Zivilrechts[18] in der UdSSR nicht aus grundsätzlichen Erwägungen, sondern als Folge der unterschiedlichen Entwicklung der verschiedenen Zweige des Privatrechts im ersten Jahrzehnt nach der Oktoberrevolution zustandegekommen. Da die Oktoberrevolution mit dem Dekret über die Zivilregistrierung der Ehe und über die Ehescheidung einen wirklichen Umbruch in den Familienbeziehungen herbeiführen wollte und eine Kodifikation des gesamten Zivilrechts nach der sofortigen Aufhebung des Svod Skaonov in kurzer Zeit nicht erstellt werden konnte, wurde im Jahre 1918 zuerst ein Sonderkodex über die Zivilstandsurkunden und das Ehe-, Familien- und Vormundschaftsrecht erlassen; an dessen Stelle trat dann 1926 ein neuer Kodex über Ehe, Familie und Vormundschaft der RSFSR, der die im ersten Kodex enthaltenen Grundsätze weiter entwickelte, insbesondere die Gleichstellung der faktischen Ehe mit der standesamtlich registrierten Ehe. Die Ausarbeitung des ersten nachrevolutionären Zivilrechtskodex begann 1922, als es notwendig

---

17 Vgl. Jakobs, in: OER, 9 (1963), S. 108 ff. (S. 112); Müller-Römer, in: ROW, 13 (1969), S. 1 ff. (S. 6); Bartels, S. 71 f.

18 Vgl. hierzu S. N. Bratus: Sowjetisches Zivilrecht, Bd. II, Moskau 1951 (Übersetzung durch das Deutsche Institut für Rechtswissenschaft, Berlin (Ost) 1953), S. 433 ff.

wurde, die Privatrechtsverhältnisse auf der Grundlage der „Neuen ökonomischen Politik“ zu ordnen. Nach diesem Zeitpunkt wurde die ursprünglich zufällige Trennung des Familienrechts und des übrigen Zivilrechts erstmals dogmatisch begründet. Das im Zuge der NEP kodifizierte Zivilgesetzbuch der RSFSR vom 31. 10. 1922 wurde als ideologischer Rückschritt empfunden; deshalb wollte man das als fortschrittlich angesehene Familienrecht nicht in diesen „bourgeoisen“ Kodex eingliedern, dessen Anwendungsbereich man möglichst einschränken wollte. Der nun folgenden Periode des Rechtsnihilismus im Zivilrecht entsprach auch eine fast völlige Entstaatlichung der Ehe und des Eherechts. Erst nach Überwindung des Rechtsnihilismus ging man daran, auch ein sozialistisches Zivilrecht zu konzipieren, behielt aber gleichwohl die seit der Periode des Kriegskommunismus bestehende Trennung des Familienrechts vom übrigen Zivilrecht bei. Daß das Familienrecht ein selbständiger Rechtszweig ist, ist auch gegenwärtig noch in der Sowjetunion die ganz überwiegende, wenn auch nicht absolut herrschende, Auffassung: Mit dem vorwiegend personenrechtlichen Schwerpunkt des sozialistischen Familienrechts sei es unvereinbar, dieses Recht auf die gleiche Ebene wie das vermögensrechtlich orientierte Zivilrecht zu stellen. Eine solche Eingliederung entspreche der bürgerlichen Gesellschaftsordnung, die die Ehe zum bloßen Vertrag mit vermögensrechtlicher Zielsetzung und zur Versorgungsanstalt für die Frau herabgewürdigt habe. Das sozialistische Familienrecht gewährleiste hingegen eine volle Gleichberechtigung von Mann und Frau und darüber hinaus auch die Gleichstellung ehelicher und nichtehelicher Kinder. Im Anschluß an das kommunistische Manifest, wonach die „Bourgeoisie ... dem Familienverhältnis seinen rührend sentimentalen Schleier abgerissen und es auf ein reines Geldverhältnis zurückgeführt“ habe, wird das sozialistische Familienrecht wie folgt beschrieben: „Die sozialistischen Produktionsverhältnisse ... bestimmen auch den Charakter der Familienverhältnisse, als Verhältnisse eines neuen Typus.“[19] In allen vorangegangenen, auf Privateigentum beruhenden Gesellschaftsformen seien die Familienverhältnisse primär Vermögensverhältnisse und erst in zweiter Linie persönliche Verhältnisse gewesen. In der sozialistischen Gesellschaft sei dies umgekehrt, weshalb auf die Familienverhältnisse diejenigen zivilrechtlichen Begriffe, die sich auf Vermögensverhältnisse bezögen, grundsätzlich nicht mehr angewandt werden könnten. Die praktische Bedeutung dieser nach dem zweiten Weltkrieg in allen sozialistischen Staaten akzeptierten Theorie[20] reduziert sich also darauf, daß Lücken im Familienrecht *zunächst* nicht mit Hilfe der allgemeinen zivilrechtlichen Normen (z.B. über Auslegung und Wirksamkeit von Willenserklärungen, über Bedingungen, Stellvertretung usw.), sondern jedenfalls primär durch analoge Anwendung anderer *familien*rechtlicher Vorschriften geschlossen werden sollen.

---

[19] V. A. Tarchow: Vorlesungen über das sowjetische Zivilrecht, Berlin (Ost) 1955, S. 133.

[20] Für das DDR-Recht vgl. Anita Grandke (Hrsg.): Familienrecht, Berlin (Ost) 1981³, S. 75-77; Das Familienrecht der DDR, Kommentar ..., hrsg. vom Ministerium der Justiz, Berlin (Ost) 1973⁴, S. 22 f. (Präambel); *anders* hingegen: Kommentar zum Familiengesetzbuch der DDR ..., 1982⁵, S. 18 (Präambel).

Ebenso wie die deskriptiv-analytische Methode vermag die historische Methode nicht mehr, aber auch nicht weniger, als Material zum besseren Verständnis des fremden Rechts und seiner Nähe oder Ferne zum eigenen Recht zu liefern.

3. Die dogmatisch-begriffliche Methode stellt einzelne Rechtsinstitute verschiedener Rechtsordnungen nebeneinander (z.B. Anfechtung von Willenserklärungen wegen Vorliegens von Willensmängeln, Regelungen von Leistungsstörungen bei schuldrechtlichen Verträgen, Systeme der beschränkt dinglichen Rechte usw.) und versucht aus den untersuchten Rechtsinstitutionen einheitliche Kernbegriffe herauszudestillieren.[21] Mit Hilfe solcher Kernbegriffe stellt diese Methode dann fest, ob die verglichenen Rechtsinstitute auf gleichen bzw. ähnlichen begrifflichen Konstruktionen aufgebaut sind oder aber der Konstruktionsansatz ein völlig anderer ist.

So kennt z.B. das ZGB der DDR für die Arten der Leistungsstörungen (Verantwortlichkeit für Pflichtverletzungen aus Verträgen, vgl. §§ 82 ff. ZGB) zwar teilweise andere Bezeichnungen als das BGB, das System ist jedoch im wesentlichen das gleiche: Nichterfüllung wegen Unmöglichkeit (§ 90), Schuldnerverzug und Gläubigerverzug („nicht termingerechte Leistung" genannt, vgl. §§ 85–88) sind sehr ähnlich geregelt wie im BGB, die sog. positive Vertragsverletzung wird als „sonstige Pflichtverletzung" in § 92 ZGB aufgeführt. Sachmängel, die im BGB bei den einzelnen Vertragstypen geregelt sind, werden im ZGB schon im allgemeinen Vertragsrecht unter der Bezeichnung „Nicht qualitätsgerechte Leistung" normiert (§ 84 ZGB). Auch die Sanktionen sind im allgemeinen dieselben wie nach BGB (Verzugszinsen, Schadenersatz, Leistungsverweigerungsrecht des Gläubigers usw.); nur die Erfüllungspflicht des Schuldners bleibt aufgrund des Prinzips der „materiellen Verantwortlichkeit" (§ 82 I 1 ZGB)[22] regelmäßig (außer bei anfänglicher Unmöglichkeit) bestehen, solange nicht der andere Vertragspartner von seinem gesetzlichen oder vertraglich vereinbarten Rücktrittsrecht Gebrauch macht.

Es ist offenkundig, daß man bei solcher rechtsdogmatischen Vergleichung vorschnell zu der Ansicht gelangen kann, die sozialistischen Rechte hätten mit den anderen Rechten des europäischen Kontinents sehr viel mehr gemeinsam als etwa mit dem Common law. Es ist daher Drobnig darin zuzustimmen, daß eine rein begriffliche Rechtsvergleichung im intersystemaren Rechtsvergleich nur einen beschränkten Wert hat[23] und, wenn man den beschränkten Erkenntniswert dieser Methode hier nicht beachtet, dies zu krassen Fehlurteilen führen kann.

---

21 Loeber, in: RabelsZ, 26 (1961), S. 201 ff. (S. 211); Luchterhandt, in: OER, 22 (1976), S. 85 ff. (S. 100 f.); Frank Rotter: Dogmatische und soziologische Rechtsvergleichung – eine methodologische Analyse für die Ostrechtsforschung, in: OER, 16 (1970), S. 81 ff. (S. 84); Bartels, S. 73 ff.; ferner auch Jakobs, in: OER, 9 (1963), S. 108 ff. (S. 112).

22 Vgl. zu diesem Begriff Brunner, S. 111, S. 131 f. und S. 146.

23 Vgl. Ulrich Drobnig: Rechtsvergleichung zwischen Rechtsordnungen verschie-

4. Die typologische Methode sucht sich von den Rechtsbegriffen zu lösen und vergleicht stattdessen ein Lösungsmodell, welches man auf einige für besonders wesentlich gehaltene Merkmale reduziert, mit anderen auf die gleiche Weise ermittelten Grundmodellen, um den Grad der Übereinstimmung oder Nichtübereinstimmung festzustellen.[24]

So kann man z.B. in bezug auf den Status nichtehelicher Kinder verschiedene Typen von Rechtsordnungen bilden: Angefangen von solchen Rechten, die einem außerhalb der Ehe geborenen Kind überhaupt keine Rechtsbeziehungen zu seinen Eltern bzw. zum Vater zuerkennen, bis hin zu Rechtsordnungen, welche die Unterscheidung zwischen ehelichen und nichtehelichen Kindern von vornherein ablehnen und nur noch zwischen Kindern mit zweiseitig oder bloß einseitig festgestellter Abstammung differenzieren wollen. Zwischen diesen beiden Extremtypen liegen dann diejenigen Modelle, die zwar eine Rechtsbeziehung zwischen Vater und nichtehelichem Kind anerkennen, daraus aber weitaus geringere Rechte herleiten als aus der legitimen Vater-Kind-Beziehung, sowie Modelle, die zusätzlich zwischen anerkannten und nicht anerkannten unehelichen Kindern unterscheiden. Im Rahmen dieser Typologie werden die Rechte der sog. sozialistischen Staaten – mit Ausnahme der Sowjetunion, in der das Nichtehelichenrecht eine wechselvolle Entwicklung durchgemacht und die ursprüngliche Gleichstellung, die 1944 beseitigt wurde, auch in der letzten Reform von 1968/69 noch nicht wieder voll hergestellt hat[25] – im allgemeinen dem Typus zugerechnet, der die Gleichstellung fast vollkommen realisiert hat, jedenfalls soweit es sich um Unterhaltsansprüche und gesetzliches Erbrecht des nichtehelichen Kindes gegenüber dem Vater handelt, hingegen nur teilweise bezüglich der Rechte des außerehelichen Vaters gegenüber dem Kind (das Erziehungsrecht steht auch in der DDR allein der außerehelichen Mutter zu, vgl. § 46 FGB, und der Vater hat nicht einmal ein Besuchsrecht). Das bundesdeutsche Recht, welches nach wie vor dem Typus derjenigen Rechte zugezählt wird, welche die Unterscheidung zwischen ehelichen und nichtehelichen Kindern nicht restlos beseitigt haben, unterscheidet sich gleichwohl seit 1969 nur noch graduell vom DDR-Recht, auch wenn dem nichtehelichen Kinde nach den geltenden Normen des BGB grundsätzlich nur der Regelunterhalt zusteht und seine erbrechtliche Stellung neben ehelichen Kindern sowie neben der Ehefrau des Vaters ungünstiger ist als die eines ehelichen Kindes.

---

dener Wirtschaftssysteme, in: RabelsZ, 48 (1984), S. 233 ff. (S. 239 f.). – Vgl. auch schon Loeber, in: RabelsZ, 26 (1961), S. 201 ff., der einerseits zwar das Sachen-, Schuld- und Wirtschaftsrecht (!) als Felder vergleichender *rechtsdogmatischer* Untersuchungen für besonders geeignet hält (S. 227 f.), andererseits aber die stete Beachtung des engen Zusammenhangs der untersuchten Norm oder Rechtsinstitution mit der jeweiligen Wirtschafts- und Gesellschaftsordnung fordert (S. 218).

24 Vgl. Luchterhandt, in: OER, 22 (1976), S. 85 ff. (S. 102 f.); Müller-Römer, in: ROW, 13 (1969), S. 1 ff. (S. 7); Bartels, S. 75 ff.

25 Vgl. Horst Bahro: Das Kindschaftsrecht in der Union der Sozialistischen Sowjetrepubliken, Frankfurt/M. 1966; Andreas Bilinsky: Zu den Grundlagen der Gesetzgebung der UdSSR und der Unionsrepubliken über Ehe und Familie, in: Jahrbuch für Ostrecht, Bd. IX/1 (1968), S. 181 ff., (S. 196-202 und S. 221 f.); Rudolf Benninger: Die sowjetische Gesetzgebung zur rechtlichen Stellung des nichtehelichen Kindes, Berlin 1977.

Gerade beim intersystemaren Vergleich liefert aber auch diese Methode nur ein unvollständiges Bild, einmal weil dem Auswahlmodus der für die Typenbildung als wesentlich angesehenen Merkmale häufig etwas Willkürliches anhaftet, und zum anderen, weil die Typen meist nur aufgrund bestimmter *rechtlicher* Normierungen gebildet werden und daneben die soziale und die wirtschaftliche Komponente vernachlässigt wird.[26] Immerhin zeigt das eben skizzierte Beispiel des Nichtehelichenrechts, daß sich u.U. schon mit Hilfe der typologischen Methode nachweisen läßt, ob die in der rechtswissenschaftlichen Literatur der sozialistischen Staaten öfter anzutreffende Behauptung, eine bestimmte Regelung (z.B. die Gleichsetzung der nichtehelichen Kinder mit den ehelichen) sei eine spezifische Errungenschaft des Sozialismus, zutrifft oder nicht.

5. Diejenige Methode, die heute in der rechtsvergleichenden Literatur der Bundesrepublik Deutschland als effektivste angesehen wird, ist die funktionale Methode.[27] Sie besagt, daß eine rechtsvergleichend zu untersuchendes Problem frei von den Rechtsbegriffen der eigenen Rechtsordnung formuliert werden müsse, und zwar in der Weise, daß man fragt, wie ein bestimmtes regelungsbedürftiges Sachproblem im Recht von A und im Recht von B gelöst wird, was möglicherweise durch Rechtsinstitute oder Konstruktionen geschieht, die völlig unterschiedlich ausgestaltet sind. Es wird also davon ausgegangen, daß ein bestimmtes subjektives Bedürfnis der einzelnen Rechtsunterworfenen in jeder der untersuchten Rechtsordnungen auf irgendeine Weise befriedigt wird.

Gerade diese Prämisse zeigt die Stärke, aber auch die Grenzen der funktionalen Methode. Ihre Anhänger würden z.B. sagen, man solle nicht fragen, wie die Grundschuld (d.h. die Belastung eines Grundstücks in der Weise, daß aus dem Grundstück an den durch die Eintragung Begünstigten eine bestimmte Geldsumme nach Kündigung gegenüber dem Grundstückseigentümer zu zahlen ist) im ZGB der DDR geregelt ist; denn man stellt sehr schnell fest, daß es eine solche Grundschuld im ZGB gar nicht mehr gibt, und ebensowenig die Rentenschuld, aufgrund derer regelmäßig wiederkehrende Summen aus dem Grundstück zu zahlen sind. Fragt man aber, wie sich derjenige sichern kann, der dem Grundstückseigentümer einen größeren Kredit gewährt, damit dieser umfangreiche Reparaturen am Grundstück oder Modernisierungsmaßnahmen durch-

---

26 Vgl. Loeber, in: RabelsZ 26 (1961), S. 201 ff. (S. 218).

27 Vgl. Zweigert / Kötz I, S. 34 f., S. 48 f.; Müller-Römer, in: ROW (1969), S. 1 ff. (S. 5 f.); Rotter, in: OER, 16 (1970), S. 81 ff. (S. 82); Bartels, S. 77 ff.; Luchterhandt, in: OER, 22 (1976), S. 85 ff. (S. 100); ähnlich auch Georg Brunner: Die Methode des Ostrechts im Widerstreit von Recht und Politik, in: OER, 21 (1975), S. 89 ff. (S. 101). – Zimmermann, in: Die Rolle der Rechtsvergleichung ..., S. 13 f., hält diese Methode hingegen für „unwissenschaftlich", soweit sie nicht lediglich der Vereinheitlichung der für intersystemare Wirtschaftsbeziehungen geltenden Normen dient; *für* die funktionale Methode bei der Vergleichung einzelner Institutionen sozialistischer und nichtsozialistischer Rechte hingegen Péteri, ebenda, S. 22.

führen kann, findet diese funktional gestellte Frage sogleich eine Antwort: Von der Vielzahl der Grundpfandrechte des BGB (Briefhypothek, Buchhypothek, Sicherungshypothek, Grund- und Rentenschuld) ist im ZGB der DDR nur noch die streng akzessorische brieflose Sicherungshypothek übrig geblieben, bei der der Grundstückseigentümer zugleich auch der persönliche Schuldner sein muß (§§ 452 ff. ZGB).[28] Werden Kredite für Baumaßnahmen durch staatliche Kreditinstitute gewährt, kann im übrigen eine sog. Aufbauhypothek nicht nur vertraglich bestellt, sondern auch durch Entscheidung staatlicher Behörden begründet werden, wenn die Baumaßnahme behördlich angeordnet ist (§§ 456, 457 ZGB).

Die Grenze der Anwendbarkeit der funktionalen Methode zeigt sich hingegen bei folgendem Beispiel, das ich Zweigert / Kötz[29] entnommen habe: Man solle nicht fragen, wie ein ausländisches Recht die Vor- und Nacherbschaft regele, sondern die Frage so stellen: Auf welche Weise trägt das fremde Recht einem Bedürfnis des Erblassers nach langfristiger Nachlaßbindung Rechnung? Den Begriff der Vor- und Nacherbschaft findet man in der Tat im ZGB nicht, aber das Erbrecht des ZGB enthält auch kein anderes Rechtsinstitut, welches eine längerfristige Nachlaßbindung generell ermöglicht, weil eine solche Bindung offenbar unerwünscht ist. Nur Eheleute können sich in einem gemeinschaftlichen Testament gegenseitig als Erben einsetzen und in dieses Testament gleichzeitig eine Bestimmung aufnehmen, daß gemeinschaftliche Kinder oder andere Personen Erben des zuletzt versterbenden Ehegatten werden sollen (vgl. § 389 I S. 1 und 2 ZGB); die Eheleute können aber niemals anordnen, daß ihre Kinder oder sonstige dritte Personen Nacherben des erstversterbenden Ehegatten werden. Hier wird also das Bedürfnis nach Bindung des Erblasservermögens über mehrere Generationen hinweg schlechthin verneint. Bei diesem Resultat kann man höchstens noch untersuchen, ob das erwähnte Bedürfnis in der betreffenden Gesellschaft nicht mehr besteht oder welche Gründe den fremden Gesetzgeber bewogen haben, das noch vorhandene Bedürfnis zu ignorieren. Vielleicht findet der Rechtsvergleicher solche Gründe, vielleicht auch nicht. – Stellt er z.B. fest, daß ein begrenzter Schutz der Kinder und Eltern des Erblassers gegen testamentarische Enterbung, wie er im BGB grundsätzlich immer in Gestalt des Pflichtteilrechts gegeben ist, im ZGB fehlt, weil dort der Pflichtteilanspruch der genannten Personen nur besteht, wenn sie im Zeitpunkt des Erbfalls gegenüber dem Erblasser unterhaltsberechtigt waren (§ 396 I Ziff. 2 ZGB), wird er sich wohl kaum mit der Begründung zufrieden geben, nur unter kapitalistischen Verhältnissen sei eine so weitgehende Einschränkung der Testierfreiheit denkbar, wie sie das BGB-Pflichtteilrecht vorsehe. Einleuchtender klingt die Begründung, schutzwürdig erscheine nicht mehr jede Person, die vom Erblasser oder von der der Erblasser seinerseits abstammt, sondern nur diejenigen Verwandten in gerader Linie, die mit ihm in mehr oder minder enger sozialer Gemeinschaft gelebt haben oder von ihm sozial abhängig waren.[30]

---

28 Vgl. dazu Brunner, S. 154 und insbes. S. 157.

29 Einführung in die Rechtsvergleichung I, S. 34 f.

30 Vgl. Joachim Göhring / Martin Posch: Zivilrecht, Teil 2, Berlin (Ost) 1981, S. 264; Werner Drews / Richard Halgasch: Erbrecht, Berlin (Ost) 1979, S. 48.

Verschiedene Rechtsordnungen sind also nach der funktionalen Methode nur insoweit vergleichbar, als sie dasselbe Rechtsbedürfnis befriedigen *wollen*; erst dann stellt sich die Frage, ob die miteinander verglichenen Normen auch in gleichem Maße geeignet sind, die von beiden Gesetzgebern ihnen zugedachte Funktion auch zu erfüllen.[31] Will hingegen eine sozialistische Rechtsordnung ein Bedürfnis, das vielleicht auch dort bei den Rechtsunterworfenen vorhanden ist, im Gegensatz zu einer nichtsozialistischen Rechtsordnung gerade nicht befriedigen, kann man die divergierenden Modelle nur mit Hilfe der deskriptiv-analytischen oder der typologischen Methode einander gegenüberstellen und nach den Gründen für die unterschiedliche Regelung suchen, die man vielleicht in ideologisch geprägten Zielvorstellungen, vielleicht aber auch in Zufälligkeiten der Entstehungsgeschichte einer Vorschrift findet.

Dies führt wieder zu der schon am Beginn dieses Abschnitts über die rechtsvergleichenden Methoden geäußerten Auffassung zurück: Es gibt in der Rechtsvergleichung und besonders in der intersystemaren Rechtsvergleichung keine feste Rangordnung von generell brauchbaren oder weniger brauchbaren, grundsätzlich effektiven oder ineffektiven Methoden. Je nach den vorgefundenen rechtlichen Regelungen derselben oder ähnlicher Lebensverhältnisse wird den Rechtsvergleicher bald die eine, bald die andere Methode weiterführen. Gelegentlich wird er auch mehrere Methoden nebeneinander anwenden müssen, um zu einigermaßen befriedigenden Resultaten zu kommen.

III. Das Problem der wertenden Vergleichung im intersystemaren Bereich

Wenden wir uns einem letzten Problemkreis zu, dem der systemübergreifenden vergleichenden Wertung einzelner Rechtsnormen, komplexer Rechtsinstitutionen oder ganzer Rechtsordnungen[32], und zwar unter der oben (unter I.3.a) bereits genannten Prämisse, daß eine objektiv-wertende Rechtsvergleichung von vornherein ausscheidet, wenn die zu vergleichenden Normen, Institutionen oder Rechtssysteme durch gegensätzliche außerrechtliche Wertentscheidungen oder durch ihre Einbettung in grundverschiedene Wirtschafts- und Sozialordnungen ganz entscheidend geprägt sind, und daß in diesem Falle

31 Vgl. dazu Maskow, in: Die Rolle der Rechtsvergleichung . . . , S. 52.

32 Grundsätzlich zu dieser Frage Zweigert / Kötz I, S. 52 f., sowie insbesondere: Zweigert, in: Festschrift für Clive M. Schmitthoff, S. 403 ff. (S. 415 ff.); Konrad Zweigert / Hans-Jürgen Puttfarken: Zur Vergleichbarkeit analoger Rechtsinstitute in verschiedenen Gesellschaftsordnungen, in: Rechtsvergleichung, hrsg. von Zweigert und Puttfarken, Darmstadt 1978, S. 395 ff.; Bartels, S. 147 ff.; Drobnig, in: RabelsZ, 48 (1984), S. 233 ff. (S. 242 f.). – Constantinesco (Bd. III, S. 470 ff.) hält hingegen eine intersystemare Rechtsvergleichung nur in Gestalt des Vergleichs der „determinierenden Elemente" der verschiedenen Rechte für möglich.

nur eine kontrastierend-wertende Vergleichung möglich ist, in die dann auch außerrechtliche Elemente einbezogen werden können.

Nicht nur bei der kontrastierend-wertenden Vergleichung, sondern in gewissem Grade auch beim Versuch einer objektiv-wertenden Vergleichung ist aber zunächst die Frage zu stellen: Von welchem Standpunkt aus ist die Wertung eines fremden Rechtsinstituts überhaupt wissenschaftlich legitim, etwa nur vom Standpunkt der untersuchten (sozialistischen) Rechtsordnung selbst oder auch vom Standpunkt des (nichtsozialistischen) Betrachters und den Wertvorstellungen seiner eigenen Rechtsordnung her, oder nur vom Standpunkt eines außenstehenden Dritten, der sich zum untersuchten (sozialistischen) Rechtssystem in gleicher kritischer Distanz befindet wie zur Rechtsordnung seines eigenen (nichtsozialistischen) Staates?[33]

1. Eine systemimmanente Wertung, also etwa ein Messen bestimmter Regelungen eines sozialistischen Rechts an seinen eigenen ideologischen Grundvorstellungen (Befreiung des Menschen von der kapitalistischen Ausbeutung und von der bürgerlichen Klassenjustiz, Selbstverwirklichung des Menschen im Sozialismus) oder gar – was aber wohl schon wieder ein westliches Mißverständnis der sozialistischen Rechtsquellenhierarchie wäre – an den grundlegenden Normen seiner Verfassung, ist sicher wissenschaftlich legitim und mag sogar gelegentlich für den westlichen Kritiker eines sozialistischen Gesellschaftssystems ebenso reizvoll sein wie für den westlichen Neomarxisten, der die reine Lehre besser verwirklicht sehen möchte, als dies im „real existierenden Sozialismus" der Fall ist. Für den westlichen Rechtsvergleicher ist eine solche systemimmanente Wertung aber m.E. letztlich unergiebig, sofern er sich nicht zu ihren ideologischen Prämissen bekennt. Man sollte sie den Rechtswissenschaftlern überlassen, die in einem sozialistischen Rechtssystem aufgewachsen sind und es auch praktizieren, anstatt den marxistischen Juristen nachweisen zu wollen, daß sie ihre eigenen Prinzipien verraten oder jedenfalls bis zur Unglaubwürdigkeit durchlöchert hätten. Ich halte das für ebensowenig sinnvoll, als wenn man der Regierung und den Richtern eines islamisch-fundamentalistischen Staates (wie Saudi-Arabien, neuerdings auch Iran oder Pakistan) nachzuweisen versuchte, daß sie den Geboten Allahs, wie sie von seinem Propheten Mohammed verkündet wurden, oder zumindest klaren Aussagen der Lehren des klassischen Islamrechts zuwiderhandelten, oder daß sie die Gebote ihrer Religion nicht ernst nähmen.

2. Eine kritische Wertung des sozialistischen und des westeuropäischen Rechtssystems oder auch einzelner Normen bzw. Rechtsinstitute dieser Systeme vom Standpunkt eines Außenstehenden (oder sich außerhalb Stellenden) ist zwar theoretisch möglich, wenn der betreffende Rechtsvergleicher seinen

---

33 Vgl. dazu Brunner, in: OER, 21 (1975), S. 89 ff. (S. 101).

von beiden Systemen unabhängigen Wertmaßstab etwa aus einer religiösen Rechtsordnung oder einer überstaatlichen allgemeinen Rechtslehre[34] oder auch aus einer sozialen Utopie entnimmt (etwa aus Vorstellungen einer unmittelbaren Demokratie oder weitgehender Partizipation aller Staatsbürger an Gesetzgebung und Rechtspflege). Eine solche Wertung von außen mag etwa für einen islamischen oder auch für einen afrikanischen oder ostasiatischen Juristen möglich sein, der vielleicht ganz andere Vorstellungen vom Verhältnis zwischen Recht und Moral oder auch von der Funktion der Gerichte hat; für die große Mehrheit europäischer Rechtsvergleicher kommt dieser Weg hingegen nicht ernsthaft in Betracht.

3. Es bleibt die Wertung von Institutionen sozialistischer Rechte vom Standpunkt der eigenen Rechtsordnung des westlichen Rechtsvergleichers.

a) Diese Wertung nach dem Maßstab des eigenen Rechts kann zunächst der besseren Herausarbeitung oder auch der Rechtfertigung des eigenen Lösungsmodells dienen. Es handelt sich dann um die bereits mehrfach erwähnte kontrastierende Rechtsvergleichung, die vor allem im Rechtsunterricht, aber auch bei der Begründung einer nationalen Rechtsreform ihren Platz hat und sowohl dem Verständnis der fremden Rechtsordnung als auch dem Selbstverständnis der eigenen Rechtsordnung zu dienen vermag.

Ich halte diese Art der Rechtsvergleichung, auch wenn sie der ideologischen Rechtfertigung des eigenen Lösungsmodells dient, für durchaus legitim und keineswegs für von vornherein unwissenschaftlich (außer wenn sie lediglich mit simplifizierenden Schlagworten wie z.B. „Demokratie gegen Diktatur“ oder „Recht des Individuums gegen Recht des Kollektivs“ arbeitet).[35] Auch eine deskriptive oder dogmatische Rechtsvergleichung ist ja, wenn man diese Methoden bei der Vergleichung von Rechtssystemen unterschiedlicher Gesellschaftsordnungen anwendet, keineswegs ideologiefrei. Insofern halte ich also auch eine Bewertung fremder Rechtsordnungen von der eigenen rechtlichen Grundposition aus für durchaus zulässig.

b) Darüber hinaus ist aber auch eine nicht kontrastierende, sondern systemübergreifende objektiv-vergleichende Wertung jedenfalls unter zwei Voraussetzungen möglich:

aa) Es muß sich um die Regelung von Lebensverhältnissen handeln, die in den beiden miteinander verglichenen Rechtsordnungen im wesentlichen

---

[34] Vgl. dazu Otto Sandrock: Über Sinn und Methode zivilistischer Rechtsvergleichung, Frankfurt/M. 1966, S. 45.

[35] Solche „Vergleichsmaßstäbe“ sind ebenso inhaltsleer (und damit beliebig ausfüllbar) wie etwa das Postulat von Kunz (in: Die Rolle der Rechtsvergleichung . . . , S. 34 f.), Maßstab der intersystemaren wertenden Rechtsvergleichung im Arbeitsrecht müßten für einen Marxisten „die mit den gesellschaftlichen Entwicklungsgesetzmäßigkeiten in Einklang stehenden Interessen der Arbeiterklasse sein“.

gleich oder zumindest sehr ähnlich sind (z.B. Ehe, Kleinfamilie, größerer Familienverband).

bb) Es muß sich um relativ „systemneutrale" Regelungsbereiche[36] handeln (wozu jedenfalls beim Vergleich westeuropäischer und sozialistischer Rechte das Familien- und Erbrecht zu rechnen sind), in denen sich zwischenmenschliche Ordnungsprobleme unabhängig von der politischen Organisation stellen und in denen die Regelungsziele und damit auch die Regelungsinhalte ähnlich sind (z.B. Ehescheidung nach dem reinen Zerrüttungsprinzip; Sorgerechtsentscheidung unter dem zentralen Gesichtspunkt des Kindeswohls[37]). Ob und in welchem Umfang ein Bereich des Privatrechts ideologisch (relativ) neutral ist, ist allerdings auch im Familien- und Erbrecht nicht immer leicht festzustellen. Auf der anderen Seite wird gelegentlich eine spezifisch systemimmanente Fundierung der konkreten Regelung in einem sozialistischen System auch vorgetäuscht, oder man suggeriert sie sich selbst, um zu verschleiern, daß die entsprechende Regelung eines westeuropäischen Rechts der „sozialistischen" Normierung des gleichen Lebenssachverhalts zum Verwechseln ähnlich sieht.

Festzuhalten bleibt, daß zwar eine relativ objektive Wertung nur bei mehr oder minder systemneutralen Rechtsinstitutionen möglich erscheint, eine kontrastierende Wertung aber auch in systembezogenen und daher stark divergierenden oder sogar gegensätzlich normierten Bereichen möglich ist.

Allerdings scheint mir der Bereich systemneutraler Regelungen (einschließlich der nur scheinbar systemgebundenen Normen), der uneingeschränkt der wertenden Vergleichung zugänglich ist, im Privatrecht erheblich größer zu sein, als man auf den ersten Blick annehmen könnte.[38] Das ist wohl letzten Endes darin begründet, daß es weder dem mehr als 65 Jahre im ehemaligen russischen Reich bestehenden Sowjetsystem noch dem schon 35 Jahre die DDR beherrschenden Regime oder gar den Staatsparteien der übrigen Ostblockstaaten gelungen ist, durch ständige Indoktrination und staatliche Erziehungsarbeit einen sozialistischen Menschentyp zu schaffen. Letztlich haben die Menschen diesseits wie jenseits der Grenze zwischen den beiden Gesellschaftssystemen dieselben Bedürfnisse, dieselben Ängste und Hoffnungen. Das ist eine tröstliche Erfahrung, die man bei Reisen in die DDR oder in andere Länder des Ostblocks immer wieder machen kann. Das läßt aber auch eine Vergleichung der *Privatrechts*ordnungen beider Systeme ungeachtet des ideologischen Schleiers in sehr weitem Umfang möglich und sinnvoll erscheinen.

---

36 So Loeber, in: RabelsZ 26 (1961), S. 201 ff. (S. 226).

37 Vgl. hierzu insbes. Michael Coester: Das Kindeswohl als Rechtsbegriff, Frankfurt/M. 1983, S. 66 f. und S. 10-50.

38 Vgl. Zweigert / Kötz I, S. 42 f.; anders Bartels, S. 136 f., der die Unterscheidung zwischen systembezogenen und systemneutralen Rechtsinstituten als Kriterium für ihre (wertende) Vergleichbarkeit grundsätzlich ablehnt.

IV. Zusammenfassung der Ergebnisse

1. Theoretische Möglichkeiten und praktische Verwertbarkeit rechtsvergleichender Forschung über die sozialistischen Privatrechtsordnungen:

   a) Die Existenz eines besonderen Rechtskreises der sozialistischen Staaten ist heute innerhalb der rechtsvergleichenden Wissenschaft Europas unbestritten.

   b) Fast ebenso unbestritten ist die Vergleichbarkeit der sozialistischen Rechtsordnungen mit den Rechtsordnungen der nichtsozialistischen Industriestaaten Mittel- und Westeuropas sowie in der übrigen Welt.

   c) Der Grad der Vergleichbarkeit verschiedener Rechtsordnungen hängt zwar vom Grad der Ähnlichkeit oder Verschiedenheit ihrer jeweiligen Gesellschaftsstruktur ab; diese Unterschiede sind aber zwischen den sozialistischen und den nichtsozialistischen Industriestaaten Europas wesentlich geringer als die Unterschiede zwischen der Gesellschaftsstruktur westeuropäischer Industriestaaten und afrikanischer oder asiatischer Entwicklungsländer, deren Rechtsordnungen ebenfalls Gegenstand vergleichender Analyse und Wertung sind.

   d) Neben der rein wissenschaftlichen Erforschung verschiedener Modelle der Rechtsordnung als eines Instruments zur Lösung oder Verhinderung sozialer Konflikte hat die Rechtsvergleichung auch eine Reihe praktischer Aufgaben, von denen die vergleichende Ostrechtsforschung in der Bundesrepublik Deutschland zumindest zwei Aufgaben erfüllen kann:

      aa) Die Beschaffung rechtsvergleichenden Materials für den Bundesgesetzgeber als Vorbereitung für die Reform bestimmter Materien des Zivilrechts.

      bb) Die Vermittlung detaillierter Kenntnisse der sozialistischen Rechte, die im Rechtsunterricht der deutschen Hochschulen als Kontrasthintergrund zur Verdeutlichung, aber auch zur Relativierung der Lösungsmodelle der eigenen Privatrechtsordnung dienen können.

   Die Einbeziehung sozialistischer Staaten in eine Rechtsvereinheitlichung im übernationalen Rahmen, deren Vorbereitung auch zu den praxisbezogenen Aufgaben der rechtsvergleichenden Wissenschaft gehört, ist zwar bisher nur auf wenigen Gebieten versucht worden, aber prinzipiell keineswegs ausgeschlossen.

2. Methoden der Rechtsvergleichung zwischen sozialistischen und nichtsozialistischen Privatrechtsordnungen:

   a) Die generell in der rechtsvergleichenden Forschung verwendeten Methoden, nämlich die deskriptiv-analytische, die historische, die begrifflich-dogmatische, die typologische und die funktionale Methode, sind bei der Vergleichung sozialistischer und nichtsozialistischer Rechte ebenfalls sämtlich anwendbar.

b) Je nach dem Gegenstand und dem Ziel einer speziellen Untersuchung wird bald die eine oder die andere der genannten Methoden, häufig auch eine Kombination mehrerer Methoden, besonders fruchtbar sein. Keine dieser Methoden kann jedoch bei der rechtsvergleichenden Betrachtung der sozialistischen Rechte von vornherein als unbrauchbar ausgeschieden oder a priori als die allein brauchbare Methode bezeichnet werden.

3. Möglichkeiten einer systemübergreifenden vergleichenden Wertung sozialistischer und nichtsozialistischer Rechte:

a) Eine systemimmanente Wertung sozialistischer Privatrechtsordnungen und ihrer einzelnen Institutionen ist zwar auch dem sachkundigen „westlichen" Rechtsvergleicher möglich, aber für die rechtsvergleichende Wissenschaft wenig ergiebig.

b) Eine vergleichende Wertung sozialistischer und nichtsozialistischer europäischer Privatrechtsordnungen und ihrer Institutionen nach einem von beiden Systemen unabhängigen Wertmaßstab sollte die rechtsvergleichende Wissenschaft solchen (insbesondere afrikanischen oder asiatischen) Juristen überlassen, die in einer von beiden Systemen gleichermaßen distanzierten Rechtskultur leben.

c) Eine Wertung von Institutionen des sozialistischen Rechts vom Standpunkt der eigenen Rechtsordnung des westlichen Rechtsvergleichers ist

aa) zunächst als Mittel der kontrastierenden Herausarbeitung (und auch der politischen Rechtfertigung) des eigenen Lösungsmodells wissenschaftlich legitim, sofern eine grobe Vereinfachung unter Verwendung propagandistischer Schlagworte vermieden wird.

bb) Darüber hinaus ist aber auch der Versuch einer objektiv-vergleichenden Wertung möglich, sofern Gegenstand des Vergleichs die Regelung gleicher oder ähnlicher Lebensverhältnisse durch relativ „systemneutrale" Normen ist, mit denen die verglichenen Rechtsordnungen erklärtermaßen oder auch nur faktisch gleiche oder ähnliche Ziele verfolgen.

Literatur

Bahro, Horst: Das Kindschaftsrecht in der Union der Sozialistischen Sowjetrepubliken, Frankfurt/M. 1966.

Bartels, Hans-Joachim: Methode und Gegenstand intersystemarer Rechtsvergleichung, Tübingen 1982.

Bechthold, Ilse: Die Neuregelung des Unehelichenrechts in beiden Teilen Deutschlands, Recht in Ost und West, 1968, S. 1 ff.

Bechthold, Ilse: Der Verschuldensgedanke im Scheidungsrecht der DDR, Recht in Ost und West, 1969, S. 8 ff.

Benninger, Rudolf: Die sowjetische Gesetzgebung zur rechtlichen Stellung des nichtehelichen Kindes, Berlin 1977.

Bilinsky, Andreas: Das sowjetische Wirtschaftsrecht, Tübingen 1968.

Bilinsky, Andreas: Zu den Grundlagen der Gesetzgebung der UdSSR und der Unionsrepubliken über Ehe und Familie, Jahrbuch für Ostrecht, Bd. IX/1, 1968, S. 181 ff.

Blomeyer, Arwed: Die Entwicklung des Zivilrechts in der Sowjetischen Besatzungszone (in: „Bonner Berichte aus Mittel- und Ostdeutschland", hrsg. vom Bundesministerium für gesamtdeutsche Fragen).

Braga, Sevold: Das sowjetische Zivilrecht und das europäische Privatrecht, Jahrbuch für Ostrecht, Bd. I/2, 1960, S. 69 ff.

Bratus, S. N.: Sowjetisches Zivilrecht, Bd. II, Moskau 1951 (Übersetzung durch das Deutsche Institut für Rechtswissenschaft, Berlin (Ost) 1953).

Brunner, Georg: Einführung in das Recht der DDR, 2. Aufl., München 1972.

Brunner, Georg: Die Methode des Ostrechts im Widerstreit von Recht und Politik, Osteuropa-Recht, 1975, S. 89 ff.

Coester, Michael: Das Kindeswohl als Rechtsbegriff, Frankfurt/M. 1983.

Constantinesco, Léontin-Jean: Rechtsvergleichung, Bd. II: Die rechtsvergleichende Methode, Köln 1972.

Constantinesco, Léontin-Jean: Rechtsvergleichung, Bd. III: Die rechtsvergleichende Wissenschaft, Köln 1983.

David, René / Grasmann, Günther: Einführung in die großen Rechtssysteme der Gegenwart, München 1966.

Drews, Werner / Halgasch, Richard: Erbrecht, Berlin (Ost) 1979.

Drobnig, Ulrich: Rechtsvergleichung zwischen Rechtsordnungen verschiedener Wirtschaftssysteme, Rabels Zeitschrift für ausländisches und internationales Privatrecht, 48, 1984, S. 233 ff.

Ebert, Kurt Hanns: Rechtsvergleichung, Bern 1979.

Ehrenzweig, Albert A.: Rezension von: Hazard, Communists and their Law, Chicago 1969, in: California Law Review, 58, 1970, S. 1005 ff.

Freytag, Alexander: Das (neue) gesetzliche Erbrecht der DDR, Zeitschrift für Rechtspolitik, 1984, S. 86 ff.

Friedmann, Wolfgang: Law in a Changing Society, 2. ed., London 1972.

Friesen, Marie Elisabeth v. / Heller, Wolfgang: Das Familienrecht in Mitteldeutschland (in: „Bonner Berichte aus Mittel- und Ostdeutschland"), Bonn 1967.

Göhring, Joachim / Posch, Martin: Zivilrecht, Teil 2, Berlin (Ost) 1981.

Grandke, Anita (Hrsg.): Familienrecht, 3. Aufl., Berlin (Ost) 1981.

Hagemeyer, Maria: Der Entwurf des Familiengesetzbuches der „Deutschen Demokratischen Republik", Bonn 1955.

Hazard, John: Area Studies and Comparison of Law: The experience with Eastern Europe, American Journal of Comparative Law, 19, 1971, S. 645 ff.

Jakobs, Otto-Wilhelm: Zur Methodik der Zivilrechtsvergleichung zwischen Rechten aus verschiedenen Gesellschaftsordnungen, Osteuropa-Recht, 9, 1963, S. 108 ff.

Johnson, E. L.: An Introduction to the Soviet Legal System, London 1969.

Die Lage des Rechts in Mitteldeutschland, Ringvorlesung der Rechts- und Staatswissenschaftlichen Fakultät der Albert-Ludwigs-Universität Freiburg im Breisgau, Sommersemester 1964, Karlsruhe 1965.

Lawson, F. H.: Rezension von: Hazard, Law and Social Change in the U.S.S.R., Toronto 1953, in: The Univ. of Chicago Law Review, 21, 1954, S. 780 ff.

Lederer, Herbert / Michels, Hans-Joachim: Sozialistische und bürgerliche Rechtsordnung am Beispiel DDR – BRD, in: BRD – DDR, Vergleich der Gesellschaftssysteme, Köln 1973, S. 297 ff.

Loeber, Dietrich A.: Rechtsvergleichung zwischen Ländern mit verschiedener Wirtschaftsordnung, Rabels Zeitschrift für ausländisches und internationales Privatrecht, 26, 1961, S. 201 ff.

Luchterhandt, Otto: Gegenstand, Ziele und Methoden der Ostrechtswissenschaft, Osteuropa-Recht, 22, 1976, S. 85 ff.

Ludz, Peter Christian (Gesamtleitung): BRD – DDR, Systemvergleich 2: Recht, Materialien zum Bericht zur Lage der Nation, hrsg. vom Bundesministerium für innerdeutsche Beziehungen, Kassel 1972.

Müller-Römer, Dietrich: Ziele und Methoden der Rechtsvergleichung, Recht in Ost und West, 13, 1969, S. 1 ff.

Ministerium des Justiz (Hrsg.): Das Familienrecht der DDR, Kommentar, 4. Aufl., Berlin (Ost) 1973.

Ministerium der Justiz (Hrsg.): Kommentar zum Familiengesetzbuch der Deutschen Demokratischen Republik, 5. Aufl., Berlin (Ost) 1982.

Pleyer, Klemens / Lieser, Joachim: Eheliches Güterrecht und Wirtschaftsordnung in beiden Teilen Deutschlands, Zeitschrift für das gesamte Familienrecht, 1970, S. 1 ff.

Raiser, Thomas: Sozialistisches Familienrecht, Juristenzeitung, 1966, S. 432 ff.

Rheinstein, Max: Einführung in die Rechtsvergleichung, München 1974.

Die Rolle der Rechtsvergleichung in der Rechtswissenschaft, Rechtsausbildung und Rechtspraxis der DDR sowie in der ideologischen Auseinandersetzung. Tagung des Nationalkomitees für Rechtswissenschaft der DDR am 7. Mai 1981, Potsdam–Babelsberg 1982. (Aktuelle Beiträge der Staats- und Rechtswissenschaft, Heft 261.)

Rotter, Frank: Dogmatische und soziologische Rechtsvergleichung – eine methodologische Analyse für die Ostrechtsforschung, Osteuropa-Recht, 16, 1970, S. 81 ff.

Rosenthal, Walther / Lange, Richard / Blomeyer, Arwed: Die Justiz in der sowjetischen Besatzungszone (in: „Bonner Berichte aus Mittel- und Ostdeutschland“), 2. Aufl., Bonn 1954.

Sandrock, Otto: Über Sinn und Methode zivilistischer Rechtsvergleichung, Frankfurt/M. 1966.

Schnitzer, Adolf: Vergleichende Rechtslehre, Bd. 1, 2. Aufl., Basel 1961.

Tarchow, V. A.: Vorlesungen über das sowjetische Zivilrecht, Berlin (Ost) 1955.

Westen, Klaus: Methodische Vorfragen der Ostrechtsforschung, in: Festschrift für Boris Meissner, Köln 1965, S. 299 ff.

Westen, Klaus (Redaktion): Marxismus im Systemvergleich – Recht, Frankfurt/M.–New York 1973.

Zweigert, Konrad: Die kritische Wertung in der Rechtsvergleichung, in: Law and international trade, Festschrift für Clive M. Schmitthoff, Frankfurt/M. 1973, S. 403 ff.

Zweigert, Konrad / Kötz, Hein: Einführung in die Rechtsvergleichung, Bd. I: Grundlagen, 2. Aufl., Tübingen 1984.

Zweigert, Konrad / Puttfarken, Hans-Jürgen: Zur Vergleichbarkeit analoger Rechtsinstitute in verschiedenen Gesellschaftsordnungen, in: Rechtsvergleichung (hrsg. von K. Zweigert und H.-J. Puttfarken), Darmstadt 1978, S. 395 ff.

Oskar Anweiler

SYSTEMVERGLEICH UND BILDUNGSFORSCHUNG

Der umgangssprachliche und der wissenschaftliche Gebrauch des *Systembegriffs* decken sich nicht; in der „systemvergleichenden Betrachtung" gehen häufig ein unspezifischer Wortgebrauch mit einem stärker reflektierten und begrifflich abgeklärten Hand in Hand. Hinzu kommt die unvermeidliche politische Implikation bei der Verwendung globaler Bezeichnungen wie „sozialistisches" bzw. „kommunistisches System" einerseits, „kapitalistisches System" andererseits.

In der Regel beschäftigen sich die einzelnen wissenschaftlichen Disziplinen mit den ihnen zugeordneten Sachbereichen: die Wirtschaftswissenschaft mit dem Wirtschaftssystem, die Politikwissenschaft mit dem politischen System usw. Die Erziehungswissenschaft bzw. die Bildungsforschung – letztere verstanden als Analyse von Strukturen und Prozessen im Bildungswesen – beschäftigt sich demzufolge mit dem Bildungssystem.

Unter *Bildungssystem* wird die staatlich geregelte Gesamtheit der Bildungseinrichtungen in einem gegebenen Lande verstanden. Letztere besitzen verschiedene Funktionen und haben bestimmte Aufgaben zu erfüllen, die sich vornehmlich aus der Stellung des Bildungssystems in der Gesellschaft insgesamt ergeben. Alle Bildungssysteme unterliegen dem historischen Wandel und lassen sich demzufolge nur auf einer jeweiligen Entwicklungsstufe modellanalytisch erfassen. „Das" Bildungssystem in einem normativ vorgegebenen Sinne gibt es nicht, im Unterschied zu normativen Bildungs*ideen*, welche einen solchen Anspruch erheben können.

Der *Vergleich von Bildungssystemen* ist primär Aufgabe der Vergleichenden Erziehungswissenschaft und der seit den sechziger Jahren daraus entwickelten Vergleichenden Bildungsforschung, die es mit Struktur- und Entwicklungsproblemen des Bildungswesens, seiner Reform und dem Zusammenhang von Bildungspolitik und Gesellschaft zu tun hat. In der Vergleichenden Erziehungswissenschaft besitzt der *internationale* Vergleich, der sich an den staatlich verfaßten („nationalstaatlichen") Bildungssystemen orientiert, neben dem *interkulturellen* Vergleich, welcher soziale, ethnische und religiöse Gemeinschaften (auch unabhängig von den politischen Grenzen) untersucht, den Vorrang; der *intersystemare* Vergleich geht von den politisch-ideologischen und ökonomischen Systemunterschieden bzw. -gegensätzen insgesamt aus, die das Bildungswesen beeinflussen, und untersucht unter der Prämisse der Andersartigkeit bzw. Gegensätzlichkeit die jeweiligen Probleme. Mit dem *intrasystemaren* Vergleich wird die jeweilige national-kulturelle Besonderheit des Bildungssystems (im größeren Systemrahmen) herauszuarbeiten versucht. Diese Unterscheidungen spiegeln einen historisch gewachsenen Stand der Begriffsbildung wider und deuten verschiedene Objekte bzw. Zielrichtungen der vergleichenden Forschung an.

In der Vergleichenden Bildungsforschung der Bundesrepublik Deutschland spielt die Beschäftigung mit den Bildungsproblemen des „anderen Systems", d.h. der kommunistisch regierten Staaten in Europa, eine wesentliche Rolle; es erscheinen mehr Arbeiten über Bildungsprobleme in der UdSSR als über die USA, mehr über die DDR als über Frankreich. Dabei verlief die Entwicklung von der „Ostpädagogik" zur Vergleichenden Bildungsforschung, d.h. von einer methodologisch kaum reflektierten aktuellen Beschäftigung mit den Prinzipien und Praktiken kommunistischer Bildungspolitik und Pädagogik östlich der Elbe zu einer theoretisch anspruchsvolleren, methodisch bewußteren und inhaltlich differenzierteren wissenschaftlichen Analyse der Bildungssysteme und ihrer Probleme. Es ist ferner besonders der enge personelle und inhaltliche Zusammenhang von DDR-Forschung und Osteuropaforschung hervorzuheben, der in der Vergleichenden Bildungsforschung in der Bundesrepublik seit deren Beginn vorherrschte. Trotz fortschreitender fachlicher Arbeitsteilung und trotz bestehender Schwierigkeiten aufgrund unterschiedlicher Sprachkompetenzen sollte dieser Zusammenhang auch künftig bewahrt bleiben, um eine zu enge Sichtweise der Probleme zu vermeiden.

Die *marxistisch-leninistische Vergleichende Pädagogik* in der DDR wie in der Sowjetunion – anders ist das Selbstverständnis der meisten Komparatisten in Polen und z.T. in Ungarn – geht in ihren Arbeiten von dem prinzipiell aufgefaßten Gegensatz „kapitalistischer" und „sozialistischer" Bildungssysteme aus und beurteilt daher auch alle Einzelprobleme als Ausdruck gegensätzlicher Entwicklungen. Ein derartiger Ansatz, der für sich selbst absolute Geltung beansprucht und den Vergleich lediglich zur Bestätigung der eigenen Position heranzieht, verzichtet daher in der Regel auch auf einen empirisch-analytischen Detailvergleich zugunsten globaler Erklärungsmuster; aus der DDR ist z.B. nur die Arbeit von Werner Kienitz über „Einheitlichkeit und Differenzierung" (1971), die einen intersystemaren Vergleich intendiert, zu nennen, welche jenes vereinfachende dichotomische Schema teilweise hinter sich läßt.

Die intersystemare und die intrasystemare Vergleichende Bildungsforschung in der Bundesrepublik Deutschland hat überwiegend den *problemorientierten Zugang* (problem approach) gewählt und nicht einen umfassenden Vergleich (global analysis) angestrebt. Sie trug damit sowohl der grundsätzlichen methodologischen Problematik derartiger globaler „Systemvergleiche" als auch den arbeitstechnischen und methodischen Schwierigkeiten Rechnung. Als Beispiele für erfolgreiche intersystemare Problemvergleiche seien von jüngeren Monographien die Untersuchung von Dieter Rauchfuß, Hochschulreife und Facharbeiterbrief (1979), über die DDR und die Bundesrepublik sowie von Wolfgang Hörner / Wolfgang Schlott, Technische Bildung und Berufsorientierung in der Sowjetunion und in Frankreich (1983), hervorgehoben. Letztere verwendet ein an Niklas Luhmann orientiertes systemanalytisches Begriffsinstrumentarium und zeigt dessen forschungspraktische Verwendungsmöglichkeit an dem genannten Problembereich auf.

In der Vergleichenden Bildungsforschung haben wir es mit verschiedenen *Ebenen und Dimensionen vergleichender Analysen* zu tun. Am häufigsten, weil scheinbar am leichtesten zu leisten, werden Bildungssysteme auf der Ebene der Struktur und Organisation miteinander verglichen.

Will man aber nicht bei einer formalen Beschreibung verharren, so kommt es auf den strukturell-funktionalen Vergleich im eigentlichen Sinne an, d.h. auf die Ermittlung, Analyse und vergleichende Gegenüberstellung der tragenden Strukturelemente eines Bildungswesens sowohl in ihrer Binnenfunktion als auch in ihren Beziehungen zum sozialen und politischen Ganzen. Dabei gilt es u.a., nach funktionalen Äquivalenzen zu fragen, weil die einfache Gegenüberstellung von Schultypen und Ausbildungsformen für einen Vergleich nicht ausreicht.

Eine andere Ebene des Vergleichs erstreckt sich auf die vielfältigen Verflechtungen mit dem, was undifferenziert der „gesellschaftliche Zusammenhang“ genannt wird, in dem ein Bildungssystem steht. Diese Dimension setzt dem analytischen Zugriff nicht geringe Widerstände entgegen. Aufgrund der Schwierigkeit, die zahlreichen Wechselbeziehungen zu erfassen, zu klassifizieren oder gar zu quantifizieren, wird manchmal der Ausweg in monokausalen Erklärungen und eindimensionalen Modellen gesucht, so z.B., wenn eine lineare Abhängigkeit des Bildungswesens von der Wirtschaftsstruktur behauptet wird.

Den zweifellos schwierigsten Komplex stellen diejenigen Probleme dar, die sich aus der Ziel- und Inhaltsstruktur der Lernprozesse, den Bedingungen des schulischen Lernens und den Formen und Methoden des Unterrichts ergeben. Hierzu gehören z.B. vergleichende Analysen von Lehrplänen (Curricula), von schulischen Leistungen oder von „Unterrichtsstilen“. Der Bogen reicht dabei von der ideologiekritischen Analyse der bildungspolitischen Zielproklamationen oder in Lehrplänen enthaltenen didaktischen Ziel-Stoff-Relationen bis hin zu Untersuchungen über das Lehrerverhalten oder die soziale Stellung der Schüler in der Schule. Diese Beispiele sollen verdeutlichen, daß wissenschaftlichen Untersuchungen in unterschiedlichen politischen Systemen enge Grenzen gezogen sind, da vergleichende empirische Erhebungen dieser Art in der Regel nicht vorgenommen werden können.

Neben der differenzierten vergleichenden Untersuchung von Teilproblemen des Bildungswesens, die am ehesten geeignet ist, sichere Aussagen zu erbringen, kommt schließlich einem *umfassenden Vergleich* aufgrund allgemeiner hypothetischer Annahmen ebenfalls ein gewisser Wert zu. Geht man von der Tatsache aus, daß bildungspolitische Postulate wie „Recht auf Bildung“ und „Chancengleichheit“ als universal geltende ethisch-politische Werte angesehen werden – die Mitgliedstaaten der UNESCO haben sich z.B. dazu bekannt –, so ergibt sich die Möglichkeit, nach einem Katalog spezifischer Fragen die Art und Weise und das Ausmaß der Realisierung dieser Postulate vergleichend zu ermitteln. Definierte man diese beiden bildungspolitischen Ziele in einem bestimmten Sinne, so ließe sich nach dem Grade des Erreichten auch eine internationale Rangskala aufstellen, auf der jedes Bildungssystem seinen Platz fände. Indessen wäre der Wert einer solchen Skala nur begrenzt, weil es sich bei den genannten Programmzielen um sehr komplexe Begriffe handelt, die einer Aufschlüsselung bedürfen. Es erhebt sich dann die Frage, ob die einzelnen angewendeten Kriterien, wie z.B. der Beschulungsgrad oder die soziale Zusammensetzung der Studenten, ohne Berücksichtigung sonstiger Faktoren für sich genommen als ausreichend angesehen werden können. Wird diese Frage verneint, so tritt eine Relativierung der durch einen globalen Vergleich scheinbar plausibel ermittelten Rangfolge der Bildungssysteme ein.

In der Vergleichenden Bildungsforschung wird sich möglicherweise durch die Herausarbeitung bestimmter *Indikatoren* für die Leistungsfähigkeit und die „output-Ergebnisse“ der Bildungssysteme ein methodisch weiterführender Weg ergeben. Soziale Indikatoren setzen eine Zielorientierung voraus, die ihrerseits wiederum von bestimmten Wertungen abhängig sind. Wenn man z.B. der Schülermitwirkung einen hohen Rang bei dem Ziel „Erlernen demokratischen Verhaltens“ beimißt, so könnte man in der Zahl der in einem Schuljahrgang in verschiedenen Ländern in der Schülerselbstverwaltung tätigen Jugendlichen einen „Indikator“ für den Grad der demokratischen Erziehung in dem betreffenden Schulsystem erblicken. Allerdings muß auch sogleich der Einwand bedacht werden, daß quantitative Angaben und darauf beruhende qualitative Vergleiche in diesem Falle auch irreführend sein können, weil in bestimmten Schulsystemen, wie z.B. in der DDR, ein erzwungenes Mitwirken in den Organen der Selbstverwaltung aus politischen und Karrieregründen kaum etwas über „Erziehung zum demokratischen Verhalten“ aussagt.

Der *wertende Vergleich* ist in der vergleichenden intersystemaren Bildungsforschung somit kein Fremdkörper, er hat aber als solcher keine normative Funktion; aus dem internationalen Vergleich läßt sich nicht eine normative Bestimmung eines ideellen Wertes ableiten, an dem dann die Güte eines beliebigen Systems gemessen werden kann. Das tertium comparationis dient als *Kriterium*, nicht als *Norm* mit allgemeinem Geltungsanspruch. Die Verwechslung von ideeller Norm und Vergleichskriterium liegt gerade beim intersystemaren Vergleich nahe und muß vermieden werden.

Welchen Beitrag kann die Bildungsforschung schließlich zu einem *umfassenden Systemvergleich* leisten? Eingangs wurde auf die begriffliche Unschärfe hingewiesen – pauschale Ost-West-Vergleiche lassen sich heute nicht mehr wissenschaftlich begründen. Auch bei begrenzten zweiseitigen Vergleichen (z.B. DDR – Bundesrepublik Deutschland), die auf eine Makroanalyse zielen (integrierte Vergleiche von „Gesellschaftssystemen"), sind die Schwierigkeiten erheblich: die jeweiligen Fragestellungen und Erkenntnisabsichten der beteiligten Disziplinen lassen sich nicht einfach addieren, die gewonnenen Resultate nicht schlicht summieren, um zu einem aussagekräftigen und in sich stimmigen „Systemvergleich" zu gelangen. Wahrscheinlich wird es erstens bei breit angesetzten sektoralen und Problemvergleichen bleiben und zweitens zur verstärkten gegenseitigen Kenntnisnahme der Fragestellungen und Resultate der vergleichenden Einzeldisziplinen kommen müssen. Wir stehen somit erst am Beginn einer systemvergleichenden Forschung im umfassenden Sinne des Wortes.

Literatur

Anweiler, Oskar: Die Bildungssysteme sozialistischer Staaten in Europa als Gegenstand vergleichender Forschung, in: Bildung und Erziehung, 27 (1974), S. 458-471. Ebenfalls in: Ders. (Hrsg.): Bildungsforschung und Bildungspolitik in Osteuropa und der DDR, Hannover 1975, S. 111-127.

Anweiler, Oskar: Bemerkungen zur erziehungswissenschaftlichen DDR-Forschung im Rahmen vergleichender Bildungsforschung, in: Bildungsreformen in der Bundesrepublik Deutschland und in der Deutschen Demokratischen Republik, hrsg. von Siegfried Baske, Heidelberg 1981, S. 191-199.

Anweiler, Oskar: Forschungen zum Bildungswesen und zur Pädagogik der Sowjetunion. Einige Beobachtungen und Folgerungen, in: Osteuropa, 33 (1983), S. 40-46.

Busch, Adelheid: Die Vergleichende Pädagogik in der DDR. Eine disziplingeschichtliche Untersuchung. München 1983.

Hörner, Wolfgang / Schlott, Wolfgang: Technische Bildung und Berufsorientierung in der Sowjetunion und in Frankreich. Ein intersystemarer Vergleich. Berlin–Wiesbaden 1983.

Kienitz, Werner: Einheitlichkeit und Differenzierung im Bildungswesen. Ein internationaler Vergleich. Von einem Autorenkollektiv unter Leitung von W. Kienitz, Berlin (Ost) 1971.

Mitter, Wolfgang: Erziehungswissenschaftliche Osteuropaforschung, in: Osteuropa, 30 (1980), S. 799-812.

Pęcherski, Mieczysław: System oświatowy w Polsce Ludowej na tle porównawczym (Das Bildungssystem in der Volksrepublik Polen auf vergleichendem Hintergrund), Wrocław 1981.

Rauchfuß, Dieter: Hochschulreife und Facharbeiterbrief. Die Integration von allgemeiner und beruflicher Bildung in der Sekundarstufe II. Eine vergleichende Untersuchung von Bundesrepublik Deutschland und Deutscher Demokratischer Republik, Berlin–Wiesbaden 1979.

Hans-Peter Schäfer

JUGEND IM INTERKULTURELLEN UND INNERDEUTSCHEN VERGLEICH – ANSPRUCH UND PROBLEMATIK DER VERGLEICHENDEN JUGENDFORSCHUNG

Unter der Überschrift „die Mauersegler kommen" beschreibt Irene Böhme in ihrem außerordentlich faszinierenden Buch über „Die da drüben" (1983) die erste Begegnung zwischen Menschen aus beiden Teilen Deutschlands: „Die erste Begegnung bringt meist die erste Lüge", weil beide Partner Vorleistungen erbracht haben, die sie zwar verschweigen, aber dennoch honoriert haben möchten (S. 10), und weil beide Partner den Eindruck vortäuschen, als seien sie beide gleich, obwohl sie doch durch unterschiedliche Umwelten und die politisch-gesellschaftlichen Bedingungen geprägt worden sind. Die Ungleichheit wird zwar erkannt, jedoch „beiseite geschoben". Der Wille zur Gleichheit, zur Einheit, verstellt trotz bester Absicht das Verständnis der anderen. Das gegenseitige Verstehen „droht im Bruderkuß" zu ersticken (S. 16).

Mit ihrer knappen Schilderung ist es Irene Böhme gelungen, nicht nur auf ein zentrales politisches, sondern auch auf ein wissenschafts-methodologisches Kernproblem hinzuweisen. Mag man auch darüber streiten, ob das gegenseitige Mißverständnis, wie Böhme andeutet, zum unentrinnbaren Schicksal wird. Wichtiger ist ihr Hinweis, daß das gegenseitige Verständnis vor allem deshalb nicht möglich ist, weil sich die betroffenen selbst nicht verstehen und daher auch nicht bereit sind, das andere, Fremde anzuerkennen.

An diese Aussage ließen sich im Hinblick auf den intersystemaren Vergleich zahlreiche weitergehende Fragen knüpfen, z.B.: Wieweit ist unsere Wahrnehmung und unser Verständnis des anderen, Fremden, nicht immer schon verstellt bzw. durch unsere vorgängigen Erfahrungen, Interessen, Umwelteinflüsse „gebrochen"? Ist nicht umgekehrt das Verständnis des Eigenen nur über das Fremde, das andere möglich? Wieweit kann man sich überhaupt aus sich selbst heraus verstehen? Oder ist ein tieferes Verständnis nur denen möglich, die in beiden Systemen, beiden Kulturen, gleichermaßen zuhause sind? – beziehungsweise nicht einmal denen und damit überhaupt nicht möglich?

Wie läßt sich aus diesem hermeneutischen Zirkel herauskommen? Bietet die Wissenschaft Zugänge, die über die Alltagserfahrung und den direkten

Zugriff hinausgehen? Vermittelt die Wissenschaft also wirklich tiefere Einsichten?

Welche mögliche Rolle spielt der systematische interkulturelle bzw. intersystemare Vergleich für das Verständnis anderer Systeme und Kulturen? Ist er nur *ein* methodisches Instrument neben anderen oder conditio sine qua non? Und wie läßt sich schließlich sichern, daß der interkulturelle und intersystemare Vergleich nicht neue Vorurteile produziert oder die alten auf einer höheren Ebene zementiert?

Diese Fragen radikalisieren sich, wenn man sich z.B. dem Vergleich von Jugendlichen in politisch kontroversen Systemen wie in den beiden Teilen Deutschlands zuwendet. Was haben Jugendliche außer biologischen Merkmalen in beiden deutschen Staaten noch gemeinsam, bzw. wieweit sind wir nicht versucht, ein Bild von „Jugend" auf die junge Generation der DDR zu projizieren, das wir in der Bundesrepublik und in anderen westlichen Ländern gewonnen haben? Wieweit sind wir eigentlich ernsthaft bemüht, uns auf die Spezifik der DDR-Jugend einzulassen?

Ein Blick auf die Themen, in deren Zusammenhang bei uns in letzter Zeit über die DDR-Jugend berichtet wurde, spricht bereits für sich: Da war vorzugsweise die Rede von der Friedensbewegung in der DDR, von „Ökologen" („Beton ist Beton"), sogar von „Alternativen", „Hausbesetzern" und von einer „Gegenkultur" (Fehr 1984, Mleczkowski 1984, Oschlies 1984). Leider fehlte oft der Hinweis, daß es sich bei diesen Jugendlichen nur um kleine, teilweise sogar verschwindend kleinen Gruppen handelt und daß die Lebens- und Erscheinungsweise der überwiegenden Mehrheit der DDR-Jugend völlig anders aussieht.

Es wäre sicher unredlich, nur der Journalistik einen Hang zum Sensationellen und eine einseitige Optik vorwerfen zu wollen. Auch die Jugendforschung, sofern sie sich überhaupt mit der DDR-Jugend bzw. dem Vergleich beschäftigt hat, ist nicht frei von Vorurteilen und fragwürdigen Bewertungen gewesen.

Das Ziel der folgenden Darstellung soll es daher sein, auf einige grundsätzliche Probleme und Gefahren des deutsch-deutschen Jugendvergleichs aufmerksam zu machen und zu fragen, von welchen Konzeptionen, Bildern, „Reiseführern" (Bleek 1982) sich der Vergleich hat leiten lassen bzw. welche Ansätze fruchtbar sein könnten.

Angesichts des bisher desolaten Zustandes der vergleichenden Jugendforschung kann es sich hier nur um eine Problemskizze handeln, keinesfalls jedoch um einen Forschungsbericht, der – wie bei der Vergleichenden Bildungsforschung – bereits auf eine größere Zahl einschlägiger Untersuchungen zurückgreifen könnte.

I. Irrwege der kulturvergleichenden Sozialisationsforschung

An den Ausgangspunkt der Überlegungen soll die Frage treten, warum sich bis zur Gegenwart *keine* vergleichende Jugendforschung entwickelt hat, die analog zur vergleichenden Bildungsforschung über eine gewisse Forschungstradition und über ein gesichertes methodisches Instrumentarium verfügt.

Auf die theoretische und praktische Bedeutung einer vergleichenden Jugendforschung hatte bereits der Begründer der modernen Jugendforschung, Ernst Meumann (1912, 1914) nachdrücklich hingewiesen. Ihm sind seitdem zahlreiche weitere Autoren aus unterschiedlichen Disziplinen und Erwägungen (Tumlirz 1931/31, Anweiler 1966, Rössner 1968) gefolgt.

Auch fehlt es inzwischen nicht an einer reichen, zumeist impressionistischen und mitunter als „vor-wissenschaftlich“ abqualifizierten Literatur (z.B. Marabini o. J., Paloczi-Horvath 1965, Spender 1969, Mehnert 1976), die sich vor allem den internationalen Phänomenen der Jugendbewegung und des Jugendprotestes zugewandt hat und damit vermutlich ein breites Informationsbedürfnis der Öffentlichkeit abdeckt.

Auf der anderen Seite wird gerade in jüngerer Zeit von namhaften Jugendforschern in der Bundesrepublik und Österreich (Allerbeck / Rosenmayr 1971, S. 231) die Möglichkeit eines internationalen bzw. interkulturellen Jugendvergleichs unter Hinweis auf kaum lösbare methodische und methodologische Probleme skeptisch beurteilt.

Es besteht also offensichtlich eine nicht geringe Diskrepanz zwischen den Erwartungen an und innerhalb der Wissenschaft und deren Fähigkeit, diese zu realisieren. Dafür mögen sicher zahlreiche Gründe ausschlaggebend sein, wobei es zu berücksichtigen gilt, daß die Entwicklung einer Disziplin oder Forschungsrichtung stets vom Zusammenspiel verschiedener wissenschaftsimmanenter und externer Faktoren abhängt.

Im Hinblick auf die vergleichende Jugendforschung soll hier dennoch die These gewagt werden, daß vor allem die wissenschaftsimmanenten Entwicklungen in den Sozialwissenschaften entscheidend dazu beigetragen haben, daß sich eine vergleichende Jugendforschung bis heute nicht etablieren konnte. Durch falsche Zielsetzungen und überhöhte Erwartungen wurde diese Forschungsrichtung von vornherein auf ein Gleis gesetzt, das notwendig in die Sackgasse führen mußte. Gemeint ist hier die einseitige Ausrichtung der vergleichenden Jugendforschung am Muster der kulturvergleichenden Sozialisationsforschung.

Diese These bedürfte zu ihrer Absicherung wohl einer ausführlicheren und differenzierteren Begründung, als hier gegeben werden kann. Dennoch soll zunächst der Versuch unternommen werden, die behauptete Entwicklung unter vier Aspekten zu illustrieren, handelt es sich doch um eine vierfache Reduktion der vergleichenden Sozialisationsforschung.

1. Reduktion des Verstehens auf das Erklären

Ein wesentliches Kennzeichen der kulturvergleichenden Sozialisationsforschung ist die Verengung eines ehemals weiten Begriffs des „Verstehens" auf den Prozeß des „Erklärens", das heißt, auf die Aufdeckung von Regelmäßigkeiten, Prinzipien, Gesetzmäßigkeiten bzw. Entwicklungstendenzen. Diesem nomothetischen Wissenschaftsverständnis liegt die Prämisse zugrunde, „wonach soziale Realität prinzipiell durch allgemeine Aussagen erklärt werden kann bzw. eine Abstraktion von historisch-singulären Oberflächenphänomenen zumindest insoweit möglich ist, daß bestimmte Verallgemeinerungen vorgenommen werden können" (Niedermeyer 1983, S. 304).

Eine derartige Ausrichtung findet sich bereits bei Emile Durkheim, dem Begründer der Sozialisationsforschung. Nach Durkheim hat die Wissenschaft nicht nur die Aufgabe zu beschreiben, sondern zu „erklären", d.h. nicht nur zu verstehen, *wie* etwas ist, sondern *warum* etwas so geworden ist, wie es ist. Damit wendet sich Durkheim bewußt gegen die seinerzeit vorherrschenden und ehemals auch von ihm favorisierten Methoden der *historischen* und *genetischen* Interpretation.

Der Vorzug des interkulturellen Vergleichs gegenüber der historischen Methode liegt nach Durkheim nun gerade darin, daß soziale Erscheinungen nicht nur in ihrer Einzigartigkeit, sondern auch in ihren wiederkehrenden Typen und Variationen zu erkennen sind. Den Vorzug gegenüber der genetischen Methode sieht er in der Vermeidung vorschneller Generalisierungen durch den Nachweis der kulturellen Bedingtheit sozialer Phänomene.

Als ein „indirektes Experiment" erlaube der Vergleich nicht nur die Herausarbeitung von „Tatsachen-Serien" bzw. Regelmäßigkeiten, sondern ermögliche auch den Nachweis von Kausalbeziehungen. Für Durkheim ist der interkulturelle Vergleich daher nicht nur eine Methode unter anderen, sondern „die einzige, welche der Soziologie entspricht" (Durkheim 1961, S. 206 ff.).

Abgesehen von der Tatsache, daß Durkheim die Soziologie als „positive" Wissenschaft begreift, was für die Jugendforschung und im Hinblick auf den „normativen" Charakter ihres Forschungsgegenstandes zumindest problematisch erscheint, ist die Gleichsetzung von naturwissenschaftlichem Experiment und dem Vergleich als Quasi-Experiment fragwürdig. Noch zweifelhafter ist allerdings unter erkenntnistheoretischem Aspekt, „ob mit Hilfe von Vergleichen die Gewinnung nomothetischer Aussagen – womöglich noch intersystemar – möglich ist" (Schneider 1981, S. 33).

Logischerweise wäre zur Aufdeckung von Gesetzmäßigkeiten zunächst die Analyse ursächlicher Zusammenhänge innerhalb eines Systems notwendig, um dann eventuell Parallelen aufzuzeigen.

Schließlich gilt es auch zu bedenken, daß der interkulturelle Vergleich immer auch eine doppelseitige Erkenntnisfunktion besitzt:

- er dient einerseits dem Aufweis des Gemeinsamen, Allgemeingültigen;
- zum anderen aber auch dem Nachweis des Besonderen, Singulären, Einzigartigen (vgl. Beyme 1966).

Es scheint, als habe die kulturvergleichende Sozialisationsforschung auf der Suche nach generellen, kultur- und systemübergreifenden Aussagen diesen Aspekt bisher zu wenig gewürdigt und sich zu wenig um ein tieferes „Verstehen“[1] Jugendlicher in verschiedenen Kulturen und Subkulturen bemüht.

2. Reduktion auf ein empiristisches Menschenbild

Ein weiterer Ausgangspunkt der Sozialisationsforschung ist die Auffassung, daß der Mensch ein Produkt der Gesellschaft sei, d.h. die menschliche Natur äußerst plastisch und formbar sei, und daß der Mensch erst durch die sogenannte „Sozialisierung“, also durch Lernen von Normen und Werten, zum vollwertigen Mitglied der Gesellschaft und somit zum Menschen werde.

Die kulturvergleichende Forschung hat diese Prämisse dahingehend erweitert, daß

- der Mensch primär durch die Gesellschaft bzw. die Kultur determiniert werde und
- das „Wesen“ des Menschen also nur über die Kultur bzw. den Vergleich der Kulturen zu erfassen sei.

In diesem Sinne war der Begriff „Kulturanthropologie“ durchaus ein Programm, nämlich die Absicht, das „Wesen“ des Menschen über den Kulturvergleich zu bestimmen. Dahinter stand insbesondere bei dem Begründer der Kulturanthropologie, Franz Boas, und seinen Schülern Alfred Kroeber, Margret Mead, Ruth Benedict u.a. ein extremer Kulturdeterminismus bzw. Kulturrelativismus, mit dem sie sich gegenüber der nicht minder einseitigen Eugenik im Sinne Galtons bzw. gegenüber psychoanalytischen Theorien abzugrenzen suchten (Freeman 1983).

Nicht zufällig diente die erste große kulturvergleichende Jugendstudie, die für weitere Forschungen wegweisend wurde, Margret Meads Untersuchun-

---

1 Zur neueren erziehungswissenschaftlichen Diskussion um den Begriff des Verstehens vgl. Scarbath 1983.

gen der weiblichen Jugend auf Samoa (1925), der Klärung der Frage, ob die sogenannten Krisenphänomene des Jugendalters endogen oder exogen verursacht wären. Im Widerspruch zu Stanley Hall und Sigmund Freud glaubte Mead nachweisen zu können, daß die sogenannten typischen Pubertätserscheinungen („Sturm – und – Drang") bei primitiven Gesellschaften nicht existierten, mithin ausschließlich kulturell definiert seien. Zum Beweis ihrer These führte Mead an, daß in den primitiven Gesellschaften des Pazifiks die Jugend nicht als eine eigenständige Altersgruppe existiere, vielmehr der Übergang vom Kindes- zum Erwachsenenalter fließend sei (Mead 1970).

Die kulturanthropologischen Untersuchungen von Mead, Benedict und anderen haben die Auffassung von einer nahezu grenzenlosen Plastizität der menschlichen Natur gefördert, wie sie später im Begriff der „Kulturpersönlichkeit" bzw. in der These von der „Zweiten Geburt des Menschen als sozialkulturelle Persönlichkeit" (R. König) zum Ausdruck kam.

Damit wurden nicht nur die biologischen Prägungen (Anlagen und Dispositionen) sowie die sich aus dem körperlichen Reifeprozeß ergebenden Spannungen und Probleme vernachlässigt, worauf Ausubel (1968) als Jugendpsychologe bereits überzeugend hingewiesen hat. Unterstellt wurde zudem, daß sich Bewußtsein und Verhalten Jugendlicher als unmittelbare Reflexe auf die Stimuli ihrer objektiven Lebenssituation ergäben, mithin ein mechanisches, undialektisches Denkmodell.

Es überrascht daher nicht, daß alsbald von seiten der Psychoanalyse (vgl. Bittner 1979, S. 134), der Pädagogik (Hamann 1982, S. 85 f.), der Soziologie (vgl. Mehler 1985) und in jüngster Zeit sogar von der Kulturanthropologie selbst erheblich Kritik artikuliert wurde, die im letzteren Fall in die durch Kontrolluntersuchungen gestützte Behauptung einmündete, Mead habe durch ihr „Vorurteil" die Fakten einseitig selektiert und falsch interpretiert (Freeman 1983).

Wichtiger ist hier allerdings die Erkenntnis, daß die Jugend in dieser Sichtweise ausschließlich als ein soziales Phänomen begriffen wurde, das durch die jeweilige Kultur definiert wird. Ein „interkultureller" Vergleich erschien insofern problematisch, als auch die Altersdefinition von Jugend als kulturbedingt angesehen wurde und somit als als tertium comparationis ausfiel. Der Jugendbegriff wurde damit zur Leerformel, die je nach Kultur mit unterschiedlichen Inhalten gefüllt werden konnte (vgl. Winnefeld 1961). Wollte man den Jugendvergleich nicht an willkürlich gewählten Altersstufen bzw. -populationen festmachen, war die vergleichende Jugendforschung praktisch ihrer Vergleichsbasis enthoben.

3. Reduktion der Kultur auf einzelne Sozialisationstechniken

Nicht minder unscharf als der Begriff Jugend blieb die zentrale Kategorie der Kulturanthropologie und der kulturvergleichenden Sozialisationsforschung: der Begriff der Kultur selbst.

Franz Boas hatte „Kultur“ als Gegenbegriff zum biologischen Determinismus gebraucht, d.h. „als Sammelbezeichnung von Phänomenen, für welche die Gesetzmäßigkeiten der Biologie keine Gültigkeit haben“ (zit. nach Freeman, S. 50).

In der Nachfolge von Boas wurde Kultur teils definiert als „Lebensweise“ eines Volkes, also als Gattungsbegriff für alle nicht-genetischen menschlichen Phänomene, teils als ein ideenbildendes oder gedankliches System von gemeinsamen Wissenschaften und Glaubensvorstellungen (Vivelo 1981, S. 51).

Kultur diente als Chiffre für die Erklärung menschlichen Verhaltens, als ein erklärendes, jedoch nicht weiter zu hinterfragendes Konzept. Differenzierungen innerhalb einer Kultur nach sozioökonomischen und historischen Faktoren waren eher die Ausnahme.

Die zahlreichen Versuche, den mittlerweile inflationären Kulturbegriff einzugrenzen – Kroeber / Kluckhohn zählten bereits Anfang der fünfziger Jahre 175 Definitionen von „Culture“ – fanden keinen überzeugenden Konsens. Ungeklärt blieben auch so wichtige Unterscheidungen, ob mit Kultur das Verhalten selbst oder nur die dem Verhalten zugrunde liegenden Wertmuster bezeichnet werden, ob es sich um eine Wertorientierung oder um eine Verhaltensorientierung handelt (Tucker 1973).

Bei der Suche nach interkulturellen, systemübergreifenden Gesetzmäßigkeiten und unter dem Einfluß der Psychoanalyse wurde „die ganzheitliche Betrachtung von Kulturen eingeschränkt zugunsten von Untersuchungen, die eine große Zahl von Kulturen nur hinsichtlich ganz bestimmter Gesichtspunkte verglichen“ (Kreutz 1974, S. 137).

Mit anderen Worten: Je stärker sich die Kulturanthropologie als kulturvergleichende *empirische* Sozialforschung verstand und sich den strengen methodischen Maßstäben der empirischen Forschung unterwarf, desto mehr war sie gezwungen, den kaum operationalisierbaren Begriff „Kultur“ aufzulösen zugunsten empirisch überprüfbarer, verifizier- bzw. falsifizierbarer Items.

Dieses führte faktisch zu einer Reduktion des ehemals weiten Kulturbegriffs auf einzelne Bräuche oder Sozialisationstechniken, wie z.B. das Reinlichkeitstraining, die Dauer der Stillzeit oder bestimmte Wickelmethoden. Weithin bekannt ist z.B. Erich Eriksons (1957) Versuch, die angeblich passiv-resignative Grundhaltung der Russen aus der russichen Tradition abzuleiten, die Babies bis zum Hals zu wickeln.

Gegen eine derartige „Windel-Philosophie“ bzw. gegen Versuche, allgemeine Leistungen und Verhaltenseigenschaften „mit sehr spezifischen Elementen der Kultur zu verbinden“, ist inzwischen wiederholt Kritik geäußert worden. Insbesondere René König hat sich polemisch gegen die Absicht gewandt, „Beziehungen zwischen der Meisterung der Harntriebhaftigkeit durch frühkindliche Familienerziehung und der Entstehung der sozial-kulturellen Persönlichkeit herzustellen“ (König 1976, S. 24).

Nachweislich bewirken die gleichen Techniken und Praktiken in verschiedenen Kulturen ganz verschiedene Ergebnisse. Es kommen also intervenierende Variablen ins Spiel, die durch den allzu restringierten bzw. reduzierten Kulturbegriff ausgeschlossen werden.

Unter dem hier leitenden Aspekt ergibt sich daraus die Folgerung, daß die kulturvergleichende Sozialisationsforschung, sofern sie um des Nachweises gesetzmäßiger Zusammenhänge willen den Kulturbegriff soweit „operationalisiert“, daß sie ihn auf bestimmte Sozialisationstechniken reduziert, in Gefahr gerät, sich als kulturvergleichende Forschung selbst ad absurdum zu führen.

4. Reduktion auf die Erforschung der frühkindlichen Sozialisation

Ein letzter, in diesem Zusammenhang nicht unwichtiger Aspekt, ist die Konzentration der kulturvergleichenden Sozialisationsforschung auf die Prozesse der frühkindlichen und familialen Sozialisation.

Dafür gibt es sicher zahlreiche Gründe, wie z.B. den Einfluß der Psychoanalyse und der behavioristischen Lerntheorien. Man kann aber auch einen Zusammenhang mit dem zuvor Ausgeführten sehen: „Jugend“ als ein komplexes Phänomen stellt die empirische kulturvergleichende Forschung vor eine Reihe zusätzlicher methodischer Probleme, wenn es darum geht, einen gesetzmäßigen Zusammenhang zwischen bestimmten kulturellen Variablen und bestimmten Jugendmerkmalen herzustellen.

Beispielsweise ist es erheblich schwieriger, die im Jugendalter notwendig größere Zahl sozialer und kultureller Variablen zu kontrollieren bzw. deren jeweilige Wertigkeit zu bestimmen. Dabei bleibt die grundsätzliche Frage vorerst noch unbeantwortet, ob es der empirischen kulturvergleichenden Forschung überhaupt gelingen kann, eindeutige Kausalbezüge im Sinne Durkheims aufzuzeigen, oder ob sie sich nicht bestenfalls mit dem Nachweis von Korrelationen begnügen muß.

Mit den hier thesenhaft zugespitzten Überlegungen war nicht das Ziel verbunden, die Bedingungen der Möglichkeit einer empirischen kulturvergleichenden Sozialisationsforschung zu diskutieren. Vielmehr bestand die Absicht darzulegen, warum sich möglicherweise eine kulturvergleichende Jugendforschung im Unterschied zur vergleichenden Bildungsforschung bisher erst ansatzweise herausgebildet hat. Zugleich sollte aber auch die Skepsis des Verfassers deutlich werden, daß sich ein intersystemarer und insbesondere ein innerdeutscher Jugendvergleich nach dem Muster der kulturvergleichenden Sozialisationsforschung entwickeln ließe. Dabei wurde von den sich noch zusätzlich ergebenden politischen, ideologischen, methodischen und organisatorischen Problemen bewußt abgesehen.

Bevor nun zum intersystemaren Jugendvergleich eigene Überlegungen vorgetragen werden, sollen zuvor kurz einige bisher vorliegende konzeptionelle Vergleichsansätze vorgestellt werden.

II. Konzeptionen intersystemar-vergleichender Jugendforschung

Der hier beabsichtigte Überblick über Konzeptionen intersystemar-vergleichender Jugendforschung muß sich auf jene Untersuchungen beschränken, die die Jugend in der DDR und in anderen sozialistischen Ländern Osteuropas im Sinne eines expliziten oder impliziten Vergleichs zum Gegenstand haben. Dabei sind die Arbeiten, die einen *expliziten* Jugendvergleich durchführen, an wenigen Händen abzuzählen.

Vollzieht man im Anschluß an Stein Rokkan (1966) eine weitere Differenzierung nach Art der Forschungsprozedur und unterscheidet zwischen

– gleichzeitigen Primäruntersuchungen in beiden Systemen
– Paralleluntersuchungen mit evtl. abweichendem Untersuchungsdesign und
– Sekundäranalysen von untereinander unabhängig durchgeführten Untersuchungen,

so fällt die Zahl identischer und zeitgleicher Primäruntersuchungen noch geringer aus (z.B. Friedrich 1962, van Auweele 1977, Bronfenbrenner 1972).

Die Mehrzahl der expliziten Vergleichsarbeiten stützt sich auf Sekundäranalysen zum Teil recht unterschiedlicher empirischer Erhebungen (z.B. Hille 1977 und 1979) mit allen daraus resultierenden Unwägbarkeiten im Hinblick auf die Zuverlässigkeit der Quellen und die Gefahren der Fehlinterpretation.

Den Hauptanteil stellen jedoch jene Untersuchungen zu Jugendproblemen in sozialistischen Ländern, in denen ein *impliziter* Vergleich gezogen wird. Gemeint sind Arbeiten, die sich bei der Darstellung und Wertung von Jugendproblemen von Bewertungen, Konzeptionen und Jugendtheorien leiten lassen, die nicht aus dem Untersuchungszusammenhang selbst entwickelt werden und zudem meist unreflektiert bleiben (z.B.: Marabini o. J.; Paloczi-Horvath 1965; Maerker 1969; Oschlies 1975; Wilhelmi 1983; Haase / Reese / Wensierski 1983).

Dagegen spielt im Gegensatz zur These von Jaide / Hille und im Unterschied zum Bildungsvergleich der „Vergleich unter dem Prinzip der Immanenz" (1977, S. 10) in der Jugendforschung eine untergeordnete Rolle. Insbesondere im intersystemaren Vergleich erweist sich die Kategorie „Jugend" als eine normative Größe, die nicht losgelöst von Sinn- und Wertfragen behandelt werden kann und den Forscher stets zu einer wertenden Stellungnahme herausfordert.

Welches sind nun die Vorstellungen, die im Rahmen eines expliziten oder impliziten Jugendvergleichs zum Tragen kommen?

In bewußter Verkürzung und in idealtypischer Überhöhung sollen im folgenden drei Paradigmen des Vergleichs beschrieben werden, die jeweils mit unterschiedlichen gesellschaftstheoretischen Grundannahmen bzw. jugendtheoretischen Basistheorien korrespondieren.

1. Jugend im Gegensatz der Systeme

Eine erste Gruppe nicht nur älterer Arbeiten sieht die Jugend eingespannt in die Auseinandersetzung der politischen Systeme unserer Zeit, wobei häufig ein Land (z.B. Bundesrepublik oder DDR) exemplarisch für das sozialistische oder kapitalistische System steht. In der Annahme eines jeweils relativ einheitlichen Norm- und Wertsystems gerät die intrasystemare Differenzierung, sofern sie überhaupt angestrebt wird, meist zu kurz. Dementsprechend dominiert die politische oder polit-ökonomische Betrachtungsweise. Ein eigenständiges Jugendbild bzw. eine differenzierte, möglicherweise auch politologisch orientierte Jugendtheorie wird nicht entwickelt.

Zu dieser Gattung zählen einerseits die als inzwischen überholt anzusehenden Arbeiten, welche dem Totalitarismus-Modell verpflichtet sind (z.B. Lange 1954, Möbus 1959, Kludas 1964, Kübel 1966, Mieskes 1971). Allerdings ist hier anzumerken, daß sie aufgrund ihres konsistenten theoretischen Rahmens zum Teil Zusammenhänge in den Blick brachten, die heute weitgehend wieder verlorengegangen sind.

Andererseits zählen zu dieser Gattung auch jene jüngeren neomarxistischen Arbeiten in der Bundesrepublik (z.B. Lessing / Liebel 1974) sowie die marxistisch-parteilichen Arbeiten aus der DDR. Beiden zuletzt genannten Richtungen ist es bis heute nicht gelungen, eine eigenständige marxistische oder historisch-materialistische Jugendtheorie zu entwickeln (vgl. Kreutz 1981).

Den im übrigen sehr unterschiedlichen Arbeiten dieser Gattung ist der Blickwinkel gemeinsam, Jugend weniger als Subjekt denn als Objekt der Politik zu betrachten. Jugend wird als Instrument, als Material oder als fehlgeleitetes bzw. verführtes Opfer der jeweiligen politischen Führung und herrschenden gesellschaftlichen Kräfte angesehen:

– In der Bundesrepublik primär als Opfer der monopolkapitalistischen Interessenpolitik (z.B. die arbeitslosen Jugendlichen bzw. Jugendlichen ohne Ausbildungsvertrag), neuerdings auch als Opfer einer durchrationalisierten und kapitalisierten Konsum- und Freizeitindustrie, die zu einer neuen Form der Entfremdung führt (Ziehe 1975; Ziehe / Stubenrauch 1985; Baethge / Schomburg / Voskamp 1983). Dabei wird allenfalls der Arbeiterjugend ein relativ selbständiges kritisches Bewußtsein zuerkannt. Freilich bleibt auch sie eingebunden in den ideologischen Bewußtseinshorizont ihrer Klasse!
– In der DDR erscheint die Jugend als Objekt einer allumfassenden und allgewaltigen Staatsmacht und Parteienherrschaft, die die Jugend im Sinne des Systems zu formen, zu „disziplinieren" oder gar zu „indoktrinieren" sucht.

Im Vordergrund derartiger Analysen steht also weniger die Frage nach den spezifischen Zielen, Bedürfnissen und Lebensperspektiven der Jugendlichen – und zwar differenziert nach Alterskohorten, Geschlecht und sozialer Herkunft – als vielmehr die Frage, ob und wie es *der* Jugend gelingt, sich durch Rückzug in einen unpolitischen, privatistischen Freizeitbereich (Micksch 1972) dem Zugriff,den Ansprüchen und Erwartungen der Politik zu entziehen.

Der Vergleich, sofern überhaupt explizit angestrebt, kommt über die erste Stufe der Typologisierung und Kontrastierung nicht hinaus. Im Grunde erliegt die Argumentation einem Zirkelschluß: der Vergleich dient zum Beweis der Unterschiede, zum Nachweis der Unvergleichbarkeit des miteinander Verglichenen (vgl. Schriewer 1982). Dabei bringen die Autoren die aus ihrer Sichtweise „richtige" Einschätzung schon a priori und in der Regel ungeprüft mit ein.

2. Moderne Jugend in der Industriegesellschaft

Die Mehrzahl der neueren westlichen Arbeiten zum intersystemaren Jugendvergleich ist allerdings einem Denk- und Interpretationsmodell verpflichtet, das weniger die Unterschiede als die Gemeinsamkeiten hervorhebt. Diese werden entweder im Sinne einer *konvergenten* Entwicklung auf eine gemeinsame Zukunft hin oder als *analoge* Erscheinungen durch gemeinsame bzw. gleiche Ursachen gedeutet.

Insgesamt scheint sich die Auffassung mehr und mehr zu verbreiten, daß sich die Einstellungen, Motivationsstrukturen, Lebenserwartungen und Verhaltensweisen der Jugendlichen in Ost und West immer stärker angleichen.

Dieser Eindruck wird von unseren Medien – ob bewußt oder nicht – mit beträchtlicher Wirkung verbreitet. Er drängt sich dem unbefangenen Besucher, kommt er nach Ost-Berlin, Leipzig, Warschau oder Prag, geradezu auf: Jugendmode, Haarfrisuren und Musikkultur lassen eine verblüffende Ähnlichkeit erkennen. Mitunter entsteht sogar der Eindruck, die Jugend der sozialistischen Länder sei in ihrer stilbildenden Wirkung westlichen Jugendlichen sogar ein Stück voraus (z.B.: Deutsch – Rock, Friedensbewegung, Singebewegung etc.; vgl. Leitner 1983).

Problematischer wird es indes, wenn man sich nicht mit dem Oberflächenbild (wie z.B. Haase / Reese / Wensiersk 1983) zufrieden gibt und zu differenzieren beginnt bzw. nach den möglichen Ursachen und Triebkräften fragt.

Friedrich H. Tenbruck hat in seinem für die deutsche Jugendsoziologie so wichtigen Buch „Jugend und Gesellschaft" (1962) als erster die These von der Konvergenz der Jugend der industrialisierten Länder vertreten. Diese Konvergenz resultiere nicht aus der Identität des Kulturgutes, sondern aus der Gleichheit der industriellen Lebensbedingungen. Diese würden Kräfte erzeugen, „vor denen nationale und andere Unterschiede zunehmend zurücktreten. Es bildet sich überall der gleiche Typ des Jugendlichen" (Tenbruck 1962, S. 51).

Nach Tenbruck ist die globale Jugend der modernen Industriegesellschaft gekennzeichnet durch

- eine verlängerte Jugendphase, die als Lernphase konzipiert wird (Morarium)
- die Radikalisierung der Jugendphase durch gesteigerten Erlebnisdrang
- die Herausbildung einer Subkultur (Sozialisierung der Jugendlichen in eigener Regie; explorative Imagination)
- die Puerilisierung der Gesamtkultur (Mythos des Jugendalters).

Klaus Mehnert, der als Kosmopolit nicht minder zur globalen, weltumspannenden Betrachtungsweise neigte, hat gerade die studentische Protestbewegung als ein Symptom für die Herausbildung gleicher geistiger, sozialer und in dieser Folge auch gleicher jugend-psychischer Struktur angesehen. Als „innere Ursachen" nennt Mehnert in „Jugend im Zeitbruch" (1976) den „geistig-politischen Zeitbruch", die Dialektik des Fortschritts, materiellen Wohlstand und Leistungsdruck bzw. Leistungsgesellschaft, Entfremdung durch moderne Industriearbeit und die Suche nach stabilen menschlichen Beziehungen bzw. nach Identität.

Die westliche Jugend- und Sozialisationsforschung hat in den letzten Jahren eine Reihe weiterer, stärker jugendspezifischer Faktoren herausgearbeitet, mit denen eine Angleichung im Einstellungs- und Sozialverhalten der Jugendlichen in westlichen und östlichen Industrieländern erklärt wurde, wie zum Beispiel

- zunehmende qualitative und quantitative Vergesellschaftung der Sozialisation, u.a. durch verstärkte Berufstätigkeit der Mütter (vgl. Hornstein 1983)
- neues Verhältnis der Generationen zueinander (vgl. Giesecke 1983)
- Separierung der Jugendlichen bzw. Altersgruppen in Gettos der Gleichaltrigen (vgl. Bronfenbrenner 1981)
- Entstrukturierung des Jugendalters durch Medien (vgl. Postman 1982) bzw. durch Verlust des „Schonraumes"
- Trend zur Kleinfamilie bzw. zur unvollständigen 2-Personen-Familie durch erhöhte Zahl alleinerziehender Elternteile (vgl. Zweiter Familienbericht 1972, Helwig 1984).

Weitere Faktoren ließen sich mühelos anfügen. Wenn auch die Realität der angeführten sozialen Erscheinungen prinzipiell nicht in Abrede gestellt werden soll – manches ist wohl überzeichnet –, so sind doch einige grundsätzliche Bedenken angebracht:

Erstens erscheint der Zusammenhang der genannten sozialen Phänomene mit der industriell-technologischen Entwicklung unklar. Die These von der Konvergenz der Entwicklungen ist nur unter der technokratischen Prämisse des Primats der Produktivkräfte unter weitgehender Ausschaltung politischer und ideologischer Faktoren aufrechtzuerhalten. Diese Auffassung findet heute sogar im marxistischen Lager keine ungeteilte Zustimmung mehr.

Zweitens und vor allem ist es höchst fraglich, ob die genannten sozialen Strukturen und Prozesse die Einstellung und das Verhalten Jugendlicher *direkt* und unmittelbar beeinflussen, oder ob nicht noch andere, intervenierende Variablen ins Spiel kommen, d.h., daß sie „gebrochen" werden durch Faktoren wie Tradition, Konvention, Religion, Brauch, Sprache und Kultur. Auf die Gefahr einer diesen Aspekt vernachlässigenden, kurzschlüssigen „soziologistischen" oder „objektivistischen" (Mehler 1985) Interpretation soll unten noch näher eingegangen werden.

3. Jugendalter als Problem- und Lernphase

Zunächst soll jedoch noch auf pädagogisch-psychologische bzw. lerntheoretische Ansätze hingewiesen werden, weil sie – obwohl nun bald zehn Jahre alt – den derzeitigen konzeptionell-methodologischen Stand des innerdeutschen Jugendvergleichs widerspiegeln.

Im Unterschied zu den zuvor genannten Richtungen wird bei dieser Gattung der Ausgangspunkt des Vergleichs – das tertium comparationis – scheinbar nicht in den äußeren Bedingungen, sondern im Forschungsgegenstand selbst, d.h. im *Wesen* der Jugend gesucht. Man könnte daher auch von einem essentiellen Ansatz sprechen.

Das „Wesen" der Jugend wird bestimmt durch politische, pädagogische oder allgemeine psycho-soziale Grundaufgaben oder Grundsituationen, mit denen es die Jugend in allen (modernen) Gesellschaften zu tun hat. Dem liegt die Prämisse zugrunde, daß Jugend im vorherrschenden Verständnis ein Produkt der Gesellschaft ist und ihr Bewußtsein und Verhalten durch diese Gesellschaft bestimmt wird.

Derartige Überlegungen wurden m.W. erstmals in einer Arbeitsgruppe unter Leitung von Walter Hornstein anläßlich der Abfassung des Jugendkapitels für die „Materialien zum Bericht zur Lage der Nation" (1971) diskutiert.

Im Vordergrund des Vergleichs sollten weniger die gesellschaftlichen Makro-Strukturen als vielmehr die pädagogischen Ansprüche, Zumutungen und Erwartungen von Schule, Elternhaus, Jugendverbänden, Peers etc. stehen, die das Jugendalter bestimmen. Die Hypothese war, daß es in jeder Gesellschaft eine „Didaktik des Jugendalters" (Hornstein 1970, S. 185) gibt, die genau beschreibt, wann, wer, was zu lernen hat. Davon ausgehend sollte sich der Jugendvergleich auf drei Ebenen vollziehen:

1. Vergleich der „Didaktiken" miteinander, d.h. der Ansprüche, Zielsetzungen, Erwartungen etc.
2. Untersuchung der Reaktionen der Jugendlichen auf diese Ansprüche
3. Vergleich der ersten zwei Ebenen in ihrer Wechselwirkung, um Entwicklungsprozesse erkennen zu können.

Diese Überlegungen, die in den „Materialien" aus verschiedenen Gründen keinen Niederschlag fanden, haben Walter Jaide und Barbara Hille offensichtlich in ihrem Einleitungskapitel zum Sammelband „Jugend im doppelten Deutschland" (1977) aufgegriffen. Ausgangspunkt ist auch bei Jaide / Hille die Suche nach „systemübergreifenden Merkmalen vom Jugendalter / Adoleszenz ... mit denen die Absichten und Befunde verschiedener Systeme konfrontiert werden können" (S. 17). Dabei versuchen sie zu vermeiden, sich einseitig auf entwicklungspsychologische, soziologische, anthropologische und ähnliche Konzepte festzulegen.

Als „systemübergreifende Merkmale" heben Jaide / Hille acht *Grundaufgaben* des Jugendalters hervor, wie z.B. körperliche und seelische Reife, Aktivierung und kognitive Orientierung, Individuation und Personalisation, Lebensplanung und Übergang in neue Gruppen etc.

Bereits die Aufzählung einiger der sogenannten „Grundaufgaben" zeigt, daß es sich hier weniger um Aufgabenstellungen als um allgemeine Theoreme der Psychologie und Sozialwissenschaften handelt, wobei der Bezug zum Systemvergleich und insbesondere die notwendige Operationalisierung bzw. Ausdifferenzierung weitgehend im Dunkeln bleiben.

Darüber hinaus erscheint es vor allem fragwürdig, ob man einzelne Theoreme unterschiedlicher Wissenschaftsdisziplinen und -richtungen, wie Entwicklungspsychologie, Soziologie, Sozialisationsforschung oder gar der Sprangerschen Jugendpsychologie (vgl. Spranger 1924) aus ihrem Kontext lösen und wie Mosaiksteine zu einem Ganzen zusammenfügen kann. Anders ausgedrückt: Es ist zu bezweifeln, daß man durch einfache (eklektische) Addition der Aspekte, Fragestellungen und Zugangsweisen (approaches) einzelner Disziplinen zu einem tragfähigen Vergleichskonzept kommt.[2]

Demgegenüber scheint der seinerzeit im Arbeitskreis von Hornstein diskutierte Ansatz zwar bescheidener, jedoch fruchtbarer zu sein, da er von klar zu umreißenden Lernaufgaben ausgeht und fragt, welche Lernprozesse im Jugendalter stattfinden sollen, welche Lernprozesse faktisch stattfinden und wie diese organisiert sind.

Zwar besteht die Gefahr, daß sich ein derart strukturierter Jugendvergleich in einen Bildungsvergleich verwandelt, die vergleichende Jugendforschung sich quasi in der vergleichenden Bildungsforschung auflöst. Andererseits verdient zumindest der zentrale Grundgedanke dieses Ansatzes weiter verfolgt zu werden, daß nämlich Jugend und Jugendalter – sofern es diese als distinkte Altersgruppe überhaupt gibt – per Definitionem mit *Lernen* zu tun hat, und zwar nicht nur mit schulischem Lernen. Lernen im Jugendalter ist im Unterschied zum Kindesalter nicht primär familial, sondern gesellschaftlich vermittelt. Es beinhaltet neben Kenntnissen die Übernahme von Orientierungen, Sinngebungen, Deutungsmustern u.ä.

Obwohl das Lernen gesellschaftlich vermittelt wird, vollzieht es sich im Medium der Sprache und Kultur. Damit bekommen Sprachentwicklung und Kulturvermittlung für die Entwicklung im Jugendalter einen zentralen Stellenwert. Für die intersystemar vergleichende Jugendforschung müßte dieser bisher vernachlässigte Aspekt also einen zentralen Stellenwert erhalten.

III. Plädoyer für den kultur-theoretischen Ansatz in der intersystemar vergleichenden Jugendforschung

Als ein genereller Mangel der geschilderten Vergleichsansätze ist festzuhalten, daß sie von einem unkritischen, unreflektierten Subjektbegriff ausgehen. Systemprobleme und Subjekte stoßen aber nicht unvermittelt aufeinander! Sozio-ökonomische Strukturveränderungen und Wandlungsprozesse treffen das Subjekt, den Jugendlichen, nicht direkt, sondern werden von seiten des Subjekts wahrgenommen, aufgenommen und interpretiert, ihnen

2 Es ist wohl kein Zufall, daß dieses Konzept bei keinem der Einzelbeiträge des Sammelbandes eine erkennbare Rolle gespielt hat.

wird jeweils eine Bedeutung zuerkannt und erst daraufhin das Verhalten modifiziert.

Soziale Strukturen und Prozesse werden also „gefiltert“, „gebrochen“ durch das Medium der Sprache und Kultur. Die Lebensnotwendigkeit unterliegt einem ständigen Interpretationsprozeß, ist also weniger festgelegt, als die oben genannten Theoreme vorgeben.

Dieser Hinweis, der für die Jugendforschung generell gilt, ist jedoch für das Verständnis von Jugendlichen in den sozialistischen Ländern besonders angebracht, sofern man nicht der Gefahr einer Verwechslung von Ideologie und gesellschaftlicher Wirklichkeit erliegen will. Darum erscheint es dringend geboten, die Erkenntnisse der ökologischen Sozialisationsforschung (vgl. Bronfenbrenner 1981), des symbolischen Interaktionismus und der Ethnomethodologie für den intersystemaren Jugendvergleich zu erschließen. Nebenbei beinhaltet dieses den Anschluß an verschüttete deutsche Traditionslinien sozialwissenschaftlicher Forschung, wie z.B. der „Kulturanthropologie“ Erich Rothackers oder der „verstehenden Soziologie“ von Alfred Weber, Georg Simmel und Alfred Schütz.

Die zentrale Kategorie und das zentrale Problem dieses Ansatzes ist der Begriff der *Kultur* bzw. dessen Abgrenzung von anderen „Kultur“-Begriffen, sofern nicht Mißverständnissen Vorschub geleistet werden soll. Diese Abgrenzung müßte präziser und detaillierter erfolgen, als in diesem Zusammenhang geschehen kann. Dazu nur folgende Anhaltspunkte:

Kultur soll hier nicht verstanden werden im Sinne der traditionellen Kulturphilosophie bzw. Kulturpädagogik als Objektivationen des Geistes eines Volkes oder einer Gesellschaft, desgleichen nicht im Sinne von „culture“ oder „political culture“ (vgl. Knapp u.a. 1972), auf deren begriffliche Unschärfe bereits verwiesen wurde. Ähnlich unscharf bleibt auch der Begriff der „Alltagskultur“, der als zentraler Begriff der Ethnomethodologie insbesondere im Hinblick auf seinen normativen Charakter noch zu wenig herausgearbeitet wurde. Zutreffender erscheint der von Ruth Benedict (1950) verwandte Begriff der „patterns of culture“, sofern damit nicht „Produkte“, sondern Handlungsmuster gemeint sind. „Subkultur“, „Teilkultur“ und „Gegenkultur“ sind inzwischen zentrale Begriffe der westlichen Jugendforschung geworden und beziehen sich in der Regel auf das Gruppenmilieu, auf von der dominanten bürgerlichen Kultur abweichende Normen und Wertmuster innerhalb altershomogener Jugendgruppen (peers, Jugendszene etc.).

In bewußter Abgrenzung gegenüber den genannten Definitionen und den damit verbundenen konzeptionellen Modellvorstellungen soll der hier intendierte Kulturbegriff – in Anlehnung an Bronfenbrenners (1982) Begriff der Meso-Struktur – als *Mesokultur* bezeichnet werden.

Mesokultur meint eine Zwischenkultur zwischen Individuum und Gesellschaft, zwischen der dominierenden Kultur einer Gesellschaft und jugendlichen Subkulturen. Ausgangspunkt der Überlegungen ist die Einsicht, daß das Bewußtsein und Verhalten Jugendlicher primär weder durch die dominante bürgerliche Kultur noch durch die jugendliche Subkultur bestimmt wird, wie andererseits die Verhaltenssteuerung auch nicht völlig voluntaristisch und individualistisch erfolgt. Bewußtsein, Einstellungen und Verhalten eines Individuums sind geprägt durch ein System von kollektiven Anschauungen, Einstellungen und Erwartungen, die das Individuum in seiner unmittelbaren Lebenswelt bzw. Lebenslage vorfindet.

Im Hinblick auf Bewußtsein und Verhalten Jugendlicher erfährt die dominante Kultur eine zweifache „Brechung": Erstens durch die sozial-räumlichen Bedingungen der unmittelbaren Lebenswelt, wozu neben schicht- und klassenspezifischen Besonderheiten vor allem das sozial-räumliche Milieu des Arbeitsplatzes und Lernortes, des Wohnortes und der Familie sowie zunehmend auch der Freizeit zählt. Zweitens durch die generationsspezifischen Erfahrungen der Jugendlichen als einer zusammengehörigen Altersgruppe, die sie miteinander teilen und durch die sie sich von anderen Altersgruppen abheben.

Versteht man Jugendkultur im weitesten Sinne als den Horizont von Normen und Werten, aus dem heraus sich jugendliches Bewußtsein und Verhalten artikuliert, so erscheint diese in zweifacher Weise orientiert: an der Mesokultur der spezifischen sozial-räumlichen Lebenswelt und – durch diese hindurch – an der dominanten Kultur einer Gesellschaft. Damit wird deutlich, daß der hier so bezeichneten Mesokultur die entscheidende Schlüsselstellung zukommt.

Unter dem Aspekt des intersystemaren Vergleichs ist jedoch eine weitere Differenzierung notwendig. Zumindest in den sozialistischen Ländern ist es kaum möglich, von *einer* dominanten Kultur zu sprechen. Politisch-weltanschauliche Normen und Werte einer vom Staat verordneten „sozialistischen Lebensweise" stehen neben lebendigen Traditionen und Restbeständen bürgerlich-christlicher und politischer Kultur – in Polen überwiegend katholisch, in der DDR eher protestantisch-„kleinbürgerlich" – sowie neben systemübergreifenden kulturellen Ausstrahlungen, den sogenannten „West-Einflüssen".

All dieses fließt unter den spezifisch sozial-räumlichen Bedingungen in die Mesokultur ein und führt zur Herausbildung spezifischer Wertmuster, Handlungsnormen, Konventionen und Stilelemente am Arbeitsplatz, im Betrieb, in Schule, Universität u.a.O. Demgegenüber sind die bekannten Artikulationen jugendlicher Subkulturen (Kleidung, Haarschnitt, Jargon etc.) nur generationsspezifische Variationen korrespondierender mesokultureller Ausdrucksformen. Es heißt zu kurz greifen, wollte man die subkulturellen Stilelemente allein aus sich heraus begreifen (vgl. Oschlies 1981) und diesen übergreifenden lebensweltlichen Bezug übersehen (vgl. Clarke u.a. 1981). Das „Verstehen" jugendlicher Bewußtseins- und Verhaltensstrukturen erfordert also die Einsicht in den doppelseitigen Orientierungsprozeß, in die Komplexität des Netzwerkes und in die Interdependenz der Analyseebenen. Erst unter diesen Voraussetzungen erscheint ein intersystemarer Jugendvergleich möglich und fruchtbar.

Damit stellt sich auch die Frage, ob die mitunter von (ehemaligen) DDR-Bürgern und in der Literatur geäußerte Behauptung einer „Segmentalisierung" (Miksch 1972) des Bewußtseins Jugendlicher in sozialistischen Ländern in ein öffentlich-politisches und in ein privatistisch-familiales Bewußtsein bzw. die von Rainer Brämer (1983) behauptete „Schranke im Kopf" nicht viel zu grobe Simplifizierungen darstellen. Am Beispiel für die Wertorientierung und die Lebensplanung Jugendlicher zentraler Begriffe läßt sich nachweisen (vgl. Schäfer 1974 und 1985), daß die Zusammenhänge zwischen beiden Bewußtseinssphären erheblich enger sind, als die Bilder der Segmentalisierung bzw. der „Schranke" nahe legen. Nicht zuletzt ist es das Verdienst der eingangs zitierten Irene Böhme (1983), aufgezeigt zu haben, wie sich die Konnotationen fundamentaler Kategorien des Alltagsbewußtseins (z.B. Arbeit, Geld, Freizeit, Politik) verändert haben und die Begriffshorizonte in beiden deutschen Staaten zunehmend auseinanderdriften. Für den intersystemaren Jugendvergleich ergibt sich daraus die doppelte Folgerung: Er darf sich nicht unkritisch auf Begriffe, Kategorien, Ideologismen politischer und gesellschaftlicher Selbstdarstellung einlassen, wie es ebenfalls kurzschlüssig wäre, von der schizophrenen Vorstellung zweier voneinander unabhängiger Bewußtseinsstrukturen bzw. verhaltensnormierender Kulturen auszugehen. Er hat vielmehr danach zu fragen, wie Begriffsinhalte, Vorstellungen, Deutungsmuster durch die unmittelbare Lebenswelt, durch die spezifisch sozial-räumliche Umwelt bedingt und geprägt sind; d.h. wie sie sich z.B. bei Jugendlichen bestimmter Schulen und Bildungsstätten, bei Lehrlingen der Großindustrie und des Handwerks, bei jungen Arbeitern im Produktions- und Dienstleistungsbereich, in der Großstadt und auf dem Lande etc. artikulieren.

Vermutlich wird man auf dieser Ebene erheblich größere Übereinstimmungen zwischen den Jugendlichen verschiedener politischer Systeme als zwischen Jugendlichen verschiedener Lebenswelten innerhalb eines Systems finden, zumindest jedoch eine Relativierung normativer Vorgaben und allgemeinkultureller Prägungen durch die konkrete Lebenslage.

In forschungsmethodischer Hinsicht ergeben sich für den intersystemaren Jugendvergleich zwei weitere Forderungen: Erstens die Auflösung des generellen Jugendbegriffs zugunsten bereichsspezifischer, auf die konkrete Lebenslage bezogener Jugendpopulationen, also z.B. eine Differenzierung nach speziellen Schüler-, Lehrlings-, Land- und Großstadtjugendpopulationen. Zweitens die Einbeziehung neuer Quellen neben den bisher ausgewerteten Dokumenten und empirischen Analysen, und zwar insbesondere jener literarischen Quellen und

Selbstzeugnisse, in denen das Selbstverständnis und die Vorstellungswelt der Jugendlichen unmittelbar zum Ausdruck kommt.

Erst durch einen derart mehrperspektivischen Zugriff und mehrstufigen Interpretationsprozeß wird es gelingen, die Jugend in beiden Teilen Deutschlands so zu „verstehen", wie wir bisher bestenfalls zu wissen glaubten.

Literatur

Allerbeck, K. / Rosenmayr, L. (Hrsg.): Aufstand der Jugend? Neue Perspektiven der Jugendsoziologie, München 1971.

Anweiler, Oskar: Jugendpolitik und Jugenderziehung in kommunistischen Gesellschaftsordnungen, in: Bildung und Erziehung, 19 (1966) 2, S. 86-94.

Ausubel, David P.: Das Jugendalter, München 1968.

Auweele, Ives van den: Zukunftsvorstellungen von 15jährigen in der DDR und der BRD, in: Jaide, W. / Hille, B. (Hrsg.): Jugend im doppelten Deutschland, Opladen 1977, S. 250-268.

Baethge, M. / Schomburg, H. / Voskamp, U.: Jugend und Krise – Krise aktueller Jugendforschung, Frankfurt 1983.

Becker, Helmut / Eigenbrodt, Jörg / May, Michael: Pfadfinderheim, Teestube, Straßenleben. Jugendliche Cliquen und ihre Sozialräume, Frankfurt/M. 1984.

Benedict, Ruth: Patterns of Culture, New York 1950.

Beyme, Klaus von: Möglichkeiten und Grenzen der Vergleichenden Regierungslehre, in: Politische Vierteljahresschrift, (1966), S. 63-96.

Bittner, Günther: Über die sogenannte „Sozialisation" in der Familie, in: Cloer, E. (Hrsg.): Familienerziehung, Bad Heilbrunn 1979.

Bleek, Wilhelm: Zwischendeutsche Vergleiche. Politische Probleme und politikwissenschaftliche Möglichkeiten, in: Deutschland-Archiv, 15 (1982), S. 717-739.

Böhme, Irene: Die da drüben. Sieben Kapitel DDR, Berlin (W.) 1983.

Brämer, Rainer: Sozialistische Bildungsrealität. Weißer Fleck der DDR-Forschung?, in: Deutschland-Archiv, 16 (1983) 8, S. 858-868.

Bronfenbrenner, Urie: Zwei Welten. Kinder in USA und UdSSR, Stuttgart 1972.

Bronfenbrenner, Urie: Die Ökologie der menschlichen Entwicklung, Stuttgart 1981.

Clarke, J. u.a.: Jugendkultur als Widerstand. Milieus, Rituale, Provokationen, Frankfurt/M., 2. Aufl., 1981.

Dübel, Siegfried: Jugend im Produktions- und Bildungsplan der SED, in: ders. (Hrsg.): Dokumente zur Jugendpolitik der SED, 2. neubearb. Ausgabe, München 1966.

Durkheim, Emile: Die Regeln der soziologischen Methode, Neuwied 1961.

Erikson, Erik H.: Kindheit und Gesellschaft, Zürich und Stuttgart 1957.

Fehr, Helmut: Sozialistische Lebensweise und gegenkulturelle Orientierungen. Referat auf der 17. DDR-Forschertagung in der Europäischen Akademie Lerbach, Juni 1984, Masch. Schr.

Freeman, Derek: Liebe ohne Aggression. Margaret Meads Legende von der Friedfertigkeit der Naturvölker, München 1983.

Friedrich, Walter: Zur Strebensthematik im Kinder- und Jugendalter, Diss. phil. Univ. Leipzig 1962.

Giesecke, Hermann: Veränderungen im Verhältnis der Generationen, in: Neue Sammlung, 23 (1983) 5, S. 450-463.

Haase, N. / Reese, L. / Wensierski, P. (Hrsg.): VEB Nachwuchs. Jugend in der DDR, Reinbek 1983.

Hann, Bruno: Jugend im Blickfeld der Wissenschaften. Theorien der Human- und Sozialwissenschaften, Bad Heilbrunn 1982.

Helwig, Gisela: Jugend und Familie in der DDR. Leitbild und Alltag im Widerspruch, Köln 1984.

Hille, Barbara: Interessen von Jugendlichen im interkulturellen Vergleich zwischen der Bundesrepublik Deutschland und der DDR, in: Jaide, W. / Hille, B. (Hrsg.): Jugend im doppelten Deutschland, Opladen 1977, S. 226-249.

Hille, Barbara: Psychologische Aspekte der Berufswahl in beiden deutschen Staaten, in: Hille, B. / Roeder, B. (Hrsg.): Beiträge zur Jugendforschung. Sozialpsychologische Befunde zum Jugendalter in beiden deutschen Staaten, Opladen 1979, S. 11-30.

Hornstein, Walter: Aspekte und Dimensionen erziehungswissenschaftlicher Theorien zum Jugendalter, in: Neidhardt, F. u.a.: Jugend im Spektrum der Wissenschaften, München 1970, S. 151-201.

Hornstein, Walter: Gesellschaftlicher Wertwandel und Generationenkonflikt, in: Hornstein, W. u.a.: Jugend ohne Orientierung?, Weinheim und Basel, 2. Aufl., 1983.

Jaide, Walter / Hille, Barbara: Über Probleme und Möglichkeiten interkultureller Vergleiche bei Jugendlichen in der Bundesrepublik Deutschland und der DDR, in: dies. (Hrsg.): Jugend im doppelten Deutschland, Opladen 1977, S. 9-25.

Kludas, Gottfried: Leitbilder und Idealvorstellungen – Gradmesser für die Wirksamkeit der ideologischen Erziehung, in: SBZ-Archiv, 15 (1964) 7, S. 99-100.

Knapp, Dorothy u.a.: Digest of the Conference on Political Culture and Comparative Communist Studies, in: Newsletter on Comparative Studies of Communism, 5 (1972) 3, S. 2-17.

König, René: Soziologie der Familie, in: ders. (Hrsg.): Handbuch der empirischen Sozialforschung. Bd. 7: Familie, Alter, 2. völlig neubearb. Aufl., Stuttgart 1976.

Kreutz, Henrik: Soziologie der Jugend, München 1979.

Kreutz, Henrik: Jugendsoziologie und Ideologiekritik, in: Kölner Zeitschrift für Soziologie und Sozialpsychologie, 33 (1981), S. 148-159.

Lange, Max Gustav: Totalitäre Erziehung, Frankfurt/M. 1959.

Leitner, Olaf: Rockszene DDR: Aspekte einer Massenkultur im Sozialismus, Reinbek bei Hamburg 1983.

Lessing, Hellmut / Liebel, Manfred: Jugend in der Klassengesellschaft. Marxistische Jugendforschung und antikapitalistische Jugendarbeit, München 1974.

Maerker, Rudolf: Jugend im anderen Teil Deutschlands. Schrittmacher oder Mitmacher?, München 1969.

Mannheim, Karl: Das Problem der Generationen (1928/29), in: Friedeburg, L. von (Hrsg.): Jugend in der modernen Gesellschaft, 2. Aufl., Köln 1965, S. 23-48.

Marabini, Jean: Jugend zweier Welten. Untersuchungen über die sowjetische und amerikanische Jugend, Wiesbaden o. J.

Materialien zum Bericht zur Lage der Nation 1971. Bundestagsdrucksache VI/1690.

Mead, Margret: Kindheit und Jugend in Samoa (1928). Deutsch: Jugend und Sexualität in primitiven Gesellschaften. Bd. 1: Kindheit und Jugend in Samoa, München 1970 (dtv).

Mehler, Frank: Über einige Schwierigkeiten der objektivistischen Soziologie, die Jugend zu verstehen, in: Die Deutsche Schule, (1985) 1, S. 58-66.

Mehnert, Klaus: Jugend im Zeitbruch. Woher? – Wohin?, Stuttgart 1976.

Meumann, Ernst: Über Institute für Jugendkunde und die Gründung eines Instituts für Jugendforschung in Hamburg, in: Säemann-Schriften für Erziehung und Unterricht, H. 5, Leipzig und Berlin 1912.

Meumann, Ernst: Abriß der experimentellen Pädagogik, Leipzig und Berlin 1914.

Micksch, Jürgen: Jugend und Freizeit in der DDR, Opladen 1972.

Mieskes, Hans: Die Pädagogik der DDR in Theorie, Forschung und Praxis, 2 Bände, Oberursel/Taunus 1971.

Mleczkowski, Wolfgang: Der Staat sind nicht wir – Probleme der politischen Gegenkultur Jugendlicher in der DDR, in: Baske, S. / Rögner-Francke, H. (Hrsg.): Jugendprobleme im geteilten Deutschland. Schriftenreihe der Gesellschaft für Deutschlandforschung, Bd. XI, Berlin 1986, S. 51-71.

Möbus, Gerhard: Psychologie und Pädagogik des Kommunismus, Köln–Opladen 1959.

Niedermayer, Oskar: Zur Theorie, Methodologie und Praxis international vergleichender Sozialforschung, in: Kölner Zeitschrift für Soziologie und Sozialpsychologie, 35 (1983) 2, S. 304-320.

Oschlies, Wolf: Sowjetjugend zwischen Schule und Beruf. Berichte des Bundesinstituts für ostwissenschaftliche und internationale Studien, H. 13, 1975.

Oschlies, Wolf: Lenins Enkeln aufs Maul geschaut: Jugend-Jargon in Osteuropa, Köln 1981.

Oschlies, Wolf: Jugend in Osteuropa, Bd. 1-3, 1982 ff.

Oschlies, Wolf: Jung sein in der DDR. Referat auf der 17. DDR-Forschertagung in der Europäischen Akademie Lerbach, Juni 1984, Masch. Schr.

Postman, Neil: Das Verschwinden der Kindheit, Reinbek 1982.

Paloczi-Horvath, George: Jugend. Schicksal der Welt. Ein Dokumentarbericht aus vier Erdteilen, Zürich 1965.

Rössner, Lutz: Vergleichende Jugendforschung, in: Pädagogik und Schule in Ost und West, 16 (1968) 11, S. 330-332.

Rokkan, Stein: Comparative Cross-National Research. The Context of Current Efforts, in: Merrit, R. L. / Rokkan, S. (Hrsg.): Comparing Nations, New Haven und London 1966, S. 3 ff.

Scarbath, Horst: Was ist pädagogisches Verstehen?, in: Dietrich, R. (Hrsg.): Pädagogische Handlungskompetenz, Paderborn – München – Wien – Zürich 1983, S. 224-248.

Schäfer, Hans-Peter: Jugendforschung in der DDR. Entwicklung, Ergebnisse, Kritik. Reihe Deutsches Jugendinstitut. Analysen, 8, München 1974.

Schäfer, Hans-Peter: Zukunftsorientierung und Lebensplanung der Jugend in der Bundesrepublik Deutschland und in der DDR, in: Baske, S. / Rögner-Francke, H. (Hrsg.): Jugendprobleme im geteilten Deutschland. Schriftenreihe der Gesellschaft für Deutschlandforschung, Bd. XI, Berlin 1986, S. 29-50.

Schneider, Ulrich H.: Vergleichende Bildungsforschung – ein Problem?, in: Pädagogik und Schule in Ost und West, 29 (1981) 2, S. 25-34.

Schriewer, Jürgen: „Erziehung“ und „Kultur“. Zur Theorie und Methodik Vergleichender Erziehungswissenschaft, in: Brinkmann, W. / Renner, K. (Hrsg.): Die Pädagogik und ihre Bereiche, Paderborn–München–Wien–Zürich 1982, S. 185-235.

Spender, Stephan: Das Jahr der jungen Rebellen. New York, Paris, Prag, Berlin, München 1969.

Spranger, Eduard: Psychologie des Jugendalters, (1. Aufl. 1924), 27. Aufl., Heidelberg 1963.

Tenbruck, Friedrich H.: Jugend und Gesellschaft. Soziologische Perspektiven, 1. Aufl., Freiburg 1962.

Tucker, Robert C.: Culture, Political Culture and Communist Society, in: Political Science Quarterly, 88 (1973) 2, S. 173-180.

Turmlirz, Otto: Über die Aufgaben einer vergleichenden Jugendkunde, in: Internationale Zeitschrift für Erziehungswissenschaft, 1. Jg., 1931/32, H. 1, S. 72-80.

Vivelo, Frank Robert: Handbuch der Kulturanthropologie, Stuttgart 1981.

Wilhelmi, Jutta: Jugend in der DDR. Der Weg zur „sozialistischen Persönlichkeit“, Berlin (W) 1983.

Winnefeld, Friedrich: Zur Problematik der Grundstruktur der Jugendentwicklung, in: Zeitschrift für Psychologie, Bd. 165 (Symposionheft), 1961, S. 180-198.

Ziehe, Theodor: Pubertät und Narzißmus, Frankfurt/M. und Köln 1975.

Ziehe, T. / Stubenrauch, H.: Plädoyer für ungewöhnliches Lernen. Ideen zur Jugendsituation, Reinbek bei Hamburg 1982.

Zweiter Familienbericht der Bundesregierung („Familie und Sozialisation"), 1975, BT-Drucksache 7/3502.

DIE VERFASSER

Oskar Anweiler, Prof. Dr., Ruhr-Universität Bochum

Wilhelm Bleek, Prof. Dr., Ruhr-Universität Bochum

Ludwig Bress, Prof. Dr., Gesamthochschule Kassel

Georg Brunner, Prof. Dr., Universität Köln

Ulrich Drobnig, Prof. Dr., Universität Hamburg, Max-Planck-Institut für ausländisches und internationales Privatrecht, Hamburg

Friedrich Haffner, Prof. Dr., Universität München

Hans-Peter Schäfer, Prof. Dr., Universität Hamburg

Karl-Ernst Schenk, Prof. Dr., Universität Hamburg

Alfred Schüller, Prof. Dr., Universität Marburg

Wolfgang Seiffert, Prof. Dr., Universität Kiel

Klaus Wähler, Prof. Dr., Freie Universität Berlin

DIE HERAUSGEBER

Gernot Gutmann, Prof. Dr., Universität Köln

Siegfried Mampel, Prof. (Honorarprofessor) Dr., Freie Universität Berlin

28,–
16.9.87